Gustav Freytag

Gesammelte Werke

6. Band

Gustav Freytag

Gesammelte Werke
6. Band

ISBN/EAN: 9783744618212

Hergestellt in Europa, USA, Kanada, Australien, Japan

Cover: Foto ©ninafisch / pixelio.de

Weitere Bücher finden Sie auf **www.hansebooks.com**

mmelte Werke

Die

Erstes Buch.

1.

Eine gelehrte Entdeckung.

Es ist später Abend in unserm Stadtwald, leise wispert das Laub in der lauen Sommerluft und aus der Ferne tönt das Geschwirr der Feldgrillen bis unter die Bäume.

Durch die Gipfel fällt bleiches Licht auf den Waldweg und das undeutliche Geäst des Unterholzes. Der Mond besprengt den Pfad mit schimmernden Flecken, er zündet im Gewirr der Blätter und Zweige verlorene Lichter auf, hier läuft es vom Baum=stamme bläulich herab wie brennender Spiritus, dort im Grunde leuchten aus tiefer Dunkelheit die Wedel eines Farnkrautes in grünlichem Golde, und über dem Wege ragt der dürre Ast als ungeheures weißes Geweih. Dazwischen aber und darunter schwarze, greifbare Finsterniß. Runder Mond am Himmel, deine Versuche den Wald zu erleuchten sind unordentlich, bleich=süchtig und launenhaft. Bitte, beschränke deine Lichter auf den Damm, der zur Stadt führt, wirf deinen falben Schein nicht allzuschräge über den Weg hinaus, denn linker Hand geht es abschüssig in Sumpf und Wasser.

Pfui, du Lügner! da ist der Sumpf, und der Schuh blieb darin stecken. — Aber dir ist das gerade recht, Täuschen und Betrügen ist deine liebste Arbeit, du Phantast unter den Sternen. Man wundert sich allgemein, daß die Menschen der Vorzeit dich als Gott verehrten. Einst hat das griechische Mädchen dich Selene gerufen und sie hat dir die Schale mit purpurnem

Mohn bekränzt, um durch deinen Zauber den treulosen Geliebten zu ihrer Thürschwelle zu locken. Damit ist es für immer vorbei. Wir haben die Wissenschaft und Photogen, und du bist herab=gekommen zu einem armen alten Gaukler, der fern von Menschen im Walde umherflackert. Zu einem Gaukler! Man erweist dir noch allzuviel Ehre, wenn man dich überhaupt als lebendes Wesen behandelt. Was bist du denn eigentlich? eine Kugel ausgebrannter blasiger Schlacke, luftlos, farbenlos, wasserlos. Bah! eine Kugel? Unsere Gelehrten wissen, daß du nicht ein=mal rund bist, auch darin lügst du. Wir von der Erde haben dich nach unserer Seite in die Länge gezogen. Du bist ge=wissermaßen zugespitzt, und deine Gestalt ist erbärmlich und unregelmäßig. Du bist nichts als eine Art großer Erdrübe, welche sich in ewiger Sklaverei um uns herumwälzt.

Der Wald lichtet sich, zwischen der Stadt und dem Wan=derer liegt noch eine weite Rasenfläche mit ihrem Weiher. Sei gegrüßt, du grüner Thalgrund; wohlgepflegte Kieswege ziehen sich über die Waldwiese, hier und da erhebt sich lustiges Gebüsch und eine Gartenbank. Auf der Bank rastet bei Tage der wohlhäbige Bürger; die Hände auf das spanische Rohr gestützt, sieht er stolz nach den Thürmen seiner guten Stadt hinüber. — Ist heut auch die Flur verwandelt? Vor dem Wanderer breitet sich's wie eine wogende Wasserfläche, und es wallt, brodelt und ballt sich um die Füße, in endlosen Nebelmassen soweit das Auge reicht. Welches Geisterheer wäscht hier seine grauen Ge=wänder? Sie flattern von den Bäumen, sie ziehen durch die Luft, mattscheinend, zerfließend, sich wieder verwebend. Und höher erheben sich die dämmrigen Gebilde. Sie schweben dem Wanderer über das Haupt, die düstern Massen der Bäume verschwinden, auch den Himmel verbirgt die Dämmerung, jeder Umriß löst sich auf in ein Chaos von bleichem Licht und wogender Unform. Noch dauert die feste Erde unter den Füßen des Schreitenden, und doch wandelt er geschieden von allen wirklichen Gestalten der Erde unter leuchtenden körperlosen

Schatten. Hier sammelt sich's und dort wieder zu schwebendem Scheine. Langsam schweifen die Luftgebilde an dem Flor, der den Wanderer umhüllt. Hier bringt eine gebeugte Gestalt heran, einem knieenden Weibe vergleichbar, das vor Schmerz zusammenbricht, dort ein Zug in langen wallenden Gewändern wie römische Senatoren, an ihrer Spitze ein Kaiser mit der Strahlenkrone, aber die Krone und das Haupt zerfließen, kopflos und gespenstig gleitet der große Schatten vorüber. — Dunst der feuchten Wiese, wer hat dich so verwandelt? Wetter! das that wieder der Alte dort oben, der gaukelnde Mond.

Weicht hinterwärts, täuschende Bilder der Dämmerung. Das Thal ist durchschritten, vor dem Wanderer schimmern erleuchtete Fenster, hier ragen die nächsten Häuser der Stadt, zwei stattliche Häuser und zwei Hausbesitzer! Hier wohnen Menschen, Steuerzahler, rührig Schaffende; sie hüllen sich zur Nacht in warme Decken, und nicht in deine wässrigen Gespinste, o Mond, welche als rollende Tropfen von Haar und Bart träufeln; sie haben ihre Launen und ihre Biederkeit und schätzen deinen Werth, Mond, genau nach den Summen, die du der Stadtkasse an Gaslicht ersparst.

In dem Hause zur linken Hand glänzt aus der obern Fensterreihe eine Lampe nahe den Scheiben. Vergeblich mühst du dich, bleiches Wolkenlicht, deine trügenden Strahlen auch dort hineinzuwerfen. Denn ihn, der dort wohnt, sollst du mit deinen Possen nicht kränken, er ist ein Kind der Sonne und ein Held dieser Geschichte. Es ist der Professor Felix Werner, ein gelehrter Philolog, noch ein junger Herr, aber von wohlverdientem Ruf. Da sitzt er an seinem Arbeitstisch und blickt auf verblichene alte Schrift; ein ansehnlicher Mann; wenn er aufsteht, von guter Mittelgröße, dunkles gelocktes Haar umgibt ihm ein großes Antlitz von kräftiger Bildung, nichts Kleines darin, helle treue Augen unter dunklen Brauen, die Nase leicht gebogen, die Muskeln des Mundes stark entwickelt, wie bei einem beliebten Lehrer der studirenden Jugend natürlich ist.

Jetzt gerade fährt ein feines Lächeln darüber und die Wangen sind ihm von der Arbeit oder geheimer Aufregung geröthet. Verschwinde hinter einer Wolke, Mond, die Gesellschaft meines Professors ist mir lieber.

Der Professor sprang von seinem Arbeitstisch auf und durchschritt einige Male eifrig das Zimmer, dann trat er an ein Fenster, welches auf das Nachbarhaus hinsah, stellte zwei große Bücher auf das Fensterbrett, legte ein kleineres darüber und brachte dadurch eine Figur hervor, welche einem griechi=schen Ψ ähnlich sah und durch den Lichtschein dahinter für die Augen im Nachbarhause sichtbar wurde. Nachdem er dies telegraphische Zeichen gezimmert hatte, eilte er wieder an den Tisch und beugte sich von neuem über sein Buch.

Der Diener trat leise ein, das Abendessen wegzuräumen, welches auf einem Seitentisch zurecht gestellt war. Da er die Speisen unberührt fand, blickte er mißbilligend auf den Pro=fessor und blieb lange hinter dem leeren Stuhl stehen. Endlich rückte er sich in militärische Haltung: „Der Herr Professor haben das Abendbrot vergessen."

„Räumen Sie ab, Gabriel," befahl der Professor.

Gabriel bewies keinen guten Willen. „Der Herr Professor sollten wenigstens ein Stück kalten Braten zu sich nehmen. Aus Nichts wird Nichts," fügte er wohlwollend hinzu.

„Es ist nicht in der Ordnung, daß Sie hereinkommen mich zu stören."

Gabriel nahm den Teller und trug ihn zum Professor. „Nehmen der Herr Professor wenigstens ein paar Bissen."

„So geben Sie," sagte der Professor und aß.

Gabriel benutzte die Pause, in welcher sein Herr wider=standslos bei verständlicher Thätigkeit verweilte, zu einer respectvollen Anmahnung: „Mein seliger Hauptmann hielt sehr auf ein gutes Abendessen."

„Jetzt aber sind Sie ins Civile übersetzt," versetzte der Professor lächelnd.

„Es ist aber auch nicht in der Ordnung," fuhr Gabriel hart=
näckig fort, „wenn ich allein den Braten esse, den ich für Sie hole."

„Ich hoffe, Sie sind jetzt zufrieden," versetzte der Professor
und schob ihm den Teller zurück.

Gabriel zuckte die Achseln. „Es ist zum wenigsten guter
Wille. Der Herr Doctor war nicht zu Hause."

„Ich sehe. Sorgen Sie dafür, daß die Hausthür geöffnet
bleibt."

Gabriel machte Kehrt und entfernte sich mit den Tellern.

Wieder war der Gelehrte allein, das goldene Licht der
Lampe fiel auf sein Antlitz und die Bücher welche um ihn lagen,
schneller rauschten die weißen Blätter unter der Hand des
Nachschlagenden und in starker Spannung arbeiteten seine Züge.

Da pochte es an die Thür, der erwartete Besuch trat ein.

„Guten Abend, Fritz," rief der Professor dem Eintretenden
entgegen, „setze dich auf meinen Platz und sieh hierher."

Der Gast, eine zarte Gestalt, mit feinen Zügen und einer
Brille vor den Augen, rückte sich gehorsam zurecht und ergriff ein
kleines Buch, welches Mittelpunkt eines Kreises von aufgeschla=
genen Werken in jedem Alter und Format war. Mit Kenner=
blicken musterte er zuerst den Deckel: geschwärztes Pergament
mit alten Noten und darunter geschriebenem Kirchentext, er warf
einen spähenden Blick auf das Innere des Einbands und suchte
nach den Pergamentstreifen, durch welche der übelerhaltene
Rücken des Buches mit dem Deckel verbunden war. Dann erst
sah er auf das erste Blatt des Inhalts, auf die vergilbten
Buchstaben des geschriebenen Textes. „Das Leben der heiligen
Hilbegard, — die Hand des Schreibers aus dem fünfzehnten
Jahrhundert," — sprach er, und sah den Freund fragend an.

„Nicht deshalb zeige ich dir das alte Buch. Sieh weiter.
Der Lebensgeschichte folgen Gebete, eine Anzahl Recepte und
Wirthschaftsregeln von verschiedenen Händen bis über die Zeit
Luthers hinaus. Ich hatte diese Blätter für dich gekauft, du
konntest darin vielleicht etwas für deine Sagen oder Volks=

aberglauben finden. Bei der Durchsicht aber traf ich auf einer der letzten Seiten diese Stelle, und ich muß dir jetzt das Buch noch vorenthalten. Es scheint, daß mehre Generationen eines Mönchsklosters das Buch benutzt haben, um Bemerkungen einzuzeichnen, denn auf diesem Blatt ist ein Verzeichniß von Kirchenschätzen des Klosters Rossau. Es war ein dürftiges Kloster, das Verzeichniß ist nicht groß oder nicht vollständig. Es wurde von einem unwissenden Mönch, soweit man aus seiner Schrift schließen kann, etwa um 1500 gemacht. Sieh, hier Kirchengeräth und wenige geistliche Gewänder, und hier einige theologische Handschriften des Klosters, für uns gleichgültig, darunter aber zuletzt folgender Titel: „Das alt ungehür puoch von ußfart des swigers."

Der Doctor prüfte neugierig die Worte. „Das klingt wie Ueberschrift eines Rittergedichts. Und was bedeuten die Worte selbst: Ist der Ausfahrende ein Schwieger, oder ein Schweigender?"

„Versuchen wir das Räthsel zu lösen," fuhr der Professor mit glänzenden Augen fort, und wies mit dem Finger auf dasselbe Blatt. „Eine spätere Hand hat in lateinischer Sprache dazugeschrieben: „Dies Buch ist latein, fast unlesbar, fängt an mit den Worten: lacrimas et signa und endet mit den Worten: Hier schließt der Geschichten — actorum — dreißigstes Buch." Jetzt rathe."

Der Doctor sah in das erregte Gesicht des Freundes: „Laß mich nicht warten. Die Anfangsworte klingen viel versprechend, aber ein Titel sind sie nicht, es mögen im Anfange Blätter gefehlt haben."

„So ist es," versetzte der Professor vergnügt. „Nehmen wir an: ein, zwei Blätter haben gefehlt. Im fünften Kapitel der Annalen des Tacitus stehen die Worte lacrimas et signa hinter einander."

Der Doctor sprang auf, auch ihm flog ein freudiges Roth über das Antlitz.

„Setze dich," fuhr der Professor fort, den Freund nieder=
drückend. „Der alte Titel vor den Annalen des Tacitus lautete
wörtlich übersetzt: „Tacitus, vom Ausgange des göttlichen
Augustus," besser Deutsch: „Vom Hinscheiden des Augustus ab."
Wohlan, ein unwissender Mönch entzifferte auf irgend einem
Blatte die ersten lateinischen Worte der Ueberschrift: „Taciti
ab excessu" und versuchte sie ins Deutsche zu übersetzen. Er
war froh zu wissen, daß tacitus schweigsam bedeutet, hatte aber
nie etwas von dem römischen Geschichtschreiber gehört, und
übertrug also wörtlich: Vom Ausgange des Schweigenden."

„Vortrefflich," rief der Doctor. „Und der Mönch schrieb
seine gelungene Uebersetzung des Titels auf die Handschrift.
Triumph! Die Handschrift war ein Tacitus."

„Höre noch weiter," ermahnte der Professor. „Im dritten
und vierten Jahrhundert unserer Zeitrechnung bestanden die
beiden großen Werke des Tacitus, die Annalen und Historien,
in einer Sammlung vereint unter dem Titel: Dreißig Bücher
Geschichten. Wir haben dafür mehre alte Zeugnisse, sieh her."

Der Professor schlug bekannte Stellen auf und legte sie
vor den Freund. „Und wieder am Ende der verzeichneten
Handschrift stand: „Hier schließt das dreißigste Buch der Ge=
schichten." Dadurch schwindet, wie mir scheint, jeder Zweifel,
daß diese Handschrift ein Tacitus war. Und um das Ganze
zusammenzufassen, war das Sachverhältniß folgendes: Zur
Zeit der Reformation befand sich eine Handschrift des Tacitus
im Kloster Rossau, der Anfang fehlte. Es war eine alte
Handschrift, sie war durch die Zeit und ihre Schicksale für
Mönchsaugen fast unlesbar geworden."

„Es muß aber an dem Buch noch etwas Besonderes ge=
hangen haben," unterbrach der Doctor, „denn der Mönch be=
zeichnet es mit dem Ausdruck: ungeheuer, welches etwa unserm
Wort unheimlich entspricht."

„So ist es," bestätigte der Professor. „Man darf muth=
maßen, daß entweder eine Klostersage, die sich daran geheftet

hatte, oder ein altes Verbot das Buch zu lesen, oder wahr=
scheinlicher eine ungewöhnliche Beschaffenheit des Deckels oder
Formats diese Bezeichnung verursacht hat. Die Handschrift
enthielt beide Geschichtswerke des Tacitus, welche durch fort=
laufende Bücherzahl verbunden waren. Und wir," fuhr er
fort., „und warf in der Aufregung das Buch, welches er in
der Hand hielt, auf den Tisch, „wir besitzen diese Handschrift
nicht mehr. Keins von den beiden Geschichtswerken des großen
Römers ist uns vollständig erhalten; uns fehlt, wenn wir
die Lücken zusammenrechnen, wohl mehr als die Hälfte."

Der Freund durchschritt hastig das Zimmer. „Das ist
eine von den Entdeckungen, die das Blut schneller in die Abern
treibt. Dahin und verloren! Aber es überläßt Einen heiß,
wenn man deutlich empfindet, daß so wenig fehlte, einen kost=
baren Schatz des Alterthums für uns zu retten. Er hat
Völkermord, Brand und Zerstörung von anderthalb Jahrtau=
senden überbauert, er liegt noch zu der Zeit, wo das Morgen=
roth der neuen Bildung bei uns hereinbricht, glücklich verborgen
und unbeachtet in einem deutschen Kloster, wenige Wegstunden
von der großen Völkerstraße, auf welcher die Humanisten hin
und herwandern, die Bilder römischer Herrlichkeit im Haupte,
begierig nach jeder Ueberlieferung aus der Römerzeit suchend.
Und kaum eine Tagreise entfernt erblühen Universitäten, auf
denen die Jugend sich begeistert in lateinischen Versen und
Prosa übt. Es lag so nahe, daß irgend ein Mönch aus Nossau
einem Ordensbruder davon erzählte, der die Kunde nach Mainz
oder Köln trug. Es scheint unbegreiflich, daß nicht einer von
den lateinischen Schullehrern, die sich damals über das ganze
Land verbreiteten, Nachricht von dem Buche erhielt und den
Brüdern etwas von dem Werth eines solchen Denkmals sagte.
Und wie natürlich war, daß der geistliche Herr, welcher die
Oberaufsicht über das Kloster übte, von dem geheimnißvollen
Bande erfuhr und neugierig die verblichenen Blätter umschlug.
Selbst dann wäre doch eine Kunde in die Welt gedrungen,

und die Handschrift uns wahrscheinlich irgendwo erhalten. Aber nichts von alledem. Und im besten Fall hat ein Zeitgenosse von Erasmus und Melanchthon, ein armer hungernder Mönch die Handschrift an den Buchbinder verkauft, und abgeschnittene Streifen kleben noch irgendwo an alten Einbänden. Sogar dafür ist diese Nachricht wichtig. — Das war eine schmerzliche Freude, die dir das kleine Buch bereitet hat."

Der Professor faßte die Hand des Freundes, die beiden Männer sahen einer dem andern in das treue Gesicht. „Nehmen wir an, der alte Erbfeind erhaltener Schätze, das Feuer habe auch diese Handschrift verzehrt," schloß der Doctor traurig. „Wir sind Kinder, daß wir den Verlust empfinden, als hätten wir ihn heut erlitten."

„Wer sagt uns, daß die Handschrift unwiederbringlich verloren ist?" entgegnete der Professor in unterdrückter Bewegung. „Noch einmal setze dich vor das Buch, es weiß uns auch von den Schicksalen der Handschrift zu erzählen."

Der Doctor sprang an den Tisch und ergriff das Büchlein von der heiligen Hildegard.

„Hier hinter dem Verzeichniß", sprach der Professor und wies auf die letzte Seite des Buches, „steht noch mehr."

Der Doctor starrte auf das Blatt, lateinische Buchstaben ohne Sinn und Wortabsatz waren in sieben Zeilen zusammengeschrieben, darunter stand ein Name: F. Tobias Bachhuber.

„Vergleiche diese Buchstaben mit jener lateinischen Bemerkung neben dem Titel der unheimlichen Handschrift. Es ist unzweifelhaft dieselbe Hand, feste Züge des siebzehnten Jahrhunderts, hier das s, r; das f."

„Es ist dieselbe Hand," rief der Doctor vergnügt.

„Die Buchstaben ohne Sinn sind kindliche Geheimschrift, wie man sie im siebzehnten Jahrhundert übte. Diese hier ist leicht zu lösen, jeder Buchstabe ist mit seinem folgenden vertauscht. Auf einen Zettel habe ich die lateinischen Worte des Textes zusammengestellt. Die Worte lauten auf Deutsch:

Beim Herannahen des wüthenden Schweden habe ich, um den verzeichneten Schatz unseres Klosters den Nachstellungen des brüllenden Teufels zu entziehen, dies alles an einer trocknen und hohlen Stelle des Hauses Bielstein niedergelegt. Am Tage Quasimodogeniti 37. Also am 19. April 1637. — Was sagst du nun, Fritz? Es scheint doch, die Handschrift war bis in den dreißigjährigen Krieg nicht verbrannt, denn Frater Tobias Bachhuber, — sein Andenken sei gesegnet, — hat sie in dieser Zeit noch einer Betrachtung gewürdigt, und da er ihr in dem Verzeichniß eine besondere Anmerkung gönnt, wird er sie zuverlässig bei der Flucht nicht zurückgelassen haben. Die geheimnißvolle Handschrift war also bis zum Jahr 1637 im Kloster Rossau, und der Frater hat sie im April dieses Jahres mit anderer Habe in der hohlen und trocknen Stelle des Schlosses Bielstein vor Baners Schweden verborgen."

„Jetzt wird die Sache Ernst," rief der Doctor.

„Ja, es ist Ernst, mein Freund; nicht unmöglich, daß die Handschrift noch irgendwo verborgen dauert."

„Und Schloß Bielstein?"

„Es liegt nahe bei dem Städtchen Rossau. Das Kloster hat unter dem Schutze des geistlichen Schirmherrn bis zum dreißigjährigen Kriege in dürftigen Verhältnissen fortbestanden; im Jahre 1637 wurde Stadt und Kloster durch die Schweden verwüstet. Die letzten Mönche verloren sich, das Kloster wurde nicht wieder eingerichtet. Das ist alles, was ich zur Zeit erfahren konnte. Für das Weitere erbitte ich deine Hilfe."

„Die nächste Frage ist, ob das Schloß den Krieg über=bauert hat," versetzte der Doctor, „und was bis jetzt daraus geworden. Schwerer wird zu ermitteln sein, wo Bruder Tobias Bachhuber geendet hat, und am schwersten, durch welche Hände sein kleines Buch auf uns gekommen ist."

„Das Buch fand ich heut bei einem hiesigen Antiquar, es war neuer Erwerb und noch nicht in sein Verzeichniß auf=genommen. Die weitere Auskunft, welche der Verkäufer etwa

geben kann, werde ich morgen holen. — Es lohnt doch, nach=
zufragen," fuhr er kühler fort, bemüht, einen Strom verständiger
Erwägung über die aufbrennende Glut seiner Hoffnungen zu
leiten. „Seit jener geheimen Notiz des Fraters sind mehr
als zweihundert Jahre verflossen, die zerstörenden Kräfte waren
in dieser Zeit nicht weniger thätig als früher, vor andern Krieg
und Raub der Jahre, in denen das Kloster zu Grunde ging.
So sind wir zuletzt nicht weiter, als wenn die Handschrift
einige hundert Jahre früher verloren wäre."

„Und doch steigt mit jedem Jahrhundert die Wahrschein=
lichkeit, daß die Handschrift bis zur Gegenwart erhalten ist,"
warf der Doctor ein, „selbst wenn man für jedes Jahrhundert
eine gleiche Zahl von Angriffen auf das Bestehende annimmt.
Aber die Zahl der Menschen, welche das Merkwürdige eines
solchen Fundes ahnen, ist seit jenem Kriege so groß geworden,
daß wenigstens eine Zerstörung durch rohe Unwissenheit fast
undenkbar wird."

„Wir dürfen darin auch dem Wissen der Gegenwart nicht
zu viel vertrauen," warf der Professor ein. „Wenn es aber
wäre," fuhr er auf, und seine Augen strahlten, „wenn uns die
Kaisergeschichte des ersten Jahrhunderts, wie sie Tacitus geschrie=
ben, durch ein günstiges Geschick zurückgegeben würde, es wäre
ein Geschenk, so groß, daß der Gedanke an die Möglichkeit einen
ehrlichen Mann wohl berauschen darf, wie römischer Wein."

„Unschätzbar," bestätigte der Doctor, „für unsre Kenntniß
der Sprache, für hundert Einzelheiten römischer Geschichte."

„Für die älteste Geschichte deiner Germanen," rief der
Professor.

Beide maßen wieder mit schnellen Schritten die Stube,
schüttelten einander die Hände, und sahen einer den andern
fröhlich an.

„Und wenn ein günstiger Zufall auf dieser Spur zu der
Handschrift leitete," begann Fritz, „wenn sie durch dich dem
Tageslicht zurückgegeben würde, du, mein Freund, du bist auch

der beste Mann, sie herauszugeben. Der Gedanke, daß deinem Leben eine solche Freude und so ruhmvolle Arbeit werden könnte, macht mich glücklicher, als ich sagen kann."

„Finden wir die Handschrift," versetzte der Professor, „so kann sie nur von uns beiden zusammen herausgegeben werden."

„Von uns?" frug Fritz verwundert.

„Von dir mit mir," entschied der Professor, „das soll deine Tüchtigkeit in weiteren Kreisen bekannt machen."

Fritz trat zurück. „Wie kannst du glauben, daß ich so etwas annehmen würde?"

„Widersprich mir nicht," rief der Professor, „du bist vollkommen dafür geeignet."

„Das bin ich nicht," versetzte Fritz fest, „und ich bin zu stolz, etwas zu unternehmen, wobei ich deiner Güte mehr verdankte als meiner Kraft."

„Das ist ungeschickte Bescheidenheit," rief der Professor wieder.

„Ich werde es nie thun," entgegnete Fritz. „Du verleugnest dein Zartgefühl, wenn du nur einen Augenblick daran denkst, daß ich mich vor dem Publikum mit fremden Federn schmücken könnte."

„Ich weiß besser als du," rief unwillig der Professor, „was du vermagst und was dir frommt."

„Jedenfalls frommt mir nicht, dir, der du bei der Arbeit selbst den Löwenantheil haben würdest, den Lohn dafür heimlich abzunagen. Nicht meine Bescheidenheit, sondern meine Selbstschätzung verbietet das. Und dies Gefühl sollst du ehren," schloß Fritz mit großer Energie.

„Nun," lenkte der Professor ein, die auflobernde Empfindung bändigend, „vorläufig geberden wir uns wie der Mann, welcher Haus und Acker vom Erlös eines Kalbes kaufte, das ihm noch nicht geboren war. Sei ruhig, Fritz, nicht du, nicht ich werden die Handschrift herausgeben."

„Und niemals werden wir erfahren, was römische Kaiser an Thusnelda und Thumelicus gefrevelt haben," sagte Fritz, und trat wieder theilnehmend zu dem Freunde.

„Aber es sind doch nicht Einzelheiten, welche uns den größten Gewinn brächten," begann der Professor ruhiger, „und nicht, daß wir diese missen, macht uns den Verlust der Handschrift empfindlich. Denn für die Hauptsachen versagen andere Quellen nicht. Das Wichtigste wäre immer, daß Tacitus der erste und in mancher Hinsicht der einzige Geschichtschreiber ist, der höchst auffallende, unheimliche Seiten der menschlichen Natur dargestellt hat. Seine Werke sind uns zwei geschichtliche Tragödien, Scenen des Julischen und des Flavischen Kaiserhauses, markerschütternde Bilder der ungeheuren Umwandlung, welche durch ein Jahrhundert der größte Staat des Alterthums, die Seelen der Gehorchenden, die Charaktere der Herrscher erfahren; die Geschichte einer Tyrannenherrschaft, welche die edlen Geschlechter vertilgt, eine hohe und reiche Bildung heraustreibt und verdirbt, vor allem die Herrschenden selbst mit wenigen Ausnahmen entmenschlicht. Wir haben bis zur Gegenwart kaum ein anderes Werk, dessen Verfasser so spähend in die Seelen einer ganzen Reihe von Fürsten blickt, so scharf und genau die Verwüstungen schildert, welche die dämonische Krankheit der Könige in den verschiedensten Naturen hervorgebracht hat."

„Mich hat immer geärgert," sagte der Doctor, „wenn man ihm vorwarf, daß er zumeist Kaiser- und Hofgeschichte geschrieben. Wer darf Trauben von einer Cypresse verlangen und behagliche Freude an dem großartigen Staatsleben von einem Manne, der durch einen großen Theil seines Mannesalters täglich Messer und Giftbecher eines wahnsinnigen Despoten vor seinen Augen sah."

„Ja," fuhr der Professor beistimmend fort, „er gehörte zu den Aristokraten, deren Häupter hoch über die Menge herausragen, eine Körperschaft, unfähig zum Regieren, unwillig im Gehorsam. In dem Gefühl einer bevorzugten Stellung waren sie die unentbehrlichen Diener, die stillen Feinde und Rivalen der Fürsten, in ihnen bildeten sich die Tugenden und

Laster einer gewaltigen Zeit zu ungeheuren Erscheinungen.
Wer sollte die Geschichte römischer Fürsten schreiben, als ein
Mann aus diesem Kreise? Durch Palastintriguen und stillen
Einfluß dunkler Nebengestalten entwickeln sich die Thatsachen,
die schwärzeste Missethat verbirgt sich hinter den steinernen
Wänden des Palastes, das Gerücht, das leise Gemurmel des
Vorzimmers, der lauernde Blick versteckten Hasses sind oft die
einzigen Quellen des Geschichtschreibers. Uns bleibt vor solcher
Zeit nichts übrig, als bescheiden das Urtheil des Mannes zu
schätzen, der uns von diesen fremdartigen Zuständen Kunde
überliefert hat. Wer die erhaltenen Bruchstücke des Tacitus
ehrlich und gescheidt betrachtet, der wird seinen sichern Blick
in die tiefsten Falten eines römischen Gemüthes bewundernd
ehren. Es ist ein erfahrener Staatsmann, ein kräftiger und
wahrhafter Geist, der uns die geheime Geschichte seiner Zeit
so erzählt, daß wir die Menschen und all ihr Thun verstehen,
als ob wir selbst Gelegenheit hätten, ihnen in das Herz zu
sehen. Wer das vermag für spätere Jahrtausende, der ist
nicht nur ein großer Geschichtschreiber, er ist auch ein bedeu=
tender Mensch. Und vor solcher Gestalt habe ich immer eine
tiefherzliche Ehrfurcht empfunden, und ich halte für eine Pflicht
ernster Kritik, das Mäkeln der Kleinen von solchem Bilde fern
zu halten."

„Schwerlich hat einer seiner Zeitgenossen," bestätigte der
Doctor, „so tief die Schwächen der eigenen Zeitbildung gefühlt
als er. Immer hat mich gerührt, wie er das Schwerflüssige
seiner Sprache, das Vieldeutige des Ausdrucks mit der Scheu
und Vorsicht entschuldigt, welche unter der Herrschaft des Schen=
sals Domitian auch in die Seelen der Besten geschlagen wurden."

„Ja," schloß der Professor, „er ist ein Mann, soweit das
in seiner Zeit noch möglich war, und das ist zuletzt die Haupt=
sache. Denn was uns am meisten fördert, ist doch nicht die
Summe des Wissens, die wir einem großen Manne verdanken,
sondern seine eigene Persönlichkeit, die durch das, was er für

uns geschaffen, ein Theil unseres eigenen Wesens wird. Der Geist des Aristoteles ist für uns noch etwas Anderes als die Summe seiner Lehren, welche wir aus den erhaltenen Büchern zusammensuchen. Und Sophokles bedeutet uns etwas ganz Anderes als sieben erhaltene Tragödien. Die Art, wie er dachte, fühlte, das Schöne empfand, das Gute wollte, die soll ein Stück von unserm Leben werden. Dadurch vor allem wirkt das Wissen aus vergangener Zeit befruchtend auf unser Sein und Wollen. In diesem Sinne ist auch die schwermüthige trauervolle Seele des Tacitus für mich weit mehr, als selbst seine Schilderungen des Kaiserwahnsinns. — Sieh, Fritz, und deshalb sind mir dein Sanskrit und deine Inder nicht recht, ihnen fehlen die Männer."

„Sie sind wenigstens für uns schwer erkennbar," erwiederte der Freund. „Aber wer, wie du, die homerischen Gesänge den Studenten erklärt, der darf nicht verkennen, welcher Reiz darin liegt, in die geheimnißvollsten Tiefen des menschlichen Schaffens hinabzusteigen, in die Periode der Menschheit, wo noch die junge Volkskraft den Einzelnen, welcher in ihr arbeitet, unserm Blicke verdeckt, und das Volk selbst in Poesie, Sage, Recht, wie ein Einzelwesen Lebendiges gestaltend, vor uns tritt."

„Wer sich nur damit beschäftigt," versetzte der Professor eifrig, „der wird leicht phantastisch und weich. Das Studium solcher Urzeiten wirkt wie orientalischer Mohnsaft. Die Arbeit unter diesen schillernden undeutlichen Gebilden, welche im Dunkel aufleuchten und wieder verschwinden, verführt zu ungeregeltem Combiniren; wer sein Lebtag darüber verweilt, wird auch in den Gesichtspunkten, durch die er sein eigenes Leben bestimmt, schwerlich Willkür fern halten."

Fritz stand auf. „Das ist unser alter Streit. Ich weiß, du willst mir nichts Hartes sagen, aber ich empfinde, daß du dabei an mich denkst."

„Und habe ich Unrecht?" fuhr der Professor fort, „wahr

lich, ich habe Respect vor jeder geistigen Arbeit, aber meinem Freund möchte ich die gönnen, welche für ihn am segensreich= sten ist. Dein Suchen im indischen Götterglauben und deutscher Mythologie lockt dich von einem Räthsel zu dem andern; in dem endlosen Gebiet von unklaren Anschauungen und Bildern unter wesenlosen Schatten soll eine junge Kraft nicht immer weilen. Zwinge dich zu einem Abschluß. Auch aus äußern Gründen. Es taugt dir nicht, Privatgelehrter zu sein, das Leben ist zu bequem, der äußere Zwang, ein bestimmtes Ge= biet von Pflichten fehlen dir. Du hast mehre von den besten Eigenschaften eines Lehrers. Sitze nicht im Hause der Eltern, du mußt Universitätslehrer werden."

Dem Freunde stieg eine dunkle Röthe langsam über die Wangen. „Es ist genug," rief er gekränkt, „wenn ich zu wenig an meine Zukunft gedacht habe, du sollst mir darüber keine Vorwürfe machen. Es war mir vielleicht zu große Freude, an deiner Seite zu leben und der stille Vertraute deiner kräf= tigen Arbeit zu sein. Etwas von dem Segen, den das Leben eines Mannes allen mittheilt, die an seinem geistigen Schaffen theilnehmen, habe ich in deiner Nähe doch auch empfunden. Gute Nacht."

Der Professor ging auf ihn zu und faßte seine beiden Hände. „Bleibe," rief er, „bist du mir böse?"

„Nein," erwiederte Fritz, „aber ich gehe." Er schloß leise die Thür.

Der Professor ging mit starken Schritten auf und ab, machte sich Vorwürfe über seine Heftigkeit und sorgte um die Stimmung des Freundes. Endlich warf er die Bücher, welche Telegraphendienste verrichtet hatten, heftig auf die Bretter zurück und trat wieder an den Arbeitstisch.

Gabriel leuchtete dem Doctor die Treppe hinab, öffnete die Hausthür und schüttelte den Kopf, als sein Nachtgruß bei dem Herrn nur kurze Erwiederung fand. Er löschte das Licht und horchte nach dem Zimmer seines Herrn. Als er die

Schritte des Professors hörte, entschloß er sich, noch einige Züge lauer Abendluft zu schöpfen, und stieg in den kleinen Hausgarten. Dort stieß er auf den Hausbesitzer Herrn Hummel, welcher wahrscheinlich in derselben Absicht unter den Fenstern des Professors spazierte. Herr Hummel war ein breitschultriger Mann mit einem großen Kopfe und eigensinnigem Gesicht, wohlhäbig und gut erhalten, von ehrbarem und altfränkischem Anstrich. Er rauchte aus einer langen Pfeife mit einer sehr dicken Spitze, an welcher eine Reihe kleiner Kirchthurmsknöpfe hinter einander stand.

„Ein schöner Abend, Gabriel," begann Herr Hummel, „ein gutes Jahr, das wird eine Ernte!" Er stieß den Diener vertraulich an: „Da oben hat's heut etwas gegeben, das Fenster stand offen. Nicht daß ich horchen wollte, aber ich mußte so Manches vernehmen, Gabriel!" schloß er bedeutsam und bewegte mißbilligend seinen Hausbesitzerkopf.

„Er hat wieder das Fenster aufgemacht," versetzte Gabriel ausweichend. „Die Fledermaus und die Motte werden bei der freien Aussicht zudringlich, und wenn er mit dem Doctor discurrirt, sind beide manchmal so laut, daß die Leute auf der Straße stehen bleiben und zuhören."

„Verschluß ist immer gut," bestätigte Herr Hummel. „Was hat's denn eigentlich gegeben? Der Doctor ist der Sohn von da drüben und Sie kennen meine Meinung, Gabriel, ich traue nicht. Ich will Niemandem zu nahe treten, aber was von jenem Hause kommt, darüber habe ich so meine Ansichten."

„Worüber es ging?" antwortete Gabriel, „ich hab's nicht gehört, aber das kann ich Ihnen genau sagen, es ging über die alten Römer. Sehen Sie, Herr Hummel, wenn wir die alten Römer hätten, so wäre Vieles bei uns anders. Das waren Eisenbeißer, die verstanden zu fouragiren. Sie führten Krieg, sie eroberten hier und dort."

„Sie sprechen ja wie ein Mordbrenner," sagte Herr Hummel mißbilligend.

„Ja, sie thaten es nicht anders," erwiederte Gabriel selbst=
zufrieden, „sie waren ein eigennütziges Volk und hatten Haare
auf den Zähnen, wie die Igel. Und was am wunderbarsten
ist, wie viel Bücher diese Römer bei alledem geschrieben haben.
Kleine und große, viele auch in Folio. Wenn ich die Biblio=
thek abstäube, nimmt es mit den Römern kein Ende, jede Art
von Kaliber, und manche sind dicker als die Bibel. Nur sind
alle schwer zu lesen, wer aber die Sprache versteht, erfährt
Vieles."

„Die Römer sind ein abgestorbenes Volk," versetzte Herr
Hummel, „als es mit ihnen zu Ende ging, kamen die Deutschen.
Der Römer würde es bei uns niemalen thun. Das Einzige,
was uns helfen kann, ist die Hansa. Das ist die Einrichtung.
Mächtig zur See, Gabriel," rief er und schüttelte den Rock
desselben an einem Knopfe, „die Städte müssen es unternehmen,
Bündnisse, Capitalaufnahme, denn Handel ist da, Credit ist
da, an Menschen fehlt's nicht. Schiffe bauen, Flaggen auf=
hissen."

„Und wollen Sie mit Ihrem Kahne auf das große Meer?"
frug Gabriel, und wies mit der Hand auf einen kleinen
Kahn, der an der hintern Seite des Gartens umgestülpt auf
zwei Hölzern lag. „Soll ich mit meinem Professor auf die
See gehen?"

„Davon ist nicht die Rede," versetzte Herr Hummel, „aber
die jungen Leute, welche zuvörderst unnütz sind. Mancher
könnte etwas Besseres thun, als bei seinen Eltern zu Hause
sitzen. Warum soll Ihr Doctor von drüben nicht als Matrose
für's Vaterland mitgehen?"

„Ich bitte Sie, Herr Hummel," rief Gabriel erschrocken,
„der junge Herr? Er hat ja ein kurzes Gesicht."

„Thut nichts," brummte Hummel, „dafür gibt's auf der
See Fernröhre, und er kann's ja meinetwegen bis zum Kapitän
bringen. Ich bin nicht der Mann, der seinem Nächsten etwas
Böses wünscht."

„Er ist ein Gelehrter," entgegnete Gabriel, „und dieser Stand ist auch nöthig. Ich versichere Sie, Herr Hummel, ich habe über das gelehrte Wesen nachgedacht, ich kenne meinen Professor genau und zuweilen den Doctor, und ich muß sagen, es ist etwas an der Sache, es ist viel daran. Manchmal bin ich zweifelhaft. Wenn der Schneider den neuen Rock bringt, merkt so Einer nicht, was Jedermann weiß, ob ihm der Rock sitzt, oder ob auf dem Rücken Falten sind. Wenn er auf den Einfall kommt, von einem Bauer eine Fuhre Holz zu kaufen, die vielleicht doch nur gestohlen ist, so bezahlt er hinter meinem Rücken das Holz viel theurer, als jeder Mensch. Und wenn er unversehens ärgerlich wird und sich streitet über Dinge, die wir beide ruhig mit einander besprechen, so wird mir die Sache zweifelhaft. Wenn ich aber dann sehe, wie er sonst ist, barmherzig und freundlich sogar gegen die Fliegen, die um seine Nase tanzen, — denn er holt sie mit dem Löffel aus dem Kaffe und setzt sie draußen auf's Fensterbrett — und wie er aller Welt das Beste gönnen möchte, und wie er sich selber gar nichts gönnt und noch tief in der Nacht liest und schreibt, so wird mir seine ganze Geschichte gewaltig. Und ich sage Ihnen, ich lasse nichts auf die Gelehrten kommen. Sie sind anders als wir, sie verstehen nicht, was unser einer versteht. Aber wir verstehen nicht, was sie verstehen."

„Nun, man hat auch seine Bildung," versetzte Herr Hummel. „Was Sie sagen, Gabriel, haben Sie als ein achtbarer Mensch gesprochen, aber das Eine will ich Ihnen anvertrauen, man kann eine große Wissenschaft haben, und ein recht hartherziges Subject vorstellen, das sein Geld auf Wucherzinsen gibt und seinen guten Freunden die Ehre abschneidet. Und deswegen meine ich: die Hauptsache ist Ordnung und Grenze und seinen Nachkommen etwas hinterlassen. Ordnung hier," er wies auf seine Brust, „und Grenze dort," er wies auf seinen Zaun, „daß man sicher weiß, was Einem selbst gebührt und was dem Andern gehört. Und für die Kinder ein festes

Eigenthum, auf dem sie sitzen; dann mögen diese wieder für ihre Kinder sorgen. Das ist, was ich unter Menschenleben verstehe."

Der Hausherr verschloß die Thür des Zaunes und die Thür des Hauses, auch Gabriel suchte sein Lager, aber noch lange brannte die Lampe in der Arbeitsstube des Professors, und ihre Strahlen kreuzten sich an der Fensterbrüstung mit dem bleichen Schein des Mondes. Endlich verlosch die Leuchte des Gelehrten, das Zimmer stand leer; draußen am Himmel fuhren kleine Wolken an der Mondscheibe vorüber, und dämmrige Lichter tanzten jetzt als Beherrscher der Stube über den Schreibtisch, über die Werke der alten Römer und über das Büchlein des seligen Frater Tobias.

2.

Die feindlichen Nachbarn.

In künftigen Zeiten wird, wie man hört, auf dem Erdball eitel Freude und Liebe sein. Die Menschheit wird in wassergrünem und himmelblauem Gewande einhergehen, Sandalen an den Füßen und Palmzweige in der Hand, um dem letzten Haß und der letzten Bosheit Salz auf den Schwanz zu streuen und diese Nachtvögel für das große Museum der Zukunft auszustopfen. Bei solcher Jagd wird man finden, daß das letzte Nest der Unholde zwischen den Wänden zweier Nachbarhäuser hängt. Denn zwischen Nachbar und Nachbar nisten sie, seit der Regen vom Dach des einen Hauses in den Hof des andern rieselt, seit der Sonnenstrahl durch eine Hausmauer der andern vorenthalten wird, seit Kinder die Hände durch den Zaun stecken um Beeren zu naschen, seit der Hausherr nicht abgeneigt ist sich selbst für besser zu halten als seine Mitmenschen. Und es gab zu unsern Tagen wenig Gebäude im Lande, zwischen benen Widerwille und feindliche Kritik so arg wirthschafteten, als zwischen den beiden Häusern am großen Stadtpark.

Viele erinnern sich der Zeit, wo die Häuser der Stadt noch gar nicht bis an den waldigen Thalgrund reichten. Damals hatte die Thalgasse nur wenige kleine Menschenwohnungen, dahinter lag ein wüster Raum, Frau Knips, die Wäscherin, trocknete dort Bürgerhemden und ihre beiden unartigen Jungen warfen einander mit den Holzklammern. Da hatte Herr Hummel einen Trockenplatz am letzten Ende der Straße gekauft und hatte darauf sein schönes Haus gebaut in zwei Stockwerken mit steinernen Stufen und eisernem Gitter, und dahinter ein einfaches Arbeitshaus für sein Geschäft, denn er war Hutfabrikant und trieb die Sache sehr ins Große. Und wenn er aus seinem Hause trat, und die Vorsprünge des Daches und die Gipsarabesken unter den Fenstern musternd überschaute, so sah er von allen Seiten Licht und Luft und freie Natur, und empfand sich als den vordersten Pfeiler der Civilisation gegen den Urwald.

Da begegnete ihm, was manchem Pionier der Wildniß die Ruhe stört: sein Beispiel fand Nachahmung. An einem finstern Morgen des März kam ein Wagen mit alten Brettern an den Wäschplatz gefahren, der ihm gegenüber lag, schnell wurde ein Plankenzaun zusammengeschlagen, Tagelöhner mit Haue und Handkarren begannen Grund zu graben. Das war ein harter Schlag für Herrn Hummel. Aber sein Leid wurde größer. Als er zornig über die Straße schritt und den Maurermeister nach dem Namen des Mannes frug, der gegen Licht und Ruhm seines Hauses feindlich arbeiten ließ, da erfuhr er, daß sein künftiger Nachbar der Fabrikant Hahn sein sollte. Von allen Menschen auf der Welt war dieser der größte Tort, den ihm das Schicksal anthun konnte. Nicht eigentlich als Bürger betrachtet, er war nicht unreputirlich, es ließ sich gegen die Familie nichts Schweres einwenden, aber er war Hummels natürlicher Gegner, denn das Geschäft des neuen Ansiedlers bewegte sich auch um Hüte, und zwar um Strohhüte. Diesen leichten Plunder zu verfertigen ist nie für eine ernste Männer= arbeit gehalten worden, es war nie ein zünftiges Handwerk, es hat nie das Recht gehabt, Lehrlinge frei zu sprechen, es ist sonst nur von italienischen Bauern betrieben worden, es hat sich als eine Neuerung mit andern schlechten Sitten erst spät in der Welt verbreitet, es ist im Grunde gar kein Geschäft, man kauft Strohbänder und läßt sie durch zusammengelaufene Mädchen im Wochenlohn aneinander nähen. Und es besteht eine alte Feindschaft zwischen Filzhut und Strohhut. Der Filzhut ist eine historische Macht, durch Jahrtausende geheiligt, nur die Mütze duldete er neben sich, als gemeine Einrichtung für Werkeltage. Da erhob der Strohhut seine Anmaßungen gegen verbrieftes Recht und beanspruchte frech die Hälfte des Jahres. Seit der Zeit schwanken die Wagschalen des irdischen Beifalls zwischen diesen beiden Attributen des Menschenge= schlechts. Wenn der unstäte Sinn der Sterblichen nach dem Stroh zuschwankt, bleibt der schönste Filz, Felbel, Seide und Pappe unbeachtet stehn, von der Luft ausgezogen, von Motten zerbissen. Hinwiederum wenn die Neigungen der Menschen nach dem Filz hinfluthen, trägt alles Geborne, Frauen, Kinder und Kindermädchen, kleine Männerhüte, dann liegt das Stroh kläg= lich, kein Herz schlägt dafür und die Hausmaus nistet in dem schönsten Geflecht.

Das war für Herrn Hummel ein starker Grund zum Zorn. Aber es wurde noch ärger. Er sah täglich, wie das feindliche Haus aus dem Boden wuchs, er beobachtete die Ge= rüste, die aufsteigenden Mauern, die Zieraten der Gesimse, die Fensterreihen, — es war zwei Fenster länger als sein Haus. Das Erbgeschoß hob sich in die Höhe, ein zweiter Stock, zuletzt gar ein dritter — alle Fabrikräume des Stroh= manns wurden dem Wohnhaus einverleibt. Das Haus des Herrn Hummel war zu einem unbedeutenden Dinge herabge= drückt. Da schritt er zu seinem Abvocaten und forderte Rache

wegen entzogenem Licht und verschlechterter Aussicht. Natür=
lich zuckte dieser die Achseln. Das Recht Häuser zu bauen
gehörte zu den Grundrechten der Menschheit, es war auch
gemeines deutsches Herkommen in Häusern zu leben, und es
war voraussichtlich hoffnungslos zu beantragen, daß Hahn
auf seinem Grundstück nur ein Leinwandzelt errichten dürfe.
So war durchaus nichts zu thun als sich mit Geduld zu
fügen, und Herr Hummel hätte sich das selbst sagen sollen.

Seitdem waren Jahre vergangen. Zu derselben Stunde
vergoldete das Sonnenlicht die Parkseite der beiden Häuser,
stattlich und bewohnt standen sie da, beide gefüllt mit Menschen,
welche täglich an einander vorbeigingen. Zu derselben Stunde
trat der Briefträger über beide Thürschwellen, die Tauben
flogen von dem einen Dach auf das andere, die Sperlinge
an den beiden Hausrinnen traten in die gemüthlichsten Be=
ziehungen; um das eine Haus roch es zuweilen ein wenig
nach Schwefel, um das andere nach versengten Haaren, aber
derselbe Sommerwind trieb vom Walde den Harzgeruch und
den Duft der Lindenblüthen durch beide Hausthüren. Und
doch, die tiefe Abneigung der beiden Häuser hatte sich nicht
verringert. Das Haus Hahn empfand einen Widerwillen
gegen versengte Haare, und die Familie Hummel hustete in
ihrem Garten zornig, so oft eine Spur von Schwefel in dem
Sauerstoff der Luft geargwöhnt wurde.

Zwar wurde das anständige Verhalten zu der Nachbar=
schaft nicht ganz mit Füßen getreten, wenn auch der Filz eine
Neigung zu bärbeißigem Verhalten hatte, das Stroh war
biegsamer und bewies in mehren Fällen seine Nachgiebigkeit.
Beide Hausherren hatten eine bekannte Familie, in welcher
sie zuweilen zusammentrafen, ja beide hatten einmal vor dem=
selben Täufling gestanden und darauf geachtet, daß einer nicht
weniger Pathengeld gab als der andere. Deshalb entstand
ein unvermeidliches Grüßen, so oft man ihm nicht aus dem
Wege gehen konnte. Aber dabei blieb es. Zwischen dem

Markthelfer, welcher die Strohhüte schwefelte, und den Arbei=
tern, welche über den Hasenhaaren walteten, bestand glühender
Haß. Und die kleinen Leute, welche in den nächsten Häusern
der Straße wohnten, wußten das und thaten redlich das Ihre,
um das bestehende Verhältniß aufrecht zu erhalten. Auch
konnte in der That das Wesen der beiden Hausherren schwer=
lich zusammenstimmen. Der Dialekt war verschieden, die Bil=
dung hatte einen anderen Strich, was der eine an Leibge=
richten und andern Einrichtungen des Lebens lobte, mißfiel
dem andern; Hummel war aus einem Baumstamm des nörd=
lichen Deutschland an das Licht geflogen, Hahn aus einer
kleinen Stadt in der Nähe herzugeflattert.

Wenn Herr Hummel von seinem Nachbar Hahn sprach,
so nannte er ihn das Strohfeuer und den Phantasten. Herr
Hahn war ein sinniger Mann, still und fleißig über seinem
Geschäft, in den Freistunden aber ergab er sich auffallenden
Liebhabereien. Unleugbar waren diese darauf berechnet, dem
wandelnden Publikum, welches zwischen den beiden Häusern
nach der Waldwiese und den grünen Bäumen hinauszog, einen
guten Eindruck zu machen. In dem kleinen Garten hatte er
nacheinander die meisten Erfindungen gehäuft, durch welche
moderne Gartenkunst die Erde verschönert. Zwischen den drei
Fliederbüschen erhob sich ein Felsen aus Tuffstein gemauert
mit schmalem und steilem Pfade zur Höhe, daß nur feste Berg=
steiger ohne Alpenstock die Expedition nach dem Gipfel wagen
konnten, auch sie in Gefahr, mit der Nase in den zackigen
Tuffstein zu fallen. Im nächsten Jahre wurden, nahe am
Gitterzaun, in kurzen Entfernungen Stangen errichtet, an
denen Schlinggewächse hinaufliefen; zwischen je zwei Stangen
hing eine bunte Glaslampe. Wenn die Lampenreihe an fest=
lichen Abenden angezündet war, warf sie einen magischen Glanz
auf die Strohhüte, welche unter dem Fliederbusch zusammen=
saßen und die Urtheile der Vorübergehenden einsammelten.
Den Glaskugeln folgte das Jahr der Papierlaternen. Wieder

im nächsten Jahre erhielt der Garten ein antikes Aussehen, denn eine weiße Muse glänzte von Epheu und blühendem Lack umgeben bis weit in den Wald hinein.

Gegenüber solcher Neuerungssucht hielt Herr Hummel fest an seiner Vorliebe für's Wasser. An der Hinterseite seines Hauses zog sich eine schmale Wasseraber nach der Stadt. Alljährlich wurde sein Kahn mit derselben grünen Oelfarbe angestrichen, er setzte sich in seinen Freistunden am liebsten allein in den Kahn und ruderte sich ein wenig aus den Häusern in den Park, nahm seine Angel zur Hand und ergab sich dem Vergnügen, Weißfische und anderes kleines Wasservolk zu fangen.

Ohne Zweifel war das Haus Hummel legitimer, das heißt eigensinniger, wunderlicher, schwerer zu behandeln. Von allen Hausfrauen der Straße erhob Frau Hummel die größten Ansprüche, durch seidene Kleider, durch eine goldene Uhr an goldener Kette. Sie war eine kleine Dame mit blonden Locken, immer noch recht hübsch, sie war im Theater abonnirt, gebildet und zartfühlend, und konnte sehr böse werden. Sie sah aus, als wenn sie sich aus nichts etwas mache, aber sie wußte Alles, was auf der Straße vorging. Nur den eigenen Gatten vermochte ihre Regierungskunst nicht immer zu bewältigen. Doch bewies Herr Hummel, tyrannisch gegen alle Welt, seiner Frau große Rücksicht. Wenn sie ihm im Hause zu stark wurde, ging er stillschweigend in den Garten, und wenn sie ihm auch dahin folgte, verschanzte er sich in der Fabrik hinter einem Bollwerk von Haaren.

Aber auch Frau Hummel war einer höheren Gewalt unterworfen, und diese Macht übte ihr Töchterchen Laura. Von mehren Kindern war ihr nur dies eine geblieben, alle Zärtlichkeit und weiche Empfindung der Mutter war ihm zu Theil geworden. Und es war ein prächtiger kleiner Balg, die ganze Stadtgegend kannte sie, seit sie die ersten rothen Schuhe trug, schon auf dem Arm der Wärterin war sie oft angehalten

und beschenkt worden. Lustig wuchs es auf, ein bralles Mäd=
chen mit zwei großen blauen Augen und rothen Bäckchen, mit
dunklem Kraushaar und einem schlauen Gesicht. Wenn die
kleine Hummel die Straße entlang spazierte, ihre Händchen
in den Taschen der Schürze, war sie die Freude der ganzen
Nachbarschaft. Keck und kurzab wußte sie sich in alle zu
schicken und blieb mit dem kleinen Mäulchen Niemandem etwas
schuldig. Sie gab dem Holzhacker vor der Thür ihre Butter=
semmel und trank mit ihm aus seiner Schale den dünnen
Kaffe, sie begleitete den Postboten die ganze Straße entlang,
und ihr größtes Vergnügen war mit ihm die Treppen hinauf=
zulaufen, zu klingeln und seine Briefe zu übergeben; ja sie
hatte sich einst am späten Abend aus der Stube geschlichen,
saß neben dem Nachtwächter auf einem Ecksteine und hielt
sein großes Horn in ungeduldiger Erwartung des Stunden=
schlages, zu welchem das Horn ertönen würde. Frau Hummel
schwebte in einer unaufhörlichen Angst, daß ihre Tochter ein=
mal gestohlen werde müsse, denn mehr als einmal war sie
auf viele Stunden verschwunden, dann war sie mit fremden
Kindern in ihre Wohnung gegangen und hatte mit ihnen ge=
spielt; sie war die Vertraute vieler kleiner Straßenjungen,
wußte sich bei ihnen in Respect zu setzen, gab ihnen Pfennige
und empfing als Zeichen der Achtung Brummteufel und
kleine Schornsteinfeger, die aus gebackenen Pflaumen und
Holzstäbchen zusammengesetzt waren. Sie war ein gutherziges
Kind, das lieber lachte als weinte, und ihr lustiges Gesicht
machte das Haus des Herrn Hummel wohnlicher als die Epheu=
laube der Hausfrau und das mächtige Brustbild des Herrn
Hummel selbst, welches recht eigensinnig auf Lauras Puppen=
stube heruntersah.

„Das Kind wird unerträglich," rief Frau Hummel zornig
und trat, die betrübte Laura an der Hand, in das Wohn=
zimmer. „Sie quirlt den ganzen Tag auf der Straße um=
her. Jetzt als ich vom Markte kam, saß sie neben der Brücke

auf dem Stuhl der Obstfrau und verkaufte ihr die Zwiebeln. Jedermann blieb stehen, und ich mußte mein Kind aus dem Gedränge herausholen.“

„Das Wurm wird gut,“ versetzte Herr Hummel lachend, „warum willst du ihr die Jugend nicht gönnen?“

„Sie muß aus dem ordinären Verkehr heraus. Es fehlt ihr aller Sinn für das Feinere, sie kennt noch kaum die Buchstaben, und sie hat einen Abscheu vor dem Lesen. Auch ist Zeit, daß mit den französischen Vocabeln ein Anfang gemacht wird. Die Betty der Regierungsräthin ist nicht älter und sie weiß ihre Mutter schon so zierlich chère mère zu nennen.“

„Die Mutter Schere und Möhre und den Vater Kohlrabi,“ versetzte Herr Hummel. „Die Franzosen sind ein artiges Volk. Wenn du so besorgt bist, deine Tochter für den Markt abzurichten, dann ist das Türkische immer noch besser als das Französische. Der Türke bezahlt dir Geld, wenn du ihm das Kind verhandelst, die Andern wollen alle noch etwas dazu haben.“

„Sprich nicht so ruchlos, Heinrich,“ rief die Gattin.

„Und du bleib mir mit deinen verdammten Vocabeln vom Leibe, sonst verspreche ich dir, ich lehre das Kind alle französischen Redensarten, die ich kenne, es sind ihrer nicht viele, aber sie sind kräftig. Baisez moi, Madame Uemmel.“ Damit ging er trotzig aus dem Zimmer.

Das Ergebniß dieser Berathung war aber doch, daß Laura in die Schule ging. Es wurde ihr sehr schwer, zu schweigen und zu hören, und längere Zeit waren die Fortschritte wenig befriedigend. Endlich kam auch in die kleine Seele der Ehrgeiz, sie klomm die untern Staffeln der Bildung bei Fräulein Johanne heran, dann wurde sie in das berühmte Institut von Fräulein Jeanette befördert, wo die Töchter anspruchsvoller Familien das höhere Wissen erhielten. Dort lernte sie die Nebenflüsse des Amazonenstromes, viel egyptische Geschichte, tippte auf den Deckel eines Elektrophors, sprach französisch über das Wetter, las englisch in einer kunstvollen Weise, welche sogar dem gebornen Briten die Anerkennung abnöthigte, daß in dem Institut eine neue Sprache erfunden werde, und wurde endlich in allen Feinheiten eines deutschen Aufsatzes gebildet. Sie schrieb kleine Abhandlungen über den Unterschied zwischen Wachen und Schlafen, über die Gefühle der berühmten Cornelia, Mutter der Gracchen, über die Schrecken eines Schiffbruchs und die wüste Insel, auf welche sie sich gerettet hatte. Zuletzt erwarb sie Kenntnisse in der Abfassung von Strophen und Sonetten. Bald stellte sich heraus, daß Lauras Hauptstärke nicht in der französischen, sondern in der deutschen Sprache lag, ihr Stil wurde die Freude der Anstalt, ja sie begann ihre Lehrerinnen und die liebsten Mädchen in Gedichten anzusingen, welche den schwierigen Versbau des großen Schiller vom Kranze aus goldenen Aehren bis zur Form aus Lehm gebrannt sehr glücklich nachahmten. Jetzt war sie mit achtzehn Jahren ein hübsches rosiges Fräulein, immer noch rund und lustig, immer noch die Gebieterin des Hauses, und bei allen Leuten auf der Straße beliebt.

Die Mutter, stolz auf die Bildung der Tochter, hatte ihr nach der Confirmation ein Oberstübchen geräumt, das auf die Bäume des Parkes hinaussah, und Laura richtete sich ihr kleines Heimwesen zu einem Feenschloß ein, mit Epheu, mit einem kleinen Blumentisch, mit einem allerliebsten Schreibzeug aus Porcellan, auf welchem Schäfer und Schäferin neben einander saßen. Dort oben verlebte sie ihre schönsten Stunden bei Feder und Löschblatt, denn sie schrieb vor Jedermann verborgen ihre Memoiren.

Aber auch sie theilte die Abneigung ihrer Familie gegen das Nachbarhaus. Schon als kleines Ding war sie bei dieser Hausthür schmollend vorübergegangen, noch nie hatte ihr Fuß den Hausflur betreten, und wenn die gute Frau Hahn einmal einen Handschlag von ihr forderte, so dauerte es lange, bevor sie die kleine Hand aus der Schürze zog. Von den Bewohnern des Nachbarhauses war ihr aber der junge Fritz Hahn am peinlichsten. Sie traf selten mit ihm zusammen, und dann wollte das Unglück, daß sie immer in einer Verlegenheit war, und Fritz Hahn ihren Gönner spielen konnte. Als sie noch gar nicht in die Schule ging, hatte der älteste Sohn der Frau Knips, schon ein erwachsener Schlingel, welcher hübsche Bilder und Geburtstagswünsche malte und an die Leute in der Nachbarschaft verkaufte, sie einmal zwingen wollen, das Geld, das sie in der Hand hielt, für einen Teufels= kopf auszugeben, den er gemalt hatte und den Niemand auf der Straße haben wollte. Recht widerwärtig und boshaft be= handelte er sie und sie gerieth gegen ihre Gewohnheit in Angst, gab ihre Groschen hin und hielt weinend das greuliche Bild zwischen den Fingern. Da kam Fritz Hahn seines Weges, frug nach dem Handel, und als sie ihm die Gewaltthat des Knips klagte, entbrannte er von einem so heftigen Zorn, daß sie wieder über den Fritz erschrak. Er fuhr auf den Burschen los, der sein Mitschüler war und schon eine Klasse höher saß, und begann auf der Stelle eine Prügelei, welcher der jüngere Knips, die Hände in der Tasche, lachend zusah. Und Fritz drängte den garstigen Buben an die Wand und zwang ihn das kleine Geldstück herauszugeben und seinen Teufel wieder zu nehmen. Aber diese Begegnung half gar nicht dazu, ihr den Fritz lieb zu machen. Sie konnte nicht leiden, daß er schon als Primaner eine Brille trug und daß er immer so ernst vor sich hinsah. Wenn sie aus der Schule kam und er mit seiner Mappe in die Vorlesung ging, suchte sie ihm jedesmal aus dem Wege zu gehen.

Noch später einmal stieß sie mit ihm zusammen; — sie saß unter den ersten Mädchen im Institut, der älteste Knips war bereits Magister und der jüngere Lehrling im Geschäft ihres Vaters und Fritz Hahn sollte gerade Doctor werden — da hatte sie sich auf dem Kahn zwischen die Bäume des Parkes gerudert, bis der Kahn an eine Wurzel stieß und ihr Ruder in das Waſſer fiel. Und als ſie ſich darnach bückte, gingen Hut und Sonnenſchirm denſelben Weg und Laura ſah verlegen um Hilfe nach dem Ufer. Da kam wieder Fritz Hahn in tiefen Gedanken daher, er hörte den leiſen Schrei, welchen Laura bei dem Unfall ausſtieß, ſprang ſofort in das ſchlammige Waſſer, fiſchte Hut und Sonnenſchirm und zog den Kahn an das Ufer. Hier bot er Laura die Hand und half ihr auf feſten Grund. Laura war ihm wohl Dank ſchuldig, auch hatte er ſie mit Achtung behandelt und Fräulein genannt. Aber er ſah doch ſehr lächerlich aus, die hagere Geſtalt verbeugte ſich ungeſchickt und die Gläſer waren ſtarr auf ſie gerichtet. Und als ſie darauf erfuhr, daß er von dem Sprung in den Sumpf einen ſchrecklichen Katarrh davon getragen hatte, da wurde ſie heißzornig auf ſich ſelbſt und auf ihn, weil ſie geſchrieen hatte, wo gar keine Gefahr war, und weil er zu ſo unnöthigem Ritterdienſt geſtürmt war; ſie würde ſich ſchon allein geholfen haben, und jetzt dächten die Hahns, ſie ſei ihnen wer weiß welchen Dank ſchuldig.

Darüber hätte ſie ruhig ſein können, denn Fritz hatte ſich ſtill umgezogen und die Kleider in ſeiner Stube getrocknet.

Freilich, daß die beiden feindlichen Kinder einander mieden, war natürlich, denn Fritz war eine ganz andere Natur. Auch er war das einzige Kind und auch er war von einem gutherzigen Vater und einer überſorglichen Mutter weich erzogen. Von kleinauf ein ſtiller, in ſich gekehrter Knabe, anſpruchslos, fleißig in den Büchern, hatte er ſich neben dem Haushalt der Eltern ſeine eigene Welt in einer Wiſſenſchaft aufgebaut, welche von der großen Heerſtraße ſeitab lag. Während um ihn das Leben luſtig ſummte, ſaß er über die Grundſtriche und Haken des Sanskrit gebeugt und unterſuchte die Familienverwandtſchaft zwiſchen dem wilden Geiſterheer, das über der Teutoburger Schlacht dahinfuhr, und zwiſchen den Göttern der Veda, welche über Palmenwälder und Bambusrohr in das heiße Gangesthal

hinabschwebten. Auch er war Freude und Stolz seines Hauses, die Mutter ließ sich nicht nehmen, jeden Morgen selbst den Kaffe hinaufzutragen, dann setzte sie sich mit ihrem Schlüsselbund ihm gegenüber und sah schweigend zu, während er sein Frühstück verzehrte, schalt leise über sein Nachtarbeiten am letzten Abend, und sagte ihm, daß sie nicht ruhig einschlafe, bis sie über sich den Stuhl rücken höre und die Stiefeln klappern, die er zum Reinigen vor die Thür stellte. Nach dem Frühstück bot Fritz dem Vater Gutenmorgen, und er wußte, daß dem Vater Freude war, wenn er einige Minuten mit ihm durch den Garten schritt, das Wachsthum der Lieblingsblumen betrachtete und vor allem, wenn er dem Vater zu einer Verschönerung seine Zustimmung geben konnte. Das war der einzige Punkt, wo Herr Hahn mit seinem Sohne zuweilen in Gegensatz gerieth. Und da er den Gründen des Sohnes nicht zu widerstehen vermochte und den eigenen starken Verschönerungstrieb auch nicht bändigen konnte, so schlug er gern den Weg ein, der selbst von grö=
ßeren Politikern für nützlich erachtet wird, er bereitete seine Pläne heimlich vor und überraschte durch Thatsachen.

Bei solchem Stillleben war dem jungen Gelehrten der Verkehr mit dem Professor das beste Vergnügen des Tages, seine Erhebung, sein Stolz. Er hatte noch als Student die ersten Vorlesungen gehört, welche Felix Werner an der Univer= sität hielt. Allmählich war eine Freundschaft entstanden, wie sie vielleicht nur unter hochgebildeten und wackern Gelehrten möglich ist. Er wurde der hingebende Vertraute für die umfangreiche Thätigkeit seines Freundes. Jede Untersuchung des Professors und ihre Erfolge wurden bis auf Einzelheiten besprochen, jede Freude, die ein neuer Fund machte, theilten die Nachbarn. Täglich sahen sie einander, viele Abende ver= gingen ihnen in der schönen Art der Unterhaltung, welche den Deutschen eigenthümlich ist, in einem Gespräch, das zwischen Erörterung und Geplauder schwebt, wo zwei Geister, welche beide die Wahrheit suchen, sich im Austausch ihrer Ansichten gegenseitig fördern. Dann rührte in Jedem, angeregt durch das feine Verständniß und die Einwürfe des Andern, eine schöpferische Kraft kräftig die Schwingen und blitzschnell und ungeahnt öffneten sich dem Sprechenden und dem Hörer neue Gesichtspunkte, ein tieferes Verständniß. Mit dem besten Theil ihres Lebens wuchsen Beide zusammen. Freilich war Fritz als der jüngere auch der, welcher sich am meisten der feurigen Natur des Freundes bequemte, er war mehr Empfänger als Gebender. Aber gerade deshalb wurde das Verhältniß so fest und innig. Nicht ohne kleine Störungen, wie das bei Gelehrten natürlich ist, denn beide waren von schnellem Urtheil, beide hochgespannt in den Forderungen, die sie an sich selbst und an die Menschen machten, beide von feiner, leicht erregter Empfindung. Aber solche Gegensätze wurden bald überwunden, sie trugen nur dazu bei, die liebevolle Rücksicht, mit welcher die Freunde einander behandelten, zu vergrößern.

Durch diese Freundschaft wurde das schwierige Verhältniß der beiden Häuser ein wenig gemildert. Auch Herr Hummel konnte nicht umhin dem Doctor eine kleine Rücksicht zu gönnen, da sein hochverehrter Miether den Sohn der Feinde auffallend auszeichnete. Denn auf seinen Miether ließ Herr Hummel nichts kommen. Durch dunkles Gerücht war ihm verkündet, daß der Professor in seiner Art ein berühmter Mann sei, und er war geneigt irdischen Ruhm besonders hochzuachten, wenn dieser bei ihm zur Miethe wohnte. Auch war der Professor ein vortrefflicher Miether, er protestirte nie gegen eine Maßregel, welche Herr Hummel als oberste Polizeibehörde des Hauses verfügte; er hatte Herrn Hummel einst wegen Anlage eines Capitals um Rath gefragt, er hielt nicht Hund nicht Katze, gab keine Tanzgesellschaften, sang nicht zum Fenster hinaus und spielte auf keinem Flügel Bravourstücke. Und was die Hauptsache war, er bewies gegen Frau Hummel und Laura, wenn er ihnen einmal begegnete, eine ritterliche Artigkeit, welche dem gelehrten Herrn sehr wohl stand. Frau Hummel war von ihrem Miether begeistert und Hummel hatte gut befunden, die letzte nothwendige Erhöhung der Miethe nicht vorher im Familienkreise zu besprechen, weil er einen Wider= spruch seiner gesammten weiblichen Bevölkerung voraussah.

Jetzt hatte der Kobold, welcher zwischen beiden Häusern hin und her lief, Steine in den Weg werfend und den Men= schen Eselsohren bohrend, auch die beiden freien Seelen seines Reviers gegen einander aufgeregt. Aber sein Versuch blieb kümmerlich: die wackern Männer waren nicht fügsam, nach seiner mißtönenden Pfeife zu tanzen.

Früh am nächsten Morgen trug Gabriel einen Brief seines Herrn zum Doctor hinüber. Als er in den feindlichen Haus= flur trat, kam ihm eilig Dorchen, das Dienstmädchen der Familie Hahn entgegen, einen Brief ihres jungen Herrn an den Pro= fessor in der Hand. Die Boten tauschten die Briefe und zu gleicher Zeit lasen die Freunde ihre Zuschriften.

Der Professor schrieb: „Mein lieber Freund, zürne mir nicht, daß ich wieder einmal heftig wurde, die Veranlassung war so abgeschmackt als möglich. Was mich verstimmte, war, ehrlich gesagt, daß du so unbedingt verweigertest, einen Lateiner mit mir herauszugeben. Denn die Möglichkeit Verlorenes zu finden, welche wir im gefälligen Traume durch einige Augen= blicke annahmen, war mir doch auch darum so lockend, weil sie uns beiden eine gemeinsame Thätigkeit in Aussicht stellte. Wenn ich versuche dich in den engern Kreis meiner Wissen= schaft zu ziehen, so wirst du voraussetzen, daß ich dabei nicht nur durch persönliche Empfindungen, sondern weit mehr durch den naheliegenden Wunsch bestimmt werde, für die Wissen= schaft, auf welche ich mich beschränken muß, deine Kraft zu gewinnen.‟

Fritz dagegen schrieb: „Lieber theurer Freund, ich trage das peinliche Gefühl mit mir herum, daß meine Empfindlichkeit von gestern uns beiden einen schönen Abend verdorben hat. Meine nur nicht, daß ich dir das Recht bestreiten will, mir

die Weitschweifigkeit und Systemlosigkeit meiner Arbeiten vor=
zuhalten. Gerade weil deine Aeußerungen eine Saite berührten,
deren stillen Mißklang ich selbst zuweilen empfinde, verlor ich
für einen Augenblick die Unbefangenheit. Du hast sicher in
Vielem Recht, nur das Eine bitte ich dich zu glauben, daß
meine Weigerung, mit dir eine große Arbeit zu übernehmen,
weder selbstsüchtig noch unfreundschaftlich war. Ich bin mir
bewußt, daß ich ein, wenn auch für meine Kraft zu umfang=
reiches Gebiet nicht verlassen, am wenigsten aber mit einem
neuen Kreis von Interessen vertauschen darf, in welchem mein
mangelhaftes Können dir nur zur Last sein würde."

Beide waren nach Empfang dieser Briefe doch etwas be=
ruhigt. Da aber einzelne Aeußerungen derselben jedem von
ihnen eine weitere Auseinandersetzung nothwendig machten, so
setzten sich beide hin und schrieben einander wieder kurz und
gedrungen, wie gedankenvollen Männern ziemt. Der Professor
antwortete: „Für deinen Brief, mein theurer Fritz, danke ich
dir von Herzen. Nur das Eine muß ich wiederholen, du hast
von je deinen eigenen Werth zu niedrig angeschlagen und wenn
ich dir einen Vorwurf machen darf, so ist es nur dieser."

Fritz endlich antwortete: „Wie tief und gerührt empfinde
ich in diesem Augenblick deine Freundschaft für mich. Nur
das will ich dir noch sagen, unter Vielem, was ich von dir
zu lernen habe, ist mir nichts nöthiger, als deine bescheidene
„Beschränkung". Und wenn du mit diesem Worte deine um=
fassende und resultatvolle Thätigkeit bezeichnest, so zürne nicht,
daß auch ich für meine Arbeit darnach ringe."

Der Professor ging nach Absendung seines Briefes un=
ruhig in die Vorlesung und hatte das Bewußtsein, daß er
zerstreut vortrage, Fritz eilte auf die Bibliothek und suchte
emsig alle Notizen zusammen, welche über Schloß Bielstein
aufzutreiben waren. Am Mittag nach der Heimkehr las jeder
den zweiten Brief des Freundes, dann sah der Professor oft
nach der Uhr und als es drei schlug, setzte er schnell seinen

Hut auf und ging mit großen Schritten über die Straße in das feindliche Haus. Während er den Thürgriff an der Stube des Doctors faßte, fühlte er von innen einen Gegendruck, kräftig riß er die Thür auf, Fritz stand vor ihm, ebenfalls den Hut auf dem Kopf, im Begriff zu ihm hinüberzugehen. Ohne ein Wort zu sagen, umarmten einander die beiden Freunde.

„Ich bringe gute Nachricht vom Antiquar," begann der Professor.

„Und ich vom alten Schlosse," rief Fritz.

„Höre zu," sagte der Professor, „der Antiquar hat das Buch des Fraters von einem Kleinhändler gekauft, der im Lande umherzieht, Geräth und alte Bücher zu sammeln. Der Mann wurde in meiner Gegenwart herbeigeholt, er hat das Büchlein in der Stadt Rossau selbst aus dem Nachlaß eines Tuchmachers erstanden, mit einem alten Schrank und einigen geschnitzten Schemeln. Es ist also wenigstens möglich, daß die handschriftlichen Bemerkungen am Ende, die sich ohnebies ungeübtem Blicke entziehen, seit dem Tode des Fraters niemals Aufmerksamkeit erregt und niemals Nachforschungen veranlaßt haben. — Vielleicht gewährt noch ein Kirchenbuch in Rossau Nachricht über Leben und Tod des Mönches Tobias Bachhuber."

„Wohl," bestätigte Fritz vergnügt, „es besteht dort eine Gemeinde seiner Confession. Schloß Bielstein aber liegt eine halbe Stunde von der Stadt Rossau auf einer walbigen Anhöhe, — sieh hier die Karte. Es war früher Eigenthum des Landesherrn, im vorigen Jahrhundert ist es in Privatbesitz übergegangen. Das Gebäude aber dauert noch, es wird in dieser Landeskunde als altes Schloß aufgeführt, welches gegenwärtig Wohnhaus eines Herrn Bauer ist. — Auch mein Vater weiß von dem Hause, er hat es auf einer Geschäftsreise von der Landstraße gesehen und schildert es als ein langgestrecktes Gebäude mit Erkern und hohem Dach."

„Die Fäden verflechten sich zu einem guten Gewebe," sagte der Professor sich behaglich zurechtsetzend.

„Halt, noch eins," rief der Doctor geschäftig. „Die Sagen dieser Landschaft sind von einem unserer Freunde gesammelt. Der Wackere ist zuverlässig. Laß sehen, ob er eine Erinnerung aus der Umgebung von Rossau aufgezeichnet hat." Er schlug eilig nach, sah in das Buch und blickte den Freund sprachlos an.

Der Professor ergriff den Band und las die kurze Notiz: „In der Umgegend von Bielstein erzählt man, daß vor alten Zeiten die Mönche einen großen Schatz im Schlosse vermauert haben."

Wieder stieg die alte unheimliche Handschrift vor den Freunden aus dem Boden, deutlich sichtbar, mit den Händen zu greifen.

„Unmöglich ist ja nicht, daß die Handschrift dort noch versteckt liegt," bemerkte endlich der Professor mit künstlicher Ruhe. „An Beispielen für dergleichen Funde fehlt es nicht. Es ist noch nicht lange her, da wurde in dem alten Hause eines Gutsbesitzers meiner Heimat eine Zimmerdecke durchgeschlagen, es war eine Doppeldecke, der leere Raum dazwischen enthielt eine Anzahl Urkunden und Papiere über Eigenthumsrechte, daneben einigen alten Schmuck. Der Schatz war auch zur Zeit des großen Krieges versteckt worden, und durch Jahrhunderte hatte Niemand auf die niedrige Decke der kleinen Stube geachtet."

„Natürlich," rief Fritz sich die Hände reibend, „auch in den Bekleidungen der alten Rauchfänge sind zuweilen leere Räume, ein Bruder meiner Mutter fand beim Umbau seines Hauses an solcher Stelle einen Topf mit Münzen." Er zog seinen Beutel. „Hier ist eine davon, ein schöner Schwedenthaler. Der Oheim gab mir ihn bei der Einsegnung als Heckgroschen und ich trage ihn seit der Zeit in der Börse. Ich habe manchmal harte Versuchung ihn auszugeben bekämpft."

Der Professor untersuchte genau den Kopf Gustav Adolphs, als ob dieser ein Nachbar des versteckten Tacitus gewesen wäre, und in seiner Umschrift eine Kunde von dem verlorenen Buch brächte. „Es ist richtig," sagte er nachdenkend, „wenn das Haus auf einer Anhöhe liegt, könnten selbst die Keller= räume trocken sein."

„Allerdings," erwiederte der Doctor. „Häufig wurden auch die dicken Wände doppelt gemauert und der Zwischenraum mit Schutt ausgefüllt. Es ist in solchem Fall leicht, durch kleine Oeffnung einen hohlen Raum im Innern der Mauer hervorzubringen."

„Für uns aber," begann der Professor sich aufrichtend, „erwächst jetzt die Frage: Was haben wir zu thun? Denn eine solche Kunde, wie groß oder gering ihre Bedeutung auch werden möge, legt dem Finder doch die Pflicht auf, alles Mög= liche zu thun, was die Entdeckung förbern kann. Und diese Pflicht haben wir ungesäumt und vollständig zu erfüllen."

„Wenn du öffentliche Mittheilung von dieser Ueberliefe= rung machst, so gibst du die Aussicht, die Handschrift selbst zu entdecken, und Alles, was sich daran knüpfen mag, aus den Händen."

„In dieser Sache muß jede persönliche Rücksicht schwinden," entschied der Professor.

„Und wenn du jetzt die gefundenen Klosternotizen bekannt machst," fuhr der Doctor fort, „wer steht dir dafür, daß nicht die behende Thätigkeit eines Antiquars oder eines Ausländers allen weiteren Nachforschungen zuvorkommt? In solchem Falle mag der Schatz, selbst wenn er gefunden wird, nicht allein für dich, auch für unser Land, ja für die Wissenschaft verloren gehn."

„Das letzte wenigstens darf nicht geschehn," rief der Pro= fessor. — „Und auch, wenn du dich an die Staatsregierung jener Landschaft wendest, ist sehr zweifelhaft, ob dir Ver= ständniß und guter Wille entgegenkommt," erörterte der Doctor siegreich.

„Es fällt mir nicht ein, die Angelegenheit fremden Beamten zu überlassen," erwiederte der Professor. „Wir haben aber ganz in der Nähe Jemand, dessen Glück und Scharfsinn im Aufspüren von Seltenheiten wunderbar sind. Ich habe Lust, dem Magister Knips von der Handschrift zu sagen: er mag seine Correcturen auf einige Tage bei Seite legen, für uns nach Rossau reisen und dort das Terrain untersuchen."

Der Doctor fuhr in die Höhe: „Das darf niemals geschehen. Knips ist nicht der Mann, dem man ein solches Geheimniß anvertrauen darf."

„Ich habe ihn doch stets zuverlässig gefunden," entgegnete der Professor. „Er ist bei vieler Wunderlichkeit geschickt und wohlunterrichtet."

„Mir wäre eine Entweihung deines schönen Fundes, den tröbelhaften Mann dafür zu verwenden," versetzte Fritz, „und ich werde es nie billigen."

„Dann also," rief der Professor, „bin ich entschlossen. Die Ferien sind vor der Thür, ich gehe selbst in das alte Haus. Du aber, mein Freund, auch du wolltest dir einige Reisetage gönnen, du mußt mich begleiten; wir reisen zusammen, schlag ein."

„Von Herzen," rief der Doctor, die Hand des Freundes fassend. „Wir bringen in das Schloß und citiren die Geister, welche über dem Schatze schweben."

„Wir sprechen zuerst ein verständiges Wort mit dem Eigenthümer des Hauses. Was dann zu thun ist, wird sich finden. Unterdeß bewahren wir die Angelegenheit als Geheimniß."

„So ist es recht," stimmte Fritz bei; die Freunde stiegen vergnügt in den Garten des Herrn Hahn hinab und beriethen um die weiße Muse gelagert die Eröffnung des Feldzuges.

Fest eingedämmt durch methodisches Denken war die Phantasie des Gelehrten, aber in der Tiefe seiner Seele strömte doch reichlich und stark dieser geheimnißvolle Quell aller Schönheit und Thatkraft. Jetzt war in den Damm ein Loch gerissen, luſtig ergoß ſich die Flut über ſeine Saaten. Immer wieder flog ihm der Wunſch zu der räthſelhaften Handſchrift. Er ſah die Maueröffnung vor ſich und den erſten Schein der Leuchte, der auf die grauen Bücher in der Höhlung fiel; er ſah den Schatz in ſeinen Händen wie er ihn heraustrug und nicht mehr von ſich ließ, bis er die unleſerlichen Seiten ent= ziffert hatte. — Seliger Geiſt des Frater Tobias Bachhuber! wenn du etwa deine Ferienzeit im Himmel dazu verwendeſt, auf unſere arme Erde zurückzukehren, und wenn du dann bei Nacht durch die Räume des alten Schloſſes gleiteſt, deinen Schatz hütend und unberufene Neugierige ſchreckend, o ſo winke freundlich dem Manne zu, der jetzt naht, dein Geheimniß ins Sonnenlicht zu tragen, denn er ſucht wahrhaftig nicht für ſich Gewinn und Ehren, ſondern er beſchwört dich als ein Redlicher im Dienſt guter Gewalten.

3.

Die Reiſe ins Blaue.

Wer aus höhern Regionen auf die Gegend von Roſſau herniederblickte, der konnte an einem ſonnigen Erntemorgen des Auguſt zwiſchen den Weiden der Landſtraße eine Bewegung wahrnehmen, welche den Thoren der Stadt zuſtrebte. Für nähere Betrachtung wurden zwei wandelnde Männer erkenn= bar, ein größerer und ein kleinerer, beide in hellen Sommer= kleidern, welchen durch die Gewitterregen des letzten Tages aller Glanz abgeſpült war, beide mit ledernen Reiſetaſchen, welche am Riemen von der Schulter hingen; der größere trug einen breitkrempigen Filzhut, der kleinere einen Strohhut.

Die Wanderer waren Fremblinge, denn ſie hielten zu= weilen an und beobachteten Thal und Hügel mit Genuß, was den Eingeborenen des Landes ſelten einfiel. Die Gegend war von Vergnügungsreisenden noch nicht entdeckt, in den Wäldern waren nirgend glatte Pfade für die Zeugstiefeln der Städter gebahnt, selbst der Fahrweg war keine Kunststraße, in den aus= gefahrenen Wasserlöchern stand das Regenwasser, die Glöckchen der Schafherde und die Axt des Holzfällers wurden nur von den Bewohnern der Umgegend gehört, welche auf dem Felde arbeiteten oder zwischen zwei Orten ihrem Geschäft nachgingen. Und doch war die Landschaft nicht ohne Anmuth, die Umrisse der walbigen Hügel schwangen sich in kräftigen Linien, hier und da ragte Gestein zu Tage, ein Steinbruch zwischen Acker= flächen, ein Felshaupt zwischen den Bäumen des Walbes. Von den Bergen am Horizont zog ein kleiner Bach in gewundenem Lauf dem fernen Flusse zu, umsäumt von Wiesenstreifen, hinter denen sich die Ackerbeete bis zu den belaubten Höhen hinaufzogen. Fröhlich lag die einsame Landschaft im Morgen= licht, seitab von der großen Völkerstraße.

In der Niederung vor den Reisenden erhob sich rings von Hügeln umgeben der Ort Rossau, ein Landstädtchen mit zwei plumpen Kirchthürmen und dunklen Ziegeldächern, welche über die Stadtmauer ragten wie Rücken einer Rinderherde, die sich gegen ein Rudel Wölfe zusammengedrängt hat.

Die Fremden schauten von der Höhe mit warmer Theilnahme auf Schornsteine und Thürme hinter der alten Mauer, welche mißfarbig, geborsten und geflickt vor ihnen lag. Dort war einst ein Schatz bewahrt worden, der wieder gefunden die ganze civilisirte Welt beschäftigen und Hunderte zu begeisterter Arbeit aufregen würde. Die Landschaft sah durchweg aus wie andere deutsche Landschaften, der Ort durchweg wie andere arme Städtchen. Und doch war irgend ein kleiner Zug in der Gegend, der den Reisenden eine fröhliche Hoffnung nährte. War es der lustige Zwiebelaufsatz, welcher die dicken alten Thürme krönte? oder war es das Thorgewölbe, welches gerade vor den Reisenden den Eingang zur Stadt in lockendes Dunkel hüllte? oder die Stille des leeren Thalgrundes, in welchem der Ort ohne Vorstadt und Außenhäuser lag, wie auf alten Karten die Städte abgebildet werden? oder die Viehherde, welche aus dem Thore ins Freie zog und auf dem Anger leichtfertige Sprünge machte? oder war es vielleicht die kräftige Morgenluft, welche den Wanderern um die Schläfe wehte? Beide empfanden, daß etwas Merkwürdiges und Vielverheißendes in dem Thale schwebte, welches sie als Suchende betraten.

„Denke die Landschaft wie sie sich einst dem Auge bot," begann der Professor, „der Laubwald schloß sich in alter Zeit enger um den Ort, er formte die Hügel höher, das Thal tiefer, wie in einem Kessel lag damals das Kloster mit den Hütten seiner abhängigen Landleute. Hier im Süden, wo das Ge= lände sich steil hinabsenkt, haben die Mönche sicher einst ihren Klosterwein gebaut. Um das Kloster schlossen sich allmählich die Häuser der Stadt. Nimm den Thürmen die Mütze, welche ihnen vor hundert Jahren aufgesetzt wurde, und gib ihnen die alten Spitzen zurück, an die Mauern setze hier und da einen Thurm, und du hast einen hübschen Steinkasten, der ein geheimnißvolles Stück Mittelalter einschloß."

„Und auf demselben Weg, der uns hierher geführt, zog einst ein gelehrter Mönch mit seinen Handschriften in das stille Thal, um hier die Brüder zu lehren oder sich vor mäch= tigen Feinden zu verbergen," sagte hoffnungsvoll der Doctor.

Die Reisenden schritten am Anger vorüber, der Hirt sah gleichgültig nach den Fremden, aber die Kühe stellten sich an dem Grabenrand auf und starrten auf die Wanderer, und das halbwüchsige Volk der Herde brummte ihnen fragend zu. Sie traten durch die dunkle Thorwölbung und sahen neugierig die Gassen entlang, welche hier zusammen liefen. Es war eine kleine ärmliche Stadt, nur die Hauptstraße war mit schlechten Feldsteinen gepflastert. Unweit des Thores ragte hoch der schräge Balken eines Ziehbrunnens, daran hing eine lange Stange mit dem Eimer. Von Menschen war wenig zu sehen, wer nicht in den Häusern arbeitete, war auf dem Feld beschäftigt. Denn die Halme, welche in den Steinritzen der Thorwölbung hingen, verriethen, daß Erntewagen die Feld= frucht zu den Höfen der Bürger fuhren; neben vielen Häusern waren hölzerne Thore geöffnet, dann sah man in die Hof= räume, in die Scheuern und über Düngerstätten, auf denen kleines Federvieh pickte. Die letzten Jahrhunderte hatten so wenig als möglich an dem Orte geändert, noch standen die niedrigen Häuser mit dem Giebel gegen die Straße, zuweilen streckte sich eine hölzerne Dachrinne über den Weg, statt der Schilder reichten noch die Zeichen der Handwerker, aus Blech und Holz geschnitten, farbig bemalt, in die Straße hinein, ein großer hölzerner Stiefel, ein Greif, welcher eine ungeheure Schere in der Hand hielt, ein schreitender Löwe, der eine Brezel anbot, und als schönstes Stück ein regelmäßiges Sechseck aus bunten Glasrauten zusammengesetzt.

„Hier hat sich Vieles erhalten," sagte der Professor.

Die Freunde kamen auf den Marktplatz, einen unregel= mäßigen Raum, dessen kleine Häuser sich durch bunten Anstrich herausgeputzt hatten. Dort starrte von einem unansehnlichen Gebäude ein rothbemalter Drache mit geringeltem Schwanz, aus einem Bret geschnitten, von einer Eisenstange gehalten, in die Luft. Darauf stand mit übelgeschwungenen Buchstaben: Gasthof zum Lindwurm.

„Sieh," sagte Fritz, auf den Lindwurm weisend, „die Phantasie des Künstlers hat ihm einen Hechtkopf mit dicken Zähnen ausgeschnitten. Der Wurm ist der älteste Schätze= hüter unserer Sage. Es ist merkwürdig, wie fest die Er= innerung an dies Sagenthier überall im Volke haftet, wahr= scheinlich stammt auch dieses Schild aus einer Ueberlieferung des Ortes."

So stiegen sie auf ausgetretener Steintreppe in das Haus, ohne zu ahnen, daß sie schon längst von scharfen Augen be= obachtet wurden. „Wer mögen die sein?" frug den dicken Wirth ein Bürger, der seinen Morgentrunk einnahm, „wie

Geschäftsreisende sehen sie nicht aus, vielleicht ist einer der neue Pastor vom Kirchdorfe."

„So sieht kein Pastor aus," entschied der Wirth, welcher Menschen besser kannte. „Es sind Fremde, zu Fuß, kein Wagen und keine Sachen."

Die Fremden traten ein, setzten sich an einen rothgestrichenen Tisch und bestellten das Frühstück. „Eine hübsche Gegend, Herr Wirth," begann der Professor, „kräftige Bäume im Walde."

„Bäume genug," versetzte der Wirth.

„Die Umgegend scheint wohlhabend," fuhr der Professor fort.

„Die Leute klagen, daß sie nicht genug verdienen," antwortete der Wirth.

„Wie viele Geistliche haben Sie am Orte?"

„Zwei," sagte der Wirth höflicher. „Der alte Pastor ist aber gestorben. Es ist unterdeß ein Candidat hier."

„Ob der andere Pfarrer zu Haus ist?"

„Ist mir unbekannt," sagte der Wirth.

„Sie haben doch ein Gericht hier?"

„Einen Ortsrichter, er ist jetzt auf dem Amt, es ist heut Gerichtstag."

„Hat nicht vor Zeiten ein Kloster in der Stadt gestanden?" nahm der Doctor das Verhör auf.

Der Bürger und der Wirth sahen einander an. „Das ist lange her," versetzte der Herr der Schenke.

„Hier in der Nähe liegt das Schloß Bielstein?" frug Fritz weiter. Wieder sahen der Bürger und der Wirth einander bedeutungsvoll an.

„Es liegt so etwas hier in der Nähe," erwiederte der Wirth zurückhaltend.

„Wie lange geht man bis zum Schloß?" frug der Professor, geärgert durch die kurzen Antworten des Mannes.

„Wollen Sie dort hin?" entgegnete der Wirth, „kennen Sie den Gutsbesitzer?"

„Nein," antwortete der Professor.

„Haben Sie denn etwas bei ihm zu thun?"

„Das ist unsere Sache, Herr Wirth," versetzte der Professor kurz.

„Der Weg geht eine halbe Stunde durch den Wald, er ist nicht zu fehlen," schloß der Wirth die ungemüthliche Unterhaltung und verließ die Stube. Der Bürger folgte ihm.

„Viel haben wir nicht erfahren," sagte der Doctor lächelnd, „ich hoffe, der Pfarrer und Richter sind redseliger."

„Wir gehen geradezu nach dem Gute," entschied der Professor. .

Draußen steckten der Wirth und der Bürger die Köpfe zusammen. „Wer die Fremden sein mögen?" wiederholte der Bürger, „geistlich sind sie nicht und an dem Richter war ihnen auch nicht viel gelegen. Hast du gemerkt, wie sie nach dem Kloster und dem Schlosse frugen?" Der Wirth nickte. „Ich will dir meinen Verdacht sagen," fuhr der Bürger eifrig fort: „sie kommen nicht umsonst her, sie suchen etwas."

„Was sollen sie suchen?" frug der Wirth nachdenkend.

„Es sind verkleidete Jesuiten, sie sehen mir sehr apropos aus."

„Nun, wenn sie mit den Leuten auf dem Gute anbinden wollen, die sind Manns genug mit ihnen fertig zu werden."

„Ich habe mit dem Inspector zu thun, ich will ihm doch einen Wink geben."

„Menge dich nur nicht in Geschichten, die dich nichts angehen," warnte der Wirth. Der Bürger aber drückte die Stiefeln fester, die er unter dem Arm trug, und fuhr um die Ecke.

Schweigend schritten die Freunde aus der gemeinen Nüchternheit des Lindwurms auf die Straße. Sie erfrugen von einem Mütterchen am entgegengesetzten Stadtthor den Weg nach dem Schlosse. Hinter der Stadt hob sich der Pfad vom Kiesbett des Baches zu einer waldigen Höhe. Sie traten an

einen Schlag Buschholz, aus dem einzelne hohe Eichen empor=
ragten. Der Regen des letzten Abends lag noch in Tropfen
auf den Blättern, das dunkle Grün des Sommers glänzte
im Sonnenstrahl, einzelne Vögelstimmen, das Hämmern des
Spechts unterbrachen die Stille.

„Das gibt eine andere Stimmung,“ rief der Doctor
erfreut.

„Es gehört wenig dazu, ein gut besaitetes Menschenherz
in neuer Melodie klingen zu machen, wenn nicht gerade das
Schicksal mit rauher Hand darauf spielt. Etwas Baumrinde
mit grauem Flechtenbart, eine Hand voll Blüthen im Grunde
und wenige Noten aus der Kehle eines Vogels,“ versetzte der
Professor weise. „Horch, das ist kein Gruß, den die Natur
dem Wanderer gönnt,“ unterbrach er sich lauschend. Von
fern klangen menschliche Stimmen, ein leiser Choral tönte wie
aus den Baumgipfeln in ihr Ohr.

„Höher hinauf,“ rief der Doctor, „zu der geheimnißvollen
Stätte, wo alte Kirchenlieder aus den Eichen rauschen.“

Sie stiegen noch einige hundert Schritt in die Höhe und
standen auf einer Terrasse des Waldhügels, die an der Seite
von Bäumen umschlossen, in der Mitte gelichtet war. In
der Lichtung stand eine kleine hölzerne Kirche von einem Fried=
hof umgeben, dahinter erhob sich auf einem massigen Felsblock
ein langes altes Gebäude, das Dach durch viele spitze Giebel
gebrochen.

„Das fügt sich gut zusammen,“ rief der Professor und
sah neugierig über die Waldkirche nach dem Schlosse hinauf.

Aus der Kirche scholl ein Trauergesang stärker in das
Ohr. „Laß uns hineingehen,“ sagte der Doctor, auf die ge=
öffnete Pforte des Friedhofs weisend.

„Mir ist gottseliger hier draußen zu Muthe,“ erwiederte
der Professor, „und mir widersteht's, unberufen in Freude
und Leid Fremder einzudringen. Das Lied ist zu Ende, jetzt
kommt des Pfarrers Sprüchlein.“

Fritz aber war auf die Steine der niedrigen Mauer ge=
klettert und betrachtete die Kirche. „Sieh die massiven Strebe=
pfeiler. Es ist der Rest eines alten Baues, sie haben ihn
durch Tannenholz ergänzt, Thurm und Holzdach blau vor
Alter, es lohnt das Innere zu sehen.“

Der Professor hielt die lange Ranke eines Brombeer=
strauches, welche über die Mauer herabhing, in der Hand und
sah bewundernd auf weiße Blüthen, grüne und gebräunte
Beeren, welche in dicken Büscheln bei einander standen. Un=
deutlich drangen die Laute einer Männerstimme an sein Ohr
und unwillkürlich neigte er das Haupt, den Sinn aufzufassen.

„Laß uns doch hören,“ sagte er endlich und betrat mit
dem Freunde den Friedhof. Sie zogen die Hüte und öffneten
leise die Kirchthür. Es war ein sehr kleiner Raum, der Ziegel=
bau des alten Chores von innen weiß getüncht, das übrige
von gebräuntem Holz, die Kanzel, eine Galerie, wenige Bänke.
Vor dem Altar stand ein offener Kindersarg, die Gestalt darin
ganz mit Blumen bedeckt, wenige Landleute in schmuckloser
Tracht daneben, auf den Stufen des Altars ein alter Geist=
licher mit weißem Haar und treuherzigem Gesicht, am Haupt
des Sarges aber die schluchzende Frau eines Arbeiters, die
Mutter des Kleinen. Und neben ihr eine kräftige Frauen=
gestalt in städtischer Tracht, sie hatte den Hut abgenommen,
hielt die Hände gefaltet und sah auf das Kind unter den
Blumen hernieder. So stand sie regungslos, die Sonne fiel
schräge auf das gelockte Haar und die regelmäßigen Züge des
jungen Gesichts. Fesselnder aber als der hohe Wuchs und
das schöne Haupt war der Ausdruck tiefer Andacht, welche
über sie ausgegossen war. Unwillkürlich faßte der Professor
den Arm des Freundes, ihn zurückzuhalten. Der Geistliche
sprach sein Schlußgebet, die stattliche Frau neigte das Haupt
tiefer, dann beugte sie sich noch einmal zu dem Kleinen herab
und legte einen Arm um die Mutter, welche sich weinend an
die Trösterin lehnte. So stand die Fremde und sprach leise

über dem Haupte der Mutter, während ihr selbst die Thränen
aus den Augen herabrollten. Wie Geisterlaut klang das
Murmeln der tiefen Frauenstimme in das Ohr der Freunde.
Dann hoben die Männer den Sarg vom Boden und folgten
dem Geistlichen, der auf den Friedhof führte. Hinter dem
Sarge ging die Mutter, das Haupt an der Schulter ihrer
Führerin. Die Frau schritt bei den Fremden vorüber, verklärt
vor sich hinschauend, sie flüsterte ihrer Gefährtin Bibelworte
zu. „Der Herr hat's gegeben, der Herr hat's genommen. —
Lasset die Kindlein zu mir kommen," vernahmen die Freunde.
Die Mutter hing gebrochen am Arme der Fremden und, wie
durch den leisen Ton fortgeführt, wankte sie zu dem Grabe.
Ehrfürchtig schlossen sich die Freunde dem Zuge an. Der Sarg
wurde in das Grab gelassen, der Geistliche sprach den Segen,
jeder der Anwesenden warf drei Hände voll Erde auf das ge=
schwundene Leben. Dann traten die Landleute auseinander
und machten der Mutter und ihrer Begleiterin den Weg frei.
Die Fremde reichte dem Geistlichen die Hand und geleitete die
Mutter langsam über den Friedhof auf den Weg, der zum
Schlosse führte.

In einiger Entfernung folgten die Freunde, ohne einander
anzusehen. Der Professor fuhr sich über die Augen: „Der=
gleichen macht immer weich," sagte er traurig.

„Wie sie am Altare stand," rief der Doctor, „eine Seherin
der Vorzeit, als trüge sie einen Eichenkranz auf dem Haupt.
Sie zog das arme Weib sich nach durch ihr Murmeln. Es
waren zwar unsere ehrlichen Bibelsprüche; aber jetzt verstehe
ich, was das Wort raunen in alter Zeit bedeutete, wo man
auch den Worten eine zauberische Kraft zuschrieb. Sie be=
herrschte der Trauernden Seele und Leib, und ihre Stimme
regte auch mir das Herz auf. Wer war dieses Weib, war es
Mädchen oder Frau?"

„Es ist ein Mädchen," erwiederte der Professor nach=
drücklich. „Sie wohnt im Schloß und wir werden sie

dort treffen. Laß sie voraus und uns am Fuß des Felsens warten."

Sie saßen lange auf einem vorspringenden Stein, der Professor wurde nicht müde, ein Büschel Moos zu betrachten, er bürstete es mit der Hand und legte es bald nach der einen, bald nach der andern Seite. Endlich stand er schnell auf. „Was auch kommen möge, jetzt gehen wir."

Sie stiegen einige hundert Schritt bis zur Höhe. Die Landschaft vor ihnen war plötzlich verwandelt. Zur Seite lag das Schloß mit einem gemauerten Hofthor und großen Wirth=schaftsgebäuden, vor ihnen neigte sich eine weite Fläche Acker=landes von der Höhe hinab in ein flaches Thal. Das ein=same Waldbild war verschwunden, um die Wanderer rührte sich kräftig das Leben des Tages, der Wind trieb Wellen durch das Aehrenmeer, Erntewagen fuhren auf den Feldwegen heran, Menschenstimmen riefen, die Peitsche knallte und die Garben flogen von starker Hand geschwungen über die hohen Leiterbäume.

„Holla, was suchen Sie hier?" frug hinter den Fremden eine tiefe Baßstimme in befehlendem Ton. Die Freunde wandten sich schnell um. Vor dem Hofthor stand ein mäch=tiger breitschultriger Mann mit kurzgeschorenem Haar und sehr energischem Ausdruck im sonnenbraunen Gesicht. Hinter ihm steckten Wirthschaftsbeamte und Knechte neugierig die Köpfe durch das Thor und ein großer Hund fuhr bellend gegen die Fremden. „Zurück, Nero," rief der Landwirth, und pfiff den Hund zu sich, dabei sah er mit kaltem Polizeiblick auf die Fremden.

„Herr Gutsbesitzer Bauer?" frug der Professor grüßend.

„Der bin ich, und wer sind Sie?" gab der Gutsherr die Frage zurück.

Der Professor nannte die Namen und den Ort, von dem sie kamen. Der Wirth trat einen Schritt näher und prüfte das Aussehen der Beiden von oben herab.

„Dort wohnen ja wohl keine Jesuiten," sagte er; „wenn Sie aber hierher kommen, Verborgenes zu finden, so war die Reise unnütz, hier finden Sie nichts."

Die Freunde sahen einander an, sie standen nahe am Hause, aber fern vom Ziel.

„Sie machen uns fühlbar," erwiederte der Professor, „daß wir ohne Vermittlung eines Dritten an Ihre Wohnung treten. Obgleich Sie aber über den Zweck unseres Herkommens bereits eine Vermuthung ausgesprochen haben, ersuche ich Sie doch, uns deshalb eine Erklärung vor weniger Zeugen zu gestatten!"

Die feste Haltung des Professors verfehlte nicht ganz die Wirkung. „Wenn Sie in der That ein Geschäft zu mir führt, so werden wir das allerdings besser im Haus abmachen. Folgen Sie mir, meine Herren." Er lüftete ein wenig seine Mütze, wies mit der Hand nach dem Thor und schritt voraus. „Nero, Teufelshund, kannst du nicht Ruhe halten!"

Der Professor und der Doctor folgten, an sie schlossen sich Wirthschaftsbeamte und Knechte und der knurrende Hund. So wurden die Fremden in einem ungemüthlichen Zuge nach dem Wohnhaus geführt. Trotz ihrer mißlichen Lage sahen sie doch mit Neugierde auf den großen Hof, auf die Arbeit des Einscheuerns, auf einen Trupp Gänse, welcher durch den Zug gestört breitbeinig und schnatternd über den Weg schritt. Dann überflog ihr Auge das Wohnhaus, die breiten steinernen Stufen mit Bänken an beiden Seiten, die gewölbte Thür, das übertünchte Wappen am Schlußstein. Sie traten in einen geräumigen Hausflur, der Gutsherr hing seine Mütze auf einen Kleiderrechen, drückte mit schwerer Hand die Klinke der Wohnstube und machte wieder eine Handbewegung, welche höflich sein sollte und die Fremden zum Vortritt einlud. „Jetzt sind wir allein," begann er, „womit kann ich Ihnen dienen? Sie sind mir bereits als zwei Schätzesucher angekündigt. Wenn Sie das sind, so muß ich Ihnen rund heraus erklären, daß ich von solchen Thorheiten nichts wissen will. Im übrigen bin ich bereit, mich Ihrer Bekanntschaft zu freuen."

„Nun, Schatzgräber sind wir nicht," entgegnete der Professor, „und da wir den Zweck unserer Reise überall als Geheimniß bewahrt haben, so begreifen wir nicht, wie Sie etwas Entstelltes über die Veranlassung unseres Kommens hören konnten."

„Der Schuster meines Hofverwalters hat ihm die Nach= richt mit zwei versohlten Stiefeln zugetragen, er hat Sie im Gasthofe der Stadt gesehen und aus Ihren Fragen Verdacht geschöpft."

„Er hat mehr Scharfsinn angewandt," erwiederte der Professor, „als bei unsern harmlosen Fragen nöthig war. Und doch hat er nicht ganz Unrecht gehabt."

„Also ist etwas daran," unterbrach der Landwirth finster, „in diesem Fall muß ich die Herren bitten, sich selbst und mich nicht weiter zu bemühen. Ich habe keine Zeit für dergleichen Narrheiten."

„Vor Allem haben Sie die Güte, uns anzuhören, ehe Sie uns in so kurzer Weise das Gastrecht aufkündigen," ver= setzte der Professor ruhig. „Unser Kommen hat keinen andern Zweck, als Ihnen eine Mittheilung zu machen, über deren Werth Sie dann selbst entscheiden mögen. Und nicht nur wir, auch Andere könnten Ihnen einen Vorwurf daraus machen, wenn Sie unser Gesuch ohne Prüfung abweisen. Die Sache geht Sie mehr an als uns."

„Natürlich," sagte der Wirth, „diese Redensarten kennt man."

„Doch nicht ganz," entgegnete der Professor, „es ist ein Unterschied, wer sie braucht und welchem Zweck sie dienen."

„Nun denn, in des Teufels Namen sprechen Sie, aber verständlich," rief der Landwirth ungeduldig.

„Nicht eher," fuhr der Professor fort, „als bis Sie sich bereit zeigen, eine ernste Angelegenheit so anzuhören, wie sie verdient. Es ist eine kurze Auseinandersetzung nöthig und Sie haben uns noch nicht einmal zum Sitzen eingeladen."

„So nehmen Sie Platz," versetzte der Landwirth und rückte einen Stuhl.

Der Professor begann: „Durch Zufall habe ich vor kurzem in einem geschriebenen Buche unter andern handschriftlichen Aufzeichnungen der Mönche von Rossau einige Bemerkungen gefunden, welche für die Wissenschaft, der ich diene, möglicherweise wichtig sind."

„Und welches ist Ihre Wissenschaft," unterbrach ihn der Landwirth ungerührt.

„Ich bin Philolog.'

„Das bedeutet alte Sprachen?" frug der Landwirth.

„So ist es," fuhr der Professor fort. „Die Notiz eines Mönches in dem erwähnten Bande meldet, daß um das Jahr 1500 eine werthvolle Handschrift, welche die Geschichts= erzählung des Römers Tacitus enthielt, in dem Kloster vor= handen war. Das Werk des berühmten Geschichtschreibers ist uns in einigen andern wohlbekannten Handschriften nur sehr trümmerhaft erhalten, es scheint, daß die damals in dem Kloster vorhandene Handschrift sein Werk vollständiger ent= hielt. Eine zweite Notiz desselben Buches meldet aus dem April des Jahres 1637, daß damals die letzten Mönche des Klosters in schwerer Kriegszeit Kirchengeräth und die Hand= schriften des Klosters an einer hohlen und trocknen Stelle des Hauses Bielstein vor den Schweden verborgen haben. — Das sind die Worte, die ich gefunden, weitere Thatsachen habe ich Ihnen nicht mitzutheilen. Die Echtheit der beiden Bemer= kungen ist für uns zweifellos, ich habe Ihnen eine Abschrift der betreffenden Stelle mitgebracht, das Original bin ich bereit, Ihrer eigenen Einsicht zu unterwerfen oder der eines sachverständigen Beurtheilers, den Sie wählen wollen. Ich füge nur noch hinzu, daß wir beide, mein Freund und ich, sehr gut wissen, wie ungenügend die Mittheilungen sind, welche wir Ihnen machen, und wie unsicher die Aussicht, daß sich jetzt nach zwei Jahrhunderten noch etwas von dem damals ver=

grabenen Eigenthum des Klosters vorfinde. Und doch haben wir eine Ferienreise dazu benutzt, Ihnen Nachricht von dieser Entdeckung zu geben, selbst auf die naheliegende Gefahr einer vergeblichen Untersuchung. Wir haben uns aber zu dieser Reise verpflichtet gefühlt. Nicht vorzugsweise um Ihretwillen, obgleich die Handschrift, wenn sie sich fände, von sehr hohem Werth sein würde, sondern zunächst im Interesse der Wissenschaft, denn nach dieser Richtung wäre ein solcher Fund in der That unschätzbar."

Der Landwirth hatte aufmerksam zugehört, das Papier, welches der Professor vor ihn auf den Tisch legte, ließ er unberührt. Jetzt begann er: „Daß Sie mich nicht täuschen wollen und daß Sie die Wahrheit nach allen Seiten mit guter Meinung sprechen, sehe ich ein. Ihre Auseinandersetzung ist mir verständlich. Ihr Latein vermag ich nicht zu lesen; und das ist auch nicht nöthig, denn was die Thatsachen betrifft, so glaube ich Ihnen. Aber," fuhr er lächelnd fort, „die Herren Gelehrten haben in der Ferne eines nicht gewußt, daß dieses Haus das Unglück hat, in der ganzen Gegend für den Ort zu gelten, an welchem alte Mönche ihre Schätze vermauert haben."

„Das war uns allerdings nicht unbekannt," fiel der Doctor ein, „und es konnte uns die Bedeutung der schriftlichen Notizen nicht verringern."

„Da waren Sie in großem Irrthum. Es liegt doch auf der Hand, daß ein solches Gerücht, welches durch mehre Menschenalter in einer Gegend geglaubt wird, fortwährend abergläubische und gewinnsüchtige Personen in Bewegung gesetzt hat, diese vermeinten Schätze aufzuspüren. Wie können Sie annehmen, daß Sie die ersten sind, welche auf den Gedanken kommen, nachzusuchen? Dies ist ein altes festes Haus, aber es würde fester sein, wenn es nicht vom Keller bis unter das Dach Spuren zeigte, daß man in früherer Zeit Löcher hineingeschlagen und die Schäden nachlässig ausgebessert hat. Erst vor wenigen Jahren habe ich Kosten und Mühe gehabt, einen neuen Dachbalken einzuziehen, weil Dach und Decke sich senkte, und die Untersuchung ergab, daß gewissenlose Menschen ein Stück des Balkens ausgesägt hatten, jedenfalls um in einen Winkel des Daches hineinzugreifen. Und ich sage Ihnen gerade heraus, wenn mir etwas das alte Haus verleidet, in dem ich seit zwanzig Jahren Glück und Unglück erfahren habe, so ist es dies widerwärtige Gerücht. Gerade jetzt wird in der Stadt die Untersuchung gegen einen Schatzgräber geführt, der Narren durch das Vorgeben betrogen hat, er könne aus diesem Berge einen Schatz beschwören. Noch wird seinen Mitschuldigen nach= gespürt. Ihren Fragen in der Stadt haben Sie zuzuschreiben, daß die Leute dort, welche viel von dem Betruge reden, Sie für Helfer des eingezogenen Gauners gehalten haben. Daher auch mein rauher Gruß. Ich mache Ihnen deshalb meine Entschuldigung."

„Und Sie wollen sich nicht dazu verstehen," frug der Professor unzufrieden, „unsere Mittheilung zu weiterer Nach= forschung zu benützen?"

„Nein," versetzte der Landwirth, „ich will mich nicht selbst zum Narren machen. Wenn Ihr Buch nichts weiter meldet, als was Sie mir gesagt haben, so dient diese Nachricht zu gar nichts. Haben die Mönche hier herum irgend etwas versteckt, so ist Hundert gegen Eins zu wetten, sie haben es in ruhiger Zeit selbst wieder herausgeholt. Wäre aber gegen alle Wahr= scheinlichkeit das Versteckte damals an seiner Stelle geblieben — es sind seitdem einige hundert Jahre vergangen — so hätten es längst andere hungrige Leute herausgegraben. Das sind, verzeihen Sie mir, Ammengeschichten, nur gut für Spinnstuben. Ich habe einen Widerwillen gegen solches Gelüst, das an den Mauern wühlt. Der Landwirth soll im Acker schaufeln und nicht in seinem Hause. Unter Gottes Sonne liegen seine Schätze."

Dem Professor wallte das Blut über die kalte Art des Mannes, er bezwang mit Mühe den ausbrechenden Zorn, indem er an das Fenster trat und einem Haufen Sperlinge zusah, die heftig gegen einander schritten. Endlich begann er sich umwendend: „Ihre Weigerung ist ein Recht des Hauseigenthümers. Wenn Sie darauf bestehen, so werden wir Sie allerdings mit dem Bedauern verlassen, daß Sie die mögliche Bedeutung unserer Mittheilung nicht zu würdigen wissen. Ich habe diese Begegnung nicht vermieden, obgleich mir wohlbekannt war, wie zufällig die Eindrücke sind, welche bei einer ersten Unterredung mit Fremden den Entschluß bestimmen. Sie würden vielleicht mehr Rücksicht auf unsre Nachricht genommen haben, wenn sie Ihnen durch Vermittlung Ihrer Regierung zugleich mit der Forderung, genaue Nachsuchung anzustellen, zugegangen wäre.“

„Reut Sie, daß Sie diesen Weg nicht eingeschlagen haben?“ frug lächelnd der Landwirth.

„Offen gesagt, nein. Ich habe in solcher Angelegenheit kein Vertrauen zu einem Beamtenprotokoll.“

„Ich auch nicht,“ versetzte der Landwirth trocken. „Wir stehen unter einem kleinen Landesherrn, aber er ist fern, wir sind von fremdem Gebiet umschlossen. Bei Hofe habe ich nichts zu thun, es vergehen Jahre, ehe ich nach unsrer Residenz komme; die Regierung plagt uns nicht übermäßig und in meinem Bezirk leite ich die Polizei. Wenn meine Regierung Ihren Wünschen Wichtigkeit beilegte, so würde sie wahrscheinlich von mir einen Bericht einfordern, und das würde mir einen Bogen Papier und eine Stunde Schreiberei kosten. Vielleicht, wenn Sie laut zu trommeln verstehen, sendet sie mir auch eine Commission in das Haus. Die meldet sich bei mir zum Mittagsessen und ich führe sie nach Tisch in die Keller, sie pocht der Form wegen ein wenig an die Wände, und ich lasse unterdeß einige Flaschen aufkorken. Zuletzt wird schnell ein Papier beschrieben und die Sache ist wieder abgemacht. Ich bin Ihnen dankbar, daß Sie diesen Weg nicht eingeschlagen haben; im übrigen vertrete ich mein Hausrecht auch gegen den Landesherrn.“

„Es ist, so scheint mir, vergeblich, zu Ihnen von dem Werth zu sprechen, den die Handschrift haben würde," warf der Professor ihm finster entgegen.

„Es wäre verlorene Mühe," sagte der Landwirth. „Ob eine solche Seltenheit, auch wenn sie in meinem Eigenthume zu Tage käme, für mich selbst einen wesentlichen Werth hätte, ist fraglich. Und den Werth für Ihre Wissenschaft kenne ich nur aus Ihrer Versicherung. Aber für mich und für Sie rühre ich keinen Finger, weil ich nicht glaube, daß ein solcher Schatz auf meinem Eigenthum verborgen ist und weil ich nicht den Willen habe, um etwas Unwahrscheinliches ein Opfer zu bringen. Dies, Herr Professor, ist meine Antwort."

Der Professor trat wieder schweigend an das Fenster. Fritz, der sich in stiller Empörung zurückgehalten hatte, empfand, daß es Zeit war, dieser Unterredung ein Ende zu machen, er erhob sich zum Aufbruch: „Und Sie haben uns wirklich Ihre letzte Meinung gesagt?"

„Ich bedaure, Ihnen keinen andern Bescheid geben zu können," versetzte der Landwirth und sah mit einer Art Mitleid auf die beiden Fremden. „Es thut mir in der That leid, daß Sie den Umweg zu mir gemacht haben. Verlangen Sie meine Wirthschaft zu sehen, jede Thür soll Ihnen geöffnet sein. Die Mauern meines Hauses öffne ich Niemandem. Ich bin übrigens bereit, Ihre Mittheilung als Geheimniß zu bewahren, um so lieber, da dies auch in meinem Interesse liegt."

„Ihre Weigerung, irgend welche Nachforschungen auf Ihrem Eigenthume anzustellen, macht ein ferneres Geheimhalten dieser Nachricht unnöthig," entgegnete der Doctor, „meinem Freunde bleibt jetzt nichts übrig, als seine Entdeckung in einer wissenschaftlichen Zeitschrift zu berichten, er hat dann seine Pflicht gethan, vielleicht daß Andere Ihnen gegenüber glücklicher sind als wir."

Der Landwirth fuhr auf. „Donnerwetter, Herr, sind Sie des Teufels? Sie wollen die Geschichte in der Zeitung

Ihren Collegen erzählen? Wahrscheinlich werden diese ebenso denken wie Sie."

„Zuverlässig werden Hunderte die Sache genau so ansehen wie wir, und Ihre Weigerung ebenso verurtheilen wie wir," rief der Doctor.

„Herr, wie Sie mich beurtheilen, ist mir ganz gleichgültig, ich muß Sie bitten, mich so schwarz zu schildern, als Ihre Wahrheitsliebe irgend zuläßt," rief der Landwirth unwillig. „Aber ich sehe voraus, daß das alles nichts helfen wird. Ver= wünscht seien die Mönche und ihr Schatz! Jetzt habe ich jeden Sonntag und jede Stunde Ihrer Ferien einen Besuch wie den Ihren zu erwarten, fremde Gesichter mit Brillen und Regen= schirmen, welche den Anspruch erheben, unter das Holzgestell meines Milchkellers zu kriechen und in der Schlafstube meiner Kinder an der Decke herumzuklettern. Zum Teufel mit diesem Tacitus!"

Der Professor ergriff seinen Hut: „Wir empfehlen uns Ihnen," und ging nach der Thür.

„Halt, meine Herren," rief der Wirth unruhig, „nicht so schnell. Lieber will ich noch mit Ihnen beiden zu thun haben, als mit einer unabläſſigen Wallfahrt Ihrer Collegen. Weilen Sie noch einen Augenblick, ich mache Ihnen einen Vorschlag. Sie selbst sollen durch mein Haus gehen, Sie mögen den alten Bau vom Boden bis zum Keller untersuchen. Es ist eine harte Zumuthung für mich und meine Hausgenossen, ich will das Opfer bringen. Finden Sie eine Stelle, die Ihnen Ver= dacht einflößt, so reden wir darüber. Dagegen versprechen Sie mir, daß Sie gegen meine Hausleute von dem Zweck Ihres Hierseins schweigen. Meine Arbeiter sind ohnedies aufgeregt; wenn Sie dem unseligen Gerücht neue Nahrung geben, so kann ich nicht dafür stehen, daß nicht meine eigenen Leute auf den Einfall kommen, mir an einer Ecke des Hauses die Grund= mauer durchzustoßen. Mein Haus ist Ihnen den ganzen Tag geöffnet, so lange sind Sie meine Gäste. Dann aber, wenn

Sie münblich ober schriftlich über die Sache reben, forbere ich ben Zusatz, es sei von Ihnen das Mögliche geschehen, mein Haus burchsucht, aber nichts gefunben worben. Wollen Sie biesen Vertrag mit mir eingehen?"

Der Doctor sah zweifelnb auf ben Professor, ob ber Stolz bes Freunbes sich solcher Bebingung beugen werbe. Wiber Erwarten flog ein Strahl von Freube über bas Antlitz bes Gelehrten, unb er erwieberte artig: „Sie haben uns in einem Punkt mißverstanben. Nicht wir beanspruchen bie verborgene Handschrift aus Ihrem Eigenthum herauszuholen, sonbern wir sinb nur gekommen, um Sie selbst für ben Versuch zu gewinnen. Daß wir in einem fremben Hause, unbekannt mit ben Räumen unb ungeübt in bieser Art Nachforschung, nichts finben werben, ist uns sehr beutlich. Wenn wir bennoch bie lächerliche Lage, in welche Sie uns versetzen, nicht vermeiden unb Ihr Aner= bieten annehmen, so thun wir bies nur in ber Hoffnung, baß uns in ben Stunben unseres Hierseins gelingen wirb, Ihnen selbst ein größeres Interesse an bem möglichen Funbe beizu= bringen."

Der Lanbwirth bewegte abweisenb bas Haupt auf ben hohen Schultern. „Ich habe nur bas Interesse, bie Sache so schnell als möglich in Vergessenheit zu bringen. Sie mögen thun, was Sie für Pflicht halten. — Meine Geschäfte ver= hinbern mich, Sie zu begleiten, ich übergebe Sie meiner Tochter."

Er öffnete bie Thür bes Nebenzimmers unb rief: „Ilse!"

„Hier, Vater," antwortete eine klangvolle Altstimme. Der Lanbwirth ging in bas Nebenzimmer. „Komm hervor, Ilse, ich habe heut einen besonbern Auftrag für bich. Da brin sinb zwei frembe Herren von einer Universität. Sie suchen ein Buch, bas vor alten Zeiten in unserm Hause versteckt sein soll. Führe sie burch bas Haus, schließ ihnen alle Räume auf."

„Aber Vater —" unterbrach ihn bie Tochter.

„Thut nichts," fuhr ber Lanbwirth fort, „es muß sein." Er trat näher an sie unb sprach leiser: „Es sinb zwei Ge=

lehrte, sie haben einen Sparren —," er wies nach dem Kopfe. „Was sie sich einbilden, ist verrückt, und ich gebe ihnen nur nach, um in Zukunft Ruhe zu haben. Sei vorsichtig, Ilse, ich kenne die Leute nicht. Ich muß auf's Vorwerk, dem Hof= verwalter will ich sagen, daß er sich in der Nähe des Hauses hält. Sie scheinen mir zwei ehrliche Narren, aber der Teufel mag trauen."

„Ich fürchte mich nicht, Vater," erwiederte die Tochter, „das Haus ist voll Menschen, wir werden schon mit ihnen fertig werden."

„Sorge dafür, daß die Mägde nicht herumstehen, während die Fremden an den Wänden klopfen und messen. Sie sehen mir übrigens nicht aus, als ob sie viel finden würden, wenn auch alle Wände aus Büchern gemauert wären. Aber daß sie irgendwo einschlagen oder die Wand beschädigen, das leidest du nicht."

„Recht, Vater," sagte die Tochter. „Bleiben sie über Mittag?"

„Ja wohl, dein Dienst geht bis zum Abend. In der Molkerei wird dich die Mamsell vertreten."

Durch die Thür hörten die Freunde Bruchstücke der Unter= redung, sie gingen nach den ersten Worten der Anweisung schnell an das Fenster und sprachen laut mit einander über eine große Strohanhäufung am First der Scheuer, die nach der Behauptung des Doctors ein Storchnest war, während der Professor die Ansicht vertrat, daß Störche nicht auf solchen Höhen nisteten. Dazwischen sagte der Professor leise: „Es ist unbequem, in dieser demüthigenden Lage auszubauern. Aber wir vermögen nur durch unser Beharren den Haus= wirth zu überzeugen."

„Vielleicht entdecken wir doch etwas," antwortete der Doctor. „Ich habe einige Erfahrung in Maurerarbeit, als Knabe fand ich beim Bau unseres Hauses Gelegenheit, schöne Kenntnisse in Statik und Balkenklettern zu erwerben. Gut, daß der

Thrann uns allein läßt. Unterhalte du die Tochter, ich will derweile an den Wänden klopfen."

Wer jemals einer undeutlichen Spur nachgegangen ist, der weiß, wie schwierig in der Nähe erscheint, was in der Ferne so leicht dünkt. Während zuerst die trügende Göttin Hoffnung alle guten Möglichkeiten mit hellen Farben malt, regt die Arbeit des Suchens selbst jeden Zweifel auf. Die lockenden Bilder verbleichen, Kleinmuth und Ermüdung werfen ihre Schatten. Zuletzt wird pflichtmäßige Ausdauer, was im Anfange ein frisches Wagen war.

<hr>

4.

Das alte Haus.

Der Landwirth trat ein, die Reitgerte in der Hand, hinter ihm die hohe Gestalt vom Friedhof. „Hier meine Tochter Elise, sie wird meine Stelle vertreten."

Die Freunde verneigten sich. Es war dasselbe schöne Antlitz, aber statt der hohen Rührung lag jetzt eine geschäftliche Würde in ihren Zügen, sie grüßte ruhig und lud die Herren zum Frühstück in das Nebenzimmer. Was sie sprach, waren einfache Worte, aber wieder lauschten die Freunde verwundert auf die tiefen Töne ihrer melodischen Stimme.

„Bevor Sie sich hier umsehen, müssen Sie an meinem Tisch niedersitzen, das ist bei uns Brauch," sagte der Landwirth in besserer Laune, als er bis dahin gezeigt, auch auf ihn übte die Gegenwart der Tochter besänftigenden Einfluß. „Wiedersehen zu Mittag." Damit ging er zur Thür hinaus.

Die Freunde folgten in den Nebenraum, ein großes Speisezimmer; Stühle standen längs der Wand, in der Mitte eine lange Tafel, an deren oberem Ende drei Plätze gedeckt waren. Das Mädchen setzte sich zwischen die Herren und bot die kalten Speisen. „Als ich Sie auf dem Friedhof sah, dachte ich, daß Sie den Vater besuchen würden, der Tisch wartet schon eine Weile auf Sie." Die Freunde aßen ein wenig und dankten für mehr.

„Ich bedaure, daß unser Kommen auch Ihre Zeit in Anspruch nehmen soll," sagte der Professor ernst.

„Meine Aufgabe ist leicht," antwortete das Mädchen, „ich fürchte, die Ihre wird Ihnen mehr Mühe machen. Das Haus hat viele Stuben, und dann die Kammern und die Verschläge auf dem Boden."

„Ich habe bereits Ihrem Herrn Vater gesagt," erwiederte der Professor lächelnd, „daß wir keinen Werth darauf legen, wie Maurer das Gebäude zu untersuchen. Betrachten Sie uns als Neugierige, welche das merkwürdige Haus nur soweit sehen wollen, als es sich sonst einem Gaste öffnet."

„Das Haus mag wohl für Fremde merkwürdig sein," sagte Ilse, „uns ist es lieb, denn es ist warm und geräumig. Als der Vater das Gut einige Jahr besaß und zu Kräften gekommen war, hat er meiner seligen Mutter zu Liebe Alles bequem eingerichtet; denn wir brauchen großen Raum, es sind sechs jüngere Geschwister, und es ist ein großes Gut; die Herren von der Wirthschaft essen bei uns, dann der Hauslehrer und die Mamsell, und in der Gesindestube auch zwanzig Leute."

Der Doctor sah seine Nachbarin enttäuscht an. Wo war die Seherin geblieben? Sie sprach verständig und sehr bürgerlich, mit ihr konnte man wohl auskommen. „Da wir nun einmal auf hohle Räume ausgehen," begann er schlau, „so würden wir uns am liebsten Ihrer Leitung anvertrauen, wenn Sie uns sagen wollten, ob man in der Wand oder auf dem Boden oder irgendwo hier im Hause von Stellen weiß, welche beim Klopfen eine Höhlung verrathen."

„O daran fehlt es nicht," erwiederte Ilse. „Wenn man in meiner Stube an die Hinterwand des kleinen Wandschrankes pocht, so merkt man, daß dahinter ein leerer Raum ist, und dann ist die Steinplatte unter der Treppe, und mehre Platten in der Küche und noch viele andere Stellen im Hause. Und bei allen haben die Leute ihre Vermuthung."

Der Doctor hatte seine Brieftafel herausgezogen und schrieb die verdächtigen Orte nieder.

Die Betrachtung des Hauses begann. Es war ein prachtvolles altes Haus, die Mauer des Unterstocks so dick, daß der Doctor mit gespannten Armen nicht die ganze Tiefe der Fensternischen einfassen konnte. Eifrig übernahm er das Klopfen und Messen der Wände. Die Keller waren zum Theil in den Felsen gesprengt, an einzelnen Stellen ragte das ungeglättete Gestein noch in die Räume und man erkannte, wo die Mauer auf dem Stein gelagert war. Es waren mächtige Gewölbe, die kleinen Fenster in der Höhe durch starke Eisenstäbe geschützt, in alter Zeit bei feindlichem Anlauf eine feste Zuflucht wider Geschosse und Feuer. Und Alles war schön trocken und hohl. Denn das Haus war ganz nach den Ansichten gebaut, welche der Doctor schon früher über alte Gebäude so verständig ausgesprochen hatte: Mauer von außen und von innen, dazwischen Schutt und Steinbrocken. Natürlich klangen die Wände deshalb an vielen Orten hohl wie ein Kürbis. Der Doctor pochte und notirte fleißig, die Knöchel seiner Hand wurden weiß und aufgetrieben, aber die Fülle guter Möglichkeiten machte ihn kleinlaut.

Aus dem Keller traten sie in den Unterstock. In der Küche brodelten große Kessel und Töpfe und neugierig sahen die arbeitenden Frauen auf das Benehmen der Fremden, denn der Doctor klopfte wieder mit den Absätzen auf den steinernen Fußboden und faßte die geschwärzte Seitenwand des Herdes mit den Händen an. Dahinter kamen Wirthschaftsräume und die Gaststuben. In einer derselben fanden sie eine Frau in Trauerkleidung beschäftigt, die Betten in ein neues Gewand zu hüllen. Es war die Mutter vom Friedhofe. Sie trat an die fremden Herren und bedankte sich, weil sie geholfen hätten,

ihrem Kinde die letzte Ehre zu erweisen. Die Freunde spra=
chen ihr freundlich zu, sie wischte mit der Schürze die Augen
und ging wieder an ihre Arbeit.

„Ich bat sie heut zu Haus zu bleiben," sagte Ilse, „aber
sie wollte nicht. Ihr wäre gut, wenn sie etwas zu schaffen
hätte, und wir würden ihre Arbeit brauchen, weil Sie doch
zu uns kämen." Es that den Gelehrten wohl, daß sie we=
nigstens von den weiblichen Mitgliedern des Hauses als be=
rechtigte Gäste aufgefaßt wurden.

Sie betraten die andere Seite des Unterstocks und be=
trachteten noch einmal die einfachen Zimmer, die sich zuerst den
Ankommenden geöffnet hatten. Dahinter lag das Arbeitszim=
mer des Gutsherrn, ein kleiner schmuckloser Raum, darin ein
Schrank mit Jagdgeräth und Reitzeug, ein Bretergestell für
Acten und einige Bücher, über dem Bett Säbel und Pistolen,
auf dem Schreibtisch das kleine Modell einer Maschine und
Proben von Getreide und Sämerei in kleinen Säckchen; an
der Wand aber standen in militärischer Ordnung der riesige
Wasserstiefel, der Juchtenstiefel, der Reitstiefel mit Stulpen,
an der äußersten Ecke auch Zwerge von Kalbleder, wie sie ge=
wöhnliche Menschen tragen. In dem Nebenzimmer hörten sie
eine Männerstimme und kindliche Antworten in regelmäßigem
Wechsel. „Das ist die Schulstube," sagte Ilse lächelnd. Als
die Thür geöffnet ward, schwiegen Solo und Chorstimmen, dem
Gruß der Eintretenden antwortete aufstehend der Lehrer, ein
Seminarist von verständigem Gesicht. Verwundert starrten die
Kinder in die unerwartete Störung. An zwei Tischen saßen
drei Knaben und drei Mädchen, ein kräftiges blondhaariges
Geschlecht. „Das ist Clara, Luise, Riekchen, Hans, Ernst und
Franz." Die vierzehnjährige Clara, fast erwachsen und ein
verjüngtes Abbild der Schwester, erhob sich mit einem Knix,
Hans, ein derber Bursch von zwölf Jahren, machte den unbe=
deutenden Versuch eines Bücklings, die andern blieben stramm
stehen, sahen unverwandt auf die Fremden, und tauchten,

nachdem sie einer lästigen Pflicht genügt hatten, wieder auf ihre Plätze nieder. Nur der kleine Franz, ein rothbäckiger Krauskopf von sieben Jahren, blieb in der Pein seiner Aufgabe grimmig sitzen, und benutzte die Unterbrechung, um für die nächsten Antworten noch schnell etwas aus seinem Buche einzusammeln. Ilse strich ihm über das Haar und frug den Lehrer: „Wie geht's heut mit ihm?" — „Er hat gelernt." — „Es ist zu schwer," rief Franz erbittert. Der Professor bat den Lehrer sich nicht stören zu lassen und die Reise ging weiter: Schlafzimmer der Knaben, Zimmer des Lehrers und wieder Wirthschaftsräume, Plättstube, Kleiderkammer — der Doctor hatte seine Brieftafel bereits eingesteckt.

Sie kehrten in den Hausflur zurück, an der Treppe wies Ilse auf die Steinplatte, der Doctor kniete nieder, versuchte und sagte kleinlaut: „Wieder hohl." Ilse betrat die Treppe.

„Hier oben wohne ich und die Mädchen."

„Unsere Neugierde hat vorläufig hier ein Ende," erwiederte rücksichtsvoll der Professor. „Sie sehen, auch mein Freund verzichtet."

„Man hat aber von oben eine Aussicht," sagte die Führerin, „diese wenigstens müssen Sie betrachten." Sie öffnete eine Thür. „Dies ist mein Zimmer." Die Freunde blieben vor der Schwelle stehen. „Kommen Sie herein," sagte Ilse unbefangen. „Von diesem Fenster sieht man die Straße, auf der Sie zu uns kamen." Zögernd traten die Zartfühlenden näher. Es war wieder ein bescheidener Raum, nicht einmal ein Sopha darin, die Wände mit blauer Farbe gestrichen, am Fenster ein Nähtisch und einige Blumenstöcke, in einer Ecke das Bett mit weißer Gardine verhüllt.

Die Freunde traten an das Fenster und schauten von der Höhe auf den kleinen Friedhof und die Gipfel der Eichen, auf das Städtchen im Thale und auf die Baumreihe dahinter, welche in gekrümmter Linie bis zu der Höhe lief, wo sich die Aussicht in die Ferne schloß. Der Blick des Professors haftete

an der alten Holzkirche. Wie hatten sich in wenig Stunden
die Stimmungen geändert! Auf die frohe Erwartung war ge=
folgt, was beinahe wie Entsagung aussah, und doch wieder
auf die Ungeduld eine wohlthuende Ruhe.

„Das ist unser Weg in die Fremde," wies Ilse, „wir
sehen oft nach der Richtung aus, wenn der Vater verreist ist
und wir ihn erwarten, oder wenn wir von dem Postboten
etwas Gutes hoffen. Und so oft Bruder Franz erzählt, daß
er einst in die Welt gehen werde, fort von dem Vater und
von uns Geschwistern, dann denkt er sich die Straßen in der
Welt immer wie diese aussieht, als einen Fußsteig mit dicken
Weidenköpfen."

„Franz ist der Liebling?" frug der Professor.

„Er ist mein Nesthäkchen, wir verloren die gute Mutter,
als er noch die Kindermütze trug. Das arme Kind kennt die
Mutter gar nicht, und als er einmal von ihr geträumt hatte,
da brachten die andern Kinder heraus, daß er sie im Schlafe
mit mir verwechselte, denn sie trug mein Kleid und meinen
Strohhut. — Dies ist der Wandschrank," sagte sie traurig, auf
eine Holzthür in der Wand deutend. Die Freunde folgten
schweigend, ohne bei dem Schranke anzuhalten. Vor der gegen=
überliegenden Stube blieb sie stehen, die Thür öffnend: „Dies
war das Zimmer der Mutter, es ist unverändert, wie sie es
verließ, nur der Vater bleibt des Sonntags einige Zeit darin."

„Wir geben nicht zu, daß Sie uns weiter führen," sagte
der Professor. „Ich kann Ihnen nicht sagen, wie peinlich ich
unsere Lage Ihnen gegenüber empfinde. Verzeihen Sie uns
das unzarte Eintreten in Ihre Häuslichkeit."

„Wenn Sie das Haus nicht weiter sehen wollen," erwiederte
Ilse mit dankendem Blick, „so geleite ich Sie gern in unsern
Garten und durch den Hof. Der Vater wird nicht loben,
wenn ich Ihnen etwas vorenthalte."

Eine Hinterthür des Flurs führte in den Garten, die
Beete, durch Buchsbaum eingefaßt, waren mit Sommerblumen

beſetzt, mit den altheimiſchen Bewohnern unſrer Gärten. Am Hauſe liefen Weinreben bis unter die Fenſter des Oberſtocks und die grünen Trauben blickten überall aus dem hellen Laub. Eine lebendige Hecke ſchied die Blumenbeete vom Gemüſegarten, wo auch der Hopfen an großen Stangen hinaufkletterte. Weiter ab ſenkte ſich ein großer Obſtgarten mit friſchem Raſengrund einem Seitenthal zu. Es war auch hier nichts Merkwürdiges zu ſehen, geradlinig waren die Blumenbeete, in Reihen ſtanden die Obſtbäume, der ehrwürdige Buchsbaum und die Hecke waren nach der Schnur geſchnitten und ohne Lücken. Die Freunde ſchauten von Beet und Blumen immer wieder auf das Haus zurück und freuten ſich über die braunen Mauern hinter dem ſaftigen Weinlaub und über die Arbeit des Steinmetzen an den Fenſtern und am Giebel.

„Es war zur Zeit unſerer Vorfahren ein Haus der Fürſten,“ erklärte Ilſe, „und ſie kamen damals alle Jahre zur Jagd hierher. Jetzt aber iſt nur der dunkle Wald dort hinten noch herrſchaftlich, dort ſteht auch noch ein Jagdhaus und der Oberförſter wohnt darin. Und ſelten kommt unſer Fürſt in die Gegend. Es iſt lange Zeit her, daß wir unſern lieben Landesherrn nicht geſehen haben, und wir leben wie arme Waiſen.“

„Gilt er hier im Lande für einen gütigen Herrn?“ frug der Profeſſor.

„Wir wiſſen nicht viel von ihm, aber wir denken uns, daß er gut iſt. Vor vielen Jahren, als ich noch Kind war, hat er einmal in unſerm Haus gefrühſtückt, weil es in Roſſau keine Gelegenheit gab. Damals war ich erſtaunt, daß er keinen rothen Mantel trug, und er ſtrich mir über den Kopf und gab mir den guten Rath zu wachſen. Das habe ich ſeitdem redlich abgemacht. Und es heißt ſchon, er wird in dieſem Jahre wieder zur Jagd kommen. Kehrt er wieder bei uns ein, dann muß das alte Haus ſeinen beſten Staat anthun und in der Küche gibt’s heiße Wangen.“

Während sie friedlich unter den Obstbäumen dahinschritten, tönte vom Hofe her eine helle Glocke. „Das ist der Ruf zum Essen," sagte Ilse, „ich führe die Herren zu ihrem Zimmer, das Hausmädchen wird sie abholen."

Die Freunde fanden in der Gaststube ihre Ledertaschen und wurden kurz darauf durch ein leises Klopfen an der Thür geladen und in das Speisezimmer geführt. Dort wartete ihrer der Gutsherr, ein halbes Dutzend sonnengebräunte Beamte der Wirthschaft, die Mamsell, der Hauslehrer und die Kinder. Als sie eintraten, sprach der Landwirth mit der Tochter in einer Fensternische; wahrscheinlich hatte die Tochter günstig über die Fremden berichtet, denn er kam ihnen mit unum= wölkter Miene entgegen, und sagte in seiner kurzen Weise: „Nehmen Sie an unserm Tische vorlieb." Dann stellte er die Fremden den Anwesenden vor, indem er ihre Namen nannte und hinzufügte: „Zwei gelehrte Herren von der Universität." Jedermann stand hinter seinem Stuhl nach Würde und Alter gereiht, obenan der Wirth, neben ihm Ilse, auf der andern Seite der Professor und der Doctor, dann zu beiden Seiten die Herren von der Wirthschaft, dahinter die Mamsell und die Mädchen, der Lehrer und die Knaben. Der kleine Franz am untern Ende des Tisches trat an seinen Teller, faltete über dem Brot die Hände und sprach eintönig ein kurzes Tischgebet. Darauf rückten zu gleicher Zeit alle Stühle, zwei Mädchen in der Tracht der Landschaft trugen die Speisen. Es war ein ein= faches Mittagsmahl, nur zwischen den Fremden stand eine Flasche Wein, die Eingebornen gossen goldbraunes Bier in die Gläser.

Schweigend und eifrig verrichtete Jeder sein Werk, am oberen Ende des Tisches wurde Unterhaltung geführt. Die Freunde sprachen dem Landwirth ihre Freude über Haus und Umgebung aus, und der Hausherr lachte spöttisch, als der Doctor die dicken Wände des Hauses rühmend hervorhob. Dann schweifte das Gespräch auf die Umgegend hinaus, auf den Dialekt und die Art des Landvolks.

„Wieder ist mir in diesen Tagen aufgefallen,“ sagte der Professor, „wie fremd und mißtrauisch die Landleute hier uns Städter beobachten. Unsere Sprache, Sitte, Gewohnheit betrachten sie wie die eines anderen Volkes. Und wenn ich zusehe, was der Feldarbeiter mit den sogenannten Gebildeten gemein hat, so empfinde ich schmerzlich, daß es viel zu wenig ist.“

„Wer ist daran schuld,“ entgegnete der Landwirth, „als die Gebildeten selbst. Nehmen Sie mir nicht übel, wenn ich Ihnen als einfacher Mann sage, daß mir diese Bildung ebenso wenig gefällt, als die Unwissenheit und Störrigkeit, welche Sie an unsern Landleuten in Erstaunen setzt. Sie selbst z. B. machen eine weite Reise, um alte vergessene Schriften zu finden, die einst ein gebildeter Mann in einem untergegangenen Volke geschrieben hat. Ich aber frage, was haben Millionen Menschen, die mit Ihnen eine Sprache sprechen, Ihres Stammes sind und neben Ihnen leben, von all der Gelehrsamkeit, die Sie für sich und eine kleine Zahl wohlhabender und müßiger Leute erwerben? Wenn Sie zu meinen Arbeitern reden, die Leute verstehen Sie nicht. Wenn Sie von Ihrer Wissenschaft etwas erzählen wollten, meine Knechte würden vor Ihnen stehen wie Neger. Ist das ein gesunder Zustand? Und ich sage Ihnen, so lange dieser Zustand dauert, sind wir noch kein rechtes Volk.“

„Wenn Ihre Worte einen Vorwurf gegen meinen Beruf enthalten,“ erwiederte der Professor, „so sind sie ungerecht. Gerade jetzt ist man eifrig bemüht, was in der Arbeitstube der Gelehrten gefunden wird, auch dem Volke zugänglich zu machen. Daß dafür nach mancher Richtung noch mehr geschehen sollte, leugne ich nicht. Aber zu allen Zeiten hat ernste wissenschaftliche Forschung, selbst wenn sie zunächst nur einem sehr kleinen Kreise verständlich ist, ganz unsichtbar und in der Stille Seele und Leben des gesammten Volkes beherrscht. Sie bildet die Sprache, sie richtet die Gedanken, sie formt allmählich Sitte, Rechtsgefühl und Gesetz nach den Bedürfnissen jeder Zeit. Nicht nur die praktischen Erfindungen und der steigende Wohlstand werden durch sie möglich, auch, was Ihnen nicht weniger wichtig erscheinen wird, die Gedanken des Menschen über sein eigenes Leben, die Art, wie er seine Pflichten gegen Andere übt, der Sinn, in welchem er Wahrheit und Lüge auffaßt, das alles verdankt jeder von uns der Gelehrsamkeit seines Volkes, wie wenig er sich auch um die einzelnen Forschungen kümmern möge. Und lassen Sie mich einen alten Vergleich gebrauchen. Die Wissenschaft ist wie ein großes Feuer, das in einem Volke unabläſſig unterhalten werden muß, weil ihm Stahl und Stein unbekannt sind. Ich gehöre zu denen, welche die Pflicht haben, immer neue Scheite in das große Feuer zu werfen. Andere haben die Aufgabe, die heilige Flamme durch das Land, in Dörfer und Hütten zu tragen. Jeder, der an der Verbreitung des Lichtes arbeitet, hat sein Recht, und keiner soll von dem Andern gering denken.“

„Darin liegt Wahrheit,“ sagte der Landwirth aufmerksam.

„Wenn das große Feuer nicht brennt,“ fuhr der Professor fort, „werden die einzelnen Flammen sich auch nicht verbreiten können. Und glauben Sie mir, was einen ehrlichen Gelehrten bei den schwierigsten Untersuchungen, unter denen ihm das Leben dahinschwindet, immer erhebt und stärkt, das ist gerade die unerschütterliche Ueberzeugung, welche durch lange Erfahrung tausendfach bestätigt ist, daß seine Arbeit zuletzt doch der ganzen Menschheit zu Gute kommt; sie hilft nicht immer neue Maschinen erfinden und neue Culturpflanzen entdecken, sie ist deshalb nicht weniger wirksam für Alle, auch wo sie lehrt, was wahr und unwahr, was schön und häßlich, was gut und schlecht ist. In diesem Sinne macht sie Millionen freier, und dadurch besser.“

„Ich sehe wenigstens aus Ihren Worten,“ sprach der Landwirth, „daß Sie Ihren Beruf hoch halten. Und das freut mich überall, denn das ist die Art eines tüchtigen Mannes.“

Bei dieser Unterredung wurde beiden Männern behaglicher zu Muthe. Der Inspector erhob sich und im Nu rückten sämmtliche Stühle der Würdenträger und der Kinder, die Mehrzahl der Tischgäste verließ das Zimmer. Nur der Wirth, Ilse und die Gäste saßen noch einige Minuten bei einander, jetzt in ruhiger fortrollender Unterhaltung. Dann ging man in das Nebenzimmer zu dem angerichteten Kaffetisch, Ilse schenkte ein und der Landwirth betrachtete von seinem Sitze die unerwarteten Gäste.

Der Professor setzte die leere Tasse hin und begann: „Unsere Aufgabe hier ist beendigt, wir haben Ihnen für die gastliche Aufnahme zu danken. Ich möchte aber nicht scheiden, ohne Sie noch einmal an das zu erinnern —"

„Warum wollen Sie jetzt fort?" unterbrach ihn der Land=wirth. „Sie haben heut schon einen längern Weg gemacht, Sie finden weder in der Stadt noch in den Dörfern dahinter ein erträgliches Unterkommen, und in dem Drang der Ernte vielleicht nicht einmal eine Fuhre. Lassen Sie sich's zur Nacht hier gefallen, wir haben ohnedies noch unser Gespräch von heut Morgen aufzunehmen," fügte er mit Laune hinzu, „und mir liegt daran, daß wir in gutem Einvernehmen scheiden. Sie begleiten mich ein Stück in das Feld, wo ich allerdings nöthig bin. Wenn ich auf das Vorwerk reite, mag Ilse wieder meine Stelle vertreten. Am Abend sprechen wir dann ein verständiges Wort mit einander."

Die Freunde waren bereit, auf diesen Vorschlag einzugehen. In gutem Einvernehmen schritten die Männer durch das Erntefeld. Der Professor freute sich über die großen Aehren einer neuen Art Gerste, welche noch ungemäht, dicht wie Rohr vor ihnen stand, und der Landwirth sprach bedächtige Worte über diese anspruchsvolle Halmfrucht des deutschen Landmanns. Sie blieben stehen, wo gerade die Arbeiter beschäftigt waren. Dann trat zuerst der Beamte, der die Aufsicht führte, dem Gutsherrn entgegen und berichtete, darauf schritten sie über die Stoppeln zu den Garben; der schnelle Blick des Landwirths

überſah die zuſammengelegten Mandeln, die emſigen Leute und
die harrenden Roſſe am Erntewagen; die Freunde aber betrach=
teten mit Antheil, wie der Herr des Gutes mit ſeinen Beamten
und Arbeitern verkehrte, kurze Befehle und befliſſene Antworten,
Eifer der ſchaffenden Leute und frohe Mienen, wenn ſie die
Zahl der Garben meldeten, überall ein wohlgefügtes Weſen,
ſichere Kraft, ein wackeres Zuſammengreifen. Sie kehrten zurück
mit Achtung vor dem Manne, der in ſeinem kleinen Reiche ſo
feſt herrſchte. Auf dem Rückwege blieben ſie bei den Füllen
ſtehen, welche ſich hinter der Scheuer auf eingezäuntem Raum
tummelten, und als der Doctor vor andern zwei galoppirende
Braune rühmte, fand ſich's, daß er richtig die beſten Pferde
gelobt hatte, und der Landwirth lächelte ihm wohlwollend zu.
Am Eingang des Hofes führte ein Knecht das Reitpferd, einen
mächtigen Rappen von ſtarken Gliedern und breiter Bruſt, der
Doctor klopfte den Hals des Thieres, der Landwirth ſah nach
dem Riemzeug. „Ich bin ein ſchwerer Reiter," ſagte er, „und
habe Noth, ein dauerhaftes Thier zu finden." Er ſchwang ſich
wuchtig in den Sattel und griff an ſeine Mütze: „Auf Wie=
derſehn heut Abend." Und ſehr ſtattlich ſahen Roß und Reiter
aus, als ſie den Feldweg entlang trabten.

„Das Fräulein erwartet Sie," ſagte der Reitknecht, „ich
ſoll Sie zu ihr führen."

„Haben wir Fortſchritte gemacht, oder nicht?" frug der
Doctor lachend, den Arm des Freundes faſſend.

„Ein Kampf hat begonnen," erwiederte der Freund ernſt=
haft, „wer mag ſagen, wie der Ausgang ſein wird."

Ilſe ſaß von den Kindern umgeben in einer Gaisblatt=
laube des Gartens. Es war ein herzerfreuender Anblick, das
junge blondhaarige Geſchlecht bei einander zu ſehen. Die
Mädchen ſaßen neben der Schweſter, die Knaben trieben ſpie=
lend um die Laube, große Vesperbrote in der Hand. Sieben
friſche wohlgeformte Geſichter, einander ähnlich wie Blüthen
deſſelben Baumes und doch jedes Leben in einem andern Zeit=

raum seiner Entfaltung, von Franz, dessen runder Kinder=
kopf einer lustigen Knospe glich, bis zu der schönen Fülle in
Antlitz und Gliedern, welche in der Mitte saß, am hellsten
durch das gebrochene Licht der Sonne beleuchtet. Wieder er=
regte den Freunden das Aussehen des Mädchens, der Klang
ihrer Worte das Herz, als sie den kleinen Franz zärtlich schalt,
weil er dem Bruder das Butterbrot aus der Hand geschlagen
hatte. Wieder starrten die Kinder mißtrauisch auf die Fremden,
aber der Doctor beseitigte das Ceremoniel der ersten Bekannt=
schaft, indem er Franz bei den Beinen nahm, auf seine
Schultern setzte und sich mit seinem Reiter in der Laube
niederließ. Der kleine Bursch saß einige Augenblicke betroffen
auf seiner Höhe und die Kinder lachten laut, daß er so er=
schrocken aus runden Augen auf den fremden Kopf zwischen
seinen Beinchen herabsah. Aber das Gelächter der Andern
machte ihm Muth, er begann lustig mit den Beinen zu baumeln
und schwenkte sein Vesperbrot triumphirend um die Locken des
Fremden. So war die Bekanntschaft gemacht, wenige Minuten
darauf fuhr der Doctor mit den Kindern durch den Garten,
ließ sich jagen und suchte die Jauchzenden zwischen den Beeten
zu fangen.

„Ist's Ihnen recht, so möchte ich Sie an eine Stelle
führen, wo wir am liebsten auf unser Haus hinsehen," sagte
Ilse zum Professor. Von den Kindern umschwärmt, schritten
die Großen den Weg hinab, der zur Kirche führte, und bogen
um den Friedhof herum. Der Fels, auf welchem die Gebäude
des Gutes lagen, senkte sich hier steil in ein schmales Thal,
das von der andern Seite durch einen höheren Bergrücken
eingeengt wurde. Ein gewundener Fußpfad lief in den Grund
hinab, dort umsäumte ein Wiesenstreif das strudelnde Wasser
des Baches. Aus dieser Tiefe zog sich der Pfad auf der
andern Seite wieder in den Laubwald hinein, unter Goldweiden
und Erlen stiegen sie einige hundert Schritt hinan. Vor
ihnen erhob sich aus dem Geröll und Gebüsch ein Felsblock;

sie traten um die Ecke und standen an einer Steingrotte. Der Felsen bildete Portal und Wände einer Höhle, welche etwa zehn Schritt in den Berg hineinreichte. Der Boden war eben, mit weißem Sand bedeckt, Brombeeren und wilde Rosen hingen von oben über den Eingang herab, gerade in der Mitte hatte sich ein großer Busch Weidenröschen ange=siedelt, er stand mit seinen dichten Blüthenrispen wie ein rother Federschmuck über dem Felsbogen der Grotte. Die Spur einer alten Mauer an der Seite verrieth, daß die Höhle wohl ein=mal in arger Zeit die Zuflucht Bedrängter oder Gesetzloser gewesen war; am Eingange lag ein Stein, dessen Oberfläche zu einem Sitze geebnet war, in der Dämmerung des Hinter=grundes stand eine steinerne Bank.

„Dort ist unser Haus," sagte Ilse, und zeigte über das Thal nach der Höhe, wo hinter den Obstbäumen des Gartens das Giebelhaus emporstieg. „Hier sind wir im Gebirge. Sie sehen, der Hof ist so nahe, daß man einen lauten Ruf von drüben bei stiller Luft hören kann."

Aus dem Dämmerlicht der Höhle sahen die Freunde in das helle Licht des Tages, auf das Steinhaus und auf die Bäume, welche seinen Fuß umgrenzten. „Jetzt ist es still im Walde," fuhr Ilse fort, „die Vögel sind fast alle verstummt, die kleinen fliegen am Rande des Holzes und suchen reifen Samen, denn ihr Hauswesen ist zu Ende, sie leben jetzt in der großen Gesellschaft. Auch die im Garten zahm waren, werden ausgelassen, und kümmern sich wenig um den Menschen und sein Futter."

„Dort rauscht es leise, wie gurgelndes Wasser," sagte der Professor.

„Ein Quell fließt nebenbei über Steine herab," erklärte Ilse. „Jetzt ist er schwach, aber im Frühjahr strömt vieles Wasser von dem Berge zusammen. Dann ist das Rauschen laut, und der Bach im Thale fährt wild über die Steine; dann überdeckt er auch die Wiesen dort unten, er füllt den ganzen Grund und steigt bis an das Gebüsch. — Hier aber ist für uns alle in warmen Tagen ein lieber Aufenthalt. Als der Vater das Gut kaufte, war die Höhle verwachsen, der Eingang mit Steinen und Erde verschüttet und die Eulen wohnten darin. Und der Vater hat den Platz gesäubert."

Der Professor trat neugierig in den Raum und schlug mit dem Stock an den röthlichen Felsen. Ilse sah ihn von der Seite an. Jetzt bekommt auch er das Suchen, dachte sie bekümmert. „Es ist alles altes Gestein," sagte sie beruhigend.

Der Doctor war mit den Kindern um die Höhle herum= geklettert, er machte sich von Hans los, der ihm gerade anver= traute, daß er weiter unten in dichtem Erlengestrüpp das leere Nest einer Beutelmeise wisse.

„Das ist ein wundervoller Ort für die Sagen der Gegend," rief er bewundernd, „es gibt keine schönere Heimat für die Geister des Thales."

„Die Leute reden dummes Zeug davon," entgegnete Ilse abweisend. „Hier sollen kleine Zwerge wohnen und sie sagen, man kann ihre Fußtapfen im Sande erkennen, und Vater hat den Sand doch erst hineinfahren lassen. Aber die Leute fürchten sich doch, und wenn der Abend kommt, gehen die Frauen und Kinder der Arbeiter nicht gern vorüber. Uns aber verbergen sie's, denn der Vater leidet den Aberglauben nicht."

„Ich sehe, die Zwerge stehen hier nicht in Gunst," erwie= derte der Doctor.

„Da es keine gibt, soll man nicht daran glauben," ver= setzte Ilse eifrig. „Unsre Leute möchten es wohl noch gern thun. Der Mensch soll an das glauben, was die Bibel lehrt, nicht an wildes Zeug, das, wie sie im Dorfe sagen, durch den Wald und die Nacht dahinfährt. Neulich war eine alte Frau im nächsten Dorfe krank, kein Mensch trug ihr Essen, recht häßlich haben sie sich über ihre Niederlage gefreut, weil sie meinten, das arme Weib könne sich in eine schwarze Katze verwandeln und dem Vieh schaden. Als wir es erfuhren, drohte der Frau die Gefahr, in Einsamkeit umzukommen. Und deshalb ist es häßliches Geschwätz."

Der Doctor hatte sich unterdeß die Zwerge in der Brieftasche angemerkt, sah aber jetzt ohne Freude auf Ilse, die aus dem Hintergrund der Höhle sprach, in dem gebrochenen Scheine zwischen Fels und Licht selbst einem Sagenbilde ähnlich. „Der alte Scheich Abraham und der Gauner Jacob, der seinen blinden Vater mit dem Bocksfell an den Aermeln betrügt, sind ihr ganz recht, aber unser Schneewittchen gilt ihr für häßliches Zeug." Er steckte die Brieftafel ein, und ging mit Hans zur Behausung der Beutelmeise.

Der Professor hatte mit Ergötzen den stillen Aerger des Freundes beobachtet, aber Ilse wandte sich auch zu ihm: „Mich wundert, daß Ihr Freund solche Geschichten aufschreibt, das ist nicht gut, dergleichen muß in Vergessenheit kommen."

„Sie wissen, daß er selbst nicht daran glaubt," erwiederte der Professor entschuldigend, „was er aber darin findet, das sind nur alte Ueberlieferungen des Volkes. Denn diese Sagen sind in einer Zeit entstanden, wo noch unser ganzes Volk an diese Geister ebenso glaubte, wie jetzt an die Lehren der Bibel. Er sammelt solche Erinnerungen, um zu erkennen, wie Glaube und Poesie unserer Vorfahren war."

Das Mädchen schwieg. „Das gehört also auch zu dem, was Sie heut Mittag von Ihrer Arbeit sagten," begann sie nach einer Weile.

„Es gehört auch dazu."

„Es hörte sich gut an," fuhr Ilse fort, „denn Sie sprechen anders als wir. Sonst, wenn man von Einem sagte, er spricht wie gedruckt, meinte ich immer, es sei ein Vorwurf, aber es ist das richtige Wort," setzte sie leiser hinzu, „und es macht Freude zu hören." Dabei sah sie aus der Tiefe der Grotte mit ihren großen Augen auf den Gelehrten, der am Eingange stand, an den Stein gelehnt, hell von den Strahlen der Sonne beschienen.

„Es gibt aber auch sehr viele Bücher, welche schlecht schwatzen," antwortete der Professor lachend, „und nichts ermüdet so sehr, als lange Buchweisheit aus lebendigem Munde."

„Ja, ja," bestätigte Ilse, „wir haben auch eine Bekannte, welche eine gelehrte Frau ist. Wenn die Frau Oberamtmann Rollmaus uns des Sonntags besucht, so setzt sie sich auf dem Sopha zurecht und greift mit einem Gespräch den Vater an. Der Vater mag sich winden, wie er will, um ihr zu entgehen, sie weiß ihn fest zu halten, über Engländer und Tscherkessen, über Kometen und die Dichter. Aber die Kinder sind dahinter gekommen, daß sie ein Lexikon für Conversation hat, daraus nimmt sie Alles. Und wenn sich in einem Lande etwas ereignet, oder die Zeitung von etwas Lärm macht, so liest sie im Lexikon darüber nach. Wir haben dasselbe Buch angeschafft, und wenn ihr Besuch bevorsteht, so wird überlegt, welcher Name gerade an der Zeit ist. Dann schlagen die Kinder vorher am Sonnabend Abend diese Sache auf und lesen vor, was nicht gar zu lang ist. Und auch der Vater hört zu und sieht auch wohl noch selbst in das Buch. Und am andern Tage haben die Kinder ihre Freude daran, wenn der Vater die Frau Oberamtmann mit ihrem eigenen Buche überwindet. Denn unser Buch ist neuer, ihres ist schon alt, und die neuen Begebenheiten stehen nicht darin, von diesen weiß sie wenig."

„Also der Sonntag ist die Zeit, wo man hier Ehre einlegen könnte," sagte der Professor.

„Im Winter sieht man sich auch manchmal in der Woche," fuhr Ilse fort. „Aber es ist nicht viel Verkehr in der Umgegend. Und wenn einmal ein Besuch kommt, der uns gute Gedanken zurückläßt, so sind wir dankbar und wir bewahren sie in treuem Herzen."

„Die besten Gedanken sind doch, welche dem Menschen aus seiner eigenen Thätigkeit aufsteigen," sagte der Professor rücksichtsvoll. „Das Wenige, was ich von dem Gute hier gesehen, mahnt, wie schön das Leben gedeihen kann, auch wenn es weit von dem lauten Geräusch des Tages abliegt."

„Das war ein freundliches Wort," rief Ilse. „Und einsam ist es hier auch nicht und wir kümmern uns auch um die Landsleute draußen und um die große Welt. Wenn die Herren Landwirthe zum Besuch kommen, wird nicht immer von der Wirthschaft gesprochen, und es fällt wohl etwas für uns jüngere ab. Und dann ist unser lieber Herr Pastor, der uns auch zuweilen aus der Fremde erzählt und mit uns zusammen die Zeitungen liest, welche der Vater hält. Und wenn darin zu Beiträgen für einen guten Zweck aufgefordert wird, dann sind die Kinder am schnellsten bei der Hand und jedes gibt sein Scherflein vom Ersparten, der Vater aber reichlich. Und Hans als der älteste sammelt, und hat das Recht solches Geld einzupacken, und in den Brief setzt er die Anfangsbuchstaben eines Jeden, der dazu gegeben hat. Kommt dann später im Gedruckten eine Quittung, so sucht jedes zuerst seinen Buchstaben. Mehrmals war einer falsch gedruckt, dann sind die Kinder ärgerlich."

Aus der Ferne hörte man Ruf und Lachen der Kinder, welche mit dem Doctor von ihrem Ausflug zurückkehrten. Das Mädchen erhob sich, der Professor trat zu ihr und sagte mit warmer Empfindung: „So oft mir einst die Bilder dieses Tages lebendig werden, wird mein Herz voll Dank dieser Stunde gedenken, wo Sie zu einem Fremden so ehrlich über Ihr glückliches Leben gesprochen haben."

Ilse sah ihn mit unschuldigem Vertrauen an. „Sie sind mir nicht fremd, ich sah Sie ja am Grabe des Kindes."

Der fröhliche Schwarm schloß beide in die Mitte und zog weiter das Thal hinauf.

Es war Abend, als sie zum Hause zurückkehrten, wo der Landwirth sie bereits erwartete. Nach dem Abendbrot saßen die Erwachsenen noch eine Stunde zusammen. Die Fremden erzählten von ihrer Stadt und Neuigkeiten aus der Welt, dann wurde, wie Männern ziemt, auch über Politik gesprochen, und Ilse freute sich, daß ihr Vater und die Fremden sich darin vortrefflich verstanden. Als der Kuckuck über der Hausuhr die zehnte Stunde ausrief, trennte man sich mit freundlichem Nachtgruß.

Das Hausmädchen hatte den Fremden zur Ruhe geleuchtet, Ilse saß auf dem Stuhl die Hände im Schoß gefaltet und sah schweigend vor sich hin. Der Gutsherr kam aus seinem Zimmer und nahm den Nachtleuchter vom Tisch. „Bist noch wach, Ilse? Nun, wie gefallen dir die Fremden?"

„Gut, Vater," sagte das Mädchen leise.

„Sie sind nicht so dumm als sie aussehen," sagte der Wirth auf= und abgehend. „Das von dem großen Feuer war recht," wiederholte er, „und das über unsere kleinen Regierungen war auch recht. Der Jüngere wäre ein guter Schullehrer geworden, und der Große, es ist beim Himmel schade, daß er nicht ein vier Jahr Wasserstiefeln getragen hat, er wäre ein gescheidter Inspector. Gute Nacht, Ilse."

„Gute Nacht, Vater."

Die Tochter erhob sich und folgte dem Vater an die Thür. „Bleiben die Fremden morgen hier, Vater?"

„Hm," sagte der Wirth nachdenkend. „Ueber Mittag bleiben sie jedenfalls, ich will ihnen doch das Vorwerk zeigen. Sorge für etwas Ordentliches zum Essen."

„Vater, der Professor hat noch nie in seinem Leben ein Spanferkel gegessen," sagte die Tochter.

„Ilse, wo denkst du hin, meine Ferkel wegen des Tacitus!" rief der Landwirth. „Nein, damit komm mir nicht, bleibe bei deinem Federvieh! Halt! noch eins, reiche mir den Band I aus dem Schranke, ich will doch einmal über den Burschen nachlesen."

„Hier, Vater, ich weiß, wo es steht."

„Sieh doch!" sagte der Vater, „Frau Oberamtmann Roll= maus! gute Nacht."

Der Doctor sah durch das Fenster in den bunklen Hof. Schlaf und Frieden lag über dem weiten Raum, aus der Ferne klang der Schritt des Wächters, der die Hofstätte umkreiste, dann bellte halblaut der Hofhund. „Da stehen wir," sagte er endlich, „zwei echte Abenteurer in der feindlichen Burg. Ob wir etwas daraus forttragen, ist sehr zweifelhaft," fügte er hinzu, seinen Freund bedenklich anlächelnd.

„Es ist zweifelhaft," sagte der Professor, mit großen Schritten die Stube durchmessend.

„Was hast du, Felix?" frug Fritz besorgt nach einer Pause, „du bist zerstreut, das ist sonst nicht deine Art."

Der Professor blieb stehen. „Ich habe dir nichts zu sagen. Es sind starke, aber unklare Empfindungen, welche ich zu bewältigen suche. Ich fürchte, dieser Tag hat eine Bedeutung gewonnen, gegen welche ein vernünftiger Mann sich zu wehren hat. Frage mich nicht weiter, Fritz," fuhr er fort, und drückte diesem kräftig die Hand, „ich fühle mich nicht unglücklich."

Fritz versank in Bekümmerniß, setzte sich zu seinem Bett und spähte nach einem Stiefelknecht. „Wie gefällt dir unser Wirth?" fragte er kleinlaut, und ließ, um sorglos zu erscheinen, den Stiefel im Holze knarren.

„Ein tüchtiger Mann," erwiederte der Professor, wieder stehenbleibend, „seine Art ist anders, als wir's gewöhnt sind."

„Es ist altsächsischer Stamm," setzte der Doctor das Gespräch fort, „breite Schultern, Hünenwuchs, offene Züge, Wucht in jeder Bewegung. Auch die Kinder sind von derselben Art," fuhr er fort, „die Tochter hat etwas von einer Thusnelda."

„Der Vergleich paßt nicht," entgegnete der Professor rauh und setzte seinen Marsch fort.

Fritz spannte den zweiten Stiefel in das Joch und knarrte in den leisen Mißklang hinein. „Wie gefällt dir der älteste Knabe? Er hat ganz das helle Haar seiner Schwester."

„Das ist gar nicht zu vergleichen," sagte der Professor wieder kurz.

Fritz setzte die beiden Stiefeln vor das Bett, sich selbst auf den Bettrand und begann entschlossen: „Ich bin bereit deine Stimmung zu achten, auch wenn sie mir nicht ganz verständlich ist, aber ich bitte dich doch daran zu denken, daß wir diese Gastfreundschaft uns eigentlich erzwungen haben, und daß wir sie nicht über die Frühstunden des nächsten Tages in Anspruch nehmen dürfen."

„Fritz," rief der Professor mit tiefer Empfindung, „du bist mein zartfühlender lieber Freund, habe heut Geduld mit mir," und dabei wandte er sich wieder um und trat, das Gespräch abbrechend, an das Fenster.

Fritz gerieth vor Sorgen ganz außer sich; dieser großartige Mann, sicher in allem, was er schrieb, voll von Rath und festem Entschluß vor den dunkelsten Textstellen — und jetzt arbeitete in ihm, was sein ganzes Wesen erschütterte. Wie durfte dieser Mann so gestört werden! Er sah mit majestätischer Klarheit in eine Vergangenheit von mehren tausend Jahren zurück, und jetzt stand er am Fenster, einem Kuhstall gegenüber, und ein Ton klang durch das Zimmer wie Seufzen. Was sollte daraus werden? Diesen Gedanken wälzte der Doctor unablässig hin und her.

Lange ging der Professor mit großen Schritten auf und ab, Fritz stellte sich schlafend, sah aber unter der Bettdecke hervor immer wieder auf den kämpfenden Freund. Endlich löschte der Professor das Licht und warf sich auf das Lager. Bald verriethen seine tiefen Athemzüge, daß die wohlthätige Natur auch dies pochende Herz für einige Stunden zu leisem Schlage gebändigt hatte. Aber der Kummer des Doctors hielt hartnäckiger Stand. Von Zeit zu Zeit erhob er den Oberleib aus den Kissen, suchte tastend seine Brille vom nächsten Stuhle, ohne die er den Professor nicht ersehen konnte, und spähte durch die runden Gläser nach dem andern Bette hinüber, nahm die Brille wieder in leisem Seufzen ab und legte sich in die Kissen zurück. Diesen Act der Freundschaft wiederholte er mehre Male, bis auch er in festen Schlaf verfiel, kurz bevor die Sperlinge im Rebenlaub ihren Morgengesang anstimmten.

***

5.

Zwischen Herden und Garben.

Die Hofuhr schlug, Wagen rollten vor dem Fenster, die Glöckchen der Herde läuteten, als die Freunde erwachten. Einen Augenblick sahen sie erstaunt auf die Wände des fremden Zimmers und durch das Fenster in den sonnigen Garten. Während der Doctor Notizen einschrieb uud das Bündel schnürte, trat der Professor hinaus in das Freie. Draußen hatte längst das Tagewerk begonnen, Beamte und Gespanne waren auf das Feld gezogen, geschäftig eilte der Hofverwalter um die offenen Scheuern, die Schafe bräng= ten sich blökend vor dem Stall zusammen, von den Hunden umkreist.

Die Landschaft glänzte im Licht eines wolkenlosen Himmels. Ueber dem Boden schwebte noch der Dämmer, welcher das Licht der deutschen Sonne auch an hellen Morgen bändigt und mit seinem Grau versetzt. Noch warfen Häuser und Bäume lange Schatten, die Kühle der thauigen Nacht haftete an den schattigen Stellen, und die kleinen Luftwellen trieben bald die Wärme des jungen Tageslichts, bald den erfrischenden Hauch der Nacht dem Gelehrten an die Wange.

Er schritt um die Gebäube und den Hofraum, um sich die Stätte zu begrenzen, die er von jetzt als eine frembartige Erinnerung in der Seele tragen sollte. Die Menschen, welche hier wohnten, hatten ihm zögernd ihr Wesen aufgeschlossen, Manches in diesem einfachen Leben zwischen Haus und Flur erschien ihm lieb und begehrungswerth. Was hier Thätigkeit gab, Eindrücke und Willen, das konnte er zum größten Theil mit seinen Augen übersehen, denn die Aufgaben für jedes Leben, die Pflichten des Tages wuchsen aus dem Hofe und den Beeten der Landschaft, nach der Ackerscholle formten sich die Ansichten über das Fremde, beschränkte sich das Urtheil. Und lebhaft empfand er, wie tüchtig und glücklich die Menschen leben konnten, denen das eigene Sein so fest verwachsen war mit der Natur und den uralten Bedürfnissen der Menschen. Er selbst aber, welch andere Gewalten regierten sein Leben! Er wurde geführt durch tausend Einwirkungen alter und neuer Zeit, nicht selten durch Gestalten und Zustände der fernsten Vergangenheit. Denn was der Mensch treibt, ist ihm mehr als vergängliche Arbeit des Tages, und Alles, was er gethan, wirkt als ein Lebendiges in ihm fort; der Naturforscher, wel= chen die Sehnsucht nach einer seltenen Pflanze auf die steile Höhe führt, von der er den Rückweg nicht findet, der Soldat, den die Erinnerung an alte Kampfaufregung in neue Schlachten wirft, sie werden geleitet durch die Gewalt der Gedanken, welche ihre Vergangenheit in ihnen lebendig gemacht hat. — Natürlich! der Mensch ist kein Sklave dessen, was er gelebt hat, wenn er sich nicht dazu erniedrigt; sein Wille ist frei, er wählt, was er mag, und zerwirft, was er nicht bewahren will. Aber die Gestalten und Bilder, welche einmal in seine Seele gefallen sind, arbeiten doch unablässig ihn zu leiten, oft hat er sich gegen ihre Herrschsucht zu wehren, in tausend Fällen folgt er fröhlich ihrem leisen Zuge. Alles was war und Alles was ist, das lebt über seine Erdentage hinaus fort in jedem neuen Dasein, worein es zu bringen vermag, es wirkt vielleicht in Millionen, durch lange Zeiten, die Einzelnen und die Völker bildend, erhebend, verderbend. So werden die Geister der Vergangenheit, die Gewalten der Natur, auch was man selbst geschaffen und erdacht hat, ein unveräußerlicher, Leben wirken= der Bestandtheil der eigenen Seele. Und lächelnd sah der Ge= lehrte, wie fremde, tausend Jahr alte Erinnerungen ihn selbst hierher unter Landsleute geführt hatten, und wie dem Manne, der hier herrschte, so sehr verschiedene Thätigkeit den Sinn und das Urtheil weit anders gestaltete.

Zwischen seine Gedanken tönte behaglich aus dem Stall das Brummen der Rinder. Aufblickend sah er eine Reihe geschürzter Mägde, welche die vollen Milcheimer nach dem Gewölbe trugen. Hinter ihnen ging Ilse im einfachen Morgenkleid, das blonde Haar glänzte gegen die Sonne wie gesponnenes Gold, frisch und kräftig schritt sie dahin wie der junge Tag. Der Gelehrte empfand Scheu, an sie zu treten, er sah ihr sinnend nach; auch sie war eine der Gestalten, welche fortan in seinem Innern fortleben sollten, ein Bild seiner Träume, vielleicht seines Wunsches. Wie lange? wie mächtig? — Er ahnte nicht, daß seine römischen Kaiser schon in der nächsten Stunde thätig sein sollten, diese Frage zu beantworten.

Quer über den Hof kam der Landwirth, er rief ihm den Morgengruß zu und frug, ob der Professor ihn auf einem kurzen Gange ins Feld begleiten wolle. Als die Beiden neben einander der Sonne entgegen schritten, beide tüchtige Männer, und doch so verschieden an Haupt und Gliedern, in Haltung und Inhalt, da hätte wohl Mancher den Gegensatz mit warmem Antheil betrachtet, und nicht zuletzt Ilse; aber wer nicht die Augen eines Schatzgräbers oder Geisterbanners hatte, der konnte doch nicht bemerken, wie verschiedenartig das unsichtbare Gefolge kleiner Geister war, welches beiden um Schläfe und Schultern flatterte, Schwärmen unzählbarer Vögel oder Bienen vergleichbar. Die Geister des Landwirths waren in heimischer Wirthschaftstracht, blaue Kittel oder flatternde Kopftücher, darunter wenige Gestalten in den unbestimmten Gewändern von Glaube, Liebe, Hoffnung. Hingegen um den Professor schwärmte ein unabsehbares Gewühl fremder Gebilde mit Toga und antiken Helmen, in Purpurgewand und griechischer Chlamys, auch nacktes Volk in Athletentracht, und solche mit Ruthenbündeln und mit zwei

Flederwiſchen an den Hüten. Das kleine Gefolge des Land=
wirths flog unabläſſig auf die Ackerbeete und wieder zurück,
der Schwarm des Gelehrten achtete nicht ſehr darauf und
hielt ſich geſammelt. Endlich blieb der Landwirth vor einem
Flurſtück ſtehen, ſah liebevoll darauf und erzählte, daß er dies
Stück durch Unterpflügen grüner Lupinen — einer damals
neu eingeführten Cultur — gedüngt habe. Der Profeſſor hielt
überraſcht an. In ſeinem Gefolge entſtand ein Durcheinander=
ſchwärmen, ein kleiner antiker Geiſt flog an die nächſte Erd=
ſcholle und zog vom Haupt des Profeſſors ein zartes Geſpinnſt,
das er dort anhing. Unterdeß erzählte der Profeſſor dem
Landwirth, wie das Unterackern der grünen Hülſenfrucht einſt
bei den Römern bräuchlich geweſen, und wie er erfreut ſei,
daß jetzt nach anderthalb Jahrtauſenden dieſer alte Fund in
unſern Wirthſchaften wiederum entdeckt ſei. Dabei kam man
auf die Veränderungen im Landbau, und der Profeſſor er=
wähnte, wie auffallend ihm geweſen ſei, daß dreihundert Jahre
nach Beginn unſerer Zeitrechnung die Getreidebörſe in den
Häfen des ſchwarzen Meeres und Kleinaſiens ſo große Aehn=
lichkeit mit der modernen von Hamburg und London gehabt
habe, während jetzt dort im Oſten auch viele andere Cultur=
pflanzen gebaut würden. Und endlich berichtete er ihm gar
von einem Waarentarif, den ein römiſcher Kaiſer aufgeſtellt
hatte, und daß gerade die Preiſe des Weizens und der Gerſte,
der beiden Früchte, von denen damals die übrigen Preiſe und
Löhne abgehangen hätten, auf dem erhaltenen Steine zerſtört
wären. Und er ſetzte hübſch auseinander, weshalb dieſer Ver=
luſt ſo ſehr zu bedauern ſei. Da ging wieder dem Landwirth
das Herz auf, und er verſicherte dem Profeſſor, das ſei gar
nicht übermäßig zu beklagen, denn man könne dieſe verlorenen
Werthe aus den Preiſen der übrigen Früchte mit Halm und
Hülſe ſicher beſtimmen, weil alle Früchte unter einander im
Großen betrachtet ein feſtes und altes Werthverhältniß haben.
Er gab dieſe Verhältniſſe ihres Nahrungswerthes in Zahlen

an, und der Professor erkannte mit freudigem Erstaunen, daß sie wohl auf den Tarif seines alten Kaisers Diocletian passen könnten.

Während die Männer diese anscheinend gleichgültige Unterhaltung führten, flog ein bösartig aussehender Genius, wahrscheinlich Kaiser Diocletianus selber, vom Professor hinüber unter die bäuerliche Genossenschaft des Landwirths, stellte sich in seinem Purpurgewand mitten auf den Kopf des Herrn, stampfte mit den Beinchen an die Hirnschale, und veranlaßte dem Landwirth die Empfindung, daß der Professor ein verständiger und gediegener Mann sei, und daß diesem Mann nützlich sein werde, weitere Belehrungen über Werth und Preise der Früchte zu erhalten. Denn es that dem Landwirth doch sehr wohl, daß er dem Gelehrten auf dessen eigenem Gebiet Bescheid sagen konnte.

Als nach einer Stunde die beiden Wanderer zum Hause zurückkehrten, blieb der Landwirth an der Thür stehen und sagte mit einiger Feierlichkeit zum Professor: „Als ich Sie gestern hier einführte, wußte ich wenig, wen ich vor mir hatte. Es ist mir peinlich, daß ich einen Mann, wie Sie, so unwirsch begrüßt habe. Ihre Bekanntschaft ist mir eine Freude geworden, man findet hier selten Jemanden, mit dem man sich über allerlei so aussprechen kann wie mit Ihnen. Lassen Sie sich's, da Sie doch eine Erholungsreise machen wollen, auf einige Zeit bei uns einfachen Leuten gefallen. Je länger, desto besser. Es sind freilich jetzt nicht die Wochen, wo der Landwirth seinen Gästen das Haus bequem machen kann, Sie würden vorlieb nehmen müssen. Wollen Sie arbeiten und brauchen Sie Bücher, wir lassen sie hierher kommen. Und sehen Sie nach, ob das bei den Römern nicht etwa Wintergerste war, die ist leichter als unsere. — Schlagen Sie ein und machen Sie mir die Freude." Er hielt dem Gelehrten treuherzig die Hand hin.

Ueber das Antlitz des Professors fuhr es wie ein helles Licht. Er ergriff lebhaft die Hand des Gastfreundes: „Wenn

Sie meinen Freund und mich noch einige Tage behalten wollen, ich nehme Ihre Einladung von ganzem Herzen an. Ich darf Ihnen sagen, daß mir der Einblick in einen neuen Kreis menschlicher Interessen werthvoll ist, noch weit mehr aber das Wohlwollen, welches uns hier entgegen kommt."

„Abgemacht," rief der Landwirth heiter, „jetzt rufen wir Ihren Freund."

Der Doctor öffnete seine Thür. Als der Landwirth mit warmen Worten die Einladung gegen ihn wiederholte, sah er einen Augenblick ernsthaft nach dem Freund hinüber. Da dieser ihm freundlich zunickte, nahm auch er für die Tage an, welche ihm vor dem beschlossenen Besuch bei Verwandten noch frei waren. — So geschah es, daß Kaiser Diocletianus, fünfzehnhundert Jahre nachdem er die Erde unfreiwillig verlassen hatte, seine tyrannische Macht an dem Professor und dem Landwirthe ausübte. Ob noch andere geheime Arbeit antiker Gewalten dabei thätig war, ist nicht erforscht.

Ilse hörte schweigend den Bericht des Vaters, daß die Herren noch einige Zeit ihre Gäste sein wollten, aber ihr Blick fiel so klar und warm auf die Fremden, daß diese freudig fühlten, sie seien auch hier willkommen.

Sie waren von dieser Stunde wie alte Bekannte eingeführt in das Leben des Hauses, und beiden, die nie auf dem Lande gelebt, war, als müßte das sein, und als wären sie selbst zurückgekehrt in eine Heimat, in der sie sich schon einmal vor Jahren getummelt hatten. Es war ein geschäftiges Treiben, und doch lag auch jetzt, wo die Arbeit heiß drängte, so heitere Ruhe darüber. Ohne viele Worte, sicher verbunden wirkten die Menschen in Haus und Hof neben einander. Das Tageslicht war der oberste Schirmvoigt, der aufgehend zur Arbeit trieb, erlöschend die Spannung der Glieder löste. Wie die Arbeiter nach dem Himmel sahen, um ihre Werkstunden zu ermessen, so richteten Sonne und Wolke auch die Stimmungen des Tages nach ihrem Zuge, bald Behagen, bald Sorge darnieder sendend. Und langsam und leise, wie die Natur die Blüthen aus dem Boden treibt und die Früchte zeitigt, wuchsen auch die Empfindungen der Menschen dort zu Blüthe und Frucht. Im frieblichen Zusammenleben, aus kleinen Eindrücken setzt sich das Verhältniß der Thätigen zu einander zurecht. Wenige warme Worte, ein freundlicher Blick, der kurze Anschlag einer Saite, welche im Innern lange nachtönt, genügen, zwischen Garben und Herben, zwischen Auszug und Heimfahrt vom Felde ein festes Band um verschiedenartige Naturen zu schlingen; ein Band, gewebt aus unscheinbaren Fäden! aber es erhält dennoch leicht eine Stärke, die durch das ganze Erdenleben dauert.

Auch die Freunde umgab der Frieden, die alltägliche Tüchtigkeit, die kleinen Bilder des Landes. Nur, wenn sie das alte Haus betrachteten und der Hoffnung gebachten, welche sie hierher geführt, kam ihnen etwas von der Unruhe, welche Kinder vor einer Weihnachtsbescherung empfinden. Die still arbeitende Phantasie warf ihren bunten Schein über Alles, was dem Hause angehörte, bis herab auf den Bellcr Nero, der schon am zweiten Tage durch heftiges Schwenken des Schwanzes ben Wunsch ausbrückte, auch von ihnen in die Tischgenossenschaft aufgenommen zu werden.

Es war dem Doctor sehr der Beachtung werth, wie stark sein Freund durch dies ruhige Leben angezogen wurde, und wie fügsam er sich in die Bewohner des Hauses schickte. Der Gutsherr brachte ihm, bevor er auf das Vorwerk ritt, einige landwirthschaftliche Bücher und sprach zu .ihm über Getreidesorten, der Professor antwortete so bescheiden, wie ein junger Herr in Stulpstiefeln, und vertiefte sich sogleich ernsthaft in diese fremden Interessen. Auch zwischen Ilse und dem Professor offenbarte sich ein Einvernehmen, über bessen Ursache der Doctor unruhig nachsann. Wenn der Professor zu ihr sprach, geschah es mit inniger Verehrung in Stimme und Blick, und auch Ilse wandte sich am liebsten zu ihm, und war in der Stille

unabläſſig um ſein Behagen bemüht. Als er ihr bei Tiſche
ein Tuch aufhob, überreichte er es mit ehrfurchtsvoller Verbeu=
gung, wie einer Fürſtin; als ſie ihm ſeine Taſſe in die Hand
gab, ſah er ſo glücklich aus, als hätte er den geheimen Sinn
einer ſchwierigen Schriftſtelle gefunden. Dann am Abend, als
er mit dem Vater im Garten ſaß, und Ilſe hinter ſeinem
Rücken aus dem Hauſe trat, verklärte ſich ſein Angeſicht, und
er hatte ſie doch gar nicht geſehen. Und da ſie den Kindern
das Abendbrot austheilte und den kleinen Franz wieder ſchelten
mußte, weil er unartig war, ſah der Profeſſor plötzlich ſo finſter
drein, als ob er ſelbſt ein Knabe wäre, den der Unwille der
Schweſter beſſern ſollte. Dieſe Beobachtungen gaben dem
Doctor zu denken.

Weiter, als kurz darauf der wackere Hans dem Doctor
den Vorſchlag machte, bei einem freundſchaftlichen Blindekuhſpiel
mitzuwirken, da nahm Fritz als ſelbſtverſtändlich an, daß der
Profeſſor unterdeß den Vater in der Laube unterhalten werde.
Er ſelbſt hätte ſich's kaum getraut, ſeinen gelehrten Freund
zu dieſer Ausſchweifung aufzufordern. Wie erſtaunte er aber,
als Ilſe das Tuch zuſammenlegte, zu dem Profeſſor trat und
ihn aufforderte, ſich zuerſt als Blindekuh umbinden zu laſſen.
Und der Profeſſor ſah auf dieſes Anſinnen ganz glücklich aus,
bot Haupt und Hals ſanft wie ein Opferlamm der Verhüllung
und ließ ſich von Ilſe in den Kreis der kleinen Wilden führen:
Lärmend umringte der Schwarm den Profeſſor, die dreiſten
Kinder zupften ihn am Rockſchoß, ſogar Ilſe wußte einen Knopf
ſeines Rockes zu faſſen und zog leiſe daran, er aber gerieth
über dieſes Zucken in Aufregung, fuhr mit den Händen umher
und achtete keinen Angriff der ſchwärmenden Jugend, nur um
die Frevlerin zu ergreifen. Als ihm dies nicht gelang, ſchlug
er mit dem Stocke auf und ging wie der blinde Sänger Demo=
bokus taſtend umher, um einen Phäaken mit der Stockſpitze zu
faſſen. Jetzt traf er richtig auf Ilſe, ſie aber hielt das Stockende
ihrer Schweſter hin, und Clara pfiff daran, der Profeſſor

aber rief: „Fräulein Ilse!" Und Ilse freute sich herzlich, daß er falsch gerathen, und der Professor sah darüber sehr betreten aus.

Aber dabei blieb es nicht. Dies Landgeschlecht muthete dem Professor ferner zu, den Dritten abzuschlagen, als schwarzer Mann zu kommen, und ähnliche anstrengende Uebungen, bei denen ein Umherhuschen, Umwenden, Laufen und ein Hüpfen über die Grenze unvermeidlich war. Alles dies machte der Professor recht lüderlich mit. Ja, er bewies darin eine Kunst= fertigkeit, welche die Kinder bezauberte. Er sprang wie ein Knabe über die Buchsbaumbeete, unternahm das Kunststück, mit jeder Hand eines zu fangen, schlug mit dem zusammen= gedrehten Taschentuch kräftigst auf die Rückseite der Knaben, und traf Ilsens Hände mit einem so achtungsvollen Schlag, daß Bruder Franz erzürnt ausrief: „Das gilt nicht, das war zu wenig." Ilse aber bekannte sich getroffen, nahm das Tuch und schenkte es jetzt dem Professor gar nicht, sondern schlug ihn damit herzhaft auf die Schultern, und als er sich erstaunt umdrehte, lächelte sie ihm ein wenig zu und übergab ihm das Tuch wieder.

Es war unleugbar, die laute Fröhlichkeit der wohlgebildeten Kinder war ansteckend, auch der Doctor wurde bald von einer derben ländlichen Lustigkeit erfaßt. Auch er sprang und klatschte in die Hände und boxte während des gemeinsamen Spiels noch zum Privatvergnügen mit Hans dem ältesten, so oft sie neben= einander zu stehen kamen. Während er selbst lachte und auf einem Beine herumsprang, freute er sich als beobachtender Weiser über die großen und kleinen Mädchen, wie gut ihnen die kräftigen Bewegungen des wilden Spiels standen. Denn es war unverkünstelte Natur und volle Hingabe an das Spiel. Wenn Clara, die zweite, dem Bruder entlief oder im Kreise umherfuhr, so war sie bis auf ihr bescheidenes Röckchen einer spartanischen Wettläuferin wohl zu vergleichen. Als Ilse dar= auf am Baum stand, und mit der Hand einen Ast über sich

faßte, um sich zu stützen, so sah ihr geröthetes Antlitz, von den
Blättern des Nußbaums bekränzt, so schön und glücklich in
die Welt, daß auch der Doctor ganz davon hingerissen wurde.

Bei solcher Bacchantenstimmung war es nicht zu ver=
wundern, daß der Professor zuletzt Hansen zum Wettlauf
herausforderte: zweimal im Viereck, längs dem Zaune. Unter
dem Jubel der Kinder verlor Hans seine Wette, wie er selbst
behauptete, weil er die innere Seite des Vierecks gehabt hatte,
aber die allgemeine Stimme verwarf durchaus diese Entschul=
digung. Als die Wettläufer wieder bei der Laube ankamen,
reichte Ilse dem Professor seinen Ueberziehrock, den sie unterdeß
vom Kleiderrechen des Hausflurs geholt hatte: „Es wird spät,
Sie dürfen sich bei uns nicht erkälten." Und es war gar
nicht kalt, er aber zog den Rock auf der Stelle an, knöpfte
ihn von oben bis unten zu und schüttelte seinen Mitstreiter
Hans vergnügt an den Schultern. Darauf setzten sich alle
in der Laube nieder, um abzukühlen. Hier mußte auf die
stürmische Forderung der Kleinen unter allgemeinem Chorge=
sange ein Thaler wandern, und von dem strengen Theil der
Familie wurde laut gerügt, daß der Thaler zweimal zwischen
Ilse und dem Professor auf die Erde fiel, weil sie einander
den geheimen Läufer nicht fest genug in die Hand gegeben hatten.
Durch dies Spiel war die Gesangeslust der Jugend erweckt
worden, Klein und Groß sang zusammen aus voller Kehle
solche Lieder, welche sich als gemeinsames Gut erwiesen: „An
der Saale kühlem Strande," das Mantellied, und „die Glocke
von Capernaum," dieses als Canon. Darauf sangen Ilse und
Clara, von dem Doctor ersucht, zweistimmig ein Volkslied,
sehr einfach und schmucklos, und vielleicht traf eben deshalb
die melancholische Weise das Herz, so daß es nach dem Lied
still wurde und die fremden Herren gewissermaßen gerührt
vor sich hinsahen, bis der Landwirth die Gäste aufforderte,
auch etwas zum Besten zu geben. Sogleich stimmte der Pro=
fessor, aus seiner Bewegung auftauchend, mit wohltönendem

Baſſe an: „Im kühlen Keller ſitz’ ich hier,“ daß die Knaben begeiſtert die Reſte aller Milch austranken und mit den Gläſern auf den Tiſch ſtampften. Wieder äußerte ſich die Geſellſchaft als Chor, ſie unternahmen das liebe alte Fragezeichenlied: „des Deutſchen Vaterland,“ ſoweit die Kenntniß der Verſe reichte, und zum Schluß verſuchte ſich Alles zuſammen an Lützows verwegener Jagd. Der Doctor hielt als feſter Chor=ſänger die Melodie bei den ſchwierigen Noten ſchön zuſammen und der Refrain klang wundervoll in der ſtillen Abendluft, die Töne zogen das Weinlaub der Mauer entlang und über die Gipfel der Obſtbäume bis an das Gehölz des nächſten Hügels und kamen von dort als Echo zurück.

Nach dieſem Hauptſtück trieb Ilſe die Kinder zum Auf=bruch und geleitete die Unzufriedenen in das Haus, die Männer aber ſaßen noch lange im Geſpräch zuſammen, ſie hatten mit einander gelacht und geſungen und ihre Herzen waren geöffnet. Der Landwirth erzählte aus ſeinen früheren Tagen, wie er ſich da und dort verſucht hatte und endlich hier feſtgeſetzt. Der Kampf um das Leben war auch ihm ſchwer und lang=wierig geweſen, er erinnerte ſich in dieſer Stunde gern daran und ſprach darüber in der guten Weiſe eines thätigen Mannes.

So verlief der zweite Tag auf dem Gute zwiſchen Sonne und Sternen, zwiſchen Garben und Herden.

Am nächſten Morgen weckte den Profeſſor ein lauter Ge=ſang der geflügelten Hofgenoſſen. Der Hahn flog auf einen Stein unter dem Fenſter der Gaſtſtube und ließ gebieteriſch ſeinen Morgenruf erſchallen, die Hennen und junges Hühner=volk ſtanden im Kreiſe um ihn her und verſuchten dieſelbe Ge=ſangskunſt zu üben. Dazwiſchen ſchrieen die Sperlinge, welche im Weinlaub geſchlafen hatten, aus vollem Halſe, aber ſie drangen nicht durch; dann flogen die Tauben heran und gurrten die Triller. Zuletzt kam noch eine Herde Enten zu dem Sängerbund und begann ſchnatternd den zweiten Chor.

Der Professor sah sich genöthigt, das Lager zu räumen, und der Doctor rief unwillig im Bett: „Das kommt von dem gestrigen Singsang. Jetzt lärmt der Brotneid aller zünftigen Hofmusikanten." Darin aber war er im Irrthum, das kleine Volk des Hofes sang nur aus Amtseifer, es meldete zuerst dem Gute, daß ein unruhiger Tag bevorstehe.

Als der Professor in das Freie trat, glühte noch die Morgenröthe mit feurigem Schein am Himmel, und der erste Lichtstrahl fuhr über die Felder, gebrochen und zitternd wie in Wellen. Der Grund war trocken, an Blatt und Rasen hing kein Thautropfen. Auch die Luft war schwül, und matt nickten die Blumenköpfe an den Stielen. Hatte in der Nacht eine zweite Sonne geschienen? Vom Gipfel eines alten Kirsch=baumes aber klang unaufhörlich das helle Pfeifen der Gold=brossel. Der alte Gartenarbeiter Jacob sah kopfschüttelnd nach dem Baume: „Ich dachte, der Spitzbub wäre fortgezogen, er hat unter den Kirschen arg gewirthschaftet, jetzt gibt er vor seiner Reise noch eine Nachricht, heut kommt etwas."

Schnell rollten die Wagen auf das Erntefeld, die Pferde waren unruhig, schüttelten die Köpfe und schlugen mit dem Schweife die Flanken, und die Knechte klatschten ohne Auf=hören mit der Peitsche. „Heut stechen die Fliegen," sagte im Vorbeifahren grüßend der Großknecht, „es kommt ein Wetter." Der Landwirth trat aus dem Hause, statt des Morgengrußes rief er dem Professor zu: „Das Wetterglas ist gefallen, es ist etwas im Anzuge." Ilse kam von der Molkerei: „Die Kühe sind unruhig, sie brüllen und arbeiten gegen einander."

Roth hob sich die Sonne aus trockenem Qualm, die Arbeiter im Felde fühlten die Mattigkeit in den Gliedern und hielten immer wieder bei der Arbeit an, das Antlitz zu trocknen. Der Schäfer war heut mit der Herde unzufrieden, seine Hammel waren auf Kraftübungen versessen; statt zu fressen, stießen sie mit den Köpfen zusammen, und das Jungvieh hüpfte und tänzelte wie an Drähten in die Höhe gezogen. Unordnung

unb Widerſetzlichkeit waren nicht zu bändigen, der Hund um=
kreiſte die Aufgeregten unaufhörlich mit hängendem Schwanze
unb wenn er heut ein Schaf in das Bein zwickte, ſo merkte
es lange den Schaden.

Höher ſtieg der Sonnenball am wolkenloſen Himmel,
heißer wurde der Tag, ein leichter Dunſt hob ſich vom Boden
unb machte die Ferne unbeutlich, die Sperlinge flogen unruhig
um die Baumgipfel, die Schwalben fuhren längs dem Boden
unb zogen ihre Kreiſe um die Menſchen. Die Freunde ſuchten
ihr Zimmer auf, auch hier empfanb man die ermattenbe
Schwüle, der Doctor, welcher einen Plan des Hauſes entwarf,
legte den Bleiſtift hin, der Profeſſor las von Ackerbau unb
Viehzucht, aber er ſah oft über ſein Buch nach dem Himmel,
öffnete das Fenſter unb ſchloß es wieder. Das Mittagsmahl
war ſtiller als ſonſt, der Lanbwirth ſah ernſt brein, ſeine
Beamten nahmen ſich kaum Zeit, ihre Teller zu leeren. „Es
kommt heut ungelegen,“ ſagte der Hausherr beim Aufſtehen
zu der Tochter, „ich reite an die Grenze; bin ich nicht vor
bem Wetter zurück, ſo ſieh nach Haus unb Hof.“ Unb wieder
zogen die Menſchen unb Roſſe auf das Feld, aber heut war
ihnen der Weg zur Arbeit ſauer.

Die Hitze wurde unerträglich, die Nachmittagsſonne brannte
auf die Haut, Fels unb Mauer fühlten ſich heiß an, den
Himmel überzog ein weißes Gewölk, das ſich zuſehenbs ver=
bichtete unb zuſammenfuhr. Eifrig trieb der Knecht die Pferbe
zur Scheuer, die Arbeiter haſteten, die Garben abzulaben, im
ſchnellen Trabe fuhren die Wagen, noch eine Labung unter
bas ſchützenbe Dach zu retten.

Die Freunde ſtanben vor der Hofthür unb blickten auf
die ſchweren Wolken, welche vom Himmelsranbe herauf zogen.
Das gelbe Sonnenlicht kämpfte kurze Zeit gegen die bunkeln
Schatten der Höhe, enblich verſchwanb auch der letzte grelle
Schein, glanzlos unb trauernb lag die Erbe. Ilſe trat zu
ihnen: „Seine Zeit iſt gekommen, gegen vier Uhr ſteigt es

herauf, selten zieht es aus dem Morgen über das ebene Land, dann aber wird es jedesmal schwer für uns, denn die Leute sagen, es kann nicht über die Berghöhe, auf die Sie vom Garten aus sehen. Dann hängt es lange über unserm Felde. Und der Donner, sagt man, rollt bei uns stärker als anderswo."

Die ersten Stöße des Windes fuhren heulend an das Haus. „Ich· muß durch den Hof, zum Rechten sehen," rief Ilse, band schnell ein Tuch um das Haupt und drang, von den Männern begleitet, gegen den Sturm vorwärts zu dem Hofgebäude, in welchem die Spritze stand, sie sah zu, ob die Thür geöffnet und Wasser in den Tonnen war. Dann eilte sie vorwärts nach den Ställen, während die Strohhalme im Wirbel um sie herumfuhren, mahnte die Mägde noch einmal durch muntern Zuruf, sprach schnell einige Worte mit den Beamten und kehrte nach dem Hause zurück. Sie warf einen Blick in die Küche und nach dem Herbe und öffnete die Thür des Kinderzimmers, ob alle Geschwister beim Lehrer versammelt waren. Zuletzt ·ließ sie noch den Hund herein, der an der geschlossenen Hofthür ängstlich bellte, und trat dann wieder zu den Freunden, welche vom Fenster der Wohnstube in den Aufruhr der Elemente blickten. „Das Haus ist verwahrt, so gut die Hand des Menschen vermag, wir aber vertrauen auf stärkeren Schutz."

Langsam wälzte sich das Wetter näher, eine schwarze Masse nach der andern schob sich heran, unter ihnen stieg ein fahler Dunstschleier wie ein ungeheurer Vorhang höher und höher, der Donner rollte, kürzer die Pausen, wilder sein Dröhnen, der Sturm heulte um das Haus, jagte zornig dicke Staubwolken um die Mauern, Blätter und Halme flogen in wildem Tanze dahin.

„Der Löwe brüllt," sagte Ilse, die Hände faltend. Sie neigte auf einige Augenblicke das Haupt. Dann sah sie schweigend zum Fenster hinaus. „Der Vater ist auf dem Vorwerk unter Dach," begann sie wieder, einer Frage des Professors zuvorkommend.

Ein tüchtiges Wetter tobte um das alte Haus. Die es zum erstenmal an dieser Stelle hörten, auf freier Höhe, an der Seite des Bergrückens, von dem das wirbelnde Getöse des Donners zurückschallte, meinten solche Gewalt der Natur noch nicht erlebt zu haben. Während der Donner tobte, ward es plötzlich finster in der Stube wie bei einbrechender Nacht, und immer wieder wurde die unheimliche Dämmerung durch den Schein der feurigen Schlangen zerrissen, welche über den Hof dahinfuhren.

In der Kinderstube war es laut geworden, man hörte das Weinen der Kleinen. Ilse ging an die Thür und öffnete. „Kommt zu mir,“ rief sie. Aengstlich liefen die Kinder herein und drängten sich um die Schwester, sie faßten ihre Hände, die jüngsten klammerten sich an ihr Gewand. Ilse nahm die kleine Schwester und legte sie in die Hände des Professors, der neben ihr stand. „Seid still und sagt leise euren Spruch,“ mahnte sie, „jetzt ist keine Zeit, zu weinen und zu klagen.“

Plötzlich ein Licht so blendend, daß es zwang, die Augen zu schließen, ein kurzer markerschütternder Krach, der in miß= tönendem Knattern endete. Als der Professor die Augen öffnete, sah er in dem Schein eines neuen Blitzes Ilse neben sich stehen, das Haupt ihm zugewendet, mit strahlendem Blick. „Das hat eingeschlagen,“ rief er besorgt.

„Nicht in den Hof,“ versetzte das Mädchen unbeweglich.

Wieder ein Schlag und wieder ein Feuerschein und ein Schlag, wilder, kürzer, schärfer. „Es schwebt über uns,“ sagte Ilse ruhig, und drückte das Haupt des kleinen Bruders an sich, als wollte sie ihn schützen.

Der Professor konnte den Blick nicht abwenden von der Gruppe in der Zimmermitte. Die edle Gestalt des Weibes vor ihm, hoch aufgerichtet, unbeweglich, umringt von den angst= vollen Geschwistern, gehoben das Antlitz und um den Mund ein stolzes Lächeln. Sie hatte in unwillkürlicher Empfindung eines der theuren Leben seiner Obhut anvertraut, er stand in der Noth der Entscheidung neben ihr als einer der Ihrigen. Auch er hielt das Kind fest, das ihn ängstlich umschlang. Es waren kurze Augenblicke, aber zwischen Blitz und Schlag loderte die Glut in ihm zu hellen Flammen auf. Die neben ihm stand im Wetterschein, von blendendem Licht umgossen, sie war es, die er sich forderte für sein Leben.

Länger dröhnte der Donner, der Regen schlug an das Fenster, ein Wasserguß rasselte und klatschte um das Haus, die Fenster zitterten in einem wüthenden Anprall des Sturmes.

„Es ist vorüber," sagte die Jungfrau leise. Die Kinder fuhren auseinander und liefen an das Fenster. „Nach oben, Hans," rief die Schwester, und eilte mit dem Bruder aus dem Zimmer, um zu sehen, ob das Wasser doch irgendwo Eingang gefunden. Der Professor sah sinnend nach der Thür, aus der sie geschwunden war, der Doctor aber, der unterdeß das Knie in den Händen ruhig auf dem Stuhl gesessen, begann kopf= schüttelnd: „Diese Naturerscheinung ist für uns ungemüthlich. Seit die Blitzableiter in Mißcredit gekommen sind, hat man nicht einmal den Trost, daß solche Stange dem Codex Sicher= heit gegen die Zudringlichkeit von oben gewährt. Das ist ein schlechter Aufenthalt, mein Freund, für unser armes altes Manuscript, und es ist wahrlich Christenpflicht, das Buch so schnell als möglich aus diesem Donnerwinkel zu retten. Wie kann man ferner noch mit Gemüthsruhe eine Wolke am Himmel sehen? Wir werden immer daran denken müssen, was hier alles möglich ist."

„Das Haus hat doch bis jetzt vorgehalten," erwiederte der Professor lächelnd, „überlassen wir die Handschrift unterdeß den guten Gewalten, denen die Menschen selbst hier so fest vertrauen. — Sieh, schon bricht der Sonnenstrahl durch den Dunst."

Eine halbe Stunde später war Alles vorüber, über den Bergen lag noch die dunkle Wolke, und aus der Ferne tönte gefahrlos der Donner. In dem leeren Hofe regte sich wieder das Leben. Zuerst zog in fröhlichem Eifer der Entenchor aus seinem Versteck, putzte die Federn, untersuchte die Wasserlachen und schnatterte längs den Wagengleisen. Dann kam der Hahn mit seinen Hühnern vorsichtig schreitend und die quellenden Körner pickend, die Tauben flogen an Vorsprünge der Fenster, wünschten einander mit Verbeugungen Glück und breiteten die Federn im neuen Sonnenlicht, Nero fuhr in kühnem Sprunge aus dem Hause, trottete durch den Hof und bellte herausfordernd in die Luft, um die feindliche Wolke vollends zu verscheuchen. Dann schritten die Mägde und Arbeiter wieder rührig über den Platz und athmeten erfrischt den Balsam der feuchten Luft. Der Hofverwalter kam und berichtete, daß es zweimal in den Berg nebenan geschlagen. Auch der Landwirth ritt in starkem Trabe herein, tüchtig durchnäßt, um zu sehen, ob Haus und Hof ihm unversehrt geblieben. Er sprang fröhlich vom Pferde und rief: „Es hat draußen eingeweicht, aber Gottlob, daß es so vorübergegangen. Solch Wetter ist hier seit Jahren nicht erlebt." Die Leute hörten noch eine Weile, wie der Großknecht erzählte, daß er eine Wassersäule gesehen, die als ein großer Sack vom Himmel bis zur Erde hing, und daß es jenseit der Grenze stark gehagelt. Dann traten sie gleichmüthig in die Ställe und genossen die Ruhestunde, die ihnen das Unwetter vor der Zeit verschaffte. Und während der Landwirth zu seinen Beamten sprach, rüstete sich der Doctor, mit den Knaben und dem Lehrer in das Thal hinabzusteigen und dort die Ueberschwemmung des Baches zu betrachten.

Der Professor aber und Ilse blieben im Obstgarten, und der Professor erstaunte über die Menge der braunen Hausträgerinnen, der Schnecken, welche jetzt überall hervorkamen und langsam über den Weg zogen; er nahm eine nach der andern und setzte sie vorsichtig aus dem Wege, aber die Unverständigen kehrten immer wieder auf den festen Kies zurück, und erhoben den Anspruch, daß die Fußgänger ihnen auswichen. Dann sahen die beiden nach, wie die Fruchtbäume das Unwetter ertragen hatten. Sie waren arg zerzaust, beugten ihre Zweige tief herab, und viel unreifes Obst lag abgeschlagen im Grase. Der Professor schüttelte vorsichtig an den regenschweren Aesten, um sie von der fremden Bürde zu befreien, er holte einige Stangen und unterstützte einen alten Apfelbaum, der unter seiner Last zu erliegen drohte, und beide lachten herzlich, als ihm bei der Arbeit das Wasser aus den Blättern, wie aus kleinen Rinnen, auf Haar und Rock hinablief.

Ilse schlug bedauernd die Hände zusammen über die vielen gefallenen Früchte, es hing aber doch noch viel an den Bäumen, und es war immer noch eine reiche Ernte zu hoffen. Der Professor gab ihr theilnehmend den Rath, das gefallene Obst zu backen, und Ilse lachte wieder darüber, weil das meiste noch zu unreif sei. Da gestand ihr der Professor, daß auch er als Knabe geholfen habe, wenn seine liebe Mutter das Obst auf dem Trockenbret ordnete. Denn seine Eltern hatten auch einen großen Garten an der Stadt gehabt, in welcher sein Vater Beamter gewesen. Und Ilse hörte mit leidenschaftlichem An= theil zu, als er weiter erzählte, daß er als Knabe den Vater verloren und wie lieb und gescheidt seine Mutter um ihn ge= sorgt, und wie innig sein Verhältniß zu ihr gewesen, und daß ihr Verlust der größte Schmerz seines Lebens sei. Dabei schritten sie den langen Kiesweg auf und ab, und in beiden klang durch die heitere Stimmung der Gegenwart ein Ton des Leides aus vergangenen Tagen, gerade wie in der Natur die Bewegung des heftigen Unwetters leise nachzitterte und das reine Licht des Tages von unzähligen blitzenden Edelsteinen auf Laub und Halm erglänzte.

Ilse öffnete eine Pforte, welche aus dem untern Theil des Obstgartens ins Freie führte, sie stand still und begann mit zögernder Bitte: „Ich habe einen Gang vor in das Dorf, um zu sehen, wie der Herr Pfarrer das Wetter überstanden hat. Wird Ihnen recht sein, unsern guten Freund kennen zu lernen?"

„Wenn er Ihnen lieb ist, so bin ich dankbar, daß Sie mich zu ihm führen," antwortete der Professor.

Auf feuchtem Fußpfade schritten sie in die gewundene Ver=
längerung des Thals, welche sich an der Seite des Friedhofs
hinzog. Dort lag mit zusammengebrängten Häusern ein kleines
Dorf, meist von Arbeitern des Gutes bewohnt. Das erste Ge=
bäude unter der Kirche war das Pfarrhaus, mit Holzbach und
kleinen Fenstern, wenig von den Wohnungen der Landleute
verschieden. Ilse öffnete die Thür, eine alte Magd eilte mit
vertraulichem Gruß entgegen. „Ach, Fräulein," rief sie, „das
war heut schlimm, ich dachte, der jüngste Tag wäre vor der
Thür. Der Herr hat immer an dem Kammerfenster gestanden
und nach dem Schloß hinaufgesehen und für Sie die Hände
in die Höhe gehoben. — Jetzt ist er im Garten." — Durch die
Hinterthür traten die Gäste in einen kleinen Raum zwischen
Giebeln und Scheuern der Nachbarhöfe, wenige niedrige Frucht=
bäume ragten über die Blumenbeete. Der alte Herr in dunklem
Hausrock stand vor einem Spalier und arbeitete emsig. „Mein
liebes Kind," rief er aufsehend, und sein gutherziges Ange=
sicht lachte vor Freude unter dem weißen Haar, „ich wußte,
daß Sie heut kommen würden." Er verneigte sich vor dem
fremden Gast und wandte sich nach den Begrüßungsworten
wieder zu Ilse. „Denken Sie das Unglück, der Sturm hat
unsern Pfirsichbaum geknickt, das Geländer ist abgerissen, die
Zweige zerschlagen, der Schaden ist unersetzlich." Er beugte
sich zu seinem kranken Baume herab, dem er gerade mit Baum=
wachs und Bast einen Verband aufgelegt hatte. „Es ist der
einzige Pfirsich hier," klagte er dem Professor, „auf dem ganzen
Gute haben sie keinen, und in der Stadt vollends nicht. Aber
ich darf Sie nicht mit meinen kleinen Leiden belästigen," fuhr
er muthiger fort, „bitte, kommen Sie mit mir in die Stube."
Ilse trat in eine Seitenthür neben dem Hause. „Was macht
Flavia?" frug sie die Magd, welche den Besuch erwartend an
der Pforte stand.

„Munter," antwortete Susanne, „und der Kleine auch."

„Es ist die gelbe Kuh und ein junges Ochsenkalb," erklärte

der Pastor dem Professor, während Ilse mit der Magd in den engen Hofraum trat. „Ich sehe nicht gern, wenn die Leute dem Vieh christliche Namen geben, da muß unser Latein aushelfen."

Ilse kehrte zurück. „Es ist Zeit, daß das Kalb fortkommt, es ist ein unnützer Brotesser."

„Das hab' ich auch gesagt," schaltete Susanne ein, „aber der Herr Pfarrer will sich nicht dazu entschließen."

„Sie haben Recht, mein liebes Kind," erwiederte der Pfarrer, „nach menschlicher Weisheit wäre es rathsam, das Oechslein dem Schlächter zu überliefern.` Aber das Oechslein sieht die Sache ganz anders an, und es ist eine muntere Creatur."

„Wenn man's aber darum frägt, erhält man keine Ant=wort," sagte Ilse, „und deswegen muß sich's gefallen lassen, was wir wollen. Erlauben Sie, Herr Pfarrer, daß ich das mit Susanne hinter Ihrem Rücken abmache. Unterdeß holst du die Milch von oben."

Der Pfarrer führte in seine Stube. Es war ein kleiner Raum, weiß getüncht, spärlich möblirt, darin ein alter Schreib=tisch, ein schwarzbestrichenes Bücherbret mit einer kleinen An=zahl ältlicher Bücher, Sopha und Stühle mit buntem Kattun überzogen. „Hier ist seit vierzig Jahren mein Tusculum," sagte der Pastor vergnügt zum Professor, der verwundert auf den dürftigen Hausrath blickte. „Es würde größer sein, wenn der Anbau zu Stande gekommen wäre, es waren auch schon Pläne gemacht, und mein Herr Nachbar hat sich sehr darum bemüht, aber seit meine selige Frau dort hinaufgezogen ist" — er sah nach der Höhe des Friedhofs — „will ich nichts mehr davon hören."

Der Professor sah zum Fenster hinaus. Vierzig Jahre in dem engen Bau, dem schmalen Thal, zwischen dem Friedhof, den Hütten, dem Wald! Ihm wurde gedrückt zu Muth. „Es scheint, die Gemeinde ist arm," sagte er, „zwischen den Bergen liegt nur wenig Feld. Und wie ist's im Winter?"

„Ei, die Füße tragen noch," erwiederte der geistliche Herr, „man besucht dann auch gute Freunde; nur der Schnee wird zuweilen lästig, einmal waren wir ganz eingeschneit, und Herr Bauer hat uns herausschaufeln müssen." Er lächelte behaglich bei der Erinnerung. „Es ist nicht einsam, wenn man lange Jahre an einem Orte gelebt hat, man hat die Großväter ge= kannt, die Väter aufgezogen, man lehrt die Kinder und hier und da schon die Enkel, man sieht, wie die Menschen sich von der Erde erheben und wieder hinabsinken, gleich den Blättern der Bäume. Und man merkt, daß Alles eitel ist und eine kurze Vorbereitung. Liebes Kind," sagte er zu Ilse, welche jetzt eintrat, „setzen Sie sich zu uns, ich habe Ihr liebes Ge= sicht seit drei Tagen nicht gesehen, und wollte nicht hinauf= kommen, weil ich hörte, daß Besuch bei Ihnen ist. Ich habe auch etwas für Sie," setzte er hinzu, und holte einen beschrie= benen Bogen vom Pult, „es ist Poesie dabei."

„Denn auch der Musengesang fehlt uns nicht," fuhr er gegen den Professor fort. „Freilich ist er bemüthig, und von der bukolischen Art. Aber glauben Sie mir, für Einen, der sein Dorf kennt, gibt es wenig Neues unter der Sonne. Es ist im Kleinen hier Alles, wie in der übrigen Welt im Großen, der Schmied ist ein heftiger Politikus, und der Schultheiß möchte gern ein Dionysius von Syrakus sein. Auch den reichen Mann der Schrift haben wir, freilich auch mehre Lazarusse, zu welchen dieser Dichter gehört; und unser Tüncher ist im Winter ein Musikus, er spielt gar nicht schlecht auf der Zither. Das alles arbeitet durcheinander und möchte gern oben hinaus, und es macht zuweilen Mühe, die gute Nachbarschaft unter ihnen zu erhalten."

„Er will seine grüne Wand wieder haben, soviel ich ver= stehe," sagte Ilse von dem Blatt aufsehend.

„Seit sieben Jahren liegt er in seiner Kammer, zur Hälfte gelähmt, mit heftigen Schmerzen und unheilbar," erklärte der Pfarrer dem Gast, „er sieht durch ein kleines Fensterloch in die Welt, auf die Lehmwand gegenüber und die Menschen, welche davor sichtbar werden. Und die Wand gehört dem Nachbar, sie war durch mein liebes Kind mit wildem Wein bezogen. In diesem Jahr aber hat der Nachbar — unser reicher Mann — daran gebaut und das Grüne abgerissen. Das ärgert den Kranken. Ihm ist schwer zu helfen, denn jetzt ist nicht die Zeit, Neues zu pflanzen."

„Es muß doch Rath werden," warf Ilse ein. „Ich will mit ihm darüber reden. Verzeihen Sie, es soll nicht lange dauern."

Sie verließ das Zimmer. „Ist's Ihnen recht," sagte der Pfarrer geheimnißvoll zu seinem Gast, „so zeige ich Ihnen diese Wand, denn ich habe mir die Sache viel überlegt, aber ich finde keine Abhilfe." Schweigend stimmte der Professor bei. Die Männer schritten die Dorfgasse entlang, an der Ecke faßte der Pfarrer den Arm seines Begleiters. „Hier liegt der Kranke," begann er halblaut, „er hört schwer in seiner Schwäche, aber wir müssen doch leise auftreten, daß er uns nicht merkt; denn das stört ihn."

Der Professor sah dichtbei am dürftigen Hause ein kleines Schiebfenster geöffnet und Ilse davor stehen, von ihnen abgewandt. Während der Pfarrer ihm die Lehmwand zeigte und die Höhe, welche für die Laubumkleidung nöthig sei, hörte er auf das Gespräch am Fenster. Ilse sprach laut hinein und von dem Lager antwortete eine schrille Stimme. Erstaunt vernahm er, daß nicht vom Weinlaub die Rede war. — „Und hat der Herr ein gutes Gemüth?" frug die Stimme. „Er ist ein gelehrter Mann und ein guter Mann," antwortete Ilse. „Wie lange bleibt er bei Ihnen?" frug der Kranke. „Ich weiß nicht," war Ilsens zögernde Antwort. „Er soll ganz bei Ihnen bleiben, denn er ist Ihnen lieb," sagte der Kranke. „Ach, das dürfen wir gar nicht hoffen, lieber Benz. Aber dies Gespräch hilft nicht zu guter Aussicht auf gegenüber," fuhr Ilse fort. „Mit dem Nachbar rede ich, aber zwischen heut und morgen

wächst doch nichts. Da habe ich mir ausgedacht, der Gärtner
schlägt hier draußen unter dem Fenster ein kleines Bret fest,
und wir setzen unterdeß die Blumenstöcke aus meiner Stube
darauf." — „Das benimmt mir die Aussicht," entgegnete die
Stimme unzufrieden, „ich kann dann die Schwalben nicht mehr
sehen, wenn sie vorbeifliegen, und ich sehe wenig von den Köpfen
der Leute, die vorbeigehen." „Das ist richtig," versetzte Ilse,
„aber wir machen das Bret so niedrig, daß nur die Blumen
durch's Fenster gucken." „Was sind's für Blumen?" frug
Benz. „Ein Myrtenstock," sagte Ilse. „Der blüht nicht," ver=
setzte Benz mürrisch. — „Aber zwei Rosen blühen und ein
Vanillestrauch." — „Den kenne ich nicht," warf der Kranke
ein. „Er riecht wundergut," sagte Ilse empfehlend. „Dann
kann er kommen," bewilligte Benz, „aber Basilikum muß auch
dabei sein." — „Wir wollen sehen, ob's zu haben ist," erwie=
derte Ilse, „und um das Fensterholz zieht euch der Gärtner
eine Epheuranke." „Der ist mir zu schwarz," widersprach der
ungenügsame Benz. „Ei was," entschied Ilse, „wir probiren's.
Ist's euch nicht recht, so wird's geändert." Damit war der
Kranke einverstanden. „Aber der Gärtner soll mich nicht warten
lassen," rief er, „ich möchte es morgen haben." „Gut," sagte
Ilse, „am frühen Morgen." — „Und meinen Vers zeigen
Sie Niemand," bat Benz, „auch dem fremden Herrn nicht,
er ist nur für Sie." „Das bleibt unter uns," sagte Ilse.
„Ruft eure Tochter Anna, lieber Benz."

Sie rüstete sich zum Aufbruch, der Pfarrer zog seinen
Gast leise zurück. „Wenn der Kranke solches Gespräch gehabt
hat," erklärte er, „ist er für den nächsten Tag zufrieden. Und
morgen macht er ihr wieder einen Vers. Er schreibt, unter
uns gesagt, manchmal Nonsens, aber es ist gut gemeint, und
ihm ist es die beste Unterhaltung. Nämlich die Leute im Dorfe
scheuen sich, an sein Fenster zu treten, und sie gehen auch nicht
gern vorüber. — Für mein Amt aber ist dies die härteste
Arbeit. Denn die Leute sind in dem Aberglauben verstockt,

daß Krankheit und Erdenleid von bösen Mächten stammen, und daß sie durch Haß angethan werden, oder zur Strafe für begangenes Unrecht. Wenn ich ihnen predige ohne Aufhören, daß Alles nur eine Prüfung ist für das Jenseits, die Lehre ist ihnen zu groß und hoch, nur die Schwachen glauben sie, wer aber gesund und trotzig dasteht, der sträubt sich gegen die Wahrheit und das Heil."

Der Gelehrte sah nach dem kleinen Fenster, aus dem der Kranke auf eine Lehmwand blickte; und er sah wieder nach dem geistlichen Herrn, der in dem Thal seit vierzig Jahren für die heilbringende Wahrheit kämpfte. Ihm wurde das Herz schwer, und sein Auge flog aus der dämmernden Tiefe zu den Berggipfeln, welche noch im frohen Licht der Abendsonne glänzten. Da trat sie wieder zu ihm, sie, welche herabgestiegen war, die Hilflosen und Armen zu bewachen, und als er neben ihr der Höhe zuschritt, da war ihm, als ob sie beide aus dumpfer Erdennoth emportauchten in leichtere Luft. Aber auch die jugend= liche Gestalt, das schöne ruhige Antlitz neben ihm glänzte vom Abendlicht umsäumt so fremdartig, seinem irdischen Wesen un= gleich, ähnlich einem der Boten, welche einst Jehova in die Zelte seiner Getreuen sandte. Und er freute sich, als sie über die lustigen Sprünge des Hundes lachte, der ihnen bellend ent= gegenfuhr.

So schwand wieder ein Tag dahin zwischen Sonnenlicht und Wolkenschatten, in kleinen Erlebnissen, in stillem Sein. Wenn die Feder davon erzählt, ist es gering, wenn aber ein Mensch darin lebt, treibt es ihm den Strom des Blutes kräftig durch die Adern.

6.

Eine gelehrte Frau vom Lande.

Es war Sonntag und auch das Gut trug sein Festgewand. Auf dem Hof standen die Scheuern geschlossen, Knechte und Mägde schritten in ihrem besten Staat daher, nicht wie geschäftige Arbeiter, sondern in der behaglichen Muße, welche dem deutschen Landmann die Poesie des mühevollen Lebens ist. Von dem Kirchthurm rief das Glöckchen zum Gottesdienst, Ilse ging mit den Schwestern, das Gesangbuch in der Hand, langsam den Fels hinunter, in kleinen Gruppen folgten die Mägde und Männer. Heut blieb der Gutsherr in seiner Arbeitsstube, um die aufgelaufene Schreiberei zu erledigen. Vorher aber klopfte er an das Zimmer der Freunde und machte ihnen einen kurzen Morgenbesuch. „Heut kommen Gäste, Oberamtmann Rollmaus mit seiner Frau, er ist ein tüchtiger Wirth, die Frau ist sehr auf Bildung versessen. Nehmen Sie sich in Acht, sie wird Ihnen zusetzen."

Schlag zwölf Uhr fuhren zwei wohlgenährte Braune einen halbgedeckten Wagen vor das Haus. Die Kinder eilten an das Fenster. „Die Frau Oberamtmann kommt!" riefen aufgeregt die jüngsten. Ein stämmiger Mann in dunkelgrünem Rock stieg aus dem Wagen, eine kleine Dame in schwarzer Seide folgte mit Sonnenschirm und einer großen Schachtel. Der Hausherr und Ilse traten ihnen in der Hausthür entgegen, der Wirth rief lachend seinen Willkomm zu und führte den Oberamtmann in das Familienzimmer. Der Herr Oberamtmann trug unter seinem schwarzen Haar ein rundes Angesicht, das durch Luft und Sonne mit gleichmäßigem Rothbraun dauerhaft übermalt war, dazu kleine scharfe Augen, Nase und Lippen reichlich und röthlich hervorstehend. Als er Stand und Namen der beiden Fremden erfuhr, verbeugte er sich zwar ein wenig, sah aber mißfällig, daß diese beiden Städter in den

anspruchsvollen schwarzen Frack gekleidet waren, und da er
eine unbestimmte aber kräftige Abneigung gegen alle unnützen
Schreiber und Hungerleider hatte, welche so hier und da die
Güter besuchen, etwa um Bücher zu schreiben, oder auch weil
sie sonst keinen rechten Aufenthalt haben, so nahm er gegen
beide eine mürrische und beobachtende Haltung an. Erst nach
einer Weile erschien die Frau Oberamtmann, sie hatte unterdeß
mit Ilse's Hülfe ihre gute Haube, ein Kunstwerk mit zwei
dunkelrothen Rosen, aus der Schachtel geholt, und sie drang
jetzt mit ihrem spitzen Näschen in die Gesellschaft, vom Kopf
bis zum Fuß geglättet, rauschend, knixend, lächelnd. Schnell
fuhr sie von einem zum andern, küßte die Mädchen auf den
Mund, erklärte den Knaben, daß sie in den letzten Wochen
sehr gewachsen seien, und hielt endlich erwartungsvoll vor den
beiden Fremden. Der Landwirth stellte vor und verfehlte nicht
wieder beizufügen: „Zwei Herren von der Universität." Die
kleine Dame spitzte gleichsam die Ohren und ihre grauen
Augen erglänzten. „Von der Universität!" rief sie, „ei welche
Ueberraschung! Diese Herren sind seltene Gäste in unserer
Gegend. Es ist freilich auch bei uns für gelehrte Herren wenig
zu holen, denn der Materialismus herrscht bei uns, und die
Lesebibliothek in Rossau ist wirklich nicht in den besten Händen,
neue Sachen sind niemals zu haben. Darf ich mir noch die
Frage erlauben, welches Studium die Herren haben, Wissen=
schaft im Allgemeinen oder etwas Besonderes?"

„Mein Freund mehr das Allgemeine, ich das Besondere,"
erwiederte der Professor, „außerdem etwas alte Sprachen, dieser
Herr Indisch."

„Wollen Sie nicht die Güte haben, auf dem Sopha Platz
zu nehmen?" begann Ilse dazwischen tretend. Die Frau Ober=
amtmann folgte mit Widerstreben.

„Also Indisch," rief sie niedersitzend und ihr Gewand zu=
rechtstreichend. „Das ist eine seltene Sprache. Sie tragen
ja wohl Federbüschel und ihre Kleibung ist mangelhaft, und

die Beinkleider, wenn man das erwähnen darf, hängen herunter, wie bei manchen Tauben, welche auch lange Federn an den Beinen haben. Man sieht sie zuweilen abgebildet; in dem Bilderbuch meines Karl vom letzten Weihnacht sind diese wilden Männer deutlich zu sehen. Sie haben barbarische Sitten, liebe Ilse."

„Warum ist aber Karl nicht mitgekommen?" frug Ilse, um die Herren von der Unterhaltung zu lösen.

„Es war nur wegen der Rückfahrt im Finstern. Denn der Wagen ist zweisitzig, und neben Rollmans kann kein Drittes eingeschachtelt werden. Da muß Karl beim Kutscher sitzen, und das arme Kind wird Abends immer so schläfrig, daß ich Sorge habe, es fällt herunter."

Als die Oberamtmann die Aussicht eröffnete, bei finsterer Nacht heimzufahren, sah der Doctor den Freund mitleidig an, aber der Professor hörte so aufmerksam nach der Unterhaltung, daß er das Bedauern gar nicht bemerkte. Ilse frug weiter, und die Frau Oberamtmann stand ihr allerdings Rede, sah aber zuweilen begehrlich nach dem Doctor, dessen Verhältniß zu den Indianern in Karls Bilderbuch ihr lehrreich erschien. Unterdeß waren die Landwirthe sogleich in ein Gespräch über die Eigenschaften eines Rosses gesunken, das irgendwo in der Nähe zu gemeinnütziger Thätigkeit aufgestellt war, so daß der Doctor sich zuletzt an die Kinder wandte und mit Clara und Luise plauderte.

Nachdem eine halbe Stunde ruhiger Vorbereitung vergangen war, erschien das Dienstmädchen an der Thür des Speisezimmers. Der Landwirth lud ein, zu Tische zu gehen, und bot ritterlich der Frau Oberamtmann seinen Arm über die Sophalehne. Die Dame knixte und fuhr neben ihm durch die Thür, der Professor führte Ilse, der Doctor aber Schwester Clara, welche erröthete und sich sträubte, bis er Luise und Riekchen an seinen andern Arm hing, worauf auch noch Franz seinen Rockzipfel faßte und ihm auf dem Wege hinter seinem

Rücken zuraunte: „Heut gibt's einen Truthahn." Der Ober=
amtmann aber, welcher das Führen der Damen als eine lästige
Erfindung betrachtete, machte einsam den Schluß, und begrüßte
im Saale die aufgestellten Herren von der Wirthschaft mit den
Worten: „Ist das Korn herein?" — „Versteht sich;" grüßte
der Inspector dagegen. Wieder nahm Alles nach Rang und
Würden Platz, auf dem Ehrensitz die Frau Oberamtmann,
zwischen ihr und Ilse der Professor.

Es war für diesen kein ruhiger Mittag, zwar Ilse war
stiller als gewöhnlich, aber seine neue Nachbarin stellte ihm
wissenschaftliche Aufgaben. Sie zwang ihn von der Einrichtung
seiner Universität zu erzählen, und in welcher Weise die
Studenten belehrt würden. Der Professor that das ausführlich
und mit guter Laune. Es gelang ihm aber nur kurze Zeit,
sich und Andern die peinliche Empfindung fern zu halten,
welche die Reden der Frau Oberamtmann wohl verursachten.
„Also philosophisch sind Sie?" sagte die Rollmaus. „Das ist
ja sehr interessant. Ich habe es auch mit der Philosophie
versucht, aber der Stil ist zu unverständlich. Was enthält
denn eigentlich die Philosophie?"

„Sie gibt sich Mühe, die Menschen über das Leben ihres
eigenen Geistes zu belehren, und dadurch fester und vielleicht
besser zu machen," beantwortete der Professor geduldig die
mißliche Frage.

„Das Leben des Geistes," rief die Oberamtmann aufgeregt,
„aber glauben Sie denn auch, daß die Geister nach dem Tode
der Menschen erscheinen können?"

„Haben Sie Beispiele davon?" frug der Professor. „Es
würde gewiß Allen willkommen sein, darüber zu hören. Ist
dergleichen hier in der Gegend vorgekommen?"

„Weniger mit Geistern", erwiederte Frau Oberamtmann,
mißtrauisch nach dem Hausherrn blickend, „aber mit Ahnungs=
vermögen, und was man Sympathie nennt. Denken Sie
einmal, in unserm Hause diente ein Mädchen, sie hätte es nicht

nöthig gehabt, aber die Eltern wollten sie auf einige Zeit von sich thun. Denn im Dorfe war ein armer Bursch, der aber ein großer Geiger war, der strich Morgens und Abends mit der Violine um ihr Haus, und wenn das Mädchen hinaus=kommen konnte, saßen sie miteinander hinter einem Busch, er spielte auf der Geige und sie hörte zu. Deswegen konnte sie nicht von ihm lassen. Sie war ein sauberes Mädchen und schickte sich im Hause zu Allem, nur daß sie immer traurig war. Und der Geiger wurde zu den Husaren genommen, wozu er auch paßte, weil er sehr entschlossen und unterminirt war. Nach einem Jahre kommt die Köchin zu mir und sagt: „Frau Oberamtmann, ich halte es nicht länger aus, die Jette treibt Nachtwandel. Sie steigt aus dem Bette und singt das Lied von einem Soldaten, den der Hauptmann erschießen läßt, weil es nicht anders sein konnte, und stöhnt dazu, daß es einen Stein erbarmen möchte, und am Morgen weiß sie nichts von ihrem Singen, aber sie weint immer still fort." Das war die Wahrheit. Ich rufe sie und frage sie ernsthaft: „Was hast du? Ich kann das mysteriöse Wesen nicht ausstehen, du bist mir eine Charade." Darauf jammerte sie sehr und meinte, ich solle sie doch nicht für so etwas halten, sie sei ein ehrliches Mädchen, aber sie hätte eine Erscheinung gehabt. Und nun kam Alles heraus. Der Gottlob war in der Nacht an ihrer Kammerthür erschienen, ganz hager und traurig, und hatte gesagt: „Jette, es ist vorbei mit mir, morgen muß ich dran glauben." Ich suchte ihr das Zeug auszureden, aber ihre Angst steckte mich an, ich schrieb an einen Offizier, den Roll=maus von der Hasenjagd kannte, und fragte, ob das eine Dummheit wäre, oder von dem sogenannten Ahnungsvermögen herkäme. Da schrieb er mir ganz erstaunt zurück, es wäre richtig Ahnungsvermögen, an demselben Tage war der Geiger vom Pferde gestürzt, hatte ein Bein gebrochen und lag in dem Lazareth zum Tode. Jetzt bitte ich Sie, ob das nicht eine Naturerscheinung war."

„Was wurde aus den armen Leuten?" frug der Professor.

„Ach die!" erwiederte die Frau Oberamtmann, „es ließ sich helfen. Denn ein Kamerad von dem Gebrochenen war aus unserm Dorf, welcher eine kranke Mutter hatte; dem schrieb ich die Forderung, daß er jeden dritten Tag einen Brief an mich schickte, wie es dem Kranken ging, und es konnte mit Speck und Mehl gut gemacht werden. Da schrieb er, und die Sache dauerte viele Wochen. Endlich aber wurde der Geiger geheilt und kam am Stock zurück. Beide waren so blaß wie dieses Tuch, als sie zusammen trafen, und fielen einander vor meinen Augen ohne Rücksicht um den Hals, worauf ich mit den Eltern des Mädchens ein Wort sprach, welches wenig nutzte. Dann aber mit Rollmaus, dem unsere Dorfschenke gehört, und der gerade einen guten Pächter suchte. Das brachte die Geschichte zum Ende, oder wie man zu sagen pflegt, zum commencement du pain. Denn Rollmaus war zwar mit der Geige nicht zufrieden, weil er meinte, diese sei ein Anzeichen von leichtem Geblüt, aber die Leutchen halten sich ordentlich. Dann zuerst war ich Pathe, dann Rollmaus. Es sind aber keine Erscheinungen mehr vorgekommen."

„Das war von Ihnen brav und liebevoll gehandelt," rief der Professor kräftig.

„Man ist ja bei alledem auch Mensch," entschuldigte sich die Frau Oberamtmann.

„Und ich hoffe ein guter Mensch," versetzte der Professor. „Glauben Sie mir, verehrte Frau, in der Philosophie und anderer Gelehrsamkeit gibt es verschiedene Ansichten. Man streitet sich über Vieles, und leicht hält Einer den Andern für unwissend. Aber was Redlichkeit heißt und Menschenfreund=lichkeit, darüber sind die Ansichten selten verschieden gewesen, und wo man diese Eigenschaften findet, hat Jedermann Freude und Hochachtung, und diese habe ich jetzt vor Ihnen, Frau Oberamtmann."

Das sagte er herzlich der gelehrten Frau. An seiner

anbern Seite hörte er ein leises Rauschen des Gewandes, und als er sich zu Ilse wandte, begegnete er einem Blick so voll von demüthiger Dankbarkeit, daß er mit Mühe seine Haltung bewahrte.

Die Frau Oberamtmann aber saß lächelnd und zufrieden mit dem philosophischen System ihres Nachbars. Wieder kehrte sich der Professor zu ihr und sprach mit ihr davon, daß es gar nicht leicht sei, Hilflosen auf die rechte Art wohlzuthun. Die Frau Oberamtmann gab zu, daß die Leute ohne Bildung ihre eigene Art hätten, aber „man kann leicht mit ihnen fertig werden, wenn sie nur erkennen, daß man's gut meint." Und der Professor veranlaßte allerdings noch ein kleines Mißverständniß, als er der Oberamtmann achtungsvoll in seiner Sprache bemerkte: „Ganz recht, zuletzt ist auch auf diesem Gebiet geduldige Liebe die Voraussetzung einer fruchtbaren Thätigkeit."

„Ja," bestätigte die Rollmaus verlegen, „allerdings; diese gewisse Thätigkeit, welche Sie erwähnen, fehlt bei uns gar nicht, und sie heiraten meist gerade noch zur rechten Zeit, aber die geduldige Liebe, welche Sie sehr richtig Voraussetzung nennen, ist bei unsern Landleuten nicht immer vorhanden, denn sie sorgen bei einer Heirat oft mehr um Geld als um Liebe."

Wenn aber auch einzelne Noten in dem Concert am obern Tisch nicht recht zu einander stimmten, so verging doch der Truthahn und die Sahnmehlspeise — ein Meisterwerk aus Ilse's Küche — ohne widerwärtigen Zusammenstoß des gelehrten Wissens. Und Alle erhoben sich wohl mit einander zufrieden. Nur die Kinder, deren unschuldige Bosheit am dauerhaftesten ist, empfanden ein Mißfallen, daß heut Frau Oberamtmann in keinen Kampf eintrat, in welchem das Conversationslexikon als oberster Kampfrichter waltete. Während nun die Männer im Nebenzimmer Kaffe tranken, saß Frau Rollmaus wieder auf dem guten Sopha, und Ilse hatte einen harten Stand die neugierigen Fragen zu beantworten, mit denen sie jetzt wegen der beiden Fremden angegriffen wurde. Unterdeß belagerten die Kinder das Sopha, und lauerten auf eine Gelegenheit, um selbst einen kleinen Feldzug gegen die ahnungslose Frau Oberamtmann zu unternehmen.

„Also sie forschen nach, und in unserer Gegend. Nach Indianern kann es nicht sein, ich wüßte nicht, daß hier herum welche aufgetreten wären. Es müßte denn ein Irrthum sein, und sie müßten Zigeuner meinen, solche kommen vor. Denken Sie, liebe Ilse, erst vor vierzehn Tagen ein Mann und zwei Weiber, jede mit einem Kinde. Die Weiber sagten wahr; was sie dem Hausmädchen prophezeit haben, ist wirklich merkwürdig, und am Abend fehlten zwei Hühner. Sollte es wegen der Zigeuner sein? aber das kann ich nicht glauben, da dies bloß Kesselflicker sind, und nichtsnutzige Leute. Nein, deretwegen forschen sie nicht.“

„Wer sind denn aber die Zigeuner?“ frug Clara.

„Liebes Kind, sie sind Vagabonden, welche früher ein Volk waren und sich verbreiteten. Sie hatten einen König und Briefe und Jagdhunde, obgleich sie große Spitzbuben waren. Ursprünglich aber sind sie Egypter, eigentlich aber auch Indianer.“

„Wie können sie Indianer sein,“ rief Hans ohne alle Ehrerbietung, „die Indianer wohnen ja in Amerika. Wir haben auch ein Conversationslexikon, und wir wollen gleich nachsehen.“

„Ja, ja,“ riefen die Kinder und liefen mit dem Bruder zum Bücherschrank. Triumphirend brachte jedes einen Band getragen und stellte die neuen Einbände zwischen den Kaffetassen vor Frau Rollmaus auf. Diese blickte keineswegs erfreut auf die geheime Quelle ihrer Kraft, welche hier vor Aller Augen bloßgelegt wurde.

„Und unseres ist neuer als das Ihre,“ rief der kleine Franz die Hand schwenkend. Vergebens bemühte sich Ilse durch abweisende Winke diesen Ausbruch des Familienstolzes zu unterdrücken. Hans hielt, das Wort Zigeuner suchend, den letzten

Band feft in feinen Händen, und eine Niederlage der Frau Oberamtmann war nach menfchlichem Dafürhalten nicht mehr abzuwehren. Aber plötzlich fprang Hans auf, hielt den Band in die Höhe und rief: „Hier fteht der Herr Profeffor!" — „Unfer Herr Profeffor fteht im Converfationslexikon!" fchrieen die Kinder. Familienfehde und Zigeuner waren vergeffen, Ilfe nahm dem Bruder das Buch aus der Hand, die Oberamtmann ftand auf, um die merkwürdige Stelle über Ilfe's Schultern felbft zu lefen, alle Kinderköpfe drängten fich um das Buch, daß fie wieder ausfahen wie ein Bündel Knospen am Frucht= baum, und alle fpähten neugierig nach den Zeilen, die für ihren Gaft und fie felbft fo ruhmvoll waren. In dem Artikel ftanden die gewöhnlichen kurzen Notizen, welche über lebende Gelehrte gegeben werden, Ort und Tag feiner Geburt und die — meift lateinifchen — Titel feiner Schriften. Alle diefe Titel wurden trotz der unleferlichen Sprache mit Jahreszahl und Format laut abgelefen. Ilfe fah lange in das Buch, dann reichte fie es der erftaunten Frau Oberamtmann, dann zogen die Kinder den Band einander aus den Händen. Das Ereig= niß machte auf Groß und Klein einen Eindruck, der in litera= rifchen Kreifen niemals erreicht werden konnte. Am glücklichften war die Frau Oberamtmann, fie hatte neben einem Manne gefeffen, der nicht nur felbft nachfchlug, fondern auch nachge= fchlagen werden konnte. Er war jetzt für fie berühmt im Allgemeinen, ohne Einfchränkung, und fie empfand zum erften Male in ihrem Leben, daß fich mit folchem gedruckten Mann recht behaglich verkehren ließe. „Welch ein ausgezeichneter Ge= lehrter!" rief fie. „Wie waren doch die Titel feiner Schöpfungen, liebe Ilfe?" Ilfe wußte es nicht, Auge und Gedanken waren ihr an den kurzen Bemerkungen über feine Lebensverhältniffe feftgeheftet.

Diefe Entdeckung hatte die gute Folge, daß Frau Ober= amtmann für heut gänzlich die Waffen ftreckte und fich befchied keine Kenntniffe zu verrathen, denn fie fah ein, daß heut eine

Concurrenz mit dieser Familie unmöglich war, und sie ließ sich zu einer anspruchslosen Unterhaltung über Hausangelegenheiten herab. Die Kinder aber stellten sich in achtungsvoller Entfernung vor dem Professor auf und betrachteten ihn neugierig noch einmal von oben bis unten, und Hans theilte dem Doctor leise die Neuigkeit mit, und war sehr betroffen, daß dieser nichts daraus machte.

Nach dem Kaffe schlug der Landwirth seinen Gästen vor, den nahen Berg zu besteigen und den Schaden zu betrachten, welchen der Blitz angerichtet. Ilse belud eine Magd mit dem Abendbrot und einigen Flaschen Wein, und der Zug setzte sich in Bewegung. Vom Felsen ging es in das Thal hinab über den Wiesenstreif und den Bach, dann die Berglehne hinauf durch Unterholz in den Schatten hochstämmiger Fichten. Der Regen hatte die steilen Wege ausgespült und unregelmäßige Wasserrinnen furchten den Kies. Auch die Frauen schritten tapfer über die feuchten Stellen. Wer aber nicht aus Tracht und Haltung des Professors erkannte, daß er in sicherem Gefühl seiner Männlichkeit auftrat, der hätte wohl argwöhnen dürfen, daß zwar die Frau Oberamtmann ein verkleideter Herr sei, der Herr Professor aber eine weichbeschuhte Dame. Denn die Rollmaus umschwebte ihn ehrerbietig und war nicht von seiner Seite zu bringen. Sie machte ihn auf Steine aufmerksam, bezeichnete mit der Spitze ihres Schirmes die trockensten Stellen, blieb zuweilen stehen und sprach die Befürchtung aus, daß ihn der Weg zu sehr angreifen werde. Der Professor ließ sich die Huldigung der kleinen Dame erstaunt gefallen und sah nur einige Male fragend auf Ilse, über deren Gesicht dann ein schalkhaftes Lächeln flog. Auf der Höhe wurde der Pfad bequemer, einzelne Laubbäume unterbrachen das dunkle Grün der Fichten. Der Gipfel selbst war gelichtet, zwischen den Steinen breitete das Haidekraut seine dichten Büschel, an denen in üppiger Fülle die röthlichen Blüthen hingen. Ringsumher übersah man die Landschaft mit ihren Höhen und

Thälern, in der Tiefe den Bach und seinen grünen Saum, das Gut mit seinen Feldern, das Thal von Rossau. Auf die sinkende Sonne zu aber hob sich in langgeschwungenen Bogen eine Erdwelle hinter der andern, jede nach der Entfernung anders mit dämmerigem Blau gefärbt, bis in das helle Grau der Gebirgs= kette am Horizont. Das war unter heiterem Himmel, in reiner Bergluft ein erfrischender Anblick, und die Gesellschaft lagerte vergnügt im Haidekraut, wo es die weichsten Polster bot.

Nach kurzer Rast brach die Gesellschaft, von Hans geführt, zu der Stelle auf, an welcher der Wetterstrahl den Baum gefällt hatte. In einem Schlag hoher Nadelbäume war der Ort der Verwüstung. Eine starke gesunde Fichte war durch den Strahl erschlagen und zerworfen, ein wüstes Durcheinander von Zweigen und riesigen Splittern des weißen Holzes lag im Umkreis des gebrochenen Stammes, der ohne Krone, ge= schwärzt, bis auf den Grund gespalten noch etwa haushoch über die Trümmer hervorragte. Aus dem Gewirr der Aeste am Boden erkannte man, daß auch der Grund aufgewühlt war bis unter die Wurzeln der nächsten Bäume. Ernsthaft sahen die Erwachsenen auf die Stätte, wo ein Augenblick das kräftige Leben in häßliche Unform verwandelt hatte. Die Kinder aber drangen jauchzend in das Dickicht, griffen nach den schup= pigen Zapfen des vergangenen Jahres und schnitten Aeste von dem Gipfel, jeder bemüht, das größte Gehänge der gelben Schuppenfrüchte davon zu tragen.

„Es ist nur einer von Hunderten," sagte der Landwirth finster, „aber es thut doch weh, solche Verwüstung gegen die gewohnte Ordnung zu betrachten, und an das Verderben zu denken, das so nahe über unsern Häuptern dahinfuhr."

„Macht diese Erinnerung nur Mißbehagen?" frug der Professor, „ist sie nicht auch erhebend?"

„Die Hörner des Widders hängen an den Zweigen," sprach Ilse leise zum Vater, „er wurde das Opfer, damit wir verschont blieben."

„Ich meine auch der Mensch, der von solchem Strahl getroffen wird, er sollte, wenn dieser Augenblick noch zu einem letzten Gedanken Zeit läßt, sich selbst sagen: es ist ganz in der Ordnung."

Der Landwirth sah den Professor fragend an: „Sprechen Sie darüber zu uns einige Worte," begann er feierlich. „Man hat an diesem Orte einen Wunsch nach einem gemeinsamen Gedanken, der von dem Mißbehagen frei macht."

„Ich bin nicht geübt in der Sprache erbaulicher Betrachtung," sagte der Gelehrte, „und ich vermag nur weltliche Worte zu reden. Wir vergessen leicht im Behagen des Tages, was wir immer im fröhlichen Herzen tragen sollten, daß wir nur unter Bedingungen leben, wie alles Andere auf Erden und am Himmel. Zahllose Kräfte, fremdartige Gewalten sind um uns in unaufhörlicher Arbeit, jede nach festen ihr eigenen Gesetzen wirkend, auch unser Leben erhaltend, tragend, beschädigend. Die Kälte, welche den Kreislauf des Blutes hemmt, die einbrechende Woge, in welcher der menschliche Leib versinkt, der schädliche Dampf des Bodens, der den Athem vergiftet, sie sind keine zufälligen Erscheinungen, die Gesetze, in deren Zwange sie auf uns einbringen, sind ebenso uralt und ebenso heilig, als unser Bedürfniß nach Speise und Trank, nach Schlaf und Licht. Und wenn der Mensch seine Stellung unter den Gewalten der Erde erwägt, so heißt leben nichts Anderes, als thätig gegen sie kämpfen und denkend sie verstehen. Wer das Brot schafft, das uns nährt, und das Holz zieht, das uns wärmt, jede nützliche Thätigkeit hat keinen anderen Zweck als uns zu vertheidigen und stärker zu machen durch freundliche Benutzung oder Ueberwindung dieser Mächte. Schon bei dieser Arbeit merken wir, daß zwischen jeder lebendigen Regung in der Natur und in unserem eigenen Geiste eine geheime Verbindung ist, und daß alles Lebendige, wie feindlich es im Einzelnen sich befehde, doch zusammen eine große unermeßliche Einheit bildet. Und Ahnung und Gedanke dieser Einheit sind zu allen Zeiten das Herrlichste gewesen, was der Mensch in sich

hervorzurufen vermochte. Deshalb ist dem Menschen die zweite
Aufgabe geworden, eine unwiderstehliche Sehnsucht und ein un=
widerstehlicher Trieb, den innern Zusammenhang dieser Lebens=
gewalten zu erfassen. Und das ist es, was uns fromm macht.
— Nicht bei jedem Menschen ist die Arbeit die gleiche, aber das
Ziel ist dasselbe. Die warme Empfindung des einen ahnt ewige
Vernunft in Allem, was ihm unbegreiflich erscheint, und er nennt
diese in kindlichem Vertrauen mit dem ehrwürdigsten und herz=
lichsten Namen. Und wieder andere suchen emsig die einzelnen
Gesetze und Kräfte des Lebens zu beobachten und ihren großen
Zusammenhang ehrfurchtsvoll zu verstehen, und diese sind es,
welche der Wissenschaft dienen. Wer glaubt und wer forscht,
beide thun im Grunde dasselbe, sie üben die höchste Beschei=
denheit, denn sie empfinden, daß alles einzelne Leben, eigenes
und fremdes, unendlich klein ist gegen das große Ganze. Und
wer, vom Blitzstrahl getroffen, noch zu glauben vermöchte, ich
gehe zum Vater, und wer in solchem Augenblick mit Interesse
zu beobachten vermöchte, wie sein Nervenleben aufhört, sie haben
beide ein gottseliges Ende."

So sprach der Professor vor der geborstenen Fichte, die
letzte Aeußerung Ilse's im Herzen. Die Kinder hörten dem
kräftigen Tonfall seiner Worte ein Weilchen zu, dann wurde
ihnen die Sache lang, Hans fuhr den Schwestern mit seinem
Nadelzweige in die Aermel, sie schlugen mit ihrer Fichtenruthe
nach ihm, die Brüder kamen zu Hilfe, und ein Gefecht mit
grünen Zweigen zog sich von dem Stamme abwärts in das
Dickicht. Der Oberamtmann sah verwundert auf den Redner,
und faßte den Verdacht, dieser Mann gehöre zu einer neuen
Klasse von Volksaposteln, die zur Zeit hier und da auftauchten.
Seine Frau stand, die Hände über dem Sonnenschirm gefaltet,
andächtig da, und nickte zuweilen bestätigend mit dem Kopfe,
bis sie endlich den Gutsherrn leise anstieß und flüsterte: „Das
gehört zu der Philosophie, von der wir sprachen." Der Land=
wirth jedoch erwiederte nichts, sondern hörte mit geneigtem

Haupt, um dem Sinn besser zu folgen. Ilse aber wandte die Augen nicht von dem Sprechenden ab, fremdartig klang seine Rede, und Einiges regte ihr geheimes Bangen auf, sie wußte nicht weshalb. Aber sie hätte nichts dagegen sagen können, denn der Quell warmen Lebens, der aus dieser Menschenseele hervorbrach, wirkte wie ein Zauber auf sie. Die Wahl der Worte, die neuen Gedanken, der edle Ausdruck seines festen Antlitzes nahmen sie unwiderstehlich gefangen. Es war nach der Ansicht des Doctors eine seltsam zusammengeladene Gesell=schaft für den schwerverständlichen Vortrag eines Professors, und der Redner hatte, an eine einzige denkend, als ein sorgloser Säemann gesäet. Aber wer vermag zu sagen, wie das Saat=korn der Worte in den Hörern haftet und aufblüht, vielleicht verdorrte es auf dem Stein, vielleicht auch entwickelte sich's in einer Seele zu neuem Leben.

Die Gesellschaft kehrte zu dem Lager auf dem Gipfel zurück. Hinter den Bergen sank die Sonne und von ihr her strich der Wind über die Höhen, der milde Abendschein vergoldete zuerst die Spitzen des Haidekrauts und die Gestalten der Men=schen, dann stieg er hinauf über ihre Häupter bis zu den Gipfeln der Bäume, und bläulicher Schatten deckte den Boden, die Baumstämme, die Fernsicht. Oben aber am Himmel schwebten die kleinen Lichtwolken aus Gold und Purpur, bis auch dort die glühenden Farben in rosiger Dämmerung erblaßten. Der Nebel stieg aus der Tiefe und im einförmigen Grau schwanden die Farben des Himmels und der Erde.

Lange saß die Gesellschaft in die wechselnden Lichter des Abends, endlich rief der Gutsbesitzer nach dem Inhalt des Korbes, die Kinder waren geschäftig auszupacken, und die kalten Speisen in der Runde zu bieten. Der Landwirth goß den Wein in die Gläser, stieß kräftig mit seinen Gästen an und freute sich des guten Abends. Hans lief auf einen Wink des Vaters ins Gebüsch und holte einige Kienfackeln hervor. „Es ist heut keine Gefahr," sagte der Landwirth zum Oberamtmann, während er die Fackeln anzündete. Die Kinder drängten sich zum Fackeltragen, aber nur Hans wurde mit diesem Ehrenamte betraut, die Herren vom Lande trugen die anderen selbst.

Langsam wand sich der Zug den Bergpfad hinab, die Fackeln warfen ihr grelles Licht auf Nadelbüschel und Steine und auf die Gesichter der Menschen, welche in den Biegungen des Weges roth leuchteten wie der aufgehende Mond, und wieder in Finsterniß verschwanden. Die Frau Oberamtmann hatte schon einige Mal versucht, auch den zweiten der großen Fremden zum Gespräch heranzuziehen, jetzt gelang es ihr bei einer schlechten Wegstelle. „Was Ihr Freund sprach," begann sie, „war sehr schön, denn es war lehrreich. Er hatte ganz Recht, man soll gegen die Gewalten kämpfen und man soll den Zusammenhang suchen. Aber ich versichere Sie, einer Frau wird das schwer. Denn Rollmaus, der doch für mich die erste Naturgewalt ist, hat einen Haß gegen Gründe, er ist immer dafür, daß Alles nach seinem Kopfe geht. Und als ein recht= schaffner Mann hat er darin auch Recht, aber für Wissenschaft ist er nicht sehr, und auch wegen eines Claviers für die Kinder habe ich meine Noth mit ihm. Und ich suche wohl die Gründe und Kräfte, und was man sonst Zusammenhang nennt, und man liest, was man kann, denn man will doch auch wissen, was in der Welt vorgeht, und sich aus dem Gewöhnlichen erheben. Aber manchmal versteht man's nicht, und wenn man's auch zweimal liest. Und wenn man's hat, dann ist's vielleicht schon veraltet, und es gilt nichts mehr, und man möchte gar alles Forschen aufgeben."

„Thun Sie das doch nicht," ermahnte der Doctor, „es ist immer eine geheime Freude, wenn man etwas weiß."

„Nicht wahr;" fuhr die Frau Oberamtmann fort, „wenn ich in der Stadt lebte, ich würde mich ganz in die Wissenschaft vertiefen, aber auf dem Lande ist man zu allein, und dann die große Wirthschaft, und auch der Mann, und man hat zu thun, daß man's dem recht macht. Denn Sie glauben nicht, was für ein tüchtiger Wirth er ist. — Rollmaus, halt deine Fackel zur Seite, der ganze Rauch schlägt dem Herrn Doctor ins Gesicht." Rollmaus wandte mit leisem Gebrumm die Fackel ab. Seine Frau drängte sich an ihn, faßte seinen Arm und hob sich zu seinem Ohr: „Ehe wir wegfahren, mußt du die fremden Herren zu uns einladen, damit die Schicklichkeit beobachtet wird."

„Er ist ein freier Winkelprediger," antwortete der Oberamtmann mürrisch.

„Um Gotteswillen, Rollmaus, begehe keine Ruchlosigkeit und blasvomire nicht," fuhr sie fort, ihm den Arm drückend, „er steht ja im Lexikon."

„In deinem?" frug der Gatte.

„In dem hiesigen," versetzte die Frau, „was auf eins herauskommt."

„Es stehen Viele in Büchern, die weniger werth sind, als Andere, die nicht darin stehen," sagte der Mann ungerührt.

„Damit widerlegst du mich nicht," entschied die Frau, „ich sage dir und ich avertire dich, er ist ein berühmter Mann, und der Anstand verlangt, daß wir darauf Rücksicht nehmen. Und du weißt, was den Anstand betrifft" —

„Sei nur ruhig," besänftigte Rollmaus; „ich habe ja nichts dagegen, wenn es sein muß. Ich habe beinetwegen schon in ganz andere saure Aepfel gebissen."

„Meinetwegen?" frug die Oberamtmann gekränkt. „Bin ich unvernünftig, bin ich ein Tyrann, bin ich eine Eva, welche mit ihrem Manne unter dem Baume steht, mit lüberlichem Haar, und nicht einmal mit einem Hembe? Willst du dich und mich mit solchen alten Zuständen vergleichen?"

„Na," sagte Rollmaus, „gib dich zufrieden, wir wissen ja, wie wir mit einander stehen."

„Siehst du wohl, daß ich Recht habe?" versetzte besänftigt die Frau Oberamtmann. „Und glaube mir, ich weiß auch, wie Andere mit einander stehen, und ich sage dir, ich habe so eine Ahnung, es spinnt sich etwas an."

„Wer spinnt?" frug Rollmaus.

„Es ist zwischen Ilse und dem Herrn Professor."

„Das wäre der Teufel!" rief der Oberamtmann lebhafter, als er den ganzen Tag gewesen war.

„Still, Rollmaus, man hört dich, vernachlässige nicht die Discretion."

Ilse war zurückgeblieben, sie führte den jüngsten Bruder, dem Ermüdung den Schritt unsicher machte. Ritterlich weilte der Professor neben ihr. Er machte sie aufmerksam, wie gut sich der Zug ausnehme, die Jackeln wie große Glühwürmer an der Spitze, dahinter die scharf beleuchteten Gestalten, der wechselnde Feuerschein an Baumstämmen und grünen Zweigen. Ilse hörte längere Zeit schweigend zu, endlich begann sie: „Und das Liebste am heutigen Tage war, daß Sie so gütig zu unserer Nachbarin sprachen. Als sie neben Ihnen saß, war mir weh zu Muth. Denn mir kam vor, als wäre demüthigend für Sie, die ungeschickten Fragen unserer Freundin zu hören, und auf einmal war mir, als ob Sie auch gegen uns eine immerwäh= rende Nachsicht üben müßten, und das quälte mich. Weil Sie aber so freundlich das Gute anerkannten, das unsere Frau Oberamtmann hat, merkte ich doch, daß es Ihnen keine Ueber= windung kostet, mit uns einfachen Leuten zu verkehren."

„Liebes Fräulein," rief der Professor erschrocken, „ich hoffe, Sie sind überzeugt, daß ich der wackern Dame nur sagte, was wahre Herzensmeinung war."

„Ich weiß es," fuhr Ilse lebhaft fort, „und die treue Seele vor uns fühlt es auch. Sie war heut den ganzen Tag ruhiger und heiterer, als sie sonst ist. Und dafür muß ich Ihnen danken. Ach, von Herzen," fügte sie leise hinzu.

Da Lob aus geliebtem Munde nicht die kleinste Freude des Menschen ist, sah der Professor glücklich auf seine Nachbarin, welche jetzt im Dunkeln den Bruder zu schnellerem Schritte trieb. Er wagte das Schweigen nicht zu brechen, beiden waren die reinen Herzen geöffnet, und ohne ein Wort zu reden fühlten sie den Strom warmer Empfindungen, der von einem zum andern zog. „Wer aus seinen Büchern unter andere Menschen tritt," begann endlich der Professor, „dem macht die pedantische Gewohnheit des Bücherlesens zuweilen leichter, aus einem fremden Leben heraus zu holen, was ihm für das eigene dienlich sein kann. Denn zuletzt ist in jedem Leben etwas Ehrwürdiges, wie oft es auch durch wunderliche Zuthat verdeckt ist."

„Uns ist geboten, den Nächsten zu lieben," sagte Ilse, „und wir mühen uns, das zu thun; aber wenn man findet, daß diese Liebe so heiter, so hoch und sicher gegeben wird, ist es doch rührend. Und wo man solche Gesinnung vor sich sieht, wird sie ein Beispiel und erhebt das Herz. — Komm Franz," sagte sie zum Bruder gewandt, „es ist nicht mehr weit nach Haus." Aber Franz stolperte und erklärte schlaftrunken, daß ihn seine Beine schmerzten. „Auf, kleiner Herr," rief der Professor, „laß dich tragen."

Aengstlich wehrte Ilse: „Das kann ich nicht zugeben, es ist nur der Schlaf, der ihn träge macht."

„Bis wir im Thale sind," sagte der Professor, und hob den Knaben an seine Schulter. Franz schlug ihm den Arm um den Hals, drückte sich an ihn und war bald fest entschlafen. Sie kamen an eine steile Biegung des Weges, der Professor bot seiner Gefährtin den freien Arm, sie aber weigerte sich und stützte sich nur ein wenig auf die dargebotene Hand. Und ihre Hand glitt hinab und blieb in der des Mannes liegen. Hand in Hand schritten beide den letzten Theil des Berges abwärts in das Thal, keines sprach ein Wort. Unten löste Ilse leise ihre Hand aus der seinen, er ließ sie los ohne Wort und Druck, aber die wenigen Minuten umfaßten für beide eine Welt von seligen Gefühlen. „Komm herab, Franz," bat Ilse, und nahm den schlafenden Bruder vom Arm ihres Freundes. Sie beugte sich zu dem Kleinen nieder und sprach ihm Muth ein, und weiter ging es zu der Gesellschaft, welche am Bach die Zurückgebliebenen erwartete.

Der Wagen des Oberamtmanns fuhr vor. Wortreich
waren die Abschiedsgrüße der Frau Oberamtmann; auch der
Starrsinn des Gatten war durch die Vorstellungen seiner Frau
gemildert, und als er die Mütze in der Hand hielt, bequemte
er sich mit erträglichem Anstande zum Biß in den erwähnten
sauren Apfel. Er trat auf die Schreiberleute aus der Stadt
zu, und ersuchte sie, auch ihm das Vergnügen ihres Besuches
zu schenken, und als er die freundlichen Worte sprach, übte
die Einladung selbst auf sein ehrliches Gemüth eine weitere besänf=
tigende Wirkung, er streckte auch noch die Hand aus, und als
diese ihm kräftig geschüttelt wurde, näherte er sich der Ansicht,
daß die Fremden im Grunde auch nicht so übel wären. Der
Gutsherr begleitete die Gäste zu dem Wagen, Hans reichte die
Schachtel hinein, und beide Landwirthe beobachteten unter dem
letzten Gutnachtruf noch mit Kennerblicken, wie die Braunen
anzogen.

———

7.

Neue Feindseligkeit.

Während zwischen dem Professor und dem Doctor eine
helle Frauengestalt aufstieg, wollte das Schicksal, daß zwischen
den beiden Nachbarhäusern eine neue Fehde entbrannte. Und
das ging so zu.

Herr Hahn hatte die Abwesenheit seines Sohnes zu einer
Verschönerung des Grundstücks benutzt. Sein Garten lief
nach dem Parke spitz zu, und er hatte viel darüber nachgedacht,
wie diese Spitze zu einer guten Wirkung verwerthet werden
könnte. Denn die kleine Erhöhung, die er dort aufgeworfen
und mit Rosen besetzt hatte, erwies sich als ungenügend. Er
beschloß also ein hübsches wasserdichtes Sommerhaus für solche
Besucher des Gartens zu zimmern, welche nicht geneigt waren,

bei schlechtem Wetter nach der nahen Wohnstube zurückzugehen. Alles war schon vor der Abreise des Sohnes weislich überlegt, den Tag darauf ließ er einen schlanken Holzbau errichten, mit kleinen Fenstern nach der Straße, oben statt des Daches eine Plattform mit luftigen Bänken, deren Latten über die Holz= wände und den Gartenzaun kühn in die Luft der Straße vor= sprangen. Die Sache sah gut aus. Als aber Herr Hahn herzlich vergnügt seine Gattin eine kleine Seitentreppe auf die Plattform hinaufführte und die wohlgerundete Frau Hahn, nichts Arges ahnend, auf der Luftbank niedersaß, und von dort oben verwundert auf die Welt herunterblickte, da ergab sich, daß die Spaziergänger gerade unter ihr wegschritten, und wer längs dem Zaun ging, sah den Himmel über sich verdunkelt durch das Gefieder des großen Vogels, der auf seinem hohen Sitz der Straßenwelt den Rücken kehrte. Da klangen schon in der ersten Viertelstunde so spitze Reden herauf, daß die arglose Frau Hahn dem Weinen nahe war und ihrem Haus= herrn mit ungewohnter Energie erklärte, sie werde sich nie wieder als Henne behandeln lassen und die Plattform nicht wieder besteigen. Die Familienstimmung wurde dadurch nicht besser, daß Herr Hummel während dieser Ausstellung der Frau Hahn am Zaune des Nachbargartens gestanden und über die nichtswürdigen Redensarten des Volkes recht höhnisch gelacht hatte. ·

Hahn aber, nach kurzem Kampfe zwischen Stolz und Rück= sicht, gab der besseren Stimme seines Innern Gehör, ent= fernte die Bänke und die Plattform, und errichtete über dem Sommerhause ein schönes chinesisches Dach. An die Vorsprünge des Daches aber hing er kleine Glocken. Wenn sich der Wind erhob, tönten die Glocken leise. Dieser Einfall wäre eine ent= schiedene Verbesserung gewesen. Aber die Schlechtigkeit der Menschen gönnte dem Kunstwerk keine Ruhe. Denn die Stra= ßenjungen machten sich ein Vergnügen daraus, einzelne Glocken durch lange Gerten in Bewegung zu erhalten. Und in einer der nächsten Nächte wurde die Nachbarschaft sogar durch ein vielstimmiges Glockenconcert aus dem Schlummer geweckt.

Herrn Hahn däuchte im Schlafe, daß der Winter gekommen sei und eine lustige Gesellschaft Schlitten fahrend sein Haus umkreise; er horchte auf und erkannte mit Entrüstung die aufgeregte Thätigkeit seiner Glocken. Im Nachtkleide eilte er in den Garten und rief zornig in die Luft hinaus: „Wer ist hier?" Augenblicklich verstummte das Geläut, ringsum tiefes Schweigen, friedliche Stille. Er stieg zum Gartenhaus hinauf und sah die unsichern Umrisse seiner Glocken, welche noch unter dem Nachthimmel schwangen, aber rund umher war Niemand zu entdecken. Er ging nach seinem Bett zurück, aber kaum hatte er sich zurecht gelegt, so fing der Lärm wieder an, hastig und rufend, als sollte eine Weihnachtsbescherung einge= läutet werden. Und es wurde auch eine eingeläutet, aber keine fröhliche. Wieder stürmte er ins Freie, und wieder schwieg der Lärm, aber als er sich über das Gitter erhob und um= herspähte, sah er im Garten gegenüber die breite Gestalt des Herrn Hummel am Zaun stehen, und hörte eine dröhnende Stimme rufen: „Was sind das für verrückte Phantastereien?"

„Es ist unerklärlich, Herr Hummel," rief Herr Hahn be= gütigend über die Straße hinüber.

„Unerklärlich ist nichts," rief Herr Hummel, „als der Unfug, Glocken auf offner Straße in die freie Luft zu hängen."

„Ich verbitte mir Ihre Ausfälle," rief Herr Hahn tief verletzt, „ich habe das Recht, auf meinem Grundstück aufzu= hängen, was ich will."

Und nun begann ein Kampf der Ansichten über die Straße, schrecklich und kläglich zugleich. Dort Hummels Baß, hier Hahns scharfe Stimme, welche in hohe Tenorlagen hin= überhüpfte; beide Nachtgestalten in langen Schlafröcken, getrennt durch Straße und Verschanzungen, aber wie zwei antike Helden mit starken Worten gegen einander fechtend. Wenn man auch nicht den wilden Anstrich erkennen konnte, den Herr Hahn durch die rothe Farbe seines Schlafrocks erhielt, so ragte er doch auf der Höhe neben seinem chinesischen Tempel, und seine Arme hoben sich imponirend von dem dämmerigen Horizonte ab, Herr Hummel aber stand im Finstern überschattet von wildem Wein. „Ich werde Sie bei der Polizei belangen, weil Sie die bürgerliche Ruhe stören," rief Herr Hummel zuletzt und fühlte in seinem Rücken die kleine Hand seiner Frau, die ihn beim Schlafrock faßte und ihn umdrehte und leise beschwor keine Scene zu geben.

„Und ich werde vor Gericht fragen, wer Ihnen das Recht gibt, Ihre Injurien über die Straße zu werfen," rief Herr Hahn ebenfalls auf dem Rückzuge, denn unter dem Getöse des Kampfes hatte er häufig die leisen Worte gehört: „Komm zu= rück, Hahn," und seine Frau händeringend hinter sich gesehen. Er war aber nicht in der Stimmung das Schlachtfeld zu ver= lassen. „Licht her und eine Leiter," rief er, „ich will diese Schändlichkeit ermitteln." Eilfertig erschienen Leiter und Laterne, von dem erschrockenen Dienstmädchen zugetragen. Herr Hahn stieg zu seinen Glocken hinauf und suchte lange vergeblich, endlich entdeckte er, daß Jemand ein Geflecht von Pferdehaaren mit den einzelnen Glocken in Verbindung gebracht und dieselben von außen wie an einem Strange geläutet hatte.

Auf diese wilde Nacht folgte ein wüster Morgen. „Gehen Sie zu dem Manne hinüber, Gabriel," sagte Herr Hummel, „und fragen Sie ihn um des lieben Friedens willen, ob er gutwillig sogleich die Glocken abnehmen will. Ich fordere meinen Schlaf. Und ich leide nicht, daß Nachtgesindel an mein Haus gelockt wird, um den Zaun streift, in meinem Garten die Pflaumen stiehlt und in meine Fabrik einbricht. Dieser Mann läutet die Spitzbuben aus der ganzen Umgegend zusammen."

Gabriel versetzte: „Um des lieben Friedens willen gehe ich hinüber, aber nur wenn ich mit Höflichkeit sagen darf, was ich für gut halte."

„Mit Höflichkeit?" wiederholte Hummel und blinzte dem Vertrauten schlau zu. „Sie verstehen Ihren Vortheil nicht. Eine so schöne Gelegenheit, deutlich zu werden, kommt Ihnen so bald nicht wieder. Und es wäre jammerschade, wenn man sich das entgehen ließe. Aber ich habe so meine Ahnungen, Gabriel, höflich oder nicht, mit dem Manne werden wir nicht fertig. Er ist boshaft und störrig und verbissen. Er ist ein Bullbog, Gabriel, da haben Sie seinen Charakter."

Gabriel trat bei dem armen Herrn Hahn ein, der noch leidend vor dem unberührten Frühstück saß und mißtrauisch auf den Bewohner des feindlichen Hauses blickte. „Ich komme nur zu fragen," begann Gabriel schlau, „ob Sie vielleicht durch Ihren Herrn Sohn Nachricht von meinem Professor bekommen haben."   .

„Keine," versetzte Herr Hahn traurig, „es gibt Zeiten, wo Alles quer geht, lieber Gabriel."

„Ja, das war heut Nacht ein schlechter Schabernack," bedauerte Gabriel.

Herr Hahn sprang auf. „Unsinnig hat er mich genannt, einen Phantasten hat er mich genannt. Darf ich mir das gefallen laffen? Als Geschäftsmann, und in meinem eigenen Garten? — Wegen dem Spielwerk mögen Sie Recht haben, man muß nicht zu viel Vertrauen auf die Menschen setzen. Jetzt aber ist meine Ehre gekränkt, und ich sage Ihnen, die Glocken bleiben, und sollte ich alle Nächte einen Wächter dazu stellen."

Vergebens sprach Gabriel verständige Worte. Herr Hahn blieb unerbittlich und rief dem Abgehenden noch nach: „Sagen Sie ihm, vor Gericht sehen wir uns wieder."

In der That ging er zu seinem Sachwalter und bestand auf einer Klage wegen nächtlicher Injurien.

„Gut," sagte Hummel, als Gabriel von seiner fruchtlosen Gesandtschaft zurückkehrte. „Diese Leute zwingen mich, Sicherheitsmaßregeln für mich selbst zu treffen, ich will dafür sorgen, daß keine fremden Pferdehaare an mein Haus gebunden werden. Wenn bei denen drüben die Spitzbuben mit den Schellen läuten, so sollen bei mir die Hunde bellen. Wurst wider Wurst, Gabriel."

Düster ging er in seine Fabrik und schnaubte wild umher. Sein Buchhalter, der das Aussehen eines gedrückten Mannes hatte, weil er neben Herrn Hummel nie recht aufkommen konnte, fühlte sich verpflichtet zeitgemäß zu reden und bemerkte schüchtern: „Die Einfälle von A. C. Hahn sind abgeschmackt, alle Welt hält sich darüber auf." Aber die Rede gedieh ihm nicht. „Was kümmern Sie dieses Mannes Einfälle?" rief Hummel, „sind Sie Hausbesitzer und sind Sie Prinzipal dieses Geschäfts oder bin ich es? Wenn ich mich ärgern will, so ist das meine Sache und geht Sie gar nichts an. Sein neuer Commis Knips trägt einen frisirten Lockenkopf und riecht nach kölnischem Wasser. Machen Sie sich doch über den lustig, das ist Ihre Gerechtsame. Und was die übrige Welt betrifft, so ist ihr Schelten auf dieses Mannes Erfindungen gerade so viel werth, als ob ein Sperling vom Dache schreit. Wenn er alle Tage ein Schellengeläut auf seine Schultern hängt und damit in sein Comtoir geht, so bleibt er für dieses Straßenvolk immer ein reputirlicher Bürger. Nur mir gegenüber ist das ein ander Ding. Ich bin sein Nachbar bei Tag und bei Nacht. Und wenn er Suppen einbrockt, so fällt auch mir der Löffel hinein. Im Uebrigen verbitte ich mir alle Verläumdungen auf Mitmenschen. Was gesagt werden muß, besorge ich allein, ohne Associé. Merken Sie sich das."

An einem der nächsten Abende stand Gabriel vor der Thür, sah auf den Himmel und wartete, ob eine kleine schwarze Wolke, welche dort oben langsam dahinschiffte, das Bild des Mondes verdecken würde. Gerade als dies Ereigniß eintrat, und die Straße und die beiden Häuser im Dunkel lagen, fuhr ein Wagen vor das Haus und die Stimme des Hausbesitzers frug hinter dem Leder hervor: „Alles in Ordnung?"

„Alles in Ordnung," erwiederte Gabriel, und knöpfte den

Schurz auf. Herr Hummel stieg schwerfällig herab, hinter ihm klang ein unwilliges Knurren. „Was steckt da in der Finsterniß?" frug Gabriel neugierig, und griff in den Wagen, aber er zog schnell die Hand zurück: „Das Grobzeug will beißen."

„Ja, das hoffe ich," versetzte Herr Hummel, „es soll beißen. Ich bringe Wachhunde mit gegen die Glockenspieler." Er zerrte am Strick zwei undeutliche Gestalten heraus, welche auf dem Boden mit heiserem Gekläff umherfuhren, Gabriels Beine bösartig umkreisten und den Strick wie eine Schlinge um ihn zogen. „Die Menge muß es bringen," rief Gabriel, „zwei Stück!" Der Mond hatte die Wolke überwunden und beleuchtete hell die beiden Hunde. „Das sind seltsame Thiere, Herr Hummel, es ist eine schwierige Race. Zwei Köter," fuhr er abschätzend fort, „kaum von Mittelgröße, es ist dickes Format, und ihr Haar ist zottig, über die Schnauze hängen die Borsten wie ein Schnurrbart. Die Mutter war eine Pudelin, der Vater ein Affenpintsch, auch ein Mops muß mit in der Verwandtschaft gewesen sein, und der Urgroßvater war ein Dachshund. Ein schöner Bau, Herr Hummel, so etwas ist selten. Wie sind Sie zu diesen Mondkälbern gekommen?"

„Das war ein eigener Zufall. Im Dorfe hatte ich für heut keinen Hund erhalten; als ich durch den Wald zurückfuhr, scheuten die Pferde und wollten nicht vorwärts. Während der Kutscher mit ihnen hantirte, sah ich auf einmal neben dem Wagen einen großen schwarzen Mann stehen, wie aus dem Boden heraufgeschossen. Er hielt die zwei Hunde am Stricke und lachte höhnisch über die Schelte des Kutschers. „Was soll's?" rief ich ihn an, „wohin führt ihr die Hunde?" „„Dem, der sie haben will,"" rief der Schwarze.

„Hebt sie in den Wagen," sagte ich.

„„Ich reiche nichts,"" brummte der Fremde, „„ihr müßt sie euch holen."" Ich stieg ab und frug: „Was verlangt ihr dafür?"

„„Nichts!"" sagte der Mann. Die Sache wurde mir bedenklich, aber ich dachte, man kann's doch probiren, ich trug die Burschen in den Wagen, sie waren lammfromm. „Wie heißen die Hunde?" rief ich aus dem Wagen.

„„Bräuhahn und Gose,"" sagte der Mann, und lachte wie ein Teufel."

„Das sind keine Hundenamen, Herr Hummel," warf Gabriel kopfschüttelnd ein.

„Das sagte auch ich dem Manne, und er versetzte: „„Getauft sind sie nicht."" „Aber der Strick ist euer," sagte ich, und denken Sie, Gabriel, dieser schwarze Kerl antwortete mir: „„Behaltet ihn, ihr könnt euch dran hängen."" Ich wollte ihm die Hunde wieder aus dem Wagen werfen, da war der Mann im Walde verschwunden wie ein Irrwisch."

„Das ist eine niederträchtige Geschichte," rief Gabriel bekümmert, „diese Hunde sind in keinem christlichen Hause gewachsen. Und wollen Sie wirklich solche Gespenster behalten?"

„Ich will's probiren," sagte Herr Hummel. „Zuletzt ist ein Hund ein Hund."

„Nehmen Sie sich in Acht, Herr Hummel, in den Thieren steckt etwas."

„Dummes Zeug!"

„Sie sind scheußälig," fuhr Gabriel fort, und zählte an den Fingern: „sie haben keine menschlichen Hundenamen, sie sind angeboten ohne Geld, kein Mensch weiß, was diese Bestien fressen."

„Auf den Appetit werden Sie nicht lange zu warten haben," versetzte der Hausherr. Gabriel zog ein Stück Semmel aus der Tasche, die Hunde schnappten darnach. „In dieser Weise sind sie zuverlässig," sagte er ein wenig beruhigt. „Aber wie soll man sie in Ihrem Hause rufen?"

„Der Bräuhahn mag bleiben, was er ist," versetzte Herr Hummel, „aber in meiner Familie soll kein Hund Gose heißen. Ich leide dieses Getränk nicht." Er sah feindselig auf das

Nachbarhaus hinüber. „Andere Leute lassen sich das Zeug täglich über die Straße holen, das ist für mich kein Grund, ein solches Wort in meinem Haushalt zu dulden. Der Schwarze heißt von jetzt ab Bräuhahn und der Rothe Speihahn. Damit abgemacht."

„Aber, Herr Hummel, das sind lauter injuriöse Namen," rief Gabriel, „damit wird das Uebel ärger."

„Das ist meine Sorge," sagte Herr Hummel entschlossen. „Bei Nacht bleiben sie im Hofe, sie sollen das Haus bewachen."

„Wenn sie nur leibhaftig aushalten," wandte Gabriel ein, „die Art kommt und verschwindet wie sie will, und nicht wie wir wollen."

„Sie werden doch nicht des Teufels sein," lachte Herr Hummel.

„Wer spricht vom Teufel?" versetzte Gabriel schnell. „Einen Teufel gibt es nicht, das leidet der Professor nimmer, aber von Hunden hat man Beispiele."

Damit zog Gabriel die Thiere in den Hausflur, Herr Hummel rief in die Stube: „Guten Abend, Philippine, hier habe ich dir etwas mitgebracht."

Frau Hummel trat mit dem Lichte in die Thür und sah erstaunt auf das Geschenk, das zu ihren Füßen winselte. Durch diese Demuth wurde das stolze Herz der Hausfrau zum Wohl=wollen gestimmt. „Aber sie sind häßlich," sagte sie zweifelnd, als der Rothe und der Schwarze zu ihren beiden Seiten nieder=saßen, das Gesäß gesenkt, mit dem Schwanze wedelnd und unter den langen Augenhaaren zu ihr aufblickend. „Und warum zwei?"

„Sie sind nicht für die Ausstellung gearbeitet," entgegnete Herr Hummel begütigend, „es ist Landwaare. Der eine ist nur Ersatzmann."

Nach dieser Vorstellung wurden sie in einen Verschlag ge=tragen, Gabriel prüfte noch einmal ihre Fähigkeit im Fressen und Saufen, sie erwiesen sich durchaus als regelmäßige, wenn auch nicht durch Leibesschönheit ausgezeichnete Hunde, und Gabriel stieg sorglos zu seiner Kammer hinauf.

Als die Uhr zehn schlug und das Gitterthor, welches den Hof von der Straße schied, geschlossen wurde, ging Herr Hummel selbst zum Hundezwinger hinab, um die neuen Wächter in ihren Beruf einzuweihen. Aber er erstaunte sehr, als er ihnen die Thür öffnete. Denn ohne sein ermunterndes Herrenwort abzuwarten, stürzten die beiden Creaturen zwischen seinen Füßen in den Hof hinaus. Wie von einer unsichtbaren Peitsche getrieben, fuhren sie um das Haus und die Fabrik herum, ohne Aufhören, immer neben einander. Und keineswegs stillschweigend. Sie waren bis dahin gedrückt und kleinlaut gewesen, jetzt wurden sie, entweder wegen guter Leibesnahrung, oder weil ihre nächtliche Stunde gekommen war, so geräuschvoll, daß sogar Herr Hummel erstaunt zurücktrat; ihr heiseres scharfes Gebell übertönte das Horn des Nachtwächters und die Rufe des Hausherrn, welcher ihnen Mäßigung anempfehlen wollte. Ohne Aufhören ging die wilde Jagd im Hofe herum und ein unendliches Gekläff begleitete den Sturmlauf. Die Fensterflügel des Hauses öffneten sich. „Das wird eine lebendige Nacht, Herr Hummel," rief Gabriel hinunter.

„Aber Heinrich, das ist ja unerträglich," rief die Gattin aus der Schlafstube.

„Es ist nur die erste Freude," tröstete Herr Hummel, und zog sich in das Haus zurück.

Aber diese Ansicht erwies sich als ein Irrthum. Durch die ganze Nacht klang das Gebell der Hunde aus dem Hofe. Auch in den Häusern der Nachbarschaft wurden Läden aufgerissen und laute Scheltworte nach dem Hof des Herrn Hummel geworfen. Am nächsten Morgen stand Herr Hummel unsicher auf. Selbst ihm war sein kräftiger Bürgerschlaf durch die Vorwürfe der Gattin gestört worden, welche jetzt zornig und mit Kopfschmerzen behaftet beim Frühstück saß. Und als er in den Hof trat und die Beschwerden einsammelte, welche ihm ſeine Leute von der Außenwelt zutrugen, da war auch er einen Augenblick ſchwankend, ob er die Hunde für eine Bereicherung ſeines Hausſtandes halten dürfe.

Das Unglück wollte, daß gerade in dieſer Stunde der Markthelfer des Herrn Hahn mit herausfordernder Miene in den Hof trat und meldete: Herr Hahn müſſe darauf beſtehen, daß Herr Hummel das unerhörte Gebell abſchaffe, er werde ſich ſonſt genöthigt ſehen, ſein Recht bei der Polizei zu ſuchen.

Dieſer Angriff des Gegners entſchied den innern Kampf des Herrn Hummel. „Wenn ich das Bellen meiner Hunde ertrage, ſo können's andere Leute auch ertragen. Dort ſpielen die Glocken, hier ſingen die Hunde, und wenn Jemand vor der Polizei meine Anſicht hören will, ſo ſoll er genug zu hören bekommen.“ Er ging in das Haus zurück und trat würdig vor ſeine leidende Hausfrau. „Du biſt meine Frau, Philippine, du biſt eine kluge Frau und ich gebe dir nach in jedem Dinge, worin du mir einen verſtändigen Willen zeigſt.“

„Sollen zwei Hunde zwiſchen dich und mich treten?“ frug mit ſchwacher Stimme die Gattin.

„Niemals,“ verſetzte Hummel, „Hausfriede muß ſein, und dein Kopfſchmerz iſt mir nicht recht. Und ich wollte dir zu Gefallen die Bieſter ſchon wieder abſchaffen. Da begegnet mir dies mit dieſen Phantaſten. Zum zweiten Mal bedrohen ſie mich mit Juſtiz und Polizei. Jetzt ſteht meine Ehre auf dem Spiel und ich kann nicht mehr nachgeben. Sei mein gutes Weib, Philippine, verſuch's einige Nächte mit Baumwolle in den Ohren, bis ſich die Hunde an ihre Arbeit gewöhnt haben.“

„Heinrich,“ verſetzte die Gattin matt, „ich habe nie an deinem Herzen gezweifelt, aber dein Charakter iſt rauh. Und die Hunde haben eine zu häßliche Stimme. Willſt du, um deinen Willen durchzuſetzen, deine Frau durch Schlafloſigkeit leiden ſehen und immer kränker werden ſehen, ſo ſag's. Willſt du, um deinen Charakter zu behaupten, den Frieden mit der Nachbarſchaft opfern, ſo ſag's.“

„Ich will nicht, daß du krank wirst, und ich will die Hunde nicht weggeben," versetzte Herr Hummel, ergriff seinen Filzhut und ging mit starken Schritten nach der Fabrik.

Wenn sich aber Herr Hummel der Hoffnung hingab, den schwersten Hauskampf als Sieger beendet zu haben, so wandelte er in großem Irrthum. Noch war eine andere Macht inner= halb seiner Grenzen übrig, und diese eröffnete den Feldzug auf ihre Weise. Als Hummel in seinem kleinen Comtoir an das Pult trat, sah er neben dem Tintenfaß einen Blumenstrauß. An dem rosa Seidenband hing ein kleiner Brief, gesiegelt mit der Oblate Vergißmeinnicht, überschrieben: „Meinem lieben Papa." „Das ist mein Blitzmädel," murmelte er, öffnete das Billet und las folgende Zeilen: „Lieber Papa, guten Morgen, die Hunde machen uns große Sorgen, sie sind gar zu häßlich, und ihr Gebell ist gräßlich. Was den Unfrieden mehrt, und die Nachbarn stört, behalte nicht in Hof und Hut. Sei edel, Vater, hilfreich und gut."

Hummel lachte kräftig, daß die Arbeit in der Fabrik stockte, und Jedermann über die gute Laune verwundert war. Dann bezeichnete er den Zettel mit dem Datum des Empfanges, steckte ihn in die Brieftasche und begab sich nach Durchsicht der ein= gelaufenen Briefe in den Garten. Er sah seine kleine Hummel mit der Gießkanne über die Beete fahren und Vaterstolz schwellte ihm das Herz. Wie behend sie sich drehte und beugte, wie ihr die dunkeln Löckchen um das blühende Antlitz hingen, wie geschäftig sie die Kanne hob und schwenkte! Und als sie ihn erblickte, das Gefäß hinsetzte und ihm mit dem Finger drohte, da wurde er vollends bezaubert. „Wieder Verse," rief er ihr entgegen, „es ist Numro neun, die ich kriege."

„Und du wirst mein guter Papa sein," rief Laura auf ihn zueilend und streichelte sein Kinn. „Schaffe sie ab."

„Siehst du, Kind," sagte der Vater behaglich, „ich habe schon mit deiner Mutter darüber gesprochen, und ich habe ihr auseinander gesetzt, weshalb ich sie nicht abschaffen kann. Jetzt darf ich doch nicht bir zu Gefallen thun, was ich beiner Mutter nicht zugeben konnte. Das wäre gegen bie Hausordnung. Respectire beine Mutter, kleine Hummel."

„Du bist hartherzig, Vater," verseßte bie Tochter schmollenb. „Unb sieh, bu hast in biefer Sache Unrecht."

„Oho," rief ber Vater, „kommft bu mir so?"

„Was that uns bas Glockenspiel brüben zu Leib? Das Häuschen ist hübsch, unb wenn wir Abenbs im Garten sißen unb ber Winb geht unb bie Glocken leise bimmeln, bas hört sich gut an, es ist wie in ber Zauberflöte."

„Hier ist keine Oper," rief Hummel ärgerlich, „sonbern offene Straße. Unb wenn meine Hünblein bellen, so kannst bu ja auch beine Theateribeen haben unb benken, baß bu in ber Wolfschlucht bist."

„Nein, mein Vater," erwieberte bie Tochter eifrig. „Du haft Unrecht gegen bie Leute. Denn bu willst ihnen einen Possen thun. Das kränkt mich in tiefstem Herzen. Unb bas leibe ich nicht an meinem Vater."

„Du wirst's boch leiben müssen," entgegnete Hummel verstockt. „Denn bies ist ein Streit zwischen Männern, hier finben Paragraphen ber Polizeiordnung statt, ba bleibe bu mit beinen Versen hübsch babon. Was bie Namen angeht, so ist wohl möglich, baß anbere Wörter, wie Abolar unb Ingomar unb Marquis Posa, euch Weibern besser klingen. Dies aber ist für mich kein Grunb, meine Namen sinb praktisch. In beinen Blumen unb Büchern will ich bir Vieles zu Gefallen thun, aber Poesie bei Hunben beachte ich nicht." Damit kehrte er ber Tochter ben Rücken, bemüht, bieses Streites lebig zu werben.

Laura aber eilte in bie Stube zur Mutter unb bie Frauen traten in Berathung. „Der Lärm war arg," klagte Laura, „aber schrecklicher ist ber Name. Mutter, ich kann bieses Wort nicht aussprechen, unb bu barfst nicht leiben, baß unsere Leute bie Hunbe so nennen."

„Liebes Kinb," verseßte bie erfahrene Frau, „man erlebt

auf Erben viel Unbilliges, aber am meisten schmerzt, was gegen die Würde der Frauen im eigenen Hause geübt wird. Ich spreche mich darüber nicht weiter aus. Was nun den Namen Bräuhahn betrifft, so hat dieser, welcher, wie ich höre, ein benachbartes Getränk ist, Manches, was zu seiner Entschuldigung gesagt werden kann, und etwas müssen wir darin dem Vater nachgeben. Die andere Bezeichnung aber, darin gebe ich dir Recht, wäre eine Beschimpfung der Nachbarn. Doch wenn der Vater merkt, daß wir hinter seinem Rücken den rothen Hund Phöbus oder Azor nennen, so wird das Uebel ärger."

„Den bösen Namen wenigstens soll Niemand in den Mund nehmen, dem an meiner Freundschaft gelegen ist," entschied Laura, und eilte in den Hof.

Gabriel benutzte seine einsame Muße, die neuen Ankömmlinge zu beobachten. Es zog ihn öfter nach dem Hundestall, dort die irdische Beschaffenheit der Fremdlinge festzustellen.

„Was ist Ihre Meinung?" frug Laura zu ihm tretend.

„Ich habe so meine Meinung," antwortete der Diener, in die Tiefe des Stalles spähend. „Nämlich in den da steckt doch etwas. Haben Sie heut Nacht den Gesang dieser Raben beachtet? So bellt kein richtiger Hund. Sie winseln und jammern, dazwischen krächzen sie und sprechen wie kleine Kinder. Ihr Fressen ist gewöhnlich, aber ihre Lebensart ist unmenschlich. Sehen Sie, jetzt ducken sie sich, wie auf's Maul geschlagen, weil die Sonne auf sie scheint. — Und dann, liebes Fräulein, der Name!"

Laura sah neugierig auf die Thiere. „Wir ändern den Namen in der Stille, Gabriel, dieser hier soll nur der Rothe heißen."

„Das wäre schon besser, es wäre wenigstens nicht injuriös für Herrn Hahn, sondern nur für die Kellerwohnung."

„Wie meinen Sie das?"

„Da doch drüben der Markthelfer Rothe heißt."

„Dann also," entschied Laura, „wird das rothe Unthier

von jetzt ab nur das Andere genannt, und so sollen ihn unsere Leute rufen. Sagen Sie das auch den Arbeitern in der Fabrik."

„Andres?" versetzte Gabriel. „Der Name wird ihm schon recht sein. Dies Gesindel hat's nicht gern, wenn es mit ordentlichem Zeichen gerufen wird. Dieses Andere wird am besten wissen, woher das Eine stammt, dem es zugehört. Na, die Nachbarschaft wird meinen, daß er Andreas heißt, damit geschieht ihm immer noch zu viel Ehre."

So war billiger Sinn geschäftig, die böse Vorbedeutung des Namens abzuwenden. Vergebens. Denn, wie Laura richtig im Tagebuch bemerkte, wenn der Ball des Unheils unter die Menschen geworfen wird, so trifft er erbarmungslos die Guten wie die Bösen. Der Hund wurde mit dem unscheinbarsten Namen versehen, der gar kein Name war. Aber durch eine unbegreifliche Verbindung der Ereignisse, welche allen menschlichen Scharfsinn höhnte, geschah es, daß Herr Hahn selbst den Vornamen Andreas führte. So wurde der Doppelname des Geschöpfes eine doppelte Kränkung des Nachbarhauses, und Alles schlug zu schrecklichem Unglück um, Tort und gute Meinung kochten zusammen zu einer dicken schwarzen Suppe des Hasses.

Gleich in der Frühe, als Herr Hummel vor die Thür trat und trotzig wie Ajax die beiden Hunde mit ihren feindlichen Namen rief, vernahm Markthelfer Rothe im Kellerstock den Ruf, eilte in die Stube seines Hausherrn und meldete diese häßliche Kränkung. Frau Hahn versuchte, die Sache nicht zu glauben, und setzte durch, daß wenigstens eine Bestätigung abgewartet wurde. Aber diese Bestätigung blieb nicht aus. Denn am Nachmittag öffnete Gabriel die Thür des Zwingers und zwang die Geschöpfe, sich auf eine Viertelstunde dem Sonnenlicht des Gartens auszusetzen. Laura, welche unter ihren Blumen saß, und gerade nach ihrem stillen Ideal, einem berühmten Sänger, blickte, der mit geölten schwarzen

Locken und einem Feldherrnblick vorüberschritt, verzichtete als wackeres Mädchen darauf, ihrem Liebling durch das Weinlaub nachzuspähen, und wendete sich zu den Hunden. Und um den Rothen an seinen neuen Namen zu gewöhnen, lockte sie ihn mit einem Stückchen Kuchen und rief ihm einigemal das ungeschickte Wort „Andres" zu. In demselben Augenblick stürzte Dorchen zu Frau Hahn: „Es ist richtig, jetzt ruft ihn gar Fräulein Laura mit dem Vornamen unseres Herrn." Frau Hahn fuhr erschrocken an das Fenster und vernahm selbst den Namen ihres lieben Mannes. Sie trat ebenso schnell zurück, denn diese Unmenschlichkeit der Nachbarn preßte ihr Thränen aus und sie suchte nach ihrem Taschentuch, um diese heimlich vor dem Mädchen abzuwischen. Madame Hahn war eine gute Frau, ruhig, gleichmäßig, mit einer hübschen kleinen Anlage zur Beleibtheit und einer unabläſſigen Neigung, den Staub der Erde mit weißen Läppchen geräuschlos zu beseitigen. Aber diese Herzlosigkeit auch der Tochter entflammte ihren Zorn. Sie holte augenblicklich ihre Mantille aus dem Schranke und ging zum Aeußersten entschlossen über die Straße in den feindlichen Garten.

Erstaunt sah Laura von den garstigen Hunden auf den unerhörten Besuch, welcher mit starken Schritten gegen sie einbrang.

„Ich komme, mich bei Ihnen zu beklagen, Fräulein," begann Frau Hahn ohne Gruß. „Was in diesem Hause meinem Manne zum Hohn gethan wird, ist unerträglich. Für das Benehmen Ihres Vaters können Sie nicht, aber daß auch Sie sich auf solche Beschimpfungen einlassen, finde ich an einem jungen Mädchen doch zu schrecklich."

„Was meinen Sie damit, Madame Hahn?" frug Laura mit flammendem Gesicht.

„Die Beleidigung eines Menschen durch Hundenamen meine ich. Sie rufen Ihren Hund mit allen Namen meines Mannes."

„Das habe ich niemals gethan," versetzte Laura.

„Leugnen Sie nicht," rief Frau Hahn.

„Ich spreche keine Unwahrheiten," sagte das Mädchen stolz.

„Mein Mann heißt Andreas Hahn, und wie Sie dieses Thier nennen, das hört die ganze Nachbarschaft aus Ihrem Munde."

Laura's Stolz bäumte auf. „Dies ist ein Mißverständniß, und der Hund heißt gar nicht so. Was Sie mir sagen, ist ungerecht vom Anfang bis zum Ende."

„Wie so, ungerecht?" frug Frau Hahn wieder, „am Morgen ruft der Vater, am Nachmittag die Tochter."

Auf Laura's Herz sank eine Centnerlast, sie fühlte sich hinabgedrückt in einen Abgrund von Unrecht und Greuel. Die That des Vaters lähmte ihre Kraft, auch ihr brachen die Thränen aus den Augen.

„Ich sehe, daß Sie wenigstens nicht ohne Gefühl für das Unrecht sind, das Sie begehen," fuhr Frau Hahn ruhiger fort, „thun Sie's nicht wieder. Glauben Sie mir, es ist leicht, Andere zu kränken, aber es ist ein trauriges Geschäft. Und mein armer Mann und ich haben's um Sie nicht verdient. Denn wir haben Sie aufwachsen sehen vor unsern Augen, und wenn wir auch sonst nicht mit Ihren Eltern in Verkehr stehen, wir haben uns immer über Sie gefreut und in unserm Hause ist Ihnen niemals etwas Böses gewünscht worden. Sie wissen nicht, was Hahn für ein guter Mann ist, aber so etwas durften Sie doch nicht thun. Wir haben, seit wir hier wohnen, aus diesem Hause viele Kränkung erfahren, aber daß auch Sie die Gesinnung Ihres Vaters theilen, das thut mir am aller= meisten weh."

Laura versuchte umsonst, ihre Thränen zu trocknen. „Ich wiederhole Ihnen, daß Sie mir Unrecht thun, weiter kann ich nichts zu meiner Rechtfertigung sagen, und ich will es auch nicht. Sie haben mich mehr gekränkt, als Sie wissen. Und ich muß darauf vertrauen, daß ich gegen Sie ein gutes Gewissen habe."

Mit diesen Worten eilte sie in das Haus, Frau Hahn kehrte unsicher über den Erfolg ihres Besuches dem feindlichen Bau den Rücken.

In ihrem Dachstübchen schritt Laura auf und ab und rang die Hände. Unschuldig und doch schuldvoll, trotz gutem Willen bis auf's Blut gekränkt, hineingezogen in einen Familienhaß, dessen Jammer noch gar nicht abzusehen war, so durchflog sie die Ereignisse der letzten Tage in empörter Seele. Endlich setzte sie sich an ihren kleinen Schreibtisch, zog ihr Geheimbuch heraus und vertraute ihre Schmerzen diesem verschwiegenen Freunde in violettem Leder. Und sie suchte Trost bei den Seelen Anderer, die aus ähnlichem Weh sich edel erhoben hatten, und fand endlich eine Bestätigung ihrer Erlebnisse in der schönen Stelle des Dichters: „Vernunft wird Unsinn, Wohlthat Plage, weh dir, daß du ein Enkel bist." Denn hatte sie nicht Verständiges und Wohlthuendes gewollt, und war nicht Unsinn und Plage daraus geworden? Und hatte das Unglück nicht auch sie ohne ihr Verschulden getroffen, weil sie Kind vom Hause war? Mit diesem Satze schloß sie einen leidenschaftlichen Erguß. Um aber vor dem eigenen Gewissen nicht lieblos zu erscheinen, schrieb das arme Kind sogleich die Worte darunter: Mein lieber, guter Vater. Dann schob sie ein wenig getröstet das Buch zurück.

Doch als ärgste Demüthigung empfand sie, daß sie von den fremden Leuten drüben ungerecht beurtheilt wurde, und sie schlug die Arme übereinander und sann, ob ihr nicht dennoch eine Rechtfertigung möglich sei. Sie selbst konnte nichts thun. Aber da war ein ehrlicher Mann, der von Allen im Hause als Vertrauter gebraucht wurde, der ihren Kanarienvogel vom Pips geheilt hatte und die kleine Büste Schillers von einem Spinnenfleck auf der Nase. Sie beschloß, nur dem treuen Gabriel von den Reden der Frau Hahn zu erzählen, ohne Noth aber auch nicht der Mutter.

Es fügte sich, daß gegen Abend Gabriel und Dorchen

auf der Straße in ein kleines Gespräch kamen. Dorchen begann bittere Klage über die Bosheit der Hummeln, Gabriel aber mahnte herzlich: „Lassen Sie sich durch diesen Krieg nicht fortreißen. Es muß auch solche geben, welche neutral bleiben. Seien Sie ein Engel, Dorchen, welcher den Frieden und die Kränze in das Haus trägt. Nämlich die Tochter ist unschuldig.“ Darauf wurde die Namengebung noch einmal durchgesprochen, und Laura ehrenvoll gerechtfertigt. Als Gabriel später im Vorbeigehen sagte: „diese Sache ist in Ordnung, und Herr Hahn hat gesagt, ihm wäre gleich unwahrscheinlich gewesen, daß Sie es so übel mit ihm meinten,“ da fiel ihr zwar die schwerste Last vom Herzen, und wieder klang ihr leiser Gesang durch das Haus, aber ruhig wurde sie deshalb doch nicht. Denn immer noch blieb ihr Haus gegen die Nachbarn im Unrecht, die Menschen von jenseits wurden durch den Zorn des Vaters schwer gekränkt. Ach, dies gewaltige Gemüth konnte sie nicht bändigen, aber sie mußte versuchen, in der Stille sein Unrecht zu sühnen. Darüber grübelte sie noch am späten Abend beim Auskleiden. Und als sie bereits im Bette lag und Vieles gefunden und verworfen hatte, da kam ihr der rechte Einfall, und sie sprang noch einmal auf, zündete das Licht an und lief im Hembe nach dem Schreibtisch. Dort schüttelte sie ihr Beutelchen aus, und überzählte die neuen Thaler, die ihr der Vater zu Weihnacht und am Geburtstage geschenkt hatte. Diese Thaler beschloß sie zu einer geheimen Abbitte zu verwenden. Vergnügt nahm sie den Perlenbeutel zu sich ins Bett, legte ihn unter das Kopfkissen, und schlief darüber in Frieden ein, obgleich wieder die wilde Jagd der Gespensterhunde um das Haus tobte, greulich und unaufhörlich.

Am nächsten Morgen schrieb Laura mit großen steifen Buchstaben Name und Wohnung des Herrn Hahn auf einen Briefumschlag, siegelte diesen mit einem Veilchen, welches die Umschrift trug: „ich verberge mich,“ und steckte die Adresse in ihre Tasche. Als sie wegen eines Einkaufs nach der Stadt ging, machte sie auf eigene Gefahr einen Seitenweg zu einem Handelsgärtner, mit dem sie persönlich nicht bekannt war. Dort kaufte sie den dicken Busch einer Zwergorange voll von Blüthen und goldenen Früchten, ein Prachtstück des Glashauses, sie fuhr den Strauch mit pochendem Herzen in geschlossener Droschke, bis sie einen Lohnträger fand, und empfahl mit einer außerordentlichen Vergütigung dem Träger, Strauch und Brief ohne Gruß und Wort im Hause des Herrn Hahn niederzusetzen.

Redlich führte der Mann den Auftrag aus. Dorchen entdeckte den Stock im Hausflur und in der Familie Hahn begann eine kleine sehr behagliche Aufregung, fruchtloses Sinnen, wiederholte Besichtigung, eitles Vermuthen. Als Laura am Mittag durch das Weinlaub in den Garten hinüberspähte, hatte sie die Freude, den Orangenstrauch auf einem ausgezeichneten Platz vor der weißen Muse zu erblicken. Allerliebst leuchtete der Busch in Weiß und Gold über die Straße. Und Laura stand lange hinter den Ranken und faltete unwillkürlich die Hände. Das Unrecht war von ihrer Seele genommen. Dann wandte sie sich in gehobener Stimmung ab von dem feindlichen Hause.

Unterdeß hing eine Polizeibeschwerde und eine gerichtliche Klage zwischen den beiden Häusern. Die letztere wurde durch Einfügung des Namens Speihahn noch an demselben Tage gefährlich verschärft.

Und der Frieden im Hause und in der Nachbarschaft blieb gestört. Zuerst hatte das Glockenspiel die allgemeine Meinung gegen Herrn Hahn aufgeregt, aber durch die Hunde wurde die Stimmung gründlich geändert, die ganze Straße zog sich nach dem Stroh hinüber, der Filz hatte alle Welt gegen sich. Herrn Hummel kümmerte das wenig. Des Abends saß er im Garten auf dem umgestürzten Kahn und sah stolz auf das Nachbarhaus, während Bräuhahn und das Andere zu seinen Füßen lagen und nach dem Mond blinzten, der in seiner gewohnten Weise boshaft herniederblickte auf Hummel, auf Hahn, auf die übrige Welt.

Es geschah aber, daß in einer der nächsten Nächte unter Hundegebell und Mondschein am chinesischen Bau des Herrn Hahn alle Glocken abgerissen und gestohlen wurden.

———

8.

Noch einmal Tacitus.

Unser Volk weiß, daß alle verlorenen Dinge unter den Krallen des Bösen liegen. Wer etwas sucht, der hat zu rufen: „Teufel, nimm die Pratze weg." Dann liegt's plötzlich da vor den Augen der Menschen, es war so leicht zu finden, man ist hundertmal herum gegangen, man hat darüber und darunter gesehen, das Unwahrscheinlichste hat man durchsucht und an das Nächste nicht gedacht. Zuverlässig war es mit der Hand=schrift nicht anders, sie lag unter der Tatze des Bösen oder eines Kobolds ganz in der Nähe der Freunde; wenn man die Hand ausstreckte, war sie zu fassen; der Erwerb wurde nur noch durch ein Bedenken aufgehalten, durch die Frage: wo? Ob diese Verzögerung für beide Gelehrte die große oder kleine Frage peinlicher Tortur werden sollte, das allein war noch zweifelhaft. Indeß auch über diese Unsicherheit konnte man hinwegkommen; die Hauptsache war, daß die Handschrift selbst wirklich und vorhanden da lag. Und kurz, die Sache stand im Ganzen so gut als irgend möglich, es fehlte nur noch eben die Handschrift.

„Ich sehe," sagte der Doctor dem Freunde, „du bist ange=strengt beflissen, die Erwachsenen zu bilden, ich senke den Codex in die Seelen der nächsten Generation. Hans der älteste ist weit entfernt, die Auffassung des Vaters und der Schwester zu theilen, er zeigt Gemüth für den alten Schatz. Und wenn uns selbst nicht gelingt, die Entdeckung zu machen, er wird einmal die Hausmauer nicht schonen."

Im Einvernehmen mit Hans nahm der Doctor ganz in der Stille seine Nachforschungen wieder auf. In ruhigen Stunden, wo der Landwirth arglos bei seiner Ernte umherritt und der Professor im Zimmer arbeitete oder in der Gaisblattlaube saß, strich der Doctor spionirend im Innern des Hauses. In dem Kittel eines Arbeiters, den Hans auf sein Zimmer gebracht hatte, durchforschte er die staubigen Höhen und Tiefen des Raumes. Und mehr als einmal erschreckte er die dienenden Frauen der Wirthschaft, wenn er plötzlich hinter einer alten Tonne des Kellers auftauchte, oder wenn er rittlings auf einem Balken des Dachstuhls dahinfuhr. Bei dem Milchkeller war für Anbau einer Eisgrube ein Loch gegraben, die Arbeiter hatten sich in der Mittagstunde entfernt, und die Mamsell ging arglos in der Nähe der bloßgelegten Mauer vorüber. Da erblickte sie plötzlich einen Kopf ohne Leib, mit feurigen Augen und gesträubtem Haar, welcher langsam auf dem Erdboden dahinwandelte und hohnlachend das Gesicht auf sie zukehrte. Sie stieß einen gellenden Schrei aus und stürzte in die Küche, wo sie auf einem Schemel in Ohnmacht sank und erst durch vieles Zureden und Begießen mit Wasser zum Leben erweckt wurde. Beim Mittagessen war sie so verstört, daß sie jedermann auffiel, und da ergab sich endlich, daß der teuflische Kopf auf den Schultern ihres Tischnachbars saß, der heimlich in das Loch gestiegen war, um das Mauerwerk zu untersuchen.

Bei dieser Gelegenheit entdeckte der Doctor mit einiger Schadenfreude, daß das gastliche Dach, welches ihn und den Codex vor Regen schützte, über einem anerkannten Gespensterhause stand. Es spukte heftig in dem alten Bau, Geister wurden häufig gesehen, und die Berichte gingen nur darin auseinander, ob es ein Mann in grauer Kutte, ein Kind in weißem Hembchen, oder ein Kater von der Größe eines Esels sei. Jedermann wußte, daß ab und zu ein unerklärliches Klopfen, Rasseln, Donnern und unsichtbares Steinwerfen stattfand, zuweilen war das ganze Ansehen des Landwirths und seiner Tochter nöthig, um den Ausbruch eines panischen Schreckens unter den Dienstboten zu verhindern. Auch die Freunde hörten in stiller Nacht unberechtigte Töne, Geächz, Gepolter und herausforderndes Geklopf an den Wänden. Diese Unarten des Hauses erklärte der Doctor zur Zufriedenheit des Landwirths aus seiner Theorie der alten Mauern. Er erläuterte, daß viele Geschlechter von Wieseln, Ratten und Mäusen den dicken Steinbau canalisirt und ein System von bedeckten Gängen und Burgen angelegt hatten. Deshalb wurde jedes gesellige Vergnügen und jede Zänkerei, welcher sich die Insassen der Mauer ergaben, durch dumpfes Getöse bemerkbar. Aber in der Stille horchte der Doctor doch ärgerlich auf das geheime Rumoren seiner Wandnachbarn. Denn wenn diese so aufgeregt um den Codex herumtobten, drohten sie die spätere Arbeit der Wissenschaft sehr zu erschweren. So oft er heftig knabbern hörte, mußte er denken, sie fressen wieder eine Zeile weg, jedenfalls wird eine Menge Conjecturen nöthig werden. Und es war nicht das Nagen allein, wodurch dies Mausevolk den Codex, der unter ihnen lag, verunzierte.

Aber für die große Geduld, welche in dieser Angelegenheit nöthig war, wurde der Doctor durch andere Entdeckungen entschädigt. Er beschränkte sich nicht auf Haus und Hof, sondern durchsuchte auch die Umgegend nach alten Volkserinnerungen, welche noch hie und da am Rocken der Spinnstuben hingen und sich um den Kochtopf alter Mütterchen kräuselten. Gleich am zweiten Tage machte er durch geheime Vermittelung der Taglöhnerfrau die Bekanntschaft einer Märchenerzählerin im nächsten Dorfe. Nachdem die liebe alte Frau den ersten Schreck vor dem Titel des Doctors und die Furcht überwunden hatte, er wolle ihr wegen unbefugter ärztlicher Praxis zu Leibe gehen, sang sie ihm mit zitternder Stimme die Liebeslieder ihrer Ju-

genb unb erzählte mehr, als der Hörer nachzuschreiben vermochte.
Jeden Abend brachte der Doctor beschriebene Blätter nach
Hause, sehr bald fand er in seiner Sammlung alle bekannten
Charaktere unserer Volkssagen, einen wilden Jäger, einige Frau
Hollen, drei weiße Fräulein, mehre Mönche, einen unbeutlichen
Nix, der in der Geschichte zwar als Handwerksbursche auftrat,
aber ganz unleugbar ursprünglich ein Wassermann gewesen
war, unb zuletzt viele kleine Zwerge. Zuweilen begleitete ihn
auf diesen Ausflügen Hans, der älteste, der den Doctor bei
den Landleuten einführte, unb sich hütete, dem Vater unb der
Schwester über diese Jagbzüge eine Mittheilung zu gönnen.
Nun ist allerbings möglich, baß hier unb da ein Erbloch ober
ein Brunnen im Felbe ohne Berechtigung mit einem Geiste
versehen wurde. Denn als die weisen Frauen des Dorfes
merkten, wie sehr der Doctor sich über solche Mittheilungen
freute, wurde in ihnen die uralte Erfinbungskraft des Volkes
aus langem Schlummer geweckt, unb es kam ihnen so vor, als
ob noch hie unb da etwas von dem Geistervolk stecken müsse.
Im Ganzen aber bewiesen beibe Theile einanber beutsche Treue
unb Gewissenhaftigkeit, unb zuletzt war der Doctor auch kein
Mann, den man leicht hintergehen konnte.

Als er einst von solchem Besuche nach dem Schloß zurück=
kehrte, begegnete er auf einsamem Fußpfab der Taglöhnerfrau.
Sie sah sich vorsichtig um unb gestanb ihm enblich, wenn er
sie nicht dem Gutsherrn verrathen wolle, so könne sie ihm wohl
etwas mittheilen. Der Doctor gelobte unverbrüchliche Ver=
schwiegenheit. Darauf erzählte bie Frau, im Keller des Schlos=
ses, auf der Seite gegen Morgen in der rechten Ecke sei ein
Stein, mit drei Kreuzen bezeichnet. Dahinter liege der Schatz.
Das habe sie von ihrem Großvater gehört, unb der habe es
von seinem Vater, unb dieser sei im Schloß in Diensten ge=
wesen, unb zu bessen Zeit hätte der bamalige Oberamtmann
den Schatz heben wollen; als sie aber beßhalb in den Keller
gingen, habe es einen fürchterlichen Knall unb ein solches Ge=

töse gegeben, daß sie entsetzt zurückgelaufen seien. Das aber mit dem Schatz sei sicher, denn sie habe den Stein selbst angefühlt, die Zeichen seien deutlich eingegraben. Jetzt sei der Weinkeller dort, der Stein durch ein Holzgestell verdeckt.

Der Doctor nahm diese Mittheilung mit Ruhe auf, beschloß aber, ganz für sich Nachforschungen anzustellen. Er sagte weder dem Professor, noch seinem Hans ein Wort, lauerte aber auf eine Gelegenheit. Seine Vertraute trug den Wein, welcher unabänderlich vor dem Platz der Gäste stand, zuweilen selbst aus dem Keller und wieder zurück. Am nächsten Morgen folgte er ihr kühnlich, die Frau sprach kein Wort als er hinter ihr in den Verschlag trat, sondern wies scheu in eine Ecke der Wand. Der Doctor ergriff die Lampe, hob ein Dutzend Flaschen von ihrer Stelle und tastete an dem Gestein; es war ein großer behauener Stein mit drei Kreuzen. Er sah die Frau bedeutungsvoll an, — sie hat später im engsten Vertrauen erzählt, die gläsernen Schilde vor seinen Augen hätten in diesem Augenblick so schrecklich gegen die Lampe geleuchtet, daß ihr ganz angst geworden sei, — er aber ging schweigend herauf, entschlossen, die Entdeckung bei erster Gelegenheit gegen den Landwirth zu benutzen.

Doch die größte Ueberraschung stand dem Doctor noch bevor, seine stille Arbeit wurde durch den seligen Frater Tobias selbst unterstützt, ja durch das Lebensende dieses frommen Märtyrers gleichsam geweiht. Die Freunde stiegen nämlich nach Rossau hinab, von dem Landwirth, den ein Geschäft zur Stadt führte, begleitet. Der Landwirth führte die Freunde zum Bürgermeister und ersuchte diesen, den Herren, als zuverlässigen Männern, vorzulegen was etwa in dem städtischen Bereich von alten Schriften vorhanden sei. Der Bürgermeister, ein ehrlicher Gerber, fuhr in seinen Rock und brachte die Gelehrten zunächst vor das alte Klostergebäude. Es war nicht viel daran zu sehen, ein neues Dach, innerer Umbau, nur die Mauern standen noch, kleine Beamte des Landesherrn wohnten in den Zellen. Ueber das Rathsarchiv stellte der Bürgermeister die Muthmaßung auf, daß wohl nicht viel darin sein werde, er empfahl die Herren in dieser Angelegenheit dem Stadtschreiber und ging selbst nach dem Schießhause, um sich nach schwerem Regierungsact eine Partie Solo anzuthun. Der Stadtschreiber neigte sich respectvoll vor seinen Collegen von der Feder, ergriff ein rostiges Schlüsselbund und öffnete das kleine Gewölbe des Rathhauses, wo alte Acten in dicker Staubhülle die Zeit erwarteten, in welcher ihr Stillleben unter dem Stampfer einer Papiermühle enden würde. Die Stadtschreiberei wußte ein wenig unter den alten Papieren Bescheid, begriff auch vollständig die Wichtigkeit der Mittheilungen, welche von ihr erwartet wurden, versicherte aber der Wahrheit gemäß, daß durch zwei Stadtbrände sowie durch Unordnung in früherer Zeit jede alte Nachricht verloren sei. Man kannte auch keinerlei Aufzeichnung in einem Privathause, nur in der gedruckten Chronik einer Nachbarstadt waren einige Notizen über das Schicksal Rossaus im dreißigjährigen Kriege erhalten. Darnach war der Ort durch einige Jahre ein Trümmerhauf und fast unbewohnt gewesen. Im Uebrigen lebte das Städtchen geschichtslos fort und der Stadtschreiber betheuerte, man wisse hier nichts von der alten Zeit und kümmere sich gar nicht darum. Vielleicht sei in der Residenz etwas über die Stadt zu erfahren.

Die Freunde schritten unermüdlich von einem klugen Mann zum andern, und frugen wie im Märchen nach dem Vogel mit goldenen Federn. Zwei Erbmännchen hatten nichts gewußt, jetzt blieb noch das dritte. Sie ließen sich also zu dem katholischen Pfarrer führen. Ein kleiner alter Herr empfing sie mit tiefen Bücklingen, der Professor setzte ihm auseinander, daß er über die letzten Schicksale des Klosters Auskunft suche, vor Allem, was aus einem der letzten Mönche, dem ehrwürdigen Bruder Tobias Bachhuber, in seinen Jahren geworden sei.

„Aus so entlegener Zeit werden keine Totenscheine verlangt," versetzte der Geistliche, „ich kann den hochverehrten Herren deshalb keinerlei Bescheid versprechen. Dennoch, wenn es Ihnen nur darum zu thun, und Sie nichts der Kirche Nachtheiliges aus alten Schriften eruiren wollen, bin ich gewillt, denselben das älteste der vorhandenen Bücher zu präsentiren." Er ging in eine Kammer und brachte ein langes schmales Buch hervor, dem der Moder des feuchten Raumes die Ränder beschädigt hatte. „Anhier sind einige Notata meiner im Herrn ruhenden Vorgänger, vielleicht daß den verehrten Herren dieses dienen kann. Weiteres bin ich nicht im Stande, weil Aehnliches nicht mehr vorhanden."

Auf dem Vorsetzblatt stand ein Verzeichniß geistlicher Würdenträger des Ortes in lateinischer Sprache. Eine der ersten Notizen war: „Im Jahre des Herrn 1637 im Monat Mai ist der verehrungswürdige Bruder Tobias Bachhuber, der letzte Mönch hiesigen Klosters, an der Seuche der Pestilenz gestorben. Der Herr sei ihm gnädig." Der Professor wies dem Freunde schweigend die Stelle, der Doctor schrieb die lateinischen Worte ab, sie gaben dankend das Buch zurück und empfahlen sich.

„Und die Handschrift liegt doch in dem Hause," rief der Professor auf der Straße. Der Doctor dachte an die drei Kreuze und lächelte vor sich hin. Er war keineswegs mit den taktischen Maßregeln einverstanden, welche er seinen Freund zur Rettung des Codex ausführen sah. Wenn der Professor behauptete, daß ihre einzige Hoffnung auf dem Antheil beruhe, den sie nach und nach dem Hausherrn beibringen könnten; so hegte der Doctor den Verdacht, daß sein Freund zu dieser langsamen Kriegführung nicht durch reinen Eifer für die Handschrift gebracht werde.

Der Landwirth aber beobachtete über die Handschrift ein hartnäckiges Schweigen; warf der Doctor einmal eine Anspielung hin, so verzog der Wirth spöttisch das Gesicht und lenkte das Gespräch sogleich auf etwas Anderes. Das durfte so nicht bleiben. Der Doctor beschloß jetzt, wo seine Abreise bevorstand, eine Entscheidung zu erzwingen. Als die Männer am Abend im Garten zusammen saßen, und der Landwirth in heiterer Ruhe auf seine Obstbäume sah, begann der Doctor den Angriff. „Ich gehe nicht von hier, mein Gastfreund, ohne Sie an unsern Contract erinnert zu haben."

„An welchen Contract?" frug der Landwirth wie ein Mann, der sich an nichts erinnert.

„Wegen der Handschrift," fuhr der Doctor entschlossen fort, „die bei Ihnen verborgen liegt."

„So? Sie sagten ja selbst, es sei Alles hohl. Da wird uns nichts übrig bleiben, als das Haus vom Dach bis zum Keller nieder zu reißen; ich dächte, damit warteten wir bis zum nächsten Frühjahr, wo Sie wieder zu uns kommen sollen. Denn wir müßten in diesem Falle doch in den Scheunen woh=nen, und die sind jetzt voll."

„Das Haus mag vorläufig stehen bleiben," sagte der Doctor, „wenn Sie aber immer noch meinen, daß die Mönche ihr Klostergut wieder heraus geholt haben, so steht dieser An=sicht ein Umstand entgegen. Wir haben in Rossau ermittelt, daß der wackere Bruder, der im April die Sachen hier versteckt hatte, schon im Mai an der Pestilenz gestorben ist. Laut Angabe des Kirchenbuches; hier ist die Stelle."

Der Landwirth sah in die Brieftafel des Doctors, klappte sie wieder zu und sagte: „Dann haben seine Herren Mitbrüder das Eigenthum herausgeholt."

„Das ist kaum möglich," versetzte der Doctor, „denn er war der letzte seines Klosters."

„Dann also haben's andere Stadtleute geholt."

„Aber die Einwohner der Stadt haben sich damals ver=laufen, der Ort lag Jahre lang verwüstet, menschenleer, in Trümmern."

„Hm," begann der Landwirth in guter Laune, „die Herren Gelehrten sind strenge Mahner und wissen auf ihrem Recht zu bestehen. Sagen Sie also gerade heraus, was wollen Sie von mir? Sie müßten mir doch vor allem eine einzelne Stelle angeben können, die nicht nur Ihnen verdächtig ist, sondern die auch nach gemeinem Urtheil etwas zu verschließen scheint, und das sind Sie zuverlässig nicht im Stande."

„Ich weiß eine solche Stelle," erwiederte der Doctor dreist, „und ich stelle Ihnen gegenüber die Vermuthung auf, daß der Schatz dort liegt."

Der Professor und der Landwirth sahen erstaunt auf ihn. „Folgen Sie mir in den Keller," rief der Doctor.

Ein Licht wurde angezündet, der Doctor führte zu dem Verschlage, in welchem der Wein lag. „Wie kommst du zu der siegesfrohen Zuversicht?" frug ihn der Professor leise auf dem Wege.

„Ich argwöhne, daß du deine Geheimnisse hast," versetzte der Doctor, „laß mir die meinen." Geschäftig räumte er die Flaschen aus einer Ecke, leuchtete an den Stein und schlug mit einem großen Schlüssel an die Mauer, „die Stelle ist hohl, und der Stein bezeichnet."

„Es ist richtig," sagte der Landwirth, „dahinter ist ein leerer Raum; und er ist jedenfalls nicht klein. Aber der Stein ist einer von den Grundsteinen des Hauses und nirgend ist sichtbar, daß er einmal aus seiner Lage gerückt wurde."

„Nach so langer Zeit würde man das schwerlich erkennen," warf ihm der Doctor entgegen.

Der Landwirth untersuchte selbst die Mauer. „Eine große Platte liegt darüber, es ist vielleicht möglich, den bezeichneten Stein von der Stelle zu heben." Er überlegte eine Weile und fuhr endlich fort: „Ich sehe, ich muß Ihnen einen Preis zahlen. Ich will damit die erste Stunde unserer Bekanntschaft ausgleichen, die mir immer noch auf der Seele liegt. Und da wir drei hier wie Verschwörer im Keller stehen, so wollen wir uns auf das frühere Abkommen verpflichten. Ich will einmal thun, was ich für sehr unnöthig halte. Dafür werden Sie, wenn Sie jemals über die Sache sprechen oder schreiben, auch mir das Zeugniß nicht versagen, daß ich allen billigen Wünschen nachgegeben habe."

„Wir werden sehn, was sich thun läßt," versetzte der Doctor.

„Wohlan, in einem Steinbruch an meiner Grenze sind fremde Arbeiter beschäftigt, sie sollen versuchen, den Stein aus=zulösen und wieder in seine Lage zu bringen. Damit wird, wie ich hoffe, diese Sache für immer abgemacht. — Ilse, laß morgen in der Frühe das Holzgestell im Weinkeller ausräumen."

Am nächsten Tag kamen die Steinarbeiter, mit ihnen stiegen die drei Herren und Ilse in den Keller und sahen neugierig zu, wie Spitzhacke und Brecheisen ihre Gewalt an dem vierkantigen Stein versuchten. Er war auf den Fels gesetzt und tüchtige Anstrengung war nöthig, ihn zu lösen. Aber auch die Leute erklärten, daß dahinter eine große Höhlung sei, und arbeiteten mit einem Eifer, der durch den Ruf des gespenstigen Hauses sehr gesteigert wurde. Endlich wich der Stein, eine dunkle Oeffnung bot sich den Augen, die Zuschauer traten näher, die beiden Gelehrten in lebhafter Spannung, auch der Landwirth und seine Tochter voll Erwartung. Der Steinbrecher faßte schnell das Licht und hielt es vor die Oeff=nung, ein feiner Dunst zog heraus, erschreckt fuhr der Mann mit dem Lichte zurück. „Da drin liegt etwas Weißes," rief er zwischen Angst und Hoffnung. Ilse sah auf den Professor, der mit Mühe die Erregung beherrschte, welche in seinem Antlitze arbeitete. Er griff nach dem Licht, da wehrte sie ihm und rief ängstlich: „Nicht Sie." Sie eilte zu der Oeffnung und fuhr mit der Hand in den hohlen Raum. Sie faßte Greifbares, man hörte ein Rasseln, sie zog schnell die Hand zurück, aber auch sie warf, was sie festgehalten, erschreckt auf den Boden: es war ein Stück Gebein.

„Das ist eine ernste Antwort auf Ihre Frage," rief der Landwirth, „wir zahlen einen theuren Preis für den Scherz." Er nahm das Licht und suchte jetzt selbst in der Oeffnung, ein Haufen zusammengefallener Knochen lag darin. Die An=dern standen in unbehaglichem Schweigen herum. Endlich warf der Landwirth einen Schädel in den Keller und rief sich erhebend als ein Mann, der von peinlichem Gefühl befreit wurde: „Es ist das Gebein eines Hundes!“

„Es war ein kleiner Hund,“ bestätigte der Steinhauer, und schlug mit dem Eisen an einen Knochen, das morsche Gebein brach in Stücke.

„Ein Hund!“ rief der Doctor erfreut, und vergaß für einen Augenblick seine getäuschte Hoffnung. „Das ist lehrreich. Die Grundmauer dieses Hauses muß sehr alt sein.“

„Es freut mich, daß Sie auch mit diesem Fund zufrieden sind,“ versetzte der Landwirth ironisch.

Der Doctor aber ließ sich nicht stören und erzählte, wie im frühen Mittelalter ein abergläubischer Brauch gewesen sei, in die Grundmauer fester Gebäude etwas Lebendes einzu= schließen. Die Gewohnheit stamme aus uralter Heidenzeit. Die Fälle seien selten genug, wo man dergleichen in alten Bauten gefunden, und das Gerippe des Thieres sei eine schöne Bestätigung.

„Wenn es Ihre Ansicht bestätigt,“ sagte der Landwirth, „meine bestätigt es auch. Eilt, ihr Leute, den Stein wieder fest zu machen.“

Jetzt leuchtete und fühlte auch der Steinhauer in die Oeffnung und erklärte, daß nichts mehr darin sei. Die Arbeiter rückten den Stein an seine Stelle, der Wein wurde eingeräumt und die Sache war abgethan. Der Doctor aber trug die spöttischen Bemerkungen, welche der Landwirth nicht sparte, mit großer Ruhe, und sagte ihm: „Was wir erreicht haben, ist allerdings nicht viel, aber wir wissen doch jetzt mit Sicherheit, daß die Handschrift nicht an dieser Stelle Ihres Hauses liegt, sondern an einer andern. Ich nehme ein sorg= fältiges Verzeichniß aller hohlen Stellen mit, und wir begeben uns unserer Ansprüche an Ihr Haus wegen dieses Fundes durchaus nicht, sondern wir betrachten Sie von jetzt ab als einen Mann, der den Codex zu seinem Privatgebrauch auf unbestimmte Zeit geliehen hat, und ich versichere Sie, Wunsch und Sorge werden uns unaufhörlich um dieses Haus schweben."

„Lassen Sie den Menschen, die darin wohnen, auch etwas von den guten Wünschen zu Theil werden," sagte lachend der Landwirth, „und vergessen Sie nicht, daß Sie bei Ihrem Suchen nach der Handschrift in Wahrheit auf den Hund gekommen sind. Ich hoffe übrigens, daß diese Entdeckung mein armes Haus von dem üblen Rufe befreien wird, Schätze zu enthalten. Und um diesen Gewinn will ich mir die unnöthige Arbeit recht gern gefallen lassen."

„Das ist der größte Irrthum Ihres Lebens," erwiederte der Doctor überlegen, „gerade das Entgegengesetzte wird stattfinden. Unsere Entdeckung wird von allen Leuten, welche ein Gemüth für Schätze haben, so verstanden werden, daß Ihnen nur der Glaube fehlte, und daß Sie nicht die nöthige Feierlichkeit anwandten; deshalb ist der Schatz Ihren Augen entrückt, und zur Strafe der Hund beigesetzt worden. Ich weiß besser, wie Ihre Nachbarn dergleichen der Nachwelt überliefern. Harre in Frieden deiner Entdeckung, Tacitus, dein beharrlichster Freund scheidet, denn er, den ich dir zurücklasse, fängt an, der Gleichgültigkeit dieses Hauses unbillige Zugeständnisse zu machen."

Er sah ernsthaft auf den Professor hinüber und rief seinen Begleiter Hans zu einem letzten Besuche im Dorfe, um dort noch von seinen weisen Frauen dankbaren Abschied zu nehmen und ein schönes Volkslied einzuheimsen, dem er auf die Spur gekommen war.

Er blieb lange aus, denn nach dem Liede kam unvermuthet noch eine wundervolle Geschichte zum Vorschein von einem Herrn Dietrich und seinem Pferd, welches Feuer schnaubte.

Als der Professor gegen Abend nach ihm aussah, traf er auf Ilse, welche, ihren Strohhut in der Hand, zu einem Gang ins Freie gerüstet war. „Ist Ihnen recht," sagte sie, „so gehen wir Ihrem Freunde entgegen." Sie schritten einen Rain entlang, zwischen abgeräumten Feldern, auf denen hier und da wildes Grün aus den Stoppeln herauftrieb.

„Der Herbst naht," bemerkte der Professor, „das ist die erste Mahnung."

„Wir in der Wirthschaft," erwiederte Ilse, „sind wie Till Eulenspiegel gutes Muths, so oft wir im Winter durchmachen, was Andern lästig scheint. Wir denken dann auf das nächste Frühjahr, und wir freuen uns der Ruhe. Wenn die Windsbraut dahinfährt und den Schnee mannshoch in die Thäler weht, wir sitzen im Warmen."

„Uns in der Stadt aber vergeht der Winter, fast ohne daß wir ihn merken. Nur die kurzen Tage, die weißen Dächer erinnern daran, unsere Arbeit aber verläuft unabhängig vom Wechsel der Jahreszeiten. Und doch hat mich der Blätterfall seit meiner Kindheit betrübt, und im Frühjahr habe ich immer Lust, die Bücher bei Seite zu werfen und durch das Land zu laufen, wie ein Handwerksgesell."

Sie standen an einem Garbenhaufen. Ilse bog einige Aehrenbündel zum Sitz zurecht und sah über die Felder nach den fernen Bergen.

„So ist's mit uns gerade umgekehrt und anders als man denken sollte," begann sie nach einer Weile, „wir sind hier wie die Vögel, die Jahr aus Jahr ein lustig mit den Flügeln schlagen, Sie aber denken und sorgen um andere Zeiten und andere Menschen, die lange vor uns waren; Ihnen ist das Fremde so vertraut, wie uns der Aufgang der Sonne und die Sternbilder. Und wie Ihnen wehmüthig ist, daß der Sommer endet, ebenso wird es mir schmerzlich, wenn ich einmal von vergangener Zeit höre und lese, und am traurigsten machen mich die Geschichtsbücher. So viel Unglück auf Erden, und gerade die Guten nehmen so oft ein Ende mit Leid. Ich werde dann vermessen und frage, warum hat der liebe Gott das so gewollt? Und es ist wohl recht thöricht, wenn ich das sage, ich lese deshalb nicht gern in der Geschichte."

„Diese Stimmung begreife ich," erwiederte der Professor. „Denn wo die Menschen ihren Willen durchzusetzen streben gegen ihr Volk und gegen ihre Zeit, werden sie am Ende fast immer als die Schwächeren widerlegt; auch was der Stärkste etwa siegreich durchsetzt, hat keinen ewigen Bestand. Und wie die Menschen und ihre Werke, vergehen auch die Völker. Aber wir sollen nicht an die Schicksale eines einzelnen Mannes oder Volkes unser Herz hängen, sondern wir sollen verstehen, wodurch sie groß wurden und untergingen, und welches der bleibende Gewinn war, welcher dem Menschengeschlecht durch ihr Leben erhalten wurde. Dann wird der Bericht über ihre Schicksale nur wie eine Hülle, hinter welcher wir die Thätigkeit anderer lebendiger Kräfte erkennen. Denn wir errathen, daß in den Menschen, welche zerbrechen, und in den Völkern, welche zerrinnen, noch ein höheres geheimes Leben waltet, welches nach ewigen Gesetzen schaffend und zerstörend dauert. Und einige Gesetze dieses höhern Lebens zu erkennen und den Segen zu empfinden, welchen dies Schaffen und Zerstören in unser Dasein gebracht hat, das ist Aufgabe und Stolz des Geschichtsforschers. Von diesem Standpunkt verwandelt sich Auflösung und Verderben in neues Leben. Und wer sich gewöhnt, die Vergangenheit so zu betrachten, dem vermehrt sie die Sicherheit und sie erhebt ihm das Herz."

Ilse schüttelte das Haupt und sah vor sich nieder. „Der römische Mann, dessen verlorenes Buch Sie zu uns geführt hat, und von dem heut wieder die Rede war, ist er Ihnen deshalb lieb, weil er die Welt ebenso freudig angesehen hat wie Sie?"

„Nein," versetzte der Professor, „gerade das Gegentheil macht uns seine Arbeit beweglich. Sein ernster Geist wurde niemals durch fröhliche Zuversicht gehoben. Das Schicksal seines Volkes, die Zukunft der Menschen liegt ihm als ein unheimliches Räthsel schwer auf der Seele, in der Vergangenheit erblickt er eine bessere Zeit, freieres Regieren, stärkere

Charaktere, reinere Sitten, er erkennt an seinem Volke und im Staat einen Verfall, der selbst durch gute Regenten nicht mehr aufzuhalten ist. Es ist ergreifend, wie der besonnene Mann zweifelt, ob dies furchtbare Schicksal von Millionen eine Strafe der Gottheit ist, oder die Folge davon, daß kein Gott sich um das Loos der Sterblichen kümmert. Ahnungsvoll und ironisch betrachtet er die Geschicke der Einzelnen, die beste Weisheit ist ihm, das Unvermeidliche schweigend und duldend ertragen. Daß er in eine trostlose Oede starrt, erkennt man auch dann, wenn ihm einmal ein kurzes Lächeln die Lippen bewegt; man meint zu sehen, daß um sein Auge doch die Furcht hängt und der starre Ausdruck, welcher dem Menschen bleibt, den einmal tötliches Grauen geschüttelt."

„Das ist traurig," rief Ilse.

„Ja, es ist fürchterlich. Und wir begreifen schwer, wie man bei solcher Trostlosigkeit das Leben ertrug. Die Freude, unter einem Volke mit aufsteigender Kraft zu leben, hatte damals nicht der Heide, nicht der Christ. Denn das ist doch das höchste und unzerstörbare Glück des Menschen, wenn er vertrauend auf das Werdende, mit Hoffnung auf das Zukünftige blicken kann. Und so leben wir. Viel Schwaches, viel Verdorbenes und Absterbendes umgibt uns, aber dazwischen wächst eine unendliche Fülle von junger Kraft herauf. Wurzeln und Stamm unseres Volkslebens sind gesund. Innigkeit in der Familie, Ehrfurcht vor Sitte und Recht, harte, aber tüchtige Arbeit, kräftige Rührigkeit auf jedem Gebiet. In vielen Tausenden das Bewußtsein, daß sie ihre Volkskraft steigern, in Millionen, die noch zurückgeblieben sind, die Empfindung, daß auch sie zu ringen haben nach unserer Bildung. Das ist uns Modernen Freude und Ehre, das hilft wacker und stolz machen. Und wir wissen wohl, die frohe Empfindung dieses Besitzes kann auch uns einmal getrübt werden, denn jeder Nation kommen zeitweise Störungen ihrer Entwickelung, aber das Gedeihen ist nicht zu ertöten und nicht auf die Dauer zurückzu-

halten, solange diese letzten Bürgschaften der Kraft und Ge=
sundheit vorhanden sind. Deshalb ist jetzt auch glücklich, wer
den Beruf hat, längst Vergangenes zu durchsuchen, denn er
blickt von der gesunden Luft der Höhe hinab in die dunkle Tiefe."

Ilse sah hingerissen in das Antlitz des Mannes; er aber
bog sich über die Garbe, welche zwischen ihm und ihr lehnte,
und fuhr begeistert fort: „Jeder von uns holt aus dem Kreise
seiner persönlichen Erfahrungen Urtheil und Stimmung, welche
er bei Betrachtung großer Weltverhältnisse verwendet. Blicken
Sie um sich her auf die lachende Sommerlandschaft, dort in
der Ferne auf die thätigen Menschen, und was Ihrem Herzen
näher liegt, auf Ihr eigenes Haus und den Kreis, in dem
Sie aufgewachsen sind. So mild das Licht, so warm das Herz,
verständig, gut und treu der Sinn der Menschen, die Sie
umgeben. Und denken Sie, welchen Werth auch für mich hat,
das zu sehen und an Ihrer Seite zu genießen. Und wenn
ich über meinen Büchern recht innig empfinde, wie wacker und
tüchtig das Leben meines Volkes ist, welches mich umgibt, so
werde ich fortan auch Ihnen zu danken haben." Er streckte
seine Hand aus über die Garben, Ilse faßte sie, hielt sie mit
beiden Händen fest und eine warme Thräne fiel darauf. So
sah sie mit feuchten Augen zu ihm hin, eine ganze Welt von
Seligkeit lag in ihrem Antlitz. Allmählich ergoß sich ein helles
Roth über ihre Wangen, sie stand auf, noch ein Blick voll
hingebender Zärtlichkeit fiel auf ihn, dann schritt sie flüchtig
von ihm abwärts, den Rain entlang.

Der Professor blieb stehen an die Garben gelehnt. Auf
der Spitze der Aehre über seinem Haupte zwitscherte fröhlich
die Haidelerche, er drückte seine Wange an die Getreidebüschel,
welche ihn halb verbargen. So sah er in seliger Vergessenheit
dem Mädchen nach, das zu den fernen Arbeitern hinabstieg.

Als er die Augen erhob, stand ihm der Freund zur Seite,
er schaute ein Antlitz, in welchem inniges Mitgefühl zuckte, und
hörte die leise Frage: „Und was soll werden?"

„Mann und Weib," sprach der Professor stark, drückte dem Freunde die Hand und schritt über das Feld dem Ruf der Lerche nach, welche auf jeder Garbenspitze anhielt, ihn zu erwarten.

Fritz war allein. Das Wort war gesprochen, ein neues ungeheures Schicksal erhob sich über das Leben des Freundes. Also dies sollte das Ende sein? Thusnelda statt des Tacitus? — Ach, die sociale Erfindung der Ehe war sehr ehrwürdig, das empfand Fritz tief, es war fast allen Menschen unvermeidlich, die aufwühlenden Kämpfe durchzumachen, welche eine Ver=änderung der gesammten Lebensordnung zur Folge haben. Aber den Freund konnte er sich gar nicht denken unter den Büchern, mit den Collegen, und dazu diese Frau! Schmerzlich fühlte er, daß auch sein Verhältniß zu dem Gelehrten dadurch geändert werden mußte. — Aber er dachte nicht lange an sich selbst, mißtrauisch, ängstlich sorgte er um den Waghalsigen. Und nicht weniger um sie, die so gefährlich in die Seele des Andern eingedrungen war. — Und der Treue sah zornig in die Runde auf Stoppeln und Strohhalme, und er ballte eine Faust gegen den seligen Bachhuber, gegen das Thal von Rossau, ja auch gegen sie, die letzte Ursache der heillosen Verwirrung, — gegen die Handschrift des Tacitus.

<hr>

9.

Ilse.

Ilse hatte in großer Wirthschaft gleichmäßig dahingelebt, seit dem Tod der Mutter hatte sie, kaum erwachsen, dem Haus=halt des Gutes vorgestanden, angestrengt und pflichtgetreu wie ein Beamter ihres Vaters; der Frühling kam und der Herbst, ein Jahr rollte wie das andere über ihr Haupt; der Vater, die Geschwister, das Gut, die Arbeiter und die Armen des

Thales, das war ihr Leben. Mehr als einmal hatte sich beim Vater ein Freier gemeldet, ein derber tüchtiger Landwirth aus der Umgegend, sie aber hatte sich zufrieden gefühlt in dem Amt des Hauses, und sie wußte, daß dem Vater lieb war, wenn er sie bei sich behielt. Des Abends, wenn der thätige Mann auf dem Sopha ausruhte und die Kinder zu Bett geschickt waren, saß sie still mit ihrer Stickerei neben ihm oder besprach die kleinen Vorgänge des Tages, die Krankheit eines Arbeiters, den Schaden eines Hagelschauers, den Namen der neuen Milch= kuh, die angebunden wurde. Es war eine einsame Gegend, viel Wald, meist kleine Güter, keine reiche Geselligkeit, und der Vater, der sich durch angestrengte Thätigkeit zum wohlhabenden Manne heraufgearbeitet hatte, war kein Freund großer Gesell= schaften, die Tochter auch nicht. Am Sonntage kam wohl der Herr Pastor zu Tische, die Beamten des Vaters blieben dann über den Kaffe und erzählten kleine Geschichten aus der Um= gegend, die Kinder, welche in der Woche durch den Seminaristen gebändigt wurden, lärmten durch Garten und Flur. Und wenn Ilse eine freie Stunde hatte, setzte sie sich in ihr Stüb= chen mit einem Buche aus der kleinen Sammlung des Vaters, einem Roman von Walter Scott, einer Erzählung von Hauff, einem Bande von Schiller.

Jetzt aber war mit dem fremden Manne eine Fülle von Bildern, Gedanken, Gefühlen in ihrer Seele aufgegangen. Vieles was sie bis dahin gleichmüthig aus der Ferne betrachtet hatte, wurde ihr auf einmal nah vor die Augen gerückt. Wie künstliches Feuer, welches unerwartet aufsprühend einzelne Stel= len der dunklen Landschaft mit buntem Schein erleuchtet, gab ihr seine Rede bald hier bald dort einen fesselnden Blick auf fremdes Leben. Wenn er sprach und die Worte so reich, ge= wählt und vornehm aus seinem Innern quollen, dann neigte sie das Haupt anfänglich vorwärts wie im Traum, bis zuletzt ihr Blick an seinen Lippen und Augen festhing. Denn sie fühlte eine Ehrfurcht, bei welcher Schrecken war, vor einem

Menschengeiste, der so hoch und sicher über der Erde schwebte. Von vergangenen Zeiten sprach er wie von der Gegenwart, die geheimen Gedanken der Menschen, welche vor Jahrtausenden lebendig gewesen waren, wußte er zu erklären. Ach, sie empfand die Herrlichkeit und Größe menschlicher Wissenschaft als Verdienst und Größe des Einen, der ihr gegenüber saß, und die geistige Arbeit vieler Jahrhunderte erschien ihr wie ein überirdisches Wesen, das mit menschlichem Munde in ihrem Hause Unerhörtes verkündete.

Aber es war nicht das Wissen allein. Wenn sie wie aus der Tiefe den Blick zu ihm erhob, sah sie ein strahlendes Auge, den freundlichen Zug um die beredten Lippen, und sie fühlte sich unwiderstehlich zu dem warmen Leben des Mannes gezogen. Dann saß sie ihm als stille Hörerin gegenüber. Wenn sie aber in ihr Zimmer trat, kniete sie nieder und verbarg das Antlitz in ihren Händen, sie sah ihn dann vor sich und brachte ihm in der Einsamkeit ihre Huldigung dar.

So erwachte sie zum Leben. Es war eine Zeit der reinen Begeisterung, eines selbstlosen Entzückens, das der Mann nicht kennt und das nur dem Weibe wird, einem reinen unwissenden Herzen, dem plötzlich bei gereifter Kraft das Größte des Erdenlebens die empfängliche Seele einnimmt.

Und sie sah, daß ihr Vater in seiner Art unter dem Einfluß desselben Zaubers stand. Am Mittagstisch, der sonst so schweigsam war, floß jetzt die Unterhaltung wie aus lebendigem Born, an den Abenden, wo er sonst müde über der Zeitung gesessen hatte, wurde das Gespräch zuweilen bis auf die erste Nachtstunde hinausgezogen, Vieles wurde erörtert, oft wurde gestritten, immer war der Vater, wenn er seinen Nachtleuchter vom Tische nahm, in heiterer Stimmung, mehr als einmal wiederholte er auf- und abgehend noch sich selbst einzelne Reden des Gastfreundes. „Er ist in seiner Art ein ganzer Mann," sagte er, „Alles sicher und fest gefügt, man weiß immer wie man mit ihm dran ist."

Einigemal ängstigte sie, was er aussprach. Zwar vermieden die Freunde, was die innige Gläubigkeit der Hörerin verletzen konnte, aber aus den Reden des Professors klang zuweilen eine fremdartige Auffassung ehrwürdiger Lehre und der menschlichen Pflichten heraus. Und doch war wieder so edel und gut was er behauptete, daß sie sich dagegen mit ihren Gedanken nicht zu wehren wußte.

Er war oft heftig in seinen Ausdrücken; wo er verurtheilte, that er das mit starken Worten, auch im Gespräch brach er wohl heraus, daß der Doctor und sogar der Vater zurückwichen. Und sie ahnte, daß in seinem Haupte sich die Welt anders darstellte als bei den meisten Menschen, stolzer, edler, entschiedner. Und wenn er von Andern viel verlangte, wie Einem natürlich ist, der mehr mit abgeschlossenen Bildungen als mit dem werdenden Leben verkehrt, da wurde ihr wohl bange, wie man vor seinen Augen bestehen könne. Aber derselbe Mann war wieder so bereit alles Gute anzuerkennen, und er freute sich wie ein Kind, wenn er erfuhr, daß sich Jemand brav und stark erwiesen hatte.

Er war ein ernster Mann, und doch war er Liebling der Kinder geworden, fast noch mehr als der Doctor. Sie vertrauten ihm ihre kleinen Geheimnisse, er besuchte sie in der Kinderstube und gab ihnen nach Jugenderinnerungen Anweisung, wie sie einen großen Papierdrachen machen sollten, er malte selbst die Augen und den Schnurrbart und schnitt die Quaste des Schwanzes, und ein froher Tag war's, als der Drache das erste Mal auf dem neuen Stoppelfelde aufstieg. Wenn der Abend kam, dann saß er, von den Kindern umgeben, wie ein Rebhuhn unter den Küchlein, Franz kletterte auf die Stuhllehne und zauste an seinem Haar, an jedem Knie lehnte eines der Größern; dann wurden Räthsel aufgegeben und Geschichten erzählt, und wenn Ilse zuhörte, wie er mit den Kindern kleine Reime nachsprach und lehrte, dann schwoll ihr das Herz vor Freude, daß ein solcher Geist so zutraulich mit der Einfalt verkehren konnte, dann spähte sie in sein Antlitz und sah hinter den festen Zügen des Mannes ein Kindergesicht herausleuchten, lachend und glücklich, und sie konnte sich ihn denken, wie er selber ein kleiner Bube gewesen war, der auf dem Schoße seiner Mutter saß. — Glückliche Mutter!

Da kam die Stunde unter den Garben, die gelehrte Unterredung, welche mit Tacitus anfing und mit einem stummen Bekenntniß der Liebe endigte. Die selige Heiterkeit seines Angesichts, der bebende Klang seiner Stimme hatten den dünnen Schleier zerrissen, der ihr das eigene wogende Gefühl barg. Sie wußte jetzt, daß sie ihn liebte, heiß und unendlich, und sie ahnte, daß er empfand, wie sie selbst. Der ihr so groß gegen= über stand, er hatte sich zu ihr herabgeneigt, sie hatte seinen warmen Athem, den schnellen Druck seiner Hand gefühlt. Als sie dahinging durch das Feld, strömte ihr die Glut in die Wangen, und was sie umgab, Erde und Himmel, Flur und sonniger Waldessaum, das floß vor ihr in leuchtende Wolken zusammen. Mit beflügeltem Fuß eilte sie hinab in den Waldgrund, wo das Baumlaub sie umhüllte. Jetzt erst fühlte sie sich allein, und ohne es zu wissen, faßte sie einen schlanken Birkenstamm und schüttelte ihn mit voller Kraft, daß der Baum laut rauschte und seine Blätter auf sie herabstreute. Und sie hob die Hände zu dem goldenen Licht des Himmels und warf sich nieder auf den Moosgrund. In heftigen Athem= zügen hob sich ihre Brust und die kräftigen Glieder zuckten von der inneren Erregung. Wie vom Himmel herab war die Leidenschaft in das junge Weib gesunken und faßte ihr Leib und Seele mit unwiderstehlicher Gewalt.

Lange lag sie so, braune Sommerfalter spielten ihr um das Haar, eine kleine Eidechse fuhr ihr über die Hand, weiße Dolden der Waldblumen und die Zweige der Hasel neigten sich über sie, als wollten die kleinen Kinder der Natur das heiße Leben der Schwester verdecken, welche zu ihnen gekommen war in dem seligsten Schreck ihres Lebens.

Endlich hob sie sich auf die Knie, schlug die Hände zu=
sammen, sie dankte dem lieben Gott für ihn und bat für ihn.

Gesammelt trat sie in das offene Thal, nicht mehr das
ruhige Mädchen von sonst, ihr eigenes Leben und was sie
umgab, glänzte in neuen Farben, und ein neues Fühlen fand
sie in der Welt. Sie verstand die Sprache des Schwalben=
paares, welches um sie kreiste und mit zwitscherndem Ton
pfeilschnell an ihr vorüberfuhr. Es war die wonnige Freude
am Leben, welche den kleinen Leib durch die Luft schnellte, und
was die Vögel zu ihr sprachen, war ein schwesterlicher Jubelruf.
Sie antwortete auf den Gruß der Arbeiter, welche vom Felde
heimgingen, und sie sah auf eine der Frauen, welche die Garben
angelegt hatte, und wußte genau, wie ihr zu Muthe war. Auch
die Frau hatte als Mädchen einen fremden Burschen geliebt,
es war eine lange unglückliche Neigung gewesen mit vielen
Schmerzen, jetzt aber ging sie getröstet neben ihm nach Hause,
und als sie mit ihrer Herrin sprach, sah sie stolz auf ihren
Begleiter. Und Ilse fühlte, wie glücklich die arme ermüdete
Frau war. Und als Ilse in den Hof trat und die Stimme der
Mägde hörte, welche vergebens auf sie gewartet hatten, und
das ungeduldige Brummen der Rinder, das wie ein Vorwurf
an die säumige Herrin klang, da schüttelte sie leise das Haupt,
als wenn die Mahnung nicht mehr ihr gelte, sondern einer andern.

Als sie wieder aus den Wirthschaftsräumen in das goldene
Abendlicht trat, mit beflügeltem Schritt, das Haupt gehoben,
sah sie erstaunt den Vater neben seinem Reitpferd stehen, bereit
zum Aufsitzen, und vor ihm in ruhigem Gespräch den Doctor
und den Mann, welchem entgegenzutreten sie in diesem Augen=
blicke verlegen scheute. Sie näherte sich zögernd. „Wo säumst
du, Ilse," rief der Landwirth, „ich muß fort," und, in das
bewegte Gesicht der Tochter blickend, setzte er hinzu, „es ist
nichts Großes. Ein Brief des kranken Oberförsters ruft mich
in das Forsthaus, es ist einer von den Hofleuten angekommen,
und ich kann mir denken, was sie von mir wollen. Ich hoffe,

zur Nacht zurück zu sein." Und dem Doctor nickte er zu: „Wir sehen uns noch vor Ihrer Abreise." Er trabte dahin und Ilse dankte im Herzen der neuen Botschaft, die ihr leichter machte, ruhige Worte mit den Freunden zu sprechen. Sie folgte neben ihnen dem Wege, auf dem der Vater dahinritt, und bemühte sich, in gleichgültigem Gespräch die Unruhe zu ver= bergen. Und sie erzählte von dem Jagdschloß im Walde und von der Einsamkeit, in welcher der greise Oberförster unter den Buchen des Forstes hause. Aber es war doch eine spärliche Rede, jedes der ehrlichen Herzen war mächtig bewegt, der Professor und Ilse vermieden einander in die Augen zu blicken, auch dem Freunde gelang nicht, durch leichte Scherze die Leiden= schaftlichen in das kleine Treiben dieser Welt herab zu ziehen.

Da wies Ilse plötzlich mit der Hand auf einen Hohlweg zur Seite, aus welchem mehre schwarze Köpfe auftauchten. „Sehen Sie dort die Indianer der Frau Oberamtmann." In schnellem Schritt zog eine Reihe wilder Gestalten, eine hinter der andern; voran ein kräftiger Mann in braunem Kittel und verschossenem Hut, einen dicken Stab in der Hand; hinter ihm zwei jüngere Männer ein bepacktes kleines Pferd führend, auf dem ein Affe in rother Jacke saß; dann Weiber mit Kindern auf dem Rücken; um den Trupp liefen halbnackte Buben und Mädchen, lange schwarze Haare hingen ihnen um die braunen Gesichter und die wilden Augen starrten schon aus der Ferne gierig auf die Spaziergänger.

„Wenn der Herbst kommt, streicht zuweilen das bettelnde Volk durch unser Land, es sind Gaukler, die zu Kirmes und Vogelschießen ziehen, aber seit einigen Jahren haben sie sich nicht in die Nähe des Guts gewagt."

Der Trupp nahte, aus dem Trott wurde stürmisches Laufen, im Augenblick waren die Freunde von sechs bis acht dunklen Gestalten umringt, welche mit leidenschaftlicher Geberde drängten und laut schreiend die Hände ausstreckten, Männer, Weiber, Kinder im Getümmel durcheinander. Erstaunt sahen

die Freunde in die blitzenden Augen, die heftigen Bewegungen
und auf die Kinder, welche mit den Füßen stampften und mit
ihren Händen den Leib der Fremden betasteten wie Wahn=
sinnige.

„Zurück, ihr Wilden," rief Ilse, drang durch die Bande
und stellte sich vor die Freunde. „Zurück, wer spricht für
den Haufen?" wiederholte sie unwillig, und hob gebietend den
Arm. Der Lärm verstummte, ein braunes Weib, nicht kleiner
als Ilse, das glänzende Haar in Flechten gebunden und mit
einem bunten Kopftuch umschlungen, trat aus der Schaar und
streckte die Hand gegen Ilse aus: „Meine Kinder bitten,"
sagte sie, „sie hungern und dürsten." Es war ein großes
Antlitz mit scharfen Zügen, in denen noch die Spuren früherer
Schönheit sichtbar waren. Mit vorgebeugtem Kopf stand sie
der Jungfrau gegenüber und ihre funkelnden Augen fuhren
spähend von einem Antlitz auf das andere.

„Geld haben wir nur für die Menschen, welche uns
arbeiten," antwortete Ilse kalt. „Für den Fremden, der
dürstet, ist unser Quell, und dem Hungernden geben wir von
unserm Brot, Sie erhalten nichts weiter aus unserm Hause."

Wieder hob sich ein halbes Dutzend Arme und wieder
drängte der wilde Haufe heran. Die Führerin trieb ihn durch
einen Ruf in fremder Sprache zurück. „Wir wollen dir arbeiten,
Fräulein," sagte sie in geläufiger Phrase mit gebildetem Accent,
„die Männer bessern altes Geräth, wir scheuchen dir Maus
und Ratte aus den Mauern, hast du ein krankes Pferd, wir
heilen es schnell."

Ilse bewegte verneinend das Haupt. „Eurer Hilfe be=
dürfen wir nicht. Sprechen Sie zu mir ohne Gaukelei, wie
man zu ordentlichen Leuten redet, ich weiß wohl, daß Sie das
recht gut können, wenn Sie wollen. Wo ist euer Passirschein?"

„Wir haben keinen," sagte die Frau, „wir kommen weit
aus der Fremde." Sie wies nach der aufgehenden Sonne.

„Und wo wollen Sie zur Nacht rasten?" frug Ilse.

„Wir wissen es nicht. Die Sonne will untergehen, und meine Leute sind müde und barfuß," versetzte die Fremde.

„Sie dürfen nicht nahe am Hofe und nicht nahe bei den Dorfhäusern lagern. Die Brote erhalten Sie am Hofthor, dorthin schickt Jemanden, der sie abholt. Und wenn ihr ein Feuer anzündet auf unserer Flur, so hütet euch, den Garben nahe zu kommen, wir werden auf euch Acht geben. Und Niemand schleicht auf das Gut und in das Dorf, den Leuten wahrzusagen, das leiden wir nicht."

„Wir sagen nicht wahr," antwortete die Frau und berührte mit der Hand ein kleines schwarzes Kreuz, welches sie am Halse trug. „Die Zukunft kennt hier unten Keiner, auch wir wissen nichts davon."

Ilse neigte ehrerbietig das Haupt. „Gut," sagte sie, „wie auch der Sinn ist, welchen Sie hinter Ihren Worten bergen, Sie sollen mich nicht umsonst an die Gemeinschaft gemahnt haben, die zwischen uns ist. Kommen Sie selbst an das Thor, Mutter, und erwarten Sie mich dort. Brauchen Sie etwas für die Kleinen, so will ich zu helfen suchen."

„Wir haben ein krankes Kind, schönes Fräulein, und dem Buben fehlen die Kleider," bat die Landfahrerin, „ich komme, und meine Leute werden thun, wie Sie wollen." Sie gab ein Zeichen und der wilde Zug trabte gehorsam einen Seitenweg entlang, der dem kleinen Dorfe zuführte. Die Freunde sahen der Bande neugierig nach.

„Daß solche Scene in diesem Lande möglich wäre, hätte ich nie geglaubt," rief der Doctor.

„Sie waren früher bei uns eine Landplage," versetzte Ilse gleichmüthig. „Sie stammten von Zigeunerart. Ein Landesherr in der Nähe hatte ihnen Unterschlupf gegeben, aber sie waren ein unartiges Gesinde. Jetzt sind sie selten, der Vater hält streng auf Ordnung, und sie wissen das recht gut. Doch wir müssen zurück in den Hof, denn Vorsicht kann bei dem diebischen Volk nicht schaden."

Sie eilten nach dem Hofe, Ilse rief den Inspector, und die Kunde, daß die Landläufer in der Nähe waren, flog wie ein Lauffeuer durch den Hof. Die Ställe wurden verwahrt, das Federvieh und die Familien der fettumwachsenen Schweine der Obhut von zwei handfesten Mägden übergeben, der Schäfer und die Knechte erhielten Befehl, Nachtwache zu halten. Ilse rief die Kinder, sie gab ihnen das Abendbrot und fand schwer, die Aufgeregten zu bändigen. Die Jüngsten wurden der Mamsell unter starkem Protest und Thränen übergeben zu sicherer Aufbewahrung in ihren Betten. Dann suchte Ilse alte Röckchen und Linnen zusammen, belud eine Magd mit zwei Broten und schickte sich an, zum Hofthor zu gehen, wo die Frau sie erwarten sollte. Der Doctor hatte sich in seiner Freude über die Fremden aller Sorge um den Freund entschlagen. „Erlauben Sie uns, die Verhandlung mit der Sibylle anzuhören," bat er.

Sie fanden die Landstreicherin in der Dämmerung vor dem Thor sitzend, neben ihr ein halbwüchsiges Mädchen mit prachtvollen Augen und langen Zöpfen, aber mangelhaftem Gewande. Das Weib erhob sich und nahm mit vornehmer Haltung die Spende in Empfang, welche ihr Ilse reichte.

„Segen über Sie, Fräulein," rief sie, „alles Glück, das Sie sich jetzt wünschen, soll Ihnen zu Theil werden. Und Sie haben ein Angesicht, welches Glück verheißt. Segen über Ihr goldenes Haar und die blauen Augen. Ihnen danke ich," schloß sie sich verneigend. „Wollen die Herren nicht auch meinem Mädchen ein Andenken schenken?" Die wilde Schöne hielt ihre Hand hin. „Die Sonne hat ihr das Gesicht verbrannt, seien Sie freundlich gegen die arme Schwarze," bettelte die Alte, und dabei sah sie lauernd in der Runde umher. Der Professor schüttelte verneinend das Haupt, der Doctor griff nach seiner Börse und legte der Alten ein Geldstück in die Hand. „Das Prophezeien habt ihr aufgegeben?" frug er lachend.

„Es bringt Unglück dem, der wahrsagt, und dem, der

fragt," verſetzte die Fremde. „Hüte ſich der Herr vor allem, was bellt und kratzt, denn ihm kommt Unglück von Hunden und Katzen." Ilſe und der Profeſſor lachten, die Augen der Landſtreicherin ſuchten unterdeß unruhig in dem Gebüſch.

„Wir können nicht wahrſagen," fuhr ſie geläufig fort, „wir haben keine Macht über die Zukunft, und wir irren wie ihr andern auch. Aber Manches ſehen wir doch, ſchönes Fräu=lein, und ohne daß Sie es verlangen, will ich's Ihnen ſagen. Der Herr da neben Ihnen ſucht einen Schatz, und er wird ihn finden, aber er ſoll ſich hüten, daß er ihn nicht verliert; und Sie, ſtolzes Fräulein, werden einem Manne lieb ſein, der eine Krone trägt, und Sie werden die Wahl haben, ob Sie eine Königin werden wollen, die Wahl und die Qual," ſetzte ſie leiſer hinzu, und ihre Augen flogen wieder unruhig umher.

„Hinweg mit euch!" rief Ilſe unwillig, „ſolch Geſchwätz ſtimmt ſchlecht zu euern Worten."

„Wir wiſſen nichts," murmelte die Fremde demüthig, nach dem Zeichen an ihrem Halſe faſſend. „Wir haben nur unſere Gedanken. Und unſere Gedanken ſind eitel oder wahr, je nachdem ein Stärkerer will. Leben Sie wohl, ſchönes Fräulein," rief ſie mit Nachdruck, und ſchritt mit ihrer Beglei=terin in die Tiefe.

„Wie ſtolz ſie dahingeht," rief der Doctor, „Reſpect vor dem klugen Weibe, ſie wollte nicht wahrſagen, aber ſie konnte doch nicht vermeiden, ſich durch geheimes Wiſſen zu empfehlen."

„Sie hat ſich längſt bei den Feldarbeitern nach uns Allen erkundigt, und ſie kennt den Hof," verſetzte Ilſe lachend.

„Wo nur ihr Lager aufgeſchlagen iſt?" frug der Doctor neugierig.

„Wahrſcheinlich hinter dem Dorfe," verſetzte Ilſe. „Im Thal ſehen wir wohl die Feuer. Die Fremden haben nicht gern, wenn man ihrem Lager nahe kommt und zuſieht, was ſie als Abendkoſt verzehren."

Sie stiegen langsam in das Thal hinab und blieben am Ufer des Baches unfern dem Garten stehen. Rings um sie lag das Dunkel des Abends auf Busch und Wiese, das alte Haus auf dem Steine ragte düster unter dem dämmrigen Grau des Himmels. Vor ihren Füßen murmelte das Wasser und die Blätter der Bäume rührten sich im Nachtwind. Schweigend blickten die Drei in die verschwimmenden Formen der Landschaft hinaus, das Seitenthal mit dem Dorf lag unsichtbar in dem tiefen Schatten der Nacht, nicht einmal ein erleuchtetes Fenster war zu sehen. „Sie sind lautlos verschwunden wie die Fledermäuse, welche eben noch durch die Luft flogen," sagte der Doctor. Aber die Andern antworteten nicht, sie dachten nicht mehr an die Landläufer.

Da klang es durch die Abendluft wie leises Wimmern. Ilse fuhr zusammen und lauschte. Und noch einmal derselbe schwache Ton. „Die Kinder!" schrie Ilse entsetzt und stürzte der Hecke zu, welche den Obstgarten von der Wiese trennte. Sie rüttelte angstvoll an der verschlossenen Pforte, dann brach sie das Geäst der Hecke auseinander und sprang wie eine Löwin hindurch, das Obstgelände hinauf. Die Freunde eilten ihr nach, aber sie erreichten die Schnelle nicht. Vor ihr schimmerte es hell unter den Bäumen und es regte sich, da sie heranflog. Zwei Männer hoben sich vom Boden, eine Gestalt fuhr ihr entgegen, Ilse aber schlug den Arm zurück, der zum Schlag gegen sie ausholte, daß der Mann taumelte, und warf sich über die weinenden Kleinen, welche im Rasen lagen. Hinter Ilse sprang Felix herzu und packte den Mann, der Doctor rang im nächsten Augenblick mit einem andern, der wie ein Aal unter seinen Händen dahinglitt und in der Dunkelheit verschwand. Der erste Räuber aber hob sein Messer gegen den Arm des Professors, entrang sich der Hand, welche ihn festhielt, und war im nächsten Augenblick durch die Hecke gebrochen. Man hörte das Knarren im Geäst, dann war Alles wieder still.

„Sie leben!“ rief Ilse am Boden kniend mit fliegendem Athem und umschlang die Kleinen, welche jetzt ein klägliches Geschrei ausstießen. Es war Riekchen im bloßen Hembe und Franz, auch halb ausgeschält. Die Kinder waren den Augen der Mamsell und dem Schutz der Schlafstube entschlüpft und in den Garten geschlichen, um die Feuer der Komödianten zu sehen, von denen die Geschwister erzählten. Da waren sie den Genossen der Bande, welche Greifbares suchten, in die Hände gefallen und der Kleider entledigt worden.

Ilse nahm die schreienden Kinder auf ihre Arme, vergebens wollten die Freunde ihr die Last abnehmen. Lautlos eilte sie mit den Geretteten nach dem Hause, sie stürzte in das Zimmer und beide festhaltend kniete sie vor dem Sopha über ihnen, und die Freunde hörten ihr unterdrücktes Schluchzen. Aber nur auf wenige Augenblicke verlor sie die Haltung. Sie richtete sich auf und sah über die Dienstleute, welche in ängstlichem Gedränge die Stube füllten. „Den Kindern ist kein Leid geschehen,“ rief sie, „geht, wo ihr die Wache habt und holt mir einen der Herren.“ Der Inspector trat aus dem Haufen. „Das war ein Raub auf unserem Grunde,“ sagte Ilse, „und die ihn verübt, soll das Gesetz erreichen. Ich bitte, lassen Sie die Bande in ihrem Lager aufheben.“

„In der Schlucht hinter dem Dorf ist ihr Feuer,“ erwiederte der Inspector, „man sieht den rothen Rauch vom Oberstock. Aber Fräulein — ich sage es ungern — wäre nicht vorsichtiger, man ließe die Schurken entlaufen? Ein großer Theil unserer Ernte liegt in Garben, sie zünden uns in der Nacht aus Rache die Haufen an oder wagen noch Aergeres, um ihre Leute wieder frei zu machen.“

„Nein,“ rief Ilse, „bedenken Sie nicht, zögern Sie nicht. Ob die Argen uns zu schaden vermögen oder nicht, darüber entscheidet ein höherer Wille, wir thun, was unsere Pflicht ist. Der Frevel fordert Strafe und der Herr dieses Gutes ist zum Wächter des Gesetzes gestellt.“

„Laffen Sie uns eilen," mahnte der Profeffor den Beamten, „wir begleiten Sie."

„Nun, mir ift's nach dem Herzen," verfetzte der Infpector überlegend, „der Hofverwalter bleibt hier, wir Andern fuchen die Bande am Feuer."

Er eilte hinaus. Der Doctor faßte einen Knotenftock, der in einer Zimmerecke lehnte. „Das wird genügen," fagte er lächelnd dem Freunde. „Ich halte mich zu einiger Schonung verpflichtet gegen diefe lüberlichen Zigeunerföhne, welche ihr Indifch noch nicht ganz vergeffen haben." Im Begriff, das Zimmer zu verlaffen, hielt er an: „Du aber bleibft zurück, denn du bluteft."

Aus dem Aermel des Profeffors fielen einzelne Bluts= tropfen zur Erde.

Das Antlitz der Jungfrau wurde fahl wie die Thür, bei welcher fie ftand, und fie hielt fich zitternd an den Pfoften. „Um unfertwillen," murmelte fie tonlos. Plötzlich eilte fie auf den Profeffor zu und neigte fich auf die Hand herab, fie zu küffen, erfchrocken hielt Felix die Leidenfchaftliche zurück. „Es ift nicht der Rede werth, Fräulein," rief er, „ich bewege den Arm nach Gefallen." Der Doctor zwang ihn, den Rock auszuziehen und Ilfe flog nach Verbandzeug. Fritz aber unterfuchte mit der Ruhe eines alten Studenten die wunde Stelle. „Es ift ein kurzer Stich in die Muskeln des Unter= armes," tröftete er fachverftändig das Fräulein, „etwas Heft= pflafter wird genügen." Der Profeffor fuhr wieder in den Rock und ergriff den Hut: „Vorwärts," fagte er.

„O nein, bleiben Sie bei uns!" flehte Ilfe ihm nacheilend. Der Profeffor fah in das angfterfüllte Geficht, fchüttelte ihr herzlich die Hand und verließ mit dem Freunde das Zimmer.

Der eilige Tritt der Männer verklang. Ilfe durchfchritt allein die Räume des Haufes, Thüren und Fenfterläden waren gefchloffen, an der Thür nach dem Hofe wachte Hans, den

Säbel des Vaters in der Hand, vom Oberstock beobachteten die Hausmädchen Hofraum und Garten. Ilse trat in die Kinderstube, wo die armen Kleinen von der Mamsell und den Geschwistern umringt in ihren Betten saßen und zwischen den letzten Thränen und dem Schlafe kämpften. Ilse küßte die Müden und drückte sie in die Kissen, dann eilte sie hinaus in den Hof und lauschte ängstlich bald nach der Richtung, in welcher die Bande lagerte, bald nach der andern Seite, wo Hufschlag die Ankunft des Vaters verkünden sollte. Alles war still. Die Mägde von oben riefen ihr zu, daß auch das Feuer der Fremden verlöscht sei, und wieder eilte sie auf und ab, horchte erwartungsvoll und richtete die Augen zum Sternenhimmel.

Welch ein Tag! Vor wenig Stunden hoch emporgehoben über die Noth der Erde und jetzt durch feindliche Faust zurückgerissen in Schrecken und Angst! Sollte das eine Vorbedeutung sein für die Tage der Zukunft? War die goldene Pforte nur geöffnet, um sich mißtönend wieder zu schließen und eine arme Seele zurückzulassen in verzehrender Sehnsucht? Die Betrügerin hatte prophezeit von Einem, der eine Krone tragen würde. Ja, in dem Reich, wo er als ein König herrschte, da war selige Heiterkeit und beglückender Friede. Ach, wenn es erlaubt ist, Irdisches zu vergleichen mit den Freuden des Himmels, solches Wissen und Denken gab eine Vorahnung der ewigen Herrlichkeit. Denn so schwebten die Geister derer, die hienieden gut und weise gewesen waren, lichtumflossen in reiner Klarheit, und sie sprachen lächelnd und glücklich zu einander von Allem, was auf Erden gewesen war, das Geheimste wurde ihnen offenbar und das Tiefverhüllte durchsichtig, und sie wußten, daß alle Pein und aller Schmerz der Erde ewige Weisheit und Güte war. Und er, der hier auf Erden dahinschritt, den heitern Himmel im Herzen, ihn stach der wandernde Strolch in den Arm um ihretwillen, und um ihrer Lieben willen war er wieder ausgezogen in die feindselige Nacht, und unendliche Angst um ihn schnitt durch das Herz. „Schütze ihn, Allerbarmer," rief sie,

„und mich heb aus dem Dunkel, stärke mir die Kraft und verkläre meinen Geist, daß ich würdig werde des Mannes, der dein Antlitz schaut in vergangenen Zeiten und über geschwundenen Völkern."

Endlich hörte sie den schnellen Trab eines Reiters und das Schnauben des ungeduldigen Rosses an dem verschlossenen Thor. „Vater!" rief sie, riß den Riegel zurück, und flog an den Hals des Absteigenden. Bestürzt vernahm der Landwirth ihren schnellen Bericht, er warf die Zügel des Pferdes dem Sohne zu und eilte in die Kinderstube, seine Kleinen zu herzen, die beim Anblick des Vaters ihres Unglücks gedachten und weinend neue Wehklage begannen.

Als der Landwirth in den Hof trat, zogen die Gutsleute vor das Haus und der Inspector berichtete: „Niemand war um das Feuer und in der Nähe zu sehen. Am Feuer keine Spur, daß dabei gerastet worden, es war zur Täuschung angezündet, sie haben hier nur stehlen wollen, der größere Theil der Bande ist schon am Abend weiter gezogen. Sie liegen irgendwo in den Wäldern versteckt, und wenn die Sonne aufgeht, sind sie längst über die Grenze. Das Gewürm kenne ich aus alter Zeit."

„Er hat Recht," sagte der Landwirth zu den Freunden, „und ich meine, wir haben nichts mehr zu fürchten. Doch werden zuverlässige Augen diese Nacht geöffnet bleiben. Ihnen aber dankt ein armer Vater," fügte er bewegt hinzu, „der letzte Tag, den Sie bei uns verlebten, Herr Doctor, sollte vom Morgen bis zum Abend abenteuerlich sein. Das ist sonst nicht unsere Art."

„Ich scheide allerdings in Sorge um das, was ich hier zurücklasse," versetzte der Doctor zwischen Ernst und Scherz. „Daß jetzt gar noch verlorene Kinder Asiens um die alten Mauern schleichen, ist außer Spaß."

„Des Gesindels sind wir ledig, wie ich hoffe," fuhr der Landwirth gegen seine Tochter fort, „aber auf einen andern Besuch magst du dich bei Zeiten gefaßt machen, der Landesherr wird in einigen Wochen vor diesem Hause absteigen. Ich bin nur deshalb fortgesprengt worden, um Geschwätz über seinen Besuch zu hören, und zu vernehmen, daß noch nicht entschieden sei, wo Serenissimus vor der Jagd das Frühstück einnehmen werde. Diesen Wink kenne ich, es war vor funfzehn Jahren ebenso. Da hilft nun nichts, zu Rossau im Lindwurm kann er nicht bleiben. Auch diese Störung wird vorübergehen. — Und jetzt uns Allen eine gute Nacht und ein Schlaf in Frieden."

Die beiden Freunde traten nachdenklich in ihr Schlaf= zimmer. Der Professor stand am Fenster und horchte auf den Tritt der Wächter, die von außen und innen den Hof umzogen, auf das Zirpen der Grillen und auf die gebrochenen Laute, welche aus der schlummernden Flur in das Ohr drangen. Und wieder hörte er ein Geräusch neben sich und sah in das treue Gesicht seines Freundes, der in seiner Aufregung die Hände gefaltet hatte: „Sie ist fromm," rief Fritz klagend.

„Sind wir's nicht auch?" erwiederte der Professor, und richtete sich hoch auf.

„Sie ist dem Leben deines Geistes so fremd wie die heilige Elisabeth."

„Sie hat Verstand," entgegnete der Professor.

„Sie steht so sicher und abgeschlossen in ihrem Kreise, sie wird in deiner Welt nie heimisch werden."

„Sie ist tüchtig hier, sie wird es überall sein."

„Du verblendest dich," rief Fritz händeringend. „Willst du in den Frieden beiner Tage einen Zwiespalt bringen, dessen Ende du nicht absehen kannst? Willst du ihr selbst die ungeheure Umwandlung zumuthen, welche sie aus einer tüchtigen Wirthin zur Vertrauten deiner rücksichtslosen Forschung machen soll? Darfst du ihr das sichere Selbstgefühl eines kräftigen Lebens rauben, und in ihre Zukunft den Kampf, die Unsicherheit, den Zweifel hineintragen? Wenn du nicht an dich und deine Ruhe denkst, so hast du doch die Verpflichtung, ihr Wesen zu ehren."

Der Professor legte das heiße Haupt an das Holz des Fensters. Endlich fuhr er auf: „Wir aber sollen Diener der Wahrheit sein und ihre Verkünder. Und wenn wir diese Pflicht gegen tausend Fremde üben, gegen Jeden, der uns hören will, wächst nicht Recht und Pflicht da, wo wir lieben?"

„Täusche dich nicht," antwortete Fritz, „du, der feinfühlende Mann, der jedes Leben in seiner Berechtigung so willig aner= kennt, du wärst der Letzte, die Harmonie ihres Wesens zu stören, wenn du sie nicht für dich begehrtest. Was dich treibt, ist nicht Pflichtgefühl, sondern Leidenschaft."

„Was ich der Fremden nicht zumuthen darf, das ziemt mir an dem Weibe zu thun, das ich für immer mit mir ver= binde. Und hat nicht jede Frau, die unserm Leben nahe tritt, ähnliche Wandlung zu erfahren? Wie hoch stellst du das Wissen der Frauen in der Stadt, welche in unseren Kreisen heraufkommen?"

„Was sie wissen, ist in der Regel unsicherer, als ihnen und uns gut ist," versetzte Fritz, „aber von klein auf sind sie gewöhnt, mit Theilnahme die wissenschaftlichen Interessen der Männer zu begleiten. Die besten Resultate des geistigen Schaffens sind ihnen doch so leicht zugänglich, daß sie überall Anknüpfungspunkte für ein herzliches Verständniß finden. Hier aber, wie schön, wie liebenswerth sich unsern Augen dies Leben darstellt, es ist vielleicht gerade darum so anziehend, weil es uns zugleich so fremdartig gegenübersteht."

„Du übertreibst und wirst unwahr," rief der Professor. „Gerade in diesen Tagen habe ich tief gefühlt, was wir über den Büchern leicht vergessen, wie groß die Rechte sind, welche eine edle Leidenschaft in unserm Leben hat. Wer kann sagen, was zwei Menschen einander so lieb macht, daß sie sich nicht scheiden können? Es ist nicht nur die Freude am Dasein des Andern, nicht das Bedürfniß der Ergänzung des eigenen Wesens, auch nicht Sinn und Phantasie allein, welche das Fremde uns so innig verbinden. Ist denn nöthig, daß die

Frau nur das feinere Rohr wird, welches eine Octave höher immer dieselben Noten tönt, welche der Mann spielt? Die Sprache ist arm für den mächtigen Ausdruck der Freude und Erhebung, welche ich in ihrer Nähe empfinde, und ich kann dir nur sagen, mein Freund, das ist etwas Gutes und Großes, und es fordert in meinem Leben sein Recht. Was aber jetzt aus dir spricht, das ist nur der kalte Zweifler Verstand, der allem Werdenden abhold so lange seine Ansprüche erhebt, bis er durch die vollendete That widerlegt ist."

„Es ist nicht allein der Verstand," versetzte Fritz gekränkt. „Daß du meine Rede so verkennst, habe ich nicht verdient. War es anmaßend, daß ich mit dir über Gefühle gesprochen habe, welche dir jetzt für heilig gelten, so darf ich zu meiner Entschuldigung sagen, daß ich nur die Rechte in Anspruch nahm, welche mir deine Freundschaft bis zu dieser Stunde eingeräumt hat. Ich mußte meine Pflicht gegen dich thun, bevor ich dich hier verlasse. Kann ich dich nicht überzeugen, so suche diese Unterredung zu vergessen, ich werde dies Thema nie wieder berühren."

Er ließ den Professor am Fenster stehn und wandte sich zu seinem Lager. Diesmal zog er die Stiefeln leise aus und legte sich auf sein Bett, den Kopf zu der Wand gekehrt. Nach einer Weile fühlte er seine Hand ergriffen, der Professor saß an seinem Lager und hielt die Hand des Freundes fest, ohne ein Wort zu sprechen. Endlich entzog sie ihm Fritz mit herzlichem Druck und wandte sich wieder zur Wand.

Im ersten Morgengrau stand er auf, trat leise an das Lager des schlummernden Gelehrten und ging still zur Thür hinaus. Im Wohnzimmer erwartete ihn der Hausherr, der Wagen fuhr vor, ein kurzer, freundlicher Abschied und Fritz fuhr davon und ließ seinen Freund allein unter den Grillen des Feldes und unter den Aehren, deren schwere Häupter sich im Morgenwind hoben und senkten, gleich den Wellen des Meeres, in diesem Jahr wie vor tausend und abertausend Jahren.

Der Doctor sah zurück auf den Stein, der das alte Haus trug, auf die Terrasse darunter mit dem Friedhofe und der Holzkirche, und auf den Laubwald, welcher den Fuß der Anhöhe umzog. Und alle Vergangenheit und Gegenwart der gefährlichen Stätte waren ihm deutlich. Das uralte Wesen aus der Sachsenzeit hatte sich an diesem Orte nur wenig geändert. Und er sah den Felsen und die schöne Ilse von Bielstein, wie sie vor Menschengedenken gewesen waren. Damals war der Stein einem Heidengotte heilig, schon damals hatte ein Thurm darauf gestanden, und die Ilse hatte darin gewohnt, mit ihren gescheitelten blonden Haaren, im weißen Linnengewand, einen Pelz von Otterfell darüber. Damals war sie Priesterin und Prophetin gewesen für einen Stamm wilden Sachsenvolks. Wo jetzt die Kirche stand, war die Opferstätte gewesen, und das Blut der gefangenen Feinde war von dort heruntergeriefelt in das Thal.

Wieder später hatte ein christlicher Sachsenhäuptling dort sein Balkenhaus gebaut, und wieder hatte dieselbe Ilse darin gesessen zwischen den hölzernen ·Pfosten, auf dem erhöhten Raum der Frauen, und sie hatte die Spindel gedreht oder den Männern schwarzen Meth in die Schale gegossen.

Jahrhunderte später war das gemauerte Haus mit steinumfaßten Fenstern und einem Wartthurm auf dem Felsen errichtet worden als Nest eines räuberischen Junkers, und die Ilse von Bielstein hatte wieder darin gehaust in einer sammtnen Schaube, die der Vater auf des Königs Heerstraße den Kaufherren geraubt hatte, und wenn das Haus von einem Feinde berannt wurde, stand die Ilse unter den Männern auf der Mauer, und spannte die große Armbrust wie ein Reitersknecht.

Und viele hundert Jahre später hatte sie in dem Jagdschloß eines Fürsten gesessen, bei ihrem Vater, einem alten Kriegsmann aus der Schwedenzeit. Damals war sie spießbürgerlich und fromm geworden, sie kochte Beeren zu Muß und ging hinunter zum Pfarrer in das Conventikel, sie wollte keine Blumen tragen und schlug mit dem Finger in der Bibel nach, welchen Mann ihr der Himmel bescheren würde.

Jetzt aber stand dasselbe Sachsenkind seinem Freunde gegenüber, hoch und kräftig an Leib und Seele, aber immer noch ein Kind des Mittelalters, gefaßt und still, mit gleichmäßigem Ausdruck des schönen Angesichts, der nur wechselte, wenn einmal plötzliche Leidenschaft durch das Herz fuhr; ein Gemüth wie im Halbschlaf, ein so einfaches Gefüge des Geistes, daß man zuweilen nicht wußte, war sie sehr klug oder einfältig. An ihrem Wesen hing etwas von allem, was die Ilsen seit zwei Jahrtausenden gewesen: ein Stück Alraune, Methspenberin, Reiterstochter, Pietistin. Es war die altdeutsche Art und die altdeutsche Schönheit, aber daß sie jetzt mit einemmal auch noch das Weib eines Professors werden sollte, das dünkte dem bekümmerten Doctor zu sehr gegen alle Gesetze ruhiger geschichtlicher Entwicklung.

10.

Die Werbung.

Wenige Stunden, nachdem der Freund das Gut verlassen, trat der Professor in das Arbeitszimmer des Landwirths. „Die Landläufer sind verschwunden und mit ihnen Ihr Freund. Es thut uns Allen leid, daß der Herr Doctor nicht länger bleiben konnte," rief ihm der Landwirth von seiner Arbeit zu.

„Bei Ihnen liegt die Entscheidung, ob auch ich noch länger weilen darf," entgegnete der Professor in so tiefem Ernst, daß der Landwirth aufstand und seinen Gast fragend anblickte. „Ich komme, von Ihnen ein großes Vertrauen zu erbitten," fuhr der Professor fort, „und ich muß von hier scheiden, wenn Sie mir dasselbe versagen."

„Sprechen Sie, Herr Professor," entgegnete der Landwirth.

Es ist für uns beide nicht mehr möglich, in dem unbefangenen Verhältniß als Wirth und Gast fortzuleben. Ich suche die Neigung Ihrer Tochter Elise für mich zu gewinnen."

Der Landwirth fuhr zurück, die Hand des starken Mannes klammerte sich an die Tischplatte.

„Ich weiß, was ich von Ihnen fordere," rief der Gelehrte mit ausbrechender Leidenschaft. „Das Höchste nehme ich in Anspruch, was Sie geben können; ich weiß, daß ich Ihr Leben dadurch ärmer mache, denn ich will von Ihnen abwenden, was Ihnen Freude, Hilfe, Stolz gewesen ist."

„Und doch," murmelte der Landwirth finster, „Sie ersparen dem Vater, das zu sagen."

„Ich fürchte, daß Sie mich in diesem Augenblicke für einen Einbrecher in den Frieden Ihres Hauses halten," fuhr der Gelehrte fort. „Aber wenn Ihnen auch schwer wird, gütig gegen mich zu sein, Sie sollen Alles wissen. Ich sah sie zuerst in der Kirche, und ihr inniges, gottbegeistertes Wesen ergriff mich mächtig. Ich lebte um sie im Hause und fühlte jede Stunde mehr, wie schön und liebenswerth sie ist. Unwiderstehlich wurde die Gewalt, welche sie auf mich ausübt. Die Leidenschaft, in welcher ich lebe, ist so groß geworden, daß mir der Gedanke Entsetzen bereitet, sie könnte mir doch fern bleiben. Für Leib und Seele sehne ich mich, sie zu meinem Weibe zu machen."

So sprach der Gelehrte, offenherzig wie ein Kind.

„Und wie weit sind Sie mit meiner Tochter?" frug der Landwirth.

„Ich habe zwei Mal in ausbrechendem Gefühl ihre Hand berührt," rief der Professor.

„Haben Sie über Ihre Liebe mit ihr gesprochen?"

„Dann stände ich nicht so vor Ihnen," entgegnete der Professor. „Ich bin, Ihnen gänzlich unbekannt, durch einen besonderen Zufall zu Ihnen gekommen. Und ich bin nicht in der glücklichen Lage eines Freiwerbers, der sich auf längere Bekanntschaft berufen kann. Sie haben mir ungewöhnliche Gastfreundschaft erwiesen, und ich bin verpflichtet, Ihr Vertrauen nicht zu täuschen; ich will nicht hinter Ihrem Rücken ein Herz für mich gewinnen, das mit Ihrem Leben so eng verbunden ist."

Der Landwirth neigte beistimmend das Haupt. „Und haben Sie die Zuversicht, ihre Liebe für sich zu gewinnen?"

„Ich bin kein Knabe und sehe wohl, daß sie mir herzlich zugethan ist. Ueber die Tiefe und Dauer eines jungfräulichen Gefühls haben wir beide kein Urtheil. In einzelnen Stunden habe ich die beseligende Ueberzeugung gehabt, daß die warme Neigung des Weibes mir geworden ist, aber gerade die unbefangene Unschuld ihres Empfindens macht mich wieder unsicher. Und wenn ich Ihnen das Schwerste gestehen soll, was mir zu sagen bleibt, ich darf nicht leugnen, daß für sie noch eine Rückkehr zu ruhiger Empfindung möglich ist."

Der Landwirth sah auf den Mann, der sich mühte, unbefangen zu urtheilen, und doch am ganzen Körper bebte. „Ich habe die Pflicht, auf einen Herzenswunsch meines Kindes Rücksicht zu nehmen, wenn er so mächtig wird, daß er sie aus ihrer Heimat fortzieht zu einem andern Manne. Immer vorausgesetzt, daß ich selbst nicht die Ueberzeugung habe, es werde ihr Unglück sein. Ihr Verhältniß zu meiner Tochter ist bei der kurzen Bekanntschaft und nach dem, was Sie mir darüber sagen, schwerlich so, daß mir nur die Wahl bleibt, entweder einzuwilligen, oder mein Kind elend zu machen. Und Ihr Geständniß gibt mir auch die Möglichkeit, zu verhüten, was mir vielleicht in vieler Rücksicht unwillkommen ist. Ja, Sie sind mir in diesem Augenblick ein Fremder, und als ich Ihnen anbot, bei mir zu bleiben, habe ich gethan, was für mich und die Meinen schwere Folgen haben mag."

Als der Landwirth in der Erregung des Augenblicks so sprach, fiel sein Blick auf den Arm, der gestern geblutet hatte,

unb wieber auf die mannhaften Züge des bleichen Antlitzes vor
ihm, er unterbrach seine Rede unb legte die Hand auf die
Schultern des Andern. „Nein," rief er, „das ist nicht meines
Herzens Meinung, unb nicht so darf ich Ihnen antworten."
Er schritt durch das Zimmer, bemüht sich zu fassen. „Aber
hören auch Sie ein vertrauendes Wort, unb zürnen Sie mir
barum nicht," fuhr er ruhiger fort. „Wohl weiß ich, daß ich
meine Tochter nicht für mich erzogen habe, unb daß ich mich
einmal gewöhnen muß, sie zu entbehren. Aber unsere Be=
kanntschaft ist zu kurz, als daß ich ein Urtheil hätte, ob mein
Kind an Ihrer Seite Frieden ober Unfrieden zu erwarten hat.
Wenn ich Ihnen sage, daß Sie mir sehr werth unb angenehm
geworden sind, so hat das boch in bieser Stunde keine Bedeutung.
Wären Sie ein Landwirth wie ich, so würde ich Ihre Mitthei=
lung mit leichterem Herzen anhören, benn ich hätte in ber Zeit
Ihres Hierseins wohl über Ihre Tüchtigkeit eine feste Ansicht
gewonnen. Daß unser Beruf so verschieden ist, macht nicht
nur mir schwer, über Sie zu urtheilen, es mag auch gefährlich
werden für die Zukunft meines Kindes. Wenn ber Vater
wünscht, daß die Tochter sich mit einem Manne verheiratet,
ber in ähnlichem Geschäfte arbeitet, so hat das in jebem Lebens=
kreise seinen guten Grund, für ben Landwirth von meinem
Schlage noch einen besonderen. Denn die Tüchtigkeit unserer
Kinder liegt zum Theil barin, daß sie als Gehilfen der Eltern
heranwachsen. Was Ilse in meinem Hause gelernt hat, gibt
mir die Sicherheit, daß sie als Frau eines Landwirths ihren
Platz vollkommen ausfüllen wirb, ja, sie vermöchte wohl
Schwächen ihres Mannes zu ergänzen. Unb das wirb ihr ein
gesundes Leben sichern, selbst wenn ihr Mann Manches zu
wünschen übrig ließe. Als Frau eines Gelehrten hat sie wenig
Nutzen von dem, was sie weiß, unb sie wirb als ein Unglück
empfinden, daß sie vieles Andere nicht gelernt hat."

„Daß sie entbehren wirb, muß ich einräumen, auf Alles,
was ihr nach Ihren Worten fehlt, gebe ich wenig," rief ber

Gelehrte. „Ich bitte Sie, darin mir und der Zukunft zu vertrauen."

„Dann also antworte ich Ihnen, Herr Professor, ebenso offen, wie Sie zu mir gesprochen haben, ich darf Ihre Forderung nicht kurz abweisen, denn ich will dem, was vielleicht Sehnsucht und Glück meiner Tochter ist, nicht feindlich in den Weg treten; und doch, ich kann bei der unvollständigen Einsicht, die ich über Ihre Verhältnisse habe, nicht darauf eingehen. Und ich bin in diesem Augenblicke in der schmerzlichen Lage, daß ich nicht weiß, wie ich überhaupt diese Sicherheit gewinnen kann."

„Wohl fühle ich, wie ungenügend und zufällig die Urtheile sind, welche Sie von Fremden über mich einsammeln können; es wird dennoch geschehen müssen," antwortete mit Haltung der Gelehrte.

Der Landwirth bejahte schweigend, und der Professor fuhr fort:

„Zunächst bitte ich um Erlaubniß, Ihnen über meine äußeren Verhältnisse Mittheilung zu machen." Er nannte seine Einnahmen, gab getreulich an, woher sie flossen, und legte ein Verzeichniß derselben auf den Arbeitstisch. „Für diese Angaben wird mein Rechtsfreund, ein geachteter Anwalt der Universitätsstadt, Ihnen jede Bestätigung geben, welche Sie wünschen. Ueber meine Brauchbarkeit als Lehrer und meine Stellung an der Universität muß ich Sie allerdings auf das Urtheil meiner Collegen verweisen und auf die Ansicht, die sich etwa in der Stadt darüber gebildet hat."

Der Landwirth blickte in das Verzeichniß. „Selbst die Bedeutung dieser Summen für Ihre Verhältnisse ist mir nicht ganz deutlich, für weitere Kunde habe ich in Ihrer Heimat kaum eine Anknüpfung. Aber, Herr Professor, ich werde ohne Zögern mir selbst die Gewißheit zu verschaffen suchen, welche ich erhalten kann. Ich werde morgen nach Ihrer Stadt abreisen."

„O wie danke ich Ihnen," rief der Professor und faßte die Hand des Landwirths.

„Noch nicht," antwortete dieser und zog seine Hand zurück.

„Ich werde natürlich, falls Sie das wünschen, Sie begleiten," fuhr der Professor fort.

„Das wünsche ich nicht," versetzte der Landwirth. „Schreiben Sie sogleich die Briefe, welche mich einigen Ihrer Bekannten empfehlen, im Uebrigen muß ich mich auf meine Fragen und allerdings auf den Zufall verlassen. Aber, Herr Professor, diese Reise wird mir nur Ihre Angaben bestätigen, die ich ohnedies für wahr halte, und vielleicht Urtheile Anderer über Sie, welche zu dem stimmen, was ich selbst von Ihnen halte. Setzen wir den Fall, daß diese Auskunft mich befriedigt, was soll die Folge sein?"

„Daß Sie mir gestatten, noch länger in Ihrem Hause zu verweilen," rief der Professor, „daß Sie vertrauend meine Annäherung an Ihre Tochter dulden, und daß Sie mir Ihre Einwilligung zur Ehe geben, sobald ich der Neigung Ihrer Tochter sicher bin."

„Solche Vorbereitung zu einer Brautwerbung ist ungewöhnlich," sagte der Landwirth mit trübem Lächeln, „doch sie ist einem Landwirth nicht unwillkommen. Wir sind gewohnt, die Früchte langsam reifen zu sehen. Also, Herr Professor, auch nach meiner Reise behalten wir alle Drei Freiheit der Wahl und des letzten Entschlusses. — Und diese Unterredung, soll sie unser Geheimniß bleiben?"

„Ich beschwöre Sie darum," flehte der Gelehrte. Wieder flog ein leichtes Lächeln über das ernste Antlitz des Wirthes.

„Damit meine schnelle Abreise weniger auffalle, bleiben Sie unterdeß hier. Vermeiden Sie vor meiner Rückkehr, sich meiner Tochter zu nähern. Sie sehen, ich erweise Ihnen ein großes Vertrauen."

So hatte der Professor seinen Gastfreund gezwungen, der Vertraute seiner Liebe zu werden. Es war ein schöner Vertrag zwischen Leidenschaft und Gewissen, den der Gelehrte durchgesetzt hatte, und doch war in seiner Disposition ein Irrthum, und die Abhandlung, an welcher er mit heißem Haupt und pochendem Herzen arbeitete, gerieth ein wenig anders, als er sich und dem Vater vorgestellt. Denn zwischen den drei Menschen, welche jetzt die hochsinnig eingeleitete Brautwerbung durchmachen sollten, war plötzlich die Unbefangenheit verschwunden. Als Ilse am Morgen der verhängnißvollen Unterredung strahlend von Glück zu den Männern trat, fand sie den Himmel des Gutes lichtlos, mit finsteren Wolken umzogen. Der Professor war unruhig und düster, er arbeitete fast den ganzen Tag auf seiner Stube, und als die Kleinen ihn am Abend baten, eine Geschichte zu erzählen, da lehnte er's ab, faßte den Kopf der kleinen Schwester mit beiden Händen, küßte ihre Stirn und legte sein eigenes Haupt darauf, als wollte er sich auf das Kind stützen. Gezwungen und spärlich waren die Worte, die er an Ilse richtete, und doch haftete unabläffig sein Blick an ihr, aber fragend und unsicher. Und Ilse überraschte auch den Vater, wie dieser sie gespannt und schmerzlich ansah. Auch zwischen den Vater und sie war ein Geheimniß getreten, das in seinem Innern arbeitete. Ja sogar zwischen den beiden Männern war es nicht wie sonst. Der Vater sprach wohl einmal leise zu dem Freunde, aber beiden sah sie einen Zwang an, wenn sie über Gleichgültiges redeten.

Am nächsten Morgen gar die geheimnißvolle Reise des Vaters, die er ihr durch karge Worte über ein unwichtiges Geschäft anzeigte! War seit jenem wüsten Abend Alles um sie verwandelt? Das Herz des Weibes zog sich ängstlich zusammen. Die Unsicherheit kam ihr, die Furcht vor etwas Feindseligem, das gegen sie heranfuhr. Schmerzvoll hielt sie sich zurück, in ihrem Zimmer kämpfte sie mit schweren Gedanken, und sie vermied, mit dem Manne ihrer Liebe allein zu sein.

Natürlich wurde dem Professor die Veränderung an der Geliebten auf der Stelle deutlich, und sie quälte den tiefsinnigen

Mann. Wollte sie ihn fernhalten, um den Vater nicht zu verlassen, war nur frohes Erstaunen gewesen, was er für herzliche Neigung hielt? Diese Sorge machte seine Haltung gezwungen und ungleichmäßig und der Wechsel seiner Stimmung wirkte wieder auf Ilse zurück.

Fröhlich hatte sich der Blüthenkelch ihrer Seele dem aufsteigenden Lichte geöffnet, da war ein Tropfen Morgenthau hineingefallen, und die zarten Blätter schlossen sich noch einmal unter der fremden Last.

Ilse war bei Krankheiten und Verletzungen die weise Frau des Gutes. Von ihrer Mutter hatte sie dies Ehrenamt übernommen und ihr Ruhm in der Umgegend war nicht gering; auch war es nicht unnöthige Beflissenheit, denn Rossau besaß nicht einmal einen ordentlichen Heilkünstler. Ilse aber verstand ihre einfachen Hausmittel vortrefflich anzuwenden, sogar der Vater und die Herren der Wirthschaft unterwarfen sich gehorsam ihrer Pflege. Und sie war in den Beruf einer barmherzigen Schwester so eingelebt, daß ihr jungfräuliches Zartgefühl gar nichts darin fand, am Krankenbett eines Gutsgenossen zu sitzen, und daß sie ohne Ziererei in die Wunde blickte, welche der Hufschlag eines Pferdes oder der Schnitt einer Sense verursacht hatte. Und jetzt stand er mit einer Wunde neben ihr, er hielt den Arm nicht einmal in der Binde, und sie sorgte unaufhörlich, daß der Schaden ärger werden könne. Wie gern hätte sie die Stelle gesehen, ach wie gern sie selbst verbunden, und sie bat ihn am Morgen beim Frühstück auf den Arm deutend: „Wollen Sie nicht uns zu Liebe etwas dafür thun?"

Der Professor zog befangen den Arm zurück und erwiederte: „Es hat gar nichts zu bedeuten." Sie schwieg verletzt. Als er aber auf sein Zimmer ging, wurde ihr die Sorge übermächtig, und sie sandte die Tagelöhnerfrau, welche in solchen Künsten ihre bewährte Gehilfin war, mit einem Auftrage in das Gastzimmer, und schärfte ihr ein, gewaltthätig aufzutreten,

jeben Widerspruch des Herrn zu bewältigen, den Arm zu be=
trachten und ihr zu berichten. Als nun die ehrliche Frau
sagte, daß ihr Fräulein sie sende und daß sie darauf bestehen
müsse, den Stich zu sehen, da entschloß sich zwar der Professor
zögernd, die Stelle zu zeigen, aber als die Botin einen bedenk=
lichen Bericht heraustrug, und Ilse, die unruhig vor der Thür
auf und ab ging, durch die Vermittlerin wieder kalte Umschläge
befahl, da wollte der Professor diese nicht anwenden. Er hatte
wohl Ursache dazu, denn wie schmerzlich er den Zwang fühlte,
der ihm im Verkehr mit Ilse aufgelegt war, so dünkte ihm
doch unerträglich, ihren Anblick ganz zu missen und in seiner
Stube allein bei dem Wassernapf zu sitzen. Daß er aber den
guten Rath verwarf, schmerzte Ilse noch mehr, denn sie fürch=
tete die Folgen und es that ihr wieder weh, daß er auf ihre
Wünsche nichts gab. Als sie vollends erfuhr, daß er heimlich
zum Chirurgus nach Rossau geschickt hatte, da kamen dem
Mädchen die Thränen in die Augen über das, was sie für
Nichtachtung hielt. Denn sie kannte die verkehrten Mittel des
Trunkenbolds, und sie wußte jetzt genau, daß es ein Unglück
geben würde. Sie kämpfte mit sich bis zum Abend, endlich
besiegte die Sorge um den Geliebten alle Bedenken, und als
er neben den Kindern in der Laube saß, trat sie vor ihn und
bat in ihrer Herzensangst leise mit niedergeschlagenen Augen:
„Der fremde Mann macht Ihnen die Schmerzen größer, bitte,
lassen Sie mich die Wunde sehen." Und der Professor, er=
schrocken über diese Aussicht, welche seine ganze, mühsam er=
kämpfte Selbstbeherrschung zu vernichten drohte, erwiederte, wie
Ilse hörte, mit rauher Stimme, — er war aber in Wahrheit
nur durch innere Bewegung ein wenig heiser —: „Ich danke,
das kann ich gar nicht annehmen." Da ergriff Ilse die beiden
jüngsten Geschwister, welche in den Händen der Zigeuner gewesen
waren, stellte sie vor ihn hin und rief heftig: „Bittet ihr, wenn
er auf mich nicht hört." Dem Professor war dieser kleine
Auftritt so beweglich, und Ilse sah in ihrer Aufregung so un=

widerstehlich schön aus, daß ihn die Rührung übermannte und daß er, um gegen den Vater ehrlich zu bleiben, aufstand und schnell aus dem Garten ging.

Ilse preßte die Hände krampfhaft zusammen und saß starr vor sich hin. Alles war ein Traum gewesen, Täuschung war's und thörichte Einbildung, daß sie in seliger Stunde gehofft hatte, er liebe sie. Sie hatte ihm ihr Herz offenbart, und ihr heißes Gefühl war für ihn nichts als dreiste Zudringlichkeit einer Fremden. Sie war ihm ein ungeschicktes Weib vom Lande, dem das städtische Zartgefühl fehlte, und die sich thöricht etwas in den Kopf gesetzt, weil er einige Male gütig zu ihr gesprochen. Sie stürzte in ihr Zimmer, dort sank sie vor ihrem Lager nieder und ein krampfhaftes Schluchzen erschütterte ihre Glieder.

Sie war den ganzen Abend nicht mehr sichtbar, am näch=sten Tag trat sie dem Geliebten stolz und kalt gegenüber, sie sprach nur das Nöthigste und rang in der Stille mit Thränen und unendlichem Jammer.

Alles war hochsinnig für eine feine und zarte Brautwer=bung zurechtgelegt, aber wenn zwei Menschen einander lieb haben, sollen sie das einer dem andern auch frisch und einfältig sagen, ohne Disposition und, beim Styx, auch ohne Zartgefühl.

Der Landwirth war abgereist. Ein Geldgeschäft, das er auf dem Wege erledigen konnte, gab den Vorwand. Schon den Tag darauf fiel seine gewaltige Gestalt und das sorgen=volle Antlitz in den Straßen der Universitätsstadt auf. Gabriel war sehr verwundert, als ein riesiger Mann, höher als sein alter Freund, der Wachtmeister bei den Kürassieren, an der Thür schellte und einen Brief des Herrn überbrachte, worin Gabriel aufgefordert wurde, sich und das Quartier dem Herrn zur Ver=fügung zu stellen. Der fremde Mann schritt durch die Zimmer, saß am Arbeitstisch des Professors nieder und begann mit Gabriel ein Gespräch in Kreuzfragen, aus denen der Diener nicht klug werden konnte. Auch Herrn Hummel begrüßte der

Fremde, dann ließ er sich nach der Universität führen, hielt auf der Straße Studenten an und frug sie aus, verhandelte mit dem Rechtsanwalt, besuchte einen Kaufmann, mit welchem er zuweilen Getreidegeschäfte machte, ließ sich von Gabriel zum Schneider des Professors führen, dort einen Rock zu bestellen, und Gabriel mußte lange vor der Thür stehen, bis der geschwätzige Schneider den Fremden entließ. Auch zu Herrn Hahn ging er, einen Strohhut zu kaufen, und am Abend sah man seine große Gestalt, welche den chinesischen Tempel unbillig beengte, neben Herrn Hahn bei einer Flasche Wein sitzen. Es war ein armer Vater, der sich bei gleichgültigen Leuten ängstlich erkundigte, ob er sein geliebtes Kind in die Arme eines Fremden legen müsse. Ach, was er erfuhr, war alles noch weit günstiger, als er erwartet hatte. Auch ihm wurde deutlich, was die Frau Oberamtmann Rollmaus längst wußte, daß es nach der Meinung Anderer kein gewöhnlicher Mann war, den er bei sich aufgenommen hatte.

Als der Heimkehrende am Abende des nächsten Tages zwischen den letzten Häusern von Rossau dahinfuhr, sah er eine Gestalt eilig auf sich zukommen. Es war der Professor, den die ungeduldige Erwartung auf den Weg getrieben hatte, und der jetzt mit verstörtem Gesicht an den Wagen eilte. Der Landwirth sprang von seinem Sitze und sagte dem Professor leise: „Bleiben Sie bei uns, der Himmel gebe zu allem Weiteren seinen Segen." Und als die beiden Männer neben einander den Fußpfad hinaufstiegen, fuhr der Gutsherr mit einem Anflug von guter Laune fort: „Sie haben mich gezwungen, um Ihre Wohnung zu spioniren, lieber Herr Professor. Ich habe erfahren, daß Sie still weg leben. Sie bezahlen Ihre Rechnungen pünktlich, Ihr Diener spricht mit Ehrerbietung von Ihnen, die Nachbarn denken gut über Sie, in der Stadt sind Sie ein angesehener Mann, alles was Sie sonst über sich gesagt haben, ist bestätigt. Ihr Quartier ist sehr stattlich, die Küche zu klein, die Vorrathskammer enger als bei uns ein Schrank. Durch die Fenster ist wenigstens Aussicht ins Grüne.“

Sonst wurde kein Wort über den Zweck der Reise gesprochen, aber hoffnungsvoll vernahm der Professor, was der Landwirth von anderen Beobachtungen erzählte, wie reichlich die Bürger lebten, wie glänzend die Läden ausgestattet waren, dann von den hohen Häusern des Marktes, dem Gedränge auf den Straßen und von den Tauben, welche nach altem Herkommen vom Rath gehalten werden und dreist wie Stadtbeamte zwischen Wagen und Menschen umherlaufen.

Es war früher Morgen auf dem Gute, wieder sandte die Sonne ihre ersten Strahlen heiß auf die Erde. Nach einer schlummerlosen Nacht eilte Ilse durch den Garten zu dem kleinen Badehause, das der Vater zwischen Rohr und Gebüsch angelegt hatte. Dort tauchte sie die weißen Glieder in das Wasser, hüllte sich schnell wieder in ihr Gewand und stieg, die Strahlen der Sonne suchend, den Weg hinauf, welcher unweit der Grotte nach der Höhe führte. Da sie wußte, daß unter den Steinen der Höhle noch die kühle Nachtluft lag, stieg sie höher hinauf, wo die Berglehne steil nach der Grotte und dem Thal abfiel. Dort oben auf dem Abhange setzte sie sich zwischen den ersten Büschen nieder, um fern von jedem Menschenauge im Sonnenstrahl die Haare zu trocknen und ihren Anzug zu ordnen.

Sie sah hinüber nach dem Vaterhause, wo auf dem Freunde wohl noch der Morgenschlummer lag, und sah vor sich herunter auf die Steindecke der Grotte und auf den großen Federbusch von Weidenröschen, dem jetzt die weiße Wolle des Samens aus den Schoten quoll. Und sie stützte das Haupt in die Hand und dachte an den letzten Abend, wie wortkarg er wieder gewesen war, und daß der Vater zu ihr gar nicht von seiner Reise sprach. Aber wie unruhig auch die Sorgen durch ihr Haupt fuhren, aus der klaren Fluth hatte sie auch ihren Gedanken Erfrischung geholt, und jetzt warf der Morgen sein mildes Licht auch über ihr Herz.

Dort saß das Kind des Gutes, sie wand das Wasser aus dem Haar und stützte die weißen Füße auf das Moos. Neben ihr summten die Bienen über dem blühenden Quendel, und eine kleine Arbeiterin kreiste drohend um ihre Füße. Ilse bewegte sich und stieß an einen ihrer Schuhe, der Schuh glitt hinab, überschlug sich und fiel in kleinen Sätzen über Moos und Stein, er sprang beim Weidenröschen vorbei und verschwand in der Tiefe. Ilse fuhr in den Kameraden des Flüchtlings und eilte auf dem Wege zur Grotte nach. Sie bog um die Felsecke und trat erschrocken zurück, denn auf dem Platze vor der Grotte stand der Professor und betrachtete sinnend die gestickten Arabesken des Schuhes. Der zartfühlende Mann war über diese plötzliche Begegnung kaum weniger betroffen als Ilse. Es hatte auch ihn am frühen Morgen hinausgetrieben zu der Stelle, wo ihm zuerst das Herz des Mädchens aufgegangen war, auf dem Stein am Eingange hatte er gesessen und das Haupt an den Felsen gelehnt in tiefem und schmerzlichem Grübeln. Da, horch, ein leises Rauschen, Steinchen und Sand rollten herab, ein kleines Meisterwerk bildender Kunst fiel dicht vor seine Füße. Er schnellte empor, den er ahnte auf der Stelle, wem der springende Schuh gehörte. Jetzt sah er die Geliebte vor sich stehen, in leichtem Morgengewand, von dem langen blonden Haar umflossen, einer Wasserfee oder Bergnymphe vergleichbar.

„Es ist mein Schuh," rief Ilse verlegen und verbarg den Fuß.

„Ich weiß," sagte der Gelehrte ebenfalls verlegen und rückte den Schuh ehrerbietig an den Saum ihres Kleides. Schnell schlüpfte der Fuß hinein, aber die kurze Bewegung der weißen Zehen gab dem Professor plötzlich einen Heldenmuth, den er an den letzten Tagen nicht gehabt hatte. „Ich gehe nicht von der Stelle," rief er entschlossen. Ilse fuhr in die Grotte und barg ihre Haare in dem Netz, das sie in der Hand hielt. Der Gelehrte stand am Eingange zu dem Heiligthume, neben ihm hingen die Ranken der Brombeeren, die Bienen summten über dem Quendel und ihm pochte das Herz. Als Ilse mit gerötheten Wangen aus der Grotte in das Licht des Tages trat, hörte sie, wie eine Stimme in tiefer Bewegung ihren Namen aussprach, sie fühlte ihre Hände gefaßt, ein heißer Blick aus den treuen Augen, süße Worte in bebendem Tonfall, der Arm des Mannes umschlang sie, lautlos sank sie an sein Herz.

Denn, wie der Professor selbst bei einer andern Gelegenheit auseinandergesetzt hatte, der Mensch vergißt zuweilen, daß sein Leben auf einem Contract mit übermächtigen Naturgewalten beruht, welche den kleinen Herrn der Erde unversehens kreuzen. Dergleichen unbeachtete Mächte zwangen jetzt auch den Professor und Ilse. Weiß nicht, welche Naturgewalt die Biene sandte und den Schuh warf, waren es die Erdmännchen, an welche Ilse nicht glaubte, oder war es Einer aus der antiken Bekanntschaft des Professors, der gaisfüßige Pan, der in den Grotten auf der Rohrpfeife bläst.

Die Brautwerbung war wissenschaftlich begonnen, aber sie war ohne alle Weisheit zur Vollendung gebracht. Es waren zwei große und reine Herzen, welche jetzt an einander schlugen, aber um Alles zu sagen, der feinfühlende Professor hatte zuletzt doch um die Geliebte geworben, als sie gerade keinen Strumpf an hatte.

11.

Speihahn.

Ueber den feindlichen Häusern war rabenschwarze Nacht, die Welt sah aus wie eine große Kohlengrube, in der die Leuchte erloschen ist. Der Wind fuhr durch die Bäume des Parkes, man hörte ein Rauschen der Blätter, Geknarr der Aeste, ein tiefes, zorniges Brummen in der Luft, aber man sah nichts

als einen ungeheuren schwarzen Vorhang, der den Stadtwald
verhüllte, und ein schwarzes Zeltdach, das über die Häuser
gespannt war. Die Straßen der Stadt waren leer, wer ein
freundliches Verhältniß zu seinem Bett hatte, lag längst darin,
wer eine Schlafmütze besaß, heut zog er sie über die Ohren.
Alles Menschliche barg sich in tiefem Schweigen, auch den
Stundenschlag der Thurmglocke zerriß der Sturmwind und
führte die einzelnen Töne hierhin und dorthin, so daß Niemand
die Schläge der Mitternachtsstunde vollständig zusammenbringen
konnte. Nur um das Haus des Herrn Hummel kläffte die
wilde Jagd, die Hunde fuhren im Hofe umher, unbeirrt durch
Sturm und Finsterniß, und wenn der Wind wie ein Hifthorn
zwischen den Häusern blies, bellte die Meute dem Schlafe der
Menschen ein greuliches Halali.

„Den ist heut wohl,“ dachte Gabriel in seiner Kammer,
„das ist ganz ihr Wetter.“ Endlich entschlief auch er und
hatte einen Traum, als wenn die beiden Hunde seine Kammerthür aufmachten, sich vor seinem Bett auf zwei Stühle
setzten und abwechselnd die Zündhütchen ihrer Taschenpistolen
auf ihn abknipsten.

Er lag noch in unruhigem Schlaf, als es an seine Thür pochte.

„Stehen Sie auf, Gabriel,“ rief die Stimme des alten
Schließers aus der Fabrik, „es ist ein Unglück geschehen.“

„Durch die Hunde?“ rief Gabriel, mit beiden Beinen aus
dem Bette springend.

„Es muß Jemand eingebrochen sein,“ rief der Mann wieder
durch die Thür, „die Hunde liegen auf der Erde.“

Gabriel fuhr erschrocken in seine Stiefeln und eilte in den
Hof, der durch die Morgendämmerung nothdürftig erhellt wurde.
Da lagen die zwei armen nächtlichen Geschöpfe auf dem Boden,
nur noch ein wenig zappelnd. Gabriel lief zu dem Waaren-
lager, sah nach Thür und Fenstern, dann untersuchte er das
Haus, jeder Laden war geschlossen, nirgend Verstörung zu entdecken. Als er zurückkehrte, stand Herr Hummel vor den Liegenden.

„Gabriel, hier ist eine Missethat geschehen, den Hunden ist etwas angethan, lassen Sie beide liegen, es muß eine Beweisaufnahme stattfinden, ich schicke zur Polizei."

„Ei was," erwiederte Gabriel, „erst kommt das Erbarmen, dann die Polizei, vielleicht ist den Würmern noch zu helfen." Er nahm die beiden Thiere, trug sie ans Licht und untersuchte ihren Zustand. „Der Schwarze ist dahin," sagte er mitleidig, „der Rothe hat noch einigen guten Willen."

„Zum Thierarzt, Klaus," rief Herr Hummel, „und auf der Stelle, er möchte mir den Gefallen thun und sogleich aufstehen, es soll sein Schade nicht sein. Dieser Fall muß ins Tageblatt. Ich verlange Satisfaction vor Stadtverordneten und Rath. — Gabriel," fuhr er in zorniger Bewegung fort, „sie ermorden die Hunde von Bürgern. Damit fängt die niederträchtige Bosheit an, aber ich bin nicht der Mann, der sich durch Meuchelmörder behandeln läßt, es soll ein Exempel werden, Gabriel."

Gabriel streichelte unterdeß das Fell des rothen Hundes, der die Augen wild unter dem zottigen Stirnhaar rollte und kläglich mit den Pfoten schlug.

Endlich kam der Thierarzt. Er fand die ganze Familie im Hofe versammelt, Frau Hummel, noch im Nachtgewande, trug ihm eine Tasse Kaffe zu, er bedauerte trinkend und begann die Untersuchung. Der Ausspruch des Sachverständigen lautete auf Vergiftung. Die Section ergab genossene Klößchen mit Arsenik, und was Herrn Hummel noch tiefer kränkte, außerdem mit Glassplittern. Der Rothe gewährte bei alledem eine unsichere Hoffnung, gerettet zu werden.

Das wurde der Familie Hummel ein finsterer Morgen. Herr Hummel setzte sich noch vor dem Frühstück an den Schreibtisch und verfaßte eine Anzeige für das Tageblatt, worin er zehn Thaler Belohnung für den Menschenfreund aussetzte, der ihm den tückischen Vergifter seiner Hunde angeben wollte.

Die zehn Thaler unterstrich er dreimal mit Klecksen. Dann trat er an sein Fenster und sah grimmig hinüber nach dem Schlupfwinkel seines Gegners und nach dem chinesischen Tempel, der die Veranlassung des neuen Unfriedens geworden war. und immer wieder wandte er sich zu seiner Frau und brummte auf= und abgehend: „Mir ist der Fall nicht zweifelhaft."

„Ich begreife dich nicht," erwiederte die Gattin, welche an dem anstrengenden Morgen zum zweiten Mal ihr Frühstück einnahm, „und ich verstehe nicht, wie du deiner Sache sicher sein kannst. Es ist wahr, in den Leuten ist eine Art, welche uns immer wieder abstößt, und es mag ein Unglück sein, daß wir diese Nachbarschaft haben. Aber du kannst nicht behaupten, daß sie Hunde vergiften. Und ich kann mir nicht denken, daß die Hahn solche Einfälle hat. Ich gebe dir zu, sie ist eine gewöhnliche Frau, und der Doctor sagt, daß es Klößchen waren, was auf eine weibliche Hand schließen läßt. Aber als unser Rother bei den Krammetsvögeln getroffen wurde, die sie in der Küche hatte, hat sie mir den Hund nur mit einer Empfehlung zurückgeschickt, und es wäre nicht schön von ihm, er hätte drei Vögel gefressen. Das war in der Ordnung und ich kann darin keine Morblust finden. Und er, du lieber Gott, er sieht mir auch nicht aus, als ob er in finsterer Mitternacht sich mit unseren Hunden zu thun machte."

„Er ist tückisch," grollte Herr Hummel, „aber du hast immer deine eigene Meinung von den Leuten gehabt. Er ist scheinheilig gegen mich gewesen von dem ersten Tage, wo er sich vor diesen Fenstern bei seinen Ziegeln aufstellte und mir den Rücken zukehrte. Und ich habe mich immer wieder von euch Weibern bewegen lassen, ihn als Nachbar zu behandeln mit Grüßen und Redensarten; und ich habe stillgeschwiegen, wenn ihr mit der Frau drüben euer Gewäsch getrieben habt."

„Unser Gewäsch, Heinrich," rief die Gattin und setzte ihre Kaffetasse klirrend hin. „Ich muß dich bitten, daß du nicht vergißt, was du mir schuldig bist."

„Nun, es war nicht so böse gemeint,“ räumte Herr Hummel ein, um den Sturm zu beschwichtigen, den er zur Unzeit heraufbeschworen hatte.

„Wie es gemeint war, mußt du wissen, ich halte mich an das, was ich höre; es zeigt wenig Gefühl, Hummel, daß du um eines toten Hundes willen deine Gattin und deine Tochter als Waschfrauen behandelst.“

Diese Auseinandersetzung trug noch mehr widerwärtiges Grau in die Stimmung des Morgens, förderte aber keineswegs die Entdeckung des Verbrechers. Es war vergebens, daß die Hausfrau, um den stöbernden Verdacht des Gatten von der Familie Hahn abzulenken, viele andere Vermuthungen aufstellte und mit Laura's Hilfe wieder verwarf, gegen die eigenen Arbeiter, gegen den Nachtwächter, und daß sie zuletzt sogar den Markthelfer von drüben als möglichen Missethäter einräumte. Ach, die bürgerliche Stellung der Hunde war so trübselig gewesen, daß die Familie Hummel viel leichter die wenigen Menschen herzählen konnte, welche den Hunden nichts Böses anwünschten, als die vielen, welche Wunsch und Interesse hatten, die Scheusale zum Cocytus wandeln zu sehen. Denn wie Lauffeuer fuhr die Nachricht über die Straße, bei der Obstfrau an der Ecke war heut Versammlung wie auf der Börse, in den Kramläden standen die Leute und besprachen die Unthat, überall mitleiblos, feindselig, schadenfroh. Auch die äußeren Zeichen der Theilnahme, welche die Straße für schicklich hielt, verhüllten schlecht die herrschende Stimmung. Allerdings kamen die Mitfühlenden, zuerst Frau Knips, die Wäscherin, mit wortreicher Entrüstung; dann wagte sich sogar Knips der Jüngere bedauernd in die Nähe des Hauses, der Commis im feindlichen Geschäft, welcher zu den Feinden übergegangen war, aber nicht müde wurde, seinem früheren Lehrherrn gelegentliche Ehrfurcht und Fräulein Laura eine unbequeme Anbetung zu erweisen. Endlich kam ein Komiker der Stadtbühne, der häufig des Sonntags eingeladen wurde und dafür lustige Geschichten erzählte. Aber selbst diese wenigen Getreuen wurden von einzelnen Hausgenossen beargwöhnt. Der Familie Knips mißtraute Gabriel, den Commis verabscheute Laura, und der Komiker, sonst ein willkommener Gast, hatte einige Abende zuvor im Vorbeigehen leichtsinnig gegen einen Begleiter geäußert, daß es verdienstlich sein würde, diese Hunde von der Weltbühne zu entfernen. Heut war dieser unglückliche Einfall der Hausfrau hinterbracht worden, und er lag ihr schwer auf dem Herzen. Funfzehn Jahre hatte sie gerade dieses Mannes Huldigung mit Wohlgefallen ertragen, viele Freundlichkeit, begeistertes Klatschen im Theater war ihm zu Theil geworden, der Sonntagsbraten und eingesottenen Früchte gar nicht zu gedenken; aber jetzt, wo der Mime bebauernd den Kopf senkte und sein Entsetzen aussprach, da wurde ihm sein Gesicht wegen langer Gewöhnung an komische Wirkungen so heuchlerisch verzogen, daß Frau Hummel aus den Zügen des geschätzten Mannes plötzlich einen Teufel herausgrinsen sah. Und ihre spitzen Bemerkungen über Judassc erschreckten wieder den Mimen, weil sie ihm die Gefahr offenbarten, sein bestes Haus zu verlieren, und je kläglicher er sich fühlte, desto zweideutiger wurde sein Ausdruck.

Während aller dieser Vorfälle hielt sich die Familie Hahn gänzlich zurück. Kein Zeichen von unschicklicher Freude, keines von unnatürlichem Mitgefühl drang aus den schweigenden Mauern. Nur am Nachmittag, als Frau Hummel, um sich zu erholen, ein wenig in die Luft ging, begegnete ihr die Nachbarin. Und Frau Hahn, welche sich seit jener Gartenscene im Unrecht fühlte, blieb stehen und sprach freundlich ihr Bedauern aus, daß Frau Hummel einen so unangenehmen Vorfall erlebt habe. Aber da klang doch die feindliche Stimmung und der Verdacht des Mannes aus der Antwort heraus, sehr kalt und abweisend sprach Frau Hummel, und auch die beiden Frauen schieden in feindseliger Stimmung.

Unterdeß saß Laura an ihrem Schreibtisch, sie besprach

bie Ereigniffe bes Tages in ihren geheimen Aufzeichnungen und bichtete mit leichtem Herzen die Schlußverfe: „Sie find bahin! von uns genommen ift der Fluch, und ausgetilgt der Flecken in bes Schicffals Buch." Diefe Prophezeiung enthielt gerade fo viel Wahrheit, als wenn fie nach bem erften Schar= mützel bes trojanifchen Krieges burch Kaffanbra in Hektors Stammbuch eingezeichnet worden wäre. Sie wurde burch enb= lofe Gräuel der Folgezeit wiberlegt.

Zunächft war Speihahn gar nicht bahin, fonbern blieb am Leben. Aber der nächtliche Verrath übte auf Leib und Seele bes Gefchöpfes einen betrübenben Einfluß. Er war nie fchön gewefen, jetzt wurde fein Leib mager, der Kopf bict und fein zottiges Fell ftruppig. Die Glasfplitter, welche der kunft= volle Arzt aus feinem Magen entfernte, fuhren gewiffermaßen in die Haare, baß biefe borftig am ganzen Leibe ftarrten wie an einer Flafchenbürfte; bas gewunbene Schwänzchen wurde kahl, nur an der Spitze beftanb eine Haarquafte, baß es aus= fah wie ein verbrogener Korkzieher mit einem Kork am Enbe. Mit biefem Schwanze webelte er felten, auch fein Kläffen hörte auf, bei der Nacht wie am Tage wanbelte er fchweigenb, nur ausnahmsweife vernahm man ein bumpfes Knurren, bas zu benken gab. Er kehrte in bas Leben zurück, aber die fanfteren Gefühle in ihm waren erftorben, fein Charakter wurde men= fchenfcheu unb fchwarze Hintergebanken fammelten fich in feinem Innern, Anhänglichkeit unb Berufstreue wurben vermißt, ftatt ihrer erwiefen fich lauernbe Heimtücke unb allgemeine Rachfucht. Doch Herr Hummel beachtete diefe Umwanblung nicht. Der Hunb war bas Opfer einer unerhörten Bosheit, welche ihn, ben Hausbefitzer, fchäbigen wollte, unb wäre er zehnmal häß= licher unb menfchenfeinblicher gewefen, Herr Hummel hätte ihn boch zu feinem Lieblinge gemacht. Er ftreichelte ihn unb nahm es bem Hunbe gar nicht übel, wenn biefer zum Danke nach ben Fingern feines Herrn fchnappte.

Während aus der neuen Branbftätte bes Familienfriebens

immer noch die Fläminchen sittlicher Entrüstung emporzüngelten, kehrte Fritz von seiner Reise zurück. In der ersten Stunde erzählte ihm die Mutter alle Vorgänge der jüngsten Zeit: das Glockenspiel, die Hunde, die neue Feindschaft. „Es war recht gut, daß du nicht hier warst. Hast du denn auch immer ein gutes Federbett gehabt? In den Gasthöfen sind sie jetzt mit den Decken gegen Fremde sehr rücksichtslos. Ich hoffe, auf dem Lande, wo sie die Gänse selbst ziehen, wird mehr Einsicht gewesen sein. Und wegen dieses neuen Zankes sprich mit dem Vater, thu was du kannst, daß wieder Friede wird."

Fritz hörte schweigend den Bericht der Mutter und sagte endlich begütigend: „Du weißt, es ist nicht das erste Mal, es geht vorüber."

Diese Neuigkeiten trugen nicht dazu bei, den Doctor heiter zu stimmen. Er sah aus seiner Stube bekümmert nach dem Nachbarhause und den Fenstern des Freundes hinüber. Dort wurde wohl in Kurzem ein neuer Haushalt eingerichtet; konnte dann auch seine Freundschaft zum Professor von den Störungen betroffen werden, welche seit alter Zeit die beiden Häuser beschäftigten? Er ging daran, die Sammlungen seiner Reise zu ordnen, aber die Fußtapfen in der Höhle machten ihm heut eine unbehagliche Empfindung, und beim Hufschlag des wilden Jägers mußte er an die altklugen Worte Ilse's denken: „es ist Alles Aberglaube." Er legte die Hefte zusammen, ergriff den Hut und ging grübelnd und nicht gerade fröhlich gemuthet in den Stadtpark. Und als er wenige Schritte vor sich Laura Hummel auf demselben Wege dahinschweben sah, bog er seitwärts ab, um Niemandem aus diesem Hause zu begegnen.

Laura trug ein Körbchen mit Früchten zu ihrer Frau Pathe. Die alte Dame bewohnte eine Sommerwohnung im nahen Dorfe, zu welchem ein schattiger Fußweg durch den Park führte. Es war zu dieser Stunde einsam im Stadtwald, und nur die

Vögel beobachteten, wie sorglos der kleine Mund des behenden
Fräuleins lachte, und wie glücklich zwei schöne tiefblaue Augen
in das Dickicht spähten. Aber obgleich Laura eilte, sie hatte
doch vielen Aufenthalt. Zuerst fiel ihr ein, daß die Blätter
einer Blutbuche ihrem braunen Filzhütchen gut stehen würden,
sie brach einen Zweig, nahm den Hut ab und steckte die Blätter
auf, und um sich darüber zu freuen, behielt sie den Hut in
der Hand und legte zum Schutz gegen einzelne verwegene Licht=
strahlen ein Flortuch über den Kopf. Dann bewunderte sie
das Parket von Goldgelb und Grau, welches die Sonne auf
den Boden malte. Dann lief gar ein Eichhörnchen über den
Weg, fuhr blitzschnell an einem Baum hinauf und duckte sich
in die Zweige, und Laura sah zu ihm empor und erkannte
seine reizenden Ohrbüschel hinter dem Laub, und sie träumte
sich selbst auf die Höhe des Baumes mitten unter Laub und
Früchte, schaukelte auf den Zweigen, schwang sich von einem
Ast auf den andern und machte zuletzt einen Spaziergang auf
den Gipfeln wie auf grünen Hügeln hoch in der Luft über
die flatternden Blätter. Als sie dem Wasser nahe kam, das
auf der andern Wegseite floß, erlebte sie, daß eine große Ge=
sellschaft Frösche, welche am Uferrande in der Sonne saß, wie
auf Kommando mit großem Satze ins Wasser sprang, sie lief
hinzu und sah mit Erstaunen, daß die Frösche im Wasser weit
anders aussahen, als auf dem Lande, gar nicht wie Klötze,
sondern daß sie dahinfuhren wie kleine Herren mit Bäuchlein
und dicken Hälsen, aber langen Beinchen, welche tapfer aus=
greifen. Und da ein großer Frosch auf sie zusteuerte und seinen
Kopf gegen sie aus dem Wasser hob, fuhr sie zurück, schämte
sich einen Augenblick, daß sie seiner Schwimmkunst zugesehen
hatte, und lachte dann über sich selbst. So zog sie durch den
Wald, selbst ein Sommervogel, leicht geschwingt und in Frieden
mit aller Welt.

Aber hinter ihr schritt ihr Schicksal. Speihahn nämlich
hatte von seinem gewöhnlichen Platz an der steinernen Frei=

treppe ihr Beginnen nicht unbemerkt gelassen. Unter den wilden Haaren, die wie ein Schnurrbart über seine Augen hingen, war etwas aufgedämmert, er hatte ihr nachgeschielt, sich endlich aufgemacht, und trottete jetzt schweigend hinter ihr her, ungerührt durch Sonnenstrahl, Fruchtkorb und das rothe Kopftuch seiner jungen Herrin. Mitten zwischen Stadt und Dorf stieg der Weg aus dem Thalgrunde und seinen Bäumen zu einer kahlen Ebene, auf welcher die Kriegsmacht der Stadt zuweilen ihre Uebungen hielt, in den friedlichen Stunden ein Schäfer die Heerde weidete; der Pfad lief schräg über die offene Fläche dem Dorfe zu. Laura hielt auf der Höhe an und bewunderte die fernen Wollträger und den braunen Schäfer, der mit seinem großen Hut und Hakenstock sehr hübsch aussah. Schon war sie über die Heerde hinausgekommen, da hörte sie hinter sich Gebell und drohendes Geschrei, sie wandte sich um und sah die friedliche Gemeinde in wildem Aufruhr. Die Schafe stoben auseinander, einige rannten kopflos in die Weite, andere lagen zusammengeballt in einem Quergraben, die Schäferhunde bellten, der Schäfer und sein Knabe liefen mit gehobenen Stöcken um den verstörten Haufen. Aber während Laura erstaunt in das Getümmel sah, wurde sie selbst davon umringt, der Schäfer und sein Junge sprangen auf sie zu, zwei große Schäferhunde folgten dem hetzenden Zuruf, sie fühlte sich von rauher Männerhand angepackt, das zornige Gesicht des Schäfers und sein Hakenstock bewegten sich dicht vor ihren Augen. „Ihr Hund hat mir die Heerde auseinander gejagt, ich fordere Strafe und Zahlung.“ Erstarrt und leichenblaß griff Laura nach ihrem Geldtäschchen, kaum vermochte sie zu bitten: „ich habe ja keinen Hund, lassen Sie mich los, lieber Schäfer.“ Doch der Mann schüttelte wild ihren Arm, zwei riesige schwarze Thiere sprangen an ihr hinauf und schnappten nach ihrem Tuche. „Es ist Ihr Hund, und ich kenne das rothe Biest,“ schrie der Schäfer.

Das war kein Irrthum. Speihahn hatte nämlich ebenfalls die Schafheerde beobachtet und seinen ruchlosen Plan geschmiedet. Plötzlich war er mit heiserem Gekläff auf ein Schaf zugesprungen und hatte es heftig ins Bein gebissen. Darauf Flucht der Herde, Zusammenstürzen des Haufens, Speihahn mitten darunter, kläffend, kratzend, beißend, dann linksab einen trockenen Graben entlang, den Abhang zum Walde hinunter in das dichteste Gesträuch. Jetzt trabte er in Sicherheit nach Hause zurück, die Zähne fletschend, mit verworrenem Schnurr= bart, und ließ sein Fräulein unter der Faust des Schäfers vergehen, der seinen Hakenstock noch immer über ihr schwenkte.

„Lassen Sie das Fräulein los!" rief die erzürnte Stimme eines Mannes. Fritz Hahn sprang herzu, stieß den Arm des Schäfers zurück und fing Laura, der die Sinne schwanden, in seinen Armen auf.

Das Dazwischentreten eines Dritten zwang den Schäfer zu neuer Anklage, deren Schluß war, daß er wieder in auf= lobernder Hitze das Mädchen anfassen wollte und daß seine Hunde gegen den Doctor heranfuhren. Aber tief empört gebot Fritz: „Sie halten die Hunde zurück und benehmen sich ma= nierlicher, oder ich veranlasse, daß Sie selbst bestraft werden. Hat ein fremdes Thier Ihrer Herde Schaden gethan, so soll eine billige Entschädigung gezahlt werden, ich bin bereit, Ihnen oder dem Besitzer der Schafherde dafür zu bürgen."

So rief er und hielt Laura fest im Arme, ihr Kopf lag auf seiner Schulter und das rothe Tuch hing über seine Weste bis auf das Herz hinab. „Fassen Sie sich, liebes Fräulein," bat er herzlich besorgt. Laura erhob ihr Haupt, blickte furch= sam auf das Angesicht, welches sich von Menschenliebe und Mitgefühl geröthet über sie beugte und erkannte mit Schrecken ihre Lage. Furchtbares Schicksal! Wieder er, zum dritten Male er, der unvermeidliche Beschützer und Retter! Sie entwand sich ihm und sagte mit schwacher Stimme: „Ich danke Ihnen, Herr Doctor, ich vermag allein zu gehen."

„Nein, ich verlasse Sie nicht so," rief Fritz und verhandelte mit dem Schäfer, der unterdeß die beiden Opfer des mörberi=

schen Hundes herzugeholt und als Beweise der verübten Misse=
that niedergelegt hatte. Fritz griff in seine Tasche, reichte dem
Schäfer ein Aufgeld zu der gebotenen Entschädigung, nannte
seinen Namen und besprach mit dem Manne, der nach Anblick
des Geldes ruhiger wurde, eine Zusammenkunft.

„Bitte, geben Sie mir den Arm," wandte er sich ritterlich
zu Laura.

„Ich kann das nicht annehmen," erwiederte das betäubte
Mädchen, der großen Feindschaft eingedenk.

„Es ist nur Menschenpflicht," begütigte Fritz, „Sie sind
zu angegriffen, um allein zu gehen."

„Dann bitte ich Sie, mich zu meiner Frau Pathe zu
geleiten, es ist am nächsten dorthin."

Fritz nahm ihr das Körbchen ab und las die herausge=
fallenen Früchte zusammen, darauf führte er sie dem Dorfe zu.
„Vor dem Manne hätte ich mich nicht so sehr gefürchtet," klagte
Laura, „aber die schwarzen Thiere waren so furchtbar." Dabei
hielt sie ihren Arm schwebend in dem seinen, denn jetzt, wo
der Schrecken verflog, fühlte sie das Peinliche ihrer Lage, ach,
mit Gewissensbissen! Denn sie hatte erst heute früh die Reise=
toilette des heimkehrenden Doctors unausstehlich gefunden. Nun
war allerdings Fritz kein Mann, dessen Unausstehlichkeit lange
vorhielt. Er war voll Zartgefühl und Sorge um sie, strebte
ihr jede Unebenheit des Weges zu ersparen, streckte im Gehen
seinen Fuß aus und stieß kleine Steine weg. Er begann ein
gleichgültiges Gespräch über die Frau Pathe, wobei sie erzählen
mußte und auf andere Gedanken kommen konnte. Darüber
ergab sich, daß er selbst die Pathe recht hoch schätzte, ja, sie
hatte ihm einst, als er noch Schulknabe war, einen Kirschkuchen
geschenkt und er dafür an ihrem Geburtstage ein Gedicht ver=
fertigt. Ueber das Wort Gedicht erstaunte Laura. Also dort
drüben konnte man das auch? Allein der Doctor sprach sehr
rücksichtslos von den erhebenden Schöpfungen glücklicher Stun=
den. Und als sie ihn frug: „Sie haben auch gedichtet?" und

er lachend erwiederte: „mir für's Haus, wie Jedermann," da fühlte sie sich durch seine kalte Nichtachtung der Poesie recht gedrückt. Es war jedenfalls ein Unterschied zwischen Vers und Vers, bei Hahns thaten sie das um Kirschkuchen. Aber gleich darauf tadelte sie sich wegen unziemlicher Gedanken gegen ihren Wohlthäter. Und sie wandte sich freundlich zu ihm und sprach von ihrer Freude über das heutige Eichhorn im Walde. Denn sie hatte früher einmal ein solches Thier von einem Straßen= jungen gekauft und ins Freie gesetzt, das Thierchen war zwei= mal vom Baume wieder auf ihre Schultern gesprungen, sie war endlich mit Thränen weggelaufen, damit das Kleine in seinem Walde bleiben müsse. Und wenn sie jetzt ein Eichhorn sehe, sei ihr immer, als gehöre es ihr zu, und sie täuschte sich gewiß, aber die Eichhörner schienen ihr dieselbe Ansicht zu hegen. Diese Geschichte führte zu der merkwürdigen Entdeckung, daß der Doctor ganz ähnliche Erlebnisse mit einer kleinen Eule gehabt hatte, er machte der Eule nach, wie sie immer mit dem Kopfe nickte, wenn er ihr das Fressen brachte, und dabei sahen seine Brillengläser ganz wie Eulenaugen aus, und Laura konnte das Lachen nicht verbergen.

In diesem Gespräche kamen sie vor der Thür der Pathe an, Fritz entließ Laura's Arm und wollte sich verabschieden, sie blieb an der Thürschwelle stehen, die Hand am Griffe, und sagte verlegen: „Wollen Sie nicht wenigstens einen Augenblick hereinkommen, da Sie die Frau Pathe kennen?" — „Mit Vergnügen," erwiederte der Doctor.

Die Pathe saß in ihrer Sommerwohnung, welche etwas kleiner, feuchter und ungemüthlicher war, als ihr Quartier in der Stadt. Als aber die Kinder der feindlichen Häuser mit= einander eintraten, erst Laura, immer noch bleich und feierlich, und hinter ihr der Doctor, ebenfalls mit sehr ernsthaftem Gesicht, da erstaunte die gute Dame so, daß sie starr auf dem Sopha sitzen blieb und nur die Worte herausbrachte: „Was muß ich erblicken! Ist das möglich, ihr Kinder bei einander?"

Dieser Ausruf löste den Zauber, welcher die jungen Seelen für einen Augenblick zusammenband. Laura ging erkältet auf die Pathe zu und erzählte, daß der Herr Doctor zufällig bei ihrem Unfall herbeigekommen; der Doctor aber erklärte, daß er nur das Fräulein ihr sicher habe übergeben wollen; dann erkundigte er sich nach dem Befinden der Pathe und nahm seinen Abschied.

Während die Pathe stärkende Mittel herbeiholte und be= schloß, daß Laura unter dem Schutze des Dienstmädchens auf einem anderen Wege heimkehren solle, ging der Doctor mit leichten Schritten nach dem Walde zurück. Seine Stimmung war gänzlich verwandelt, häufig flog ihm ein Lächeln über das Antlitz. Immer wieder mußte er daran zurückdenken, wie fest ihm das Mädchen in dem Arm lag. Er hatte ihre Brust an der seinen gefühlt, ihr Haar hatte seine Wange berührt und er hatte auf den weißen Nacken und die Büste herabgesehen. Der wackere Junge erröthete bei dem Gedanken und beschleu= nigte seinen Marsch. Darin wenigstens hatte der Professor nicht Unrecht, ein Weib war immerhin noch etwas Anderes, als die Summe der Gedanken, welche man über Menschenleben und Weltgeschichte aus ihr zu entwickeln vermochte. Dem Doctor schien allerdings, als ob etwas sehr Anziehendes in wallenden Locken, rothen Bäckchen und einem hübschen Halse liege. Er gab zu, daß diese Entdeckung nicht neu war, aber ihren Werth hatte er bis dahin noch nicht mit solcher Deut= lichkeit gefühlt. Und es war so rührend gewesen, wie sie aus der Betäubung zu sich kam, die Augen aufschlug und sich scham= haft aus seinen Armen löste. Auch daß er sie so trotzig ver= theidigt hatte, erfüllte ihn jetzt mit heiterem Stolze, er blieb auf dem Schlachtfelde stehen und lachte recht herzlich vor sich hin. Dann ging er in demselben Wege, den Laura aus dem Walde gekommen war, er sah auf den Boden, als wenn er die Spuren ihrer kleinen Füße auf dem Kies zu erkennen ver= möchte, und er fühlte Glanz und Wärme der Luft, den Lockruf der Vögel, das Flattern der Libellen mit ebenso beflügeltem Muth, wie kurz vorher seine hübsche Nachbarin. Dabei summte ihm die Erinnerung an den Freund durch den Kopf, behaglich dachte er auch an die Regungen dieses Gemüthes und an die Erschütterungen, welche Thusnelda darin hervorgebracht. Es hatte dem Professor närrisch gestanden, sein Freund war in dem Pathos der aufgehenden Leidenschaft sehr komisch gewesen. Solch schwerflüssiges ernsthaftes Wesen stach seltsam ab gegen die neckischen Angriffe, welche der Zufall auf das Leben der Erdgeborenen macht. Und als auf dem letzten Busch eine von den kleinen Heuschrecken rasselte, deren Geschwirr er in sorgenvoller Zeit oft gehört hatte, sagte er lustig vor sich hin: „auch die muß noch dabei sein, erst die Schafe, dann die Grillen." Und er begann halblaut ein gewisses altes Lied, worin die Grillen aufgefordert wurden, dahinzufahren und sein Gemüth nicht weiter zu belästigen. So kam er von seinem Spaziergange in recht leichter, weltmännischer Stimmung nach Hause.

„Heinrich," begann Frau Hummel am Nachmittage feierlich zu ihrem Gatten, „mache dich gefaßt auf eine fatale Geschichte, ich beschwöre dich, bleibe ruhig und vermeide eine Scene, mühe dich, deinen Widerwillen zu bezähmen und vor allem, achte auch unsere Gefühle." Und sie erzählte ihm das Unglück.

„Was den Hund betrifft," versetzte Hummel nachdrücklich, „so ist durchaus noch nicht bewiesen, daß es unser Hund war. Das Zeugniß des Schäfers genügt mir nicht, ich kenne dieses Subject, ich verlange einen unbescholtenen Zeugen. Es laufen jetzt so viele fremde Hunde um die Stadt, daß die allgemeine Sicherheit darunter leidet, und ich habe schon oft gesagt, es ist eine Schande für unsere Polizei. Sollte es aber doch unser Hund gewesen sein, so kann ich kein besonderes Unrecht darin finden. Wenn das Schaf ihm ein Bein hinstreckt und er ein wenig daran zwickt, so ist das seine Sache, und gar nichts dagegen zu sagen. Was ferner den Schäfer betrifft, ich kenne seinen Herrn, so ist das meine Sache. Was endlich den jungen Mann da drüben betrifft, so ist das eure Sache. Ich habe nicht den Willen, das Unrecht seiner Eltern an ihm heimzusuchen, aber ich will mit den Leuten nichts zu thun haben."

„Ich mache dich aufmerksam, Hummel," warf die Gattin ein, „daß der Doctor dem Schäfer bereits Geld gegeben hat."

„Geld für mein Kind, das leide ich nicht," rief Hummel, „wie viel war's?"

„Aber Vater —," bat Laura. — „Wie kannst du verlangen," rief Frau Hummel vorwurfsvoll, „daß deine Tochter in Todesgefahr die Groschen zählt, welche ihr Retter auslegt."

„So seid ihr Weiber," grollte der Hausherr, „für Geschäfte fehlt der Sinn. Konntest du ihn nicht nachträglich fragen? Den Schäfer nehme ich auf mich, der Doctor kümmert mich nicht. Nur das sage ich euch, die Sache wird kurz abgemacht, und im Uebrigen bleibt's bei unserm Verhältniß zu diesem Hause. Ich fordere mir glattes Geschäft, und ich will diese Hähne nicht grüßen."

Nach diesem Entscheid überließ er die Frauenstube ihren Gefühlen. „Der Vater hat Recht," begann Frau Hummel, „daß er uns die Hauptsache anvertraut. Seinem strengen Sinne würde der Dank zu schwer ankommen."

„Mutter," bat Laura, „du bist geschickt in Artigkeiten, könntest du nicht hinübergehen?"

„Mein Kind," erwiederte Frau Hummel sich räuspernd, „das ist nicht leicht. Dieser unglückliche Vorfall mit den Hunden hat uns Frauen zu sehr auseinander gebracht. Nein, da du die Hauptperson bei dem heutigen Vorfalle bist, mußt du selbst hinübergehen."

„Ich kann doch nicht den Doctor besuchen," rief Laura erschrocken.

„Das ist gar nicht nöthig," begütigte Frau Hummel. „Den einzigen Vortheil hat diese Nachbarschaft, daß wir von unserem Fenster sehen, wenn die Männer ausgehen. Dann springst du zu der Mutter hinüber und richtest an sie noch einmal deinen Dank für den Sohn. Du bist mein kluges Kind und wirst dir zu helfen wissen."

Darauf saß Laura am Fenster, ohne Freude sah sie sich zur Wächterin der Nachbarn gesetzt, und recht widerwärtig erschien ihr das Auflauern. Endlich trat der Doctor auf die Thürschwelle. Sein Aussehen war wie gewöhnlich, gar nichts Ritterliches darin zu erkennen, die Gestalt war zart und der Wuchs regelmäßig, Laura liebte das Hohe; er hatte geistvolle Züge, aber sie wurden versteckt durch die große Brille, welche ihm einen recht pedantischen Ausdruck gab; wenn er einmal lachte, wurde sein Gesicht recht hübsch, aber sein gewöhnlicher Ernst kleidete ihn gar nicht. Fritz verschwand um die Ecke und Laura setzte mit schwerem Herzen ihr Hütchen auf und ging in das feindliche Haus, dessen Räume sie noch niemals betreten hatte. Dorchen, die nicht im Geheimniß war, blickte den Besuch erstaunt an, brachte ihn aber scharfsinnig mit der Rückkehr des Doctors in Verbindung und verkündete aus freien Stücken, von den Herren sei Niemand zu Hause, Frau Hahn aber im Garten.

Frau Hahn saß im chinesischen Tempel. Verlegen standen die beiden Frauen einander gegenüber, beide dachten zugleich an ihr letztes Gespräch, und beiden war die Erinnerung peinlich. Aber bei Frau Hahn überwog sogleich der menschliche Schauder vor der Gefahr, welche Laura umzingelt hatte. „Ach, Sie armes Fräulein," begann sie. Und während sie von Mitleid aufwallte, fühlte sie, daß der chinesische Bau für diesen Besuch kein geeigneter Ort sei, sie steuerte zartfühlend davon ab und lud auf die kleine Bank vor der weißen Muse. Das war der glücklichste Platz des Hauses, hier lachte der Orangenbaum seine Käuferin an, und Laura vermochte sich in dankbare Stimmung zu versetzen. Sie sagte der Nachbarin, wie sehr sie sich dem Herrn Doctor verpflichtet fühle, und daß sie die Mutter bitte, dem Sohne dies zu sagen, weil sie selbst in der Verwirrung diese Pflicht nicht gebührend erfüllt habe. Dazu fügte sie das Geschäftliche wegen des bösen Schäfers. Der Dank vergnügte die gute Frau Hahn, und mütterlich bat sie Laura, ihren Hut ein wenig abzunehmen, weil es im Garten noch warm sei. Laura aber nahm den Hut nicht ab. Sie sprach schickliche Freude aus, wie hübsch der Garten blühe, und hörte mit Befriedigung, daß das Prachtstück im Topfe dem Herrn Hahn von einem Unbekannten geschenkt sei, auch die Früchte seien süß, denn Herr Hahn habe die Rückkehr seines Sohnes durch ein künstliches Getränk gefeiert und dazu die erste Frucht des kleinen Baumes genommen.

Es war bei alledem ein diplomatischer Besuch, er wurde nicht über die nothwendige Zeit ausgedehnt, und Laura war froh, als sie beim Abschied Empfehlung und Dank an den Herrn Doctor wiederholt hatte.

Auch in den stillen Aufzeichnungen Laura's wurde die Begebenheit des Tages sehr kurz abgefertigt. Sogar eine ange= fangene Betrachtung über das Glück einsamer Waldbewohner blieb unvollendet. Wie, Laura? Du schreibst ja Alles nieder; wenn ein Holzwurm tickt, oder ein Sperling in dein Fenster schreit, hüpfen dir einige Versfüße auf. Hier wäre ein Erlebniß, gewaltig für dein junges Leben: Gefahr, Bewußtlosigkeit, Arme eines Fremden, der trotz seinem gelehrten Aussehen doch ein hübscher Knabe ist. Jetzt wäre Zeit zu schildern und zu schwär= men. Eigensinniges Kind, warum liegt das Abenteuer als totes Gestein in der phantastischen Landschaft, welche dich umgibt? Geht dir's wie dem Reisenden, der müde auf die Alpengegend zu seinen Füßen blickt und sich wundert, daß die fremdartige Natur ihn so wenig ergreift, bis allmählich, vielleicht nach Jahren, die Bilder ihn im Traum und Wachen verfolgen und von neuem in die Berge ziehen? Oder hat die Nähe des argen Wichtes, der die Missethat verübt, auch dir die freien Schwingen gelähmt?

Da liegt er vor deiner Thürschwelle, roth und ruppig, und leckt seinen Schnurrbart!

———

12.

Der Abschied vom Gute.

Der Herbst war gekommen, auf den Hügeln des Gutes trugen die Bäume ihr buntes Trauerkleid; zwischen den Stoppeln hing weißes Gespinst und die Thautropfen lagen darauf, bis der Wind das Gewebe zerriß und aus Flur und Thal entführte in die blaue Ferne. Auf dem Gute aber gingen Hand in Hand zwei Glückliche. In diesem Jahr war der Blätterfall dem Professor gar nicht empfindlich, denn in seinem eigenen Leben hatte ein neuer Frühling begonnen, und die Seligkeit dieser Tage war auf sein Antlitz in einer Schrift geschrieben, da auch der Ungelehrteste zu lesen vermochte.

Ilse war Braut. Demüthig trug sie die unsichtbare Krone, welche nach der Meinung des Hauses und der Nachbarschaft jetzt auf ihrem Haupte saß. Immer noch hatte sie Stunden, wo sie an das Glück kaum glauben konnte. Wenn sie sich früh vom Lager erhob und das Schleifen der ausziehenden Pflüge hörte, oder wenn sie im Keller stand und die Milcheimer klapperten, war ihr die Zukunft wie ein Traum. Aber am Abend, wenn sie neben dem geliebten Mann in der Laube saß, seinen Worten lauschte und die Rede über Großes und Kleines dahinflog, dann faßte sie ihn leise am Arm und versicherte sich, daß er ihr gehörte, und daß sie selbst fortan in der Welt leben sollte, in welcher sein Geist heimisch war.

Noch vor dem Winter, ehe die Vorlesungen der Universität begannen, sollte die Hochzeit sein. Denn der Professor hatte flehentlich gegen langen Brautstand Verwahrung eingelegt, und der Landwirth gab ihm Recht. „Gern hätte ich Ilse über den Winter behalten, denn Clara muß einen Theil ihrer Arbeit übernehmen, und dem Kinde wäre die Anweisung der Schwester sehr nöthig. Aber für euch ist es anders besser. Sie, mein Sohn, haben sich meine Tochter nach kurzer Bekanntschaft gefordert, je eher sich

Ilse an Ihr Stadtleben gewöhnt, desto besser wird es für Sie beide sein; und ich meine, im Winter wird ihr das leichter werden."

Es war eine Zeit seliger Unruhe, und es war gut, daß die verständige Sorge um den neuen Haushalt die hohe Empfindung der Verlobten ein wenig zu irdischen Dingen hinabzwang.

Der Professor reiste noch einmal nach der Universitätsstadt. Sein erster Gang war zum Freund. „Wünsche mir Glück," rief er, „vertraue ihr und mir." Der Doctor fiel ihm um den Hals und ging ihm in den Tagen seines Aufenthalts nicht von der Seite, er begleitete ihn bei allen Einkäufen und über=legte mit ihm die Eintheilung der Zimmer. Gabriel, dem der Besuch des Landwirths ein Vorgefühl kommender Ereignisse gegeben hatte, und dem um die eigene Unentbehrlichkeit bange geworden war, fühlte sich stolz, weil der Professor ihm sagte: „Wir bleiben die Alten, thun Sie, was in Ihren Kräften steht, sich meiner Frau nützlich zu machen." Dann kam Herr Hummel, stattete im Namen der Familie seinen Glückwunsch ab, und erbot sich aus freien Stücken, noch zwei Zimmer seines Hauses, die er entbehren konnte, dem Professor zu über=lassen. Aber unruhiger als alle Andern erwartete Laura die neue Hausgenossin. Und sie brach in die schriftlichen Worte aus: „Wie wird sie sein, erhaben oder nieblich? voll strenger Würde oder lachend frieblich? mir pocht das Herz und die Gedanken fliegen! wird liebevolles Ahnen mich betrügen?" Und als der Professor sie und ihre Mutter bat, seiner künftigen Frau entgegenzukommen und bei der Einrichtung zu helfen, und als er gegen Laura hinzusetzte, er hoffe auf ein gutes Verhältniß zwischen ihr und seiner Braut, da ahnte er gar nicht, wie viel Glück er in ein junges Herz senkte, welches das unruhige Bedürfniß hatte, sich hingebend anzuschließen. Die unsichern Angaben, welche er über das Wesen seiner Verlobten machte, hüllten die Gestalt immer noch in Nebel, aber sie wurden doch für Laura ein Rahmen, in welchen sie täglich neue Gesichter und Stellungen hineinzeichnete.

Unterdeß saßen in den Nebenräumen des alten Hauses die Frauen emsig um Truhen und Leinwand beschäftigt. Clara war durch den Brautstand der Schwester auf einmal zum erwachsenen Mädchen geworden, sie half und gab guten Rath und erwies sich in Allem brauchbar und verständig. Und Ilse rühmte das am Abend gegen den Vater und darauf schlang sie die Arme um seinen Hals und brach in heiße Thränen aus. Dem Vater zuckte der Mund, er antwortete nicht, aber er hielt die Tochter mit beiden Händen fest an seinem Herzen. Auch für diese Trennung traf es sich günstig, daß die letzten Wochen vor dem Abschied übervoll von Arbeit und Zerstreuung waren. In der Wirthschaft gab es noch viel zu schaffen, und der Vater erließ den Verlobten keinen Besuch bei seinen Bekannten in der Nachbarschaft.

Zu den nächsten gehörte die Familie Rollmaus. Ilse hatte ihre Verlobung der Frau Oberamtmann in besonderm Briefe angezeigt. Darüber war große Erregung entstanden. Die Frau Oberamtmann triumphirte. Rollmaus aber ließ sich sofort das Pferd satteln und kam nach Bielstein geritten, jedoch nicht vor das Haus, er frug am Hofthor nach dem Gutsherrn und ritt zu diesem auf das Feld. Dort nahm er den Landwirth bei Seite und begann seinen Glückwunsch mit der kurzen Frage: „Was hat er?" Diese Frage konnte durch Zahlen beantwortet werden, und die Antwort beruhigte ihn einigermaßen. Denn er wandte sein Pferd kurz um, trabte vor das Haus und brachte der Braut und dem Professor, den er jetzt als ebenbürtig ansah, seinen Glückwunsch dar. Und diesmal wiederholte er bringend seine Einladung. Nach der Rückkehr sagte er seiner Frau: „Ich hätte der Ilse eine bessere Partie gewünscht, indeß der Mann ist nicht ganz übel, freilich auf einem großen Gute müßte er sich mühsam durchschlagen."

„Rollmaus," erwiederte die Frau, „ich hoffe, du wirst dich bei dieser Gelegenheit decent beweisen."

„Wie so?" frug der Oberamtmann.

„Du mußt beim Essen die Gesundheit des Brautpaars ausbringen.“

Der Gatte brummte. „Jedoch ohne unnützes Zeug, wie Redensarten und Steckenbleiben. Ich kenne das, darauf lasse ich mich nicht ein.“

„Die Redensarten müssen die Voraussetzung sein,“ rief die Oberamtmann. „Und wenn du nicht willst, so werde ich selbst besorgen, was vorgesetzt werden muß, und du sprichst die Gesundheit.“

Das Haus Rollmaus hatte für den Brautbesuch sein feinstes Tischzeug aufgedeckt, und die Frau Oberamtmann erwies nicht nur ein gutes Herz, auch gute Küche. Sie schlug beim Braten an das Glas und begann aufgeregt: „Liebe Ilse, da Rollmaus in seiner Gesundheit das Kurze und Drakonische äußern wird, so will ich nur vorher erwähnen, daß wir Ihnen aus einem ehrlichen Herzen Glück wünschen als alte Freunde Ihrer Eltern, und da wir immer gute Nachbarschaft mit einander gehalten haben, in allem Unglück, und wenn ein angenehmer Zuwachs zur Familie kam, und ebenso durch Aushilfe in der Wirthschaft. Es ist uns sehr wehmüthig, daß Sie aus dieser Gegend ziehen, obgleich wir uns freuen, daß Sie in eine Stadt kommen, wo man das Geistige zu schätzen weiß, und was ein höheres Streben genannt wird. Ich will nicht voluminös werden, weshalb wir Sie beide bitten, auch in treuer Freundschaft an uns zu denken.“ Sie fuhr mit dem Tuche nach den Augen, und Rollmaus faßte die Familiengefühle kräftig in den vier Worten zusammen: „Das Brautpaar soll leben.“ Beim Abschied weinte die Frau Oberamtmann ein wenig und bat den Hausherrn zu erlauben, daß sie doch zur Trauung kommen dürfe, wenn auch die Hochzeit ohne Gäste sei.

Und noch eine Störung brach herein. Der Landwirth hatte um die Ehre gebeten, und sie war ihm gewährt: auf dem Wege zum Jagdschloß wollte der Fürst anhalten und im alten Hause das Frühstück einnehmen.

„Es ist gut, Ilse, daß du noch bei uns bist," sagte der Landwirth.

„Aber man weiß ja gar nicht, wie so ein Herr das gewöhnt ist," wandte Ilse zwischen Freude und Sorge ein.

„Er bringt doch einen seiner Köche mit, der in der Oberförsterei das Jagdessen zurichtet, der mag helfen; sorge nur dafür, daß er etwas in der Küche findet."

Am Tage der emsigen Vorbereitung saßen die Kinder, die Mamsell und Arbeiterinnen zwischen Hügeln von Waldzweigen und Herbstblumen und wanden Kränze und Festgehänge. „Verschont nichts," befahl Ilse dem alten Gärtner, „er ist unser lieber Landesvater, wir Kleinen bringen ihm unsere Blumen als Steuer dar." Und Hans verfertigte mit Hilfe des Professors aus Georginen riesige Kokarden und Namenszüge.

Schon am Abend vor der Jagd hielten der Fourier und der Mundkoch ihren Einzug. Der Fourier bat, die Tafel im Garten zu decken, dem Fürsten folge die nöthige Dienerschaft, bei der übrigen Aufwartung könnten die schmucken Hausmädchen helfen, dem Herrn sei das Ländliche gerade recht. Am Morgen der Jagd ritt der Landwirth in seinem besten Staat nach Rossau hinab, den Fürsten zu empfangen; die Kinder drängten sich um die Fenster der obern Stuben und spähten wie Wegelagerer nach der Landstraße. Kurz vor Mittag kamen die Wagen den Berg herauf und fuhren an der alten Hausthür vor, der Landwirth und der Oberförster, welche zu beiden Seiten des fürstlichen Wagens ritten, sprangen von den Pferden. Der Fürst stieg mit seinen Begleitern aus und betrat grüßend die Schwelle. Ein Herr, in höherem Mannesalter von mäßiger Größe, einem schmalen feinen Gesicht, dem man noch glaubte, daß er in seiner Jugend den Ruf eines schönen Mannes gehabt hatte, mit zwei klugen Augen, deren Umgebung nur durch zu viele kleine Falten verknittert war. Ilse trat in den Hausflur, der Landwirth stellte in seiner einfachen Weise die Tochter vor, der Herr begrüßte Ilse huldreich mit einigen

Worten und gönnte dem Professor, der ihm als Bräutigam der Tochter genannt wurde, einen Blick und eine Frage, worauf der Professor vom Oberjägermeister aufgefordert wurde, am Frühstück Theil zu nehmen. Dann schritt der Fürst sogleich in den Garten, rühmte das Haus und die Landschaft und erinnerte sich, daß er zum ersten Mal als vierzehnjähriger Knabe mit seinem Vater diese Gegend besucht habe.

Das Frühstück verlief auf's Beste, der Fürst that dem Land= wirth wohlthuende Fragen, welche sein Interesse an den Zuständen der Landschaft erwiesen. Als er sich vom Tisch erhoben hatte, trat er an den Professor und frug nach Einzelheiten der Uni= versität, er kannte den Namen des einen und anderen Collegen. Durch die sichern Antworten und die gute Haltung des Gelehrten wurde er veranlaßt, das Gespräch zu verlängern. Er erzählte, daß er selbst ein wenig Sammler sei, antike Münzen und Gräberfunde aus Italien mitgebracht habe, und daß ihm die Vermehrung seiner Sammlungen viele Freude gemacht. Und ihm war angenehm, daß der Professor bereits von einigem Bedeutenden darin wußte.

Als nun der Fürst mit einer Wendung zum Schlusse den Gelehrten frug, ob er in dieser Gegend heimisch sei, und Felix antwortete, daß ein Zufall ihn hierhergeführt, da flog dem Gelehrten plötzlich der Gedanke durch das Haupt, daß hier eine Gelegenheit sei, die wohl so nicht wiederkehren werde, die höchste Gewalt des Landes mit dem Schicksale der verlorenen Handschrift bekannt zu machen, vielleicht Förderung für weitere Nachforschungen in der Residenz zu gewinnen. Er begann seinen Bericht. Der Fürst hörte mit sichtlicher Spannung zu, führte ihn während angelegener Querfragen weiter von der Gesellschaft ab, und war so ganz bei der Sache, daß er darüber, wie es schien, die Jagd vergaß. Der Oberjägermeister wenig= stens sah oft nach der Uhr und sagte dem Gutsherrn Ver= bindliches über das Interesse, welches der Herr an seinem Schwiegersohn nehme. Endlich schloß der Fürst die Unter= haltung: „Ich danke Ihnen für Ihre Mittheilung, ich würdige das Vertrauen, welches Sie mir damit erweisen, kann ich Ihnen darin selbst nützlich sein, so wenden Sie sich direkt an mich, führt Sie der Weg einmal in meine Nähe, so lassen Sie mich das wissen, ich werde mich freuen, Sie wieder zu sehen."

Als der Fürst durch den Hausflur nach dem Wagen schritt, blieb er einen Augenblick stehen und sah sich um, der Ober=jägermeister gab dem Landwirth schnell einen Wink, Ilse wurde gerufen und verneigte sich wieder und der Fürst dankte ihr in Kürze für die gastliche Aufnahme. Ehe die Wagen zwischen den Hofgebäuden verschwanden, sah der Fürst sich noch einmal nach dem Hause um. Auch diese Artigkeit fiel auf fruchtbaren Boden. „Ganz umgedreht hat er sich und ganz eigen darauf ge=sehen," erzählte die Taglöhnerfrau, die sich mit Arbeitern bei dem Laubgewinde an der Scheuer aufgepflanzt hatte. Alles war zufrie=den und freute sich der Huld, welche mit gutem Anstand erwiesen und empfangen war. Ilse rühmte die Leute des Fürsten, die ihr Alles so bequem gemacht, dem Professor hatten die gescheidten Fra=gen des Herrn sehr wohl gefallen, und als der Landwirth am späten Abend zurückkehrte, erzählte auch er, wie gut die Jagd ver=laufen, und daß der Fürst ihm noch Freundliches gesagt und vor allen Leuten zu seinem Schwiegersohn Glück gewünscht habe.

Der letzte Tag kam, den die Jungfrau im Hause des Vaters verlebte. Sie ging mit Schwester Clara hinab in das Dorf, sie stand am Fenster des armen Lazarus, sie kehrte in jedem Hause ein und übergab die Armen und Kranken der Schwester. Dann saß sie lange bei dem Herrn Pfarrer in der Studierstube, der alte Mann hielt sein liebes Kind an den Händen fest und wollte sie nicht fortlassen. Bei der Trennung schenkte er ihr die alte Bibel, in welcher seine Frau gelesen hatte. „Ich wollte sie mit mir nehmen in die letzte Behausung," sagte er, „aber sie ist besser aufgehoben in Ihren Händen." Als Ilse zurückkam, setzte sie sich in ihrer Stube nieder, und die Mägde und Arbeiterinnen des Gutes traten eine nach der andern ein, von jeder nahm sie unter vier Augen Abschied,

fie fprach noch einmal über das, was jeder auf dem Herzen
lag, gab Troft und guten Rath, ein kleines Andenken aus
ihrer Habe und zuletzt einen guten Spruch, wie er auf
das Leben paßte. Am Abend faß fie zwischen dem Vater und
dem geliebten Mann, der Lehrer hatte den Kindern einige
Verfe eingelernt, Clara brachte den Brautkranz, und der kleine
Bruder erfchien als Genius, aber als der Genius feinen
Spruch fagen follte, fing er an zu fchluchzen, verbarg feinen
Kopf in Ilfe's Schoß und war gar nicht wieder zu beruhigen.

Zur Gutenachtzeit, als fich Alles entfernt hatte, faß Ilfe
noch einmal auf ihrem Stuhl in der Wohnftube, und als der
Vater aufbrach, reichte fie ihm den Leuchter. Der Vater fetzte
ihn wieder hin und ging auf und ab, ohne zu fprechen. Enb=
lich begann er: „Deine Stube bleibt für dich unverändert, und
wenn du zu uns zurücklehrft, follft du Alles fo finden, wie du
es verlaffen. Dem Gute bift du nicht zu erfetzen, nicht den
Geschwiftern, auch nicht deinem Vater. Ich gebe dich hin mit
Schmerzen in ein Leben, das uns beiden unbefannt ift. Gute
Nacht, mein braves Kind, des Himmels Segen über dich. Gott
behüte dir dein ehrliches Herz. Sei tapfer, Ilfe, das Leben ift
fchwer." Er zog fie an fich und fie weinte ftill an feinem Herzen.

Die Morgenfonne des nächften Tages fchien durch die
Fenfter der alten Holzlirche auf die Stätte vor dem Altar.
Wieder umfäumte fie Ilfe's Haupt wie mit überirdifchem Glanz
und verklärte das glückliche Antlitz des Mannes, in deffen
Hand der alte Pfarrer die Hand feines Lieblings legte. Die
Kinder des Haufes und die Arbeiterinnen des Gutes ftreuten
Blumen. Ueber den letzten Schmuck des Gartens fchritt Ilfe
mit Kranz und Schleier, das Auge zur Höhe gerichtet. Aus
den Armen des Vaters und der Gefchwifter, unter den lauten
Segenswünfchen der Frau Oberamtmann und dem leifen Gebet
des alten Pfarrers hob der Gatte fie in den Wagen. Noch ein
Hoch der Gutsleute, noch ein Blick nach dem Vaterhaufe, und
Ilfe faßte die Hand des Gatten und hielt fich an ihm feft.

Zweites Buch.

1.

Die ersten Grüsse der Stadt.

Im Stadtwald fiel das Laub vor die Füße der Spazier=
gänger, Ilse stand am Fenster und dachte an die Heimat.
Die Kränze über der Thür waren verwelkt, Linnen und Kleider
lagen eingestaut in den Schränken, das eigene Leben rann so
still, und draußen das fremde rauschte so überlaut. Im Neben=
zimmer saß der Gatte über seiner Arbeit; nur das Knittern
der Blätter, welche er umschlug, drang durch die Thür und
dazwischen aus der nahen Küche ein Klappern der Teller.
Sehr schön war die Wohnung, aber enge eingehegt, zur Seite
die schmale Straße; dahinter das Nachbarhaus mit vielen
neugierigen Fenstern; auch nach dem Walde der Horizont ver=
baut durch graue Stämme und ragende Aeste. Und aus der
Ferne tönte vom Morgen bis zum Abend das Summen,
Rasseln und Rufen der thätigen Stadt in das Ohr, von der
Höhe die Klänge eines Flügels, vom Bürgersteig ohne Auf=
hören die Tritte der Vorübergehenden, Wagen rollten heran,
laute Stimmen zankten. Und wie lange man aus dem Fenster
schaute, immer neue Menschen und unbekannte Gesichter, viele
schöne Herrschaften und wieder sehr ärmliche Leute. Ilse dachte
bei jedem Vorübergehenden, der einen modischen Rock trug,
wie vornehm er sein müsse, und bei jedem dürftigen Anzug,
wie hart den Armen hier das Leben drücke. Alle aber waren ihr
fremd, die sie reden hörte, auch die nahe bei ihr wohnten und

von allen Ecken auf ihr eigenes Treiben sehen konnten, hatten wenig mit ihr zu schaffen, und wenn sie nach Einzelnen frug, wußten ihre Hausgenossen nur spärliche Nachricht zu geben. Alles fremd und kalt und in endlosem Getümmel! Ilse stand in ihrer Wohnung wie auf einem winzigen Eiland in sturmbewegtem Meere und ihr wurde bange vor dem fremden Leben.

Aber die Stadt, wie riesenhaft und tollustig sie sich gegen Ilse geberdete, war im Grunde ein freundliches Ungethüm, ja, sie hegte vielleicht vor andern eine stille Neigung zu poetischen Gefühlen und zu heimlicher Artigkeit. Zwar hatte ein gestrenger Stadtrath den Brauch aufgegeben, ansehnlichen Fremden den Willkommen mit Wein und Fischen zu überreichen, aber er sandte doch den ersten Morgengruß durch seine geflügelten Schützlinge, über welche sich schon Ilse's Vater gefreut hatte. Die Tauben flogen um Ilse's Fenster, saßen gedrängt vor den Scheiben und pickten an das Holz, bis Ilse ihnen Futter hinausstreute. Und Gabriel, der das Frühstück abräumte, konnte nicht umhin, sich selbst zu loben: „Ich habe sie seit einigen Wochen an diesem Fenster gefüttert, weil ich mir dachte, daß sie Ihnen recht sein würden.“ Und als Ilse ihn dankbar ansah, gestand er offenherzig: „Denn ich bin auch vom Dorfe, und weil ich zuerst in die Kaserne kam, habe ich auch mein erstes Commißbrod mit einem fremden Pudel aufgegessen.“

Aber die Stadt sorgte noch durch andere Vögel dafür, daß die Frau vom Lande heimisch wurde. Gleich am ersten Tage, wo Ilse allein ausging — es war ein schwerer Gang, denn sie konnte sich mit Mühe enthalten, vor den Schaufenstern stehen zu bleiben, und sie erröthete, so oft die Leute dreist in ihr Gesicht sahen, — gleich damals hatte sie vor einer Conbitorei arme Kinder getroffen, welche begehrlich durch die Fensterscheiben auf das Backwerk starrten; die sehnsuchtsvollen Blicke hatten sie gerührt, sie war hineingetreten und hatte Kuchen unter sie vertheilt. Seitdem machte sich's, daß jeden Mittag leise an Ilse's Klingel gezogen wurde und kleine Jungen

mit zerrissenen Höschen leere Töpfe darboten und gefüllte heim=
trugen, zum Aerger des Herrn Hummel, der ein solches An=
locken von Spitzbuben nicht loben konnte.

Als Ilse am Abend ihrer Ankunft von dem Gatten in
ihr Zimmer geführt wurde, fand sie über den Tisch eine schöne
Decke gebreitet, ein Meisterstück sorgfältiger Frauenarbeit, daran
einen Zettel mit dem Wort: „Willkommen." Gabriel bekannte,
daß Fräulein Laura dies Geschenk aufgelegt habe. Deshalb
wurde am nächsten Morgen der erste Besuch im Unterstock ge=
macht. Als Ilse in das Wohnzimmer der Familie Hummel
trat, sprang Laura erröthend auf und stand verlegen der Frau
Professorin gegenüber; ihre ganze Seele flog der Fremden
entgegen, aber Ilse's Wesen flößte ihr Scheu ein. Ach, die
Ersehnte war allerdings erhaben und würdevoll, weit mehr als
Laura gedacht hatte, Laura kam sich auf der Stelle sehr klein
und unreif vor, sie empfing schüchtern den Dank und zog sich
einige Schritte zurück, der Mutter die Pflicht der Worte über=
lassend. Aber sie wurde nicht müde, die schöne Frau anzu=
sehen und ihre Gestalt in Gedanken mit dem edelsten Costüm
der tragischen Bühne zu schmücken.

Laura erklärte der Mutter, daß sie den Gegenbesuch allein
machen wolle, und schlüpfte am nächsten schicklichen Tage in der
Dämmerung hinauf, mit pochendem Herzen, aber entschlossen,
eine gute Unterhaltung zu suchen. Doch da wollte der Zufall,
daß gleich nach ihr der Doctor als Störenfried eintrat, und
es gab nichts als ein zerpflücktes Gespräch und verblichene
Redensarten, durch welche gar nichts erreicht wurde. Und sie
empfahl sich wieder, böse auf den Doctor und unzufrieden
mit sich selbst, weil sie nichts Besseres zu sagen gewußt.

Seit diesen Tagen war die Hausgenossin für Laura ein
Gegenstand stiller unablässiger Verehrung. Sie setzte sich nach
Tische an das Fenster und wartete auf die Stunde, in welcher
Ilse am Arm des Gatten auszugehen pflegte. Dann lauschte
sie hinter der Gardine hervor und sah ihr bewundernd nach.

Sie huschte oft über den Hausflur und um die Entreethür der Miether, aber wenn Ilse einmal von weitem sichtbar wurde, verbarg sie sich, oder wenn sie mit ihr zusammentraf, verneigte sie sich tief, und wußte in der Schnelle nur Gewöhnliches zu reden. Sie war sehr bekümmert, ob ihr Clavierspiel nicht stören würde und ließ hinauffragen, in welchen Stunden sie am wenigsten damit lästig sei; und als er, der rothe Kobold ohne Namen, einst gegen Ilse geknurrt und ihr tückisch in das Kleid gebissen hatte, gerieth sie in solchen Zorn, daß sie ihren Sonnenschirm holte und das Scheusal damit bis unter die Treppe verfolgte.

Unter dem Namen der Mutter — denn für sich selbst wagte sie es nicht — begann sie einen Feldzug von kleinen Aufmerksamkeiten gegen den Oberstock. Wenn Verkäufer gute Dinge für die Küche anboten, wurde Laura den Mittagsfreuden des Herrn Hummel verhängnißvoll, denn sie fing junge Gänse und fette Hühner vor der Küche ab und sandte sie regelmäßig nach der Höhe, bis das Dienstmädchen Susanne über das Vorkaufsrecht der Miether in Erbitterung gerieth und Frau Hummel zu Hilfe holte. Als durch eine Frage Gabriels offenbar wurde, daß sich die Frau Professorin nach einer bestimmten Art seiner Aepfel erkundigt hatte, eilte Laura auf den Markt, suchte so lange, bis sie ein Körbchen davon heimbrachte, und diesmal zwang sie sogar Herrn Hummel selbst, den Korb mit vielen Empfehlungen hinaufzusenden. Ilse freute sich des artigen Hauswirths, aber sie ahnte nicht den geheimen Quell.

„Vor einem Volk habe ich große Scheu," sagte Ilse zu ihrem Gatten, „und das sind die Studenten. Ich war kaum flügge und zum Besuch bei unserer Tante, da sah ich eine ganze Gesellschaft zum Thore hereinziehen, mit großen Degen, mit Federhüten und sammtenen Röcken. Thaten die wild! Ich durfte den Tag nicht auf die Straße gehen. Wenn ich jetzt als deine Frau mit den wilden Männern verkehren muß, ich fürchte mich nicht gerade, aber sie sind mir bangsam."

„Nicht alle sind so arg," tröstete der Professor, „du wirst sie bald gewöhnt werden."

Trotzdem erwartete Ilse mit Spannung den ersten Studenten. Und es traf sich, daß an einem Morgen die Schelle gezogen wurde, als gerade der Professor auf der Bibliothek weilte, Gabriel und das Mädchen ausgeschickt waren. Ilse öffnete selbst die Thür. Betroffen prallte ein junger Mann zurück, der durch die bunte Mütze als Student deutlich wurde, und außerdem eine schwarze Mappe unter dem Arme trug. Dieser sah freilich anders aus, ohne Straußenfeder und Degen, er war auch bleich und schmächtig; aber Ilse fühlte doch Respect vor dem gelehrten jungen Herrn und fürchtete nebenbei, daß die Wildheit seines Standes plötzlich aus ihm hervorbrechen könnte. Indeß, sie war ein tapferes Mädchen gewesen und nahm den Besuch von der praktischen Seite: „Das Unglück ist einmal da, jetzt gilt's artig sein. — Sie wünschen meinen Mann zu sprechen, er ist im Augenblick nicht zu Hause, wollen Sie sich nicht gütigst herein bemühen?"

Der Student, ein armer Philolog, welcher als Bewerber um ein kleines Stipendium anlief, gerieth solchem majestätischen Willen gegenüber in starke Beklemmung. Er machte viele Verbeugungen, aber er wagte nicht zu widerstreben. Ilse führte ihn also in das Besuchzimmer, nöthigte ihn, auf einem Lehnsessel niederzusitzen und frug, ob sie ihm mit irgend etwas dienen könne. Der arme Schelm wurde immer verlegener, und auch Ilse wurde durch seine Unruhe ein wenig angesteckt. Sie fing aber entschlossen eine Unterhaltung an und erkundigte sich, ob er aus dieser Stadt stamme. Dies war nicht der Fall. — Aus welcher Gegend er zugezogen, auch sie sei eine Fremde. — Da ergab sich, daß er aus ihrer Landschaft war, zwar nicht aus der Nähe ihrer Heimat, sondern, wie beide mit einander berechneten, etwa zehn Meilen ab aus anderer Ecke, indeß er hatte doch von klein auf dieselben Berge gesehen und kannte die Mundart ihres Landes und die Sprache seiner Vögel.

Nun rückte sie ihm näher und machte ihn gesprächig, bis beide wie gute Gesellen mit einander plauderten. Endlich sagte Ilse: „Mein Mann kommt vielleicht nicht so bald, ich möchte ihn aber des Vergnügens nicht berauben, Sie zu sprechen, wie wäre es, Herr Landsmann, wenn Sie uns den nächsten Sonntag die Freude machten, unser Mittagsgast zu sein?" Ueberrascht und unter vielen Danksagungen erhob sich der Student und entfernte sich, von Ilse bis an die Thür begleitet. Er hatte aber, umstrickt durch das Abenteuer, seine Mappe vergessen, noch einmal tönte schüchtern die Schelle, er stand noch einmal verlegen an der Thür und bat mit vielen Entschuldigungen um seine Mappe.

Ilse freute sich der Begegnung und daß sie so gut die erste Schwierigkeit überwunden hatte. Froh rief sie ihrem Mann an der Thür zu: „Felix, der erste Student war hier."

„So?" erwiederte der Gatte, durch die Nachricht keineswegs erschüttert, „wie hieß er?"

„Den Namen weiß ich nicht, er trug aber eine rothe Mütze und sagte: er sei kein Fuchs. Ich habe mich nicht gefürchtet, ich habe ihn dir für Sonntag zum Essen gebeten."

„Nun," versetzte der Professor, „wenn du das bei Jedem thust, so wird unser Haus voll werden."

„War's nicht recht?" frug Ilse bekümmert. „Ich sah wohl, daß es keiner von den großen war, aber ich wollte um beinetwillen doch lieber zu viel, als zu wenig thun."

„Laß gut sein," sagte der Professor, „es soll ihm nicht vergessen werden, daß er der erste war, der in dein liebes Angesicht schaute."

Der Sonntag kam, und in der Mittagstunde unter vielen Verbeugungen der Studiosus. Obwohl er sonst Freitische in Familien als eine zwar werthvolle aber lästige Einrichtung leidend ertrug, so hatte er doch diesmal in Weste und sogar in Handschuhen eine außerordentliche Anstrengung gemacht. Und Ilse erhielt durch die Haltung des Gatten gegen

ben Studenten sogleich eine ruhig mütterliche Würde. In
solcher Stimmung legte sie ihm ein zweites Bratenstück auf
den Teller und versah ihn mit gehäufter Zukost. Die wohl-
wollende Behandlung und einige Gläser Wein, deren letztes
Ilse eingoß, stärkten dem Studenten das Herz und hoben ihn
über die Erbärmlichkeiten des irdischen Daseins. Nach Tische
besprach der Professor mit dem Doctor etwas Gelehrtes. Ilse
aber setzte gütig die Unterhaltung mit dem jungen Herrn fort,
und kam, da dies am bequemsten war, auf seine Familien-
verhältnisse zu sprechen. Da wurde der Student warm und
weich und begann Enthüllungen von sehr traurigem Inhalt.
Natürlich zunächst, daß er kein Geld hatte, dann aber wagte
er auch schmerzliche Offenbarungen über ein zartes Verhältniß
zu der Tochter eines Juristen, mit welcher er in demselben
Hause gewohnt und die er ein Jahr lang innig verehrt hatte,
zuletzt mit Poesie. Endlich kam der Vater dahinter. Dieser
verbot mit einer Thrannei, wie sie geheimen Justizräthen eigen
ist, seiner Tochter die Annahme der Gedichte, und bewirkte
sogar die Entfernung des Studiosus aus dem Hause. Seitdem war das Innere des Studenten ein Abgrund von Ver-
zweiflung; kein Gedicht — es waren Sonette, — drang mehr
bis zu der umschlossenen Geliebten. Ja, er hatte Grund, anzunehmen, daß auch sie ihn verachte. Denn sie besuchte Bälle,
und er hatte sie erst den Abend vorher gesehen, wie sie mit
Blumen im Haar aus dem Wagen des Vaters in ein hell
erleuchtetes Haus getreten war. Traurig hatte er an der
Hausthür unter dem zuschauenden Volk gestanden, sie aber
war rosig, lächelnd, strahlend bei ihm vorübergeglitten. Jetzt
wandelte er mit seinem Abgrunde dahin, allein, ohne eine
menschliche Seele, des Lebens müde und voll schwarzer Gedanken,
über welche er sehr düstere Andeutungen machte. Zuletzt bat
er Ilse um Erlaubniß, ihr diejenigen Gedichte, welche die Zustände seines Innern am deutlichsten ausdrückten, übersenden
zu dürfen.

Natürlich gab das Ilse in warmem Mitleid zu.

Der Studiosus empfahl sich und Ilse erhielt am nächsten Morgen durch Stadtpost ein ziemliches Päckchen mit einem ehrerbietigen Briefe, worin der Student sich entschuldigte, daß er nicht alle poetischen Actenstücke, welche sein Unglück ins richtige Licht setzten, übersende, da er mit dem Abschreiben nicht fertig geworden sei. Beilage war ein Sonett an Ilse selbst, sehr hochachtungsvoll und zart, doch war daraus allerdings die stille Neigung des Studenten erkennbar, Ilse an Stelle seiner Ungetreuen zur Herrin seiner Träume zu machen.

Ilse trug verlegen diese Sendung auf den Arbeitstisch ihres Gatten. „Habe ich etwas versehen, Felix, so sag' mir's." Der Professor lachte. „Ich schicke ihm selbst seine Gedichte zurück, das wird die Huldigung wohl bändigen; du weißt jetzt, daß es nicht ohne Gefahr ist, das Vertrauen eines Studenten zu gewinnen. Die Gedichte sind übrigens schlechter als nöthig wäre."

„Das war also eine Lehre," sagte Ilse, „die ich mir geholt. In Zukunft wollen wir vorsichtiger sein."

Aber so schnell wurde sie die Erinnerung an den Studenten nicht los.

Jeden Nachmittag, wenn das Wetter nicht gar unfreundlich war, ging zu derselben Stunde Ilse am Arm des Gatten in den Stadtwald. Die Glücklichen suchten einsame Nebenpfade, wo das Astgeflecht dichter ragte und das Grün des Grundes fröhlich gegen die gelben Blätter abstach. Dann dachte Ilse an die Bäume des Gutes, und da machte sich's, daß die Gatten immer wieder vom Vater und von den Geschwistern sprachen und von den ersten Nachrichten, die sie aus der Heimat bekommen. An dem Wiesengrund, welcher sich von den letzten Gebäuden in den Wald zog, stand unter dichtem Gebüsch eine Bank, dort übersah man im Vordergrund die feindlichen Häuser, dahinter Giebel und Thürme der Stadt. Als Ilse

das erste Mal aus dem Gebüsch an die Stelle trat, freute sie
sich des Anblicks ihrer Fenster und der umdämmerten Thürme,
dabei fiel ihr der Sitz in der Höhle ein, von dem sie so oft
auf das Vaterhaus geblickt hatte; sie saß auf der Bank nieder,
zog Briefe ihrer Geschwister hervor, die sie eben erhalten, und
las dem Gatten die schmucklosen Sätze, in denen die letzten
Ereignisse des Gutes berichtet wurden. Seitdem war ihr die
Ruhestelle lieb, jedesmal lenkten sich die Schritte auf
dem Heimwege dorthin, und sie schaute von der Bank
nach der Wohnung, den Dächern der Stadt und dem Himmel
darüber.

Als sie nun am Tage nach jener Sendung des Studenten
wieder aus dem Gehölz zu der Bank trat, sah sie einen kleinen
Blumenstrauß darauf liegen; neugierig griff sie darnach, ein
zierlich zusammengelegtes Briefchen von Rosapapier hing daran,
mit der Aufschrift: „Ein Gruß aus B." Dahinter gerade so
viel Punkte, als der Name des väterlichen Gutes Buchstaben
enthielt. Ueberrascht reichte sie den Zettel dem Professor, er
öffnete und las die anspruchslosen Worte: „Unterm Stein die
kleinen Zwerge senden dir den Blumenstrauß, grüßend über
Thal und Berge, aus dem lieben Vaterhaus." — „Das gilt
dir," sagte er verwundert.

„Wie allerliebst," rief Ilse.

„Die Zwerge sind jedenfalls ein Scherz des Doctors,"
entschied der Professor, „freilich hat er seine Hand gut verstellt."

Erfreut steckte Ilse den Strauß an: „Wenn der Doctor
heut Abend kommt, soll er nicht merken, daß wir ihn errathen
haben." Der Professor erzählte von den neckischen Einfällen
des Freundes, und Ilse, die sonst den Doctor mit einem ge=
heimen Zweifel betrachtete, stimmte herzlich bei.

Als aber der Doctor am Abend die größte Unbefangen=
heit heuchelte, wurde fröhlich seine Verstellungskunst gescholten
und der Dank doch an ihn abgegeben. Da aber erklärte er
fest, daß Strauß und Gedicht nicht von ihm kämen; es erhob

ſich eine fruchtloſe Erörterung über den Urheber, und der Pro=
feſſor ſah zuletzt ſehr ernſthaft aus.

Die Begrüßung im Walde wiederholte ſich. Wenige Tage
darauf lag wieder ein kleiner Strauß mit derſelben Aufſchrift
und einem Verſe auf der Bank. Noch einmal verſuchte Ilſe
leiſe eine Mitwirkung des Doctors zu behaupten, aber der
Profeſſor wies das kurz ab und ſteckte den roſafarbenen Zettel
ein. Ilſe nahm den Strauß mit, diesmal nicht im Gürtel.
Als der Doctor herüberkam, wurde das Abenteuer wieder in
Erwägung gezogen.

„Es kann Niemand ſein, als der kleine Student,“ geſtand
Ilſe gedrückt.

„Das fürchte auch ich,“ ſagte der Profeſſor, und erzählte
dem Doctor zu Ilſe’s Kummer von der vertraulichen Sendung
des Muſenſohns. „So harmlos die Sache an ſich iſt, hat ſie
doch eine ernſte Seite. Das Auflegen dieſer Adreſſen ſetzt eine
genaue Beobachtung voraus, die nichts weniger als angenehm
iſt, und ſolche emſige Thätigkeit kann den Verehrer bis zu
größerem Wagniß führen. Dem muß geſteuert werden. Ich
werde morgen verſuchen, ihn von ſeinem Unrecht zu überzeugen.“

„Und wenn er dir die Thäterſchaft ableugnet,“ warf der
Doctor ein. „Dies wenigſtens ſollte man ihm vorher unmöglich
machen. Der Strauß kann, wenn er andern Vorübergehenden
entgehen ſoll, erſt im letzten Augenblicke vor euer Ankunft
hingelegt werden, und es iſt nicht ſchwer, euer Kommen abzu=
warten, da der Spaziergang in größter Regelmäßigkeit ſtatt=
findet. Man muß den Dreiſten zu überraſchen ſuchen.“

„Ich werde alſo morgen allein gehen,“ ſagte der Profeſſor.

„Du darfſt einem Studenten nicht im Walde aufpaſſen,“
entſchied der Doctor, „auch wird, wenn Frau Profeſſorin zu
Hauſe bleibt, der Strauß wahrſcheinlich nicht auf der Bank
liegen. Ueberlaß mir die Sache. Geht morgen und in den
nächſten Tagen aus wie gewöhnlich, ich will von anderer Seite
her die Stätte des Frevels beobachten.“

Das wurde beschlossen, der Professor nahm die beiden klei=
nen Sträuße aus dem Glase und warf sie zum Fenster hinaus.

Den Tag darauf ging der Doctor als Spion verkleidet
in grauem Rock und dunklem Hut eine Viertelstunde vor den
Freunden in den Stadtwald, um aus einem Versteck den ver=
messenen Versifex zu überfallen; er nahm sich vor, den Thäter
im Gebüsch so zu zerknirschen, daß seinem Professor jede persön=
liche Einmischung gespart wurde. Gerade gegenüber der Bank
fand er eine gute Stelle, wo dauerhaftes Buchenlaub den
Jäger vor dem Wilde verbarg. Dort stellte er sich auf dem
Anstand zurecht, zog einen großen Operngucker aus der Tasche,
zwang ihn durch Drehen zu der schärfsten Wirkung, und starrte
unverwandt nach der verhängnißvollen Bank. Noch war die
Bank leer, wenige Spaziergänger gingen gleichgültig an ihr
vorüber, die Zeit wurde lang, der Doctor sah eine halbe Stunde
durch die Gläser, daß ihm die Augen schmerzten, aber er hielt
aus, sein Stand war ausgezeichnet, der Verbrecher konnte nicht
entrinnen. Da plötzlich, gerade als sein Auge zufällig nach
Herrn Hummels Haus abschweifte, sah er dort die Gartenthür
nach dem Stadtpark geöffnet, etwas Dunkles fuhr heraus
zwischen die Bäume, kam bei der Bank aus dem Gehölz, sah
sich vorsichtig um, strich längs der Bank dahin und verschwand
wieder hinter den Coulissen der Bäume und hinter der feind=
lichen Gartenpforte. Ein unendliches Erstaunen lagerte sich
auf dem Antlitz des Doctors, er drückte das Opernglas zu=
sammen und lachte still vor sich hin, richtete wieder die Gläser
und spähte der verschwundenen Gestalt nach, schüttelte mit dem
Kopf und verfiel in ein tiefes Sinnen. Da, horch, der ruhige
Schritt zweier Lustwandelnden. Der Professor und Ilse traten
in seiner Nähe aus dem Holz, sie blieben einige Schritt von
der Bank stehen und sahen auf einen verhängnißvollen Strauß,
welcher recht unschuldig dalag. Der Doctor brach lachend aus
dem Gebüsch, er nahm den Strauß und bot ihn Ilse an. „Es
ist nicht der Student," sagte er.

„Wer also?" frug der Professor unruhig.

„Das darf ich nicht sagen," versetzte der Doctor, „aber die Sache ist harmlos, der Strauß ist von einer Dame."

„Im Ernst?" frug der Professor.

„Verlaß dich darauf," tröstete Fritz überzeugend, „er ist von Jemand, den wir beide kennen. Und deine Frau darf keinen Augenblick anstehen, sich den Gruß gefallen zu lassen, er ist in bester Meinung gegeben."

„Sind die Städter so reich an Versen und Geheimnissen?" frug Ilse neugierig und nahm mit leichtem Herzen die Blu= men. Wieder wurde gerathen, leider fand sich kein Mensch, dem man dergleichen zutrauen konnte. „Es ist mir lieb, daß sich die Sache so löst," sprach der Professor, „doch sage deiner Dichterin, daß solche Sendung sehr leicht in falsche Hände kommen kann."

„Ich habe keinen Einfluß auf sie," erwiederte der Doctor, „aber weßhalb sie sich diese Grüße auch in den Kopf gesetzt hat, es wird euch nicht ewig Geheimniß bleiben."

Endlich kam die heißersehnte Stunde, in welcher Laura mit der hohen Fremden — so wurde Ilse bis zu diesem Tage in den Memoiren bezeichnet — ohne Beobachter zusammentraf. Die Mutter war ausgegangen, als Ilse mit einer häuslichen Frage in das Wohnzimmer trat. Laura gab Auskunft, wurde im Reden herzhaft und wagte endlich die Bitte, daß Ilse mit ihr in den Hausgarten hinabsteigen möchte. Dort saßen beide nebeneinander in dem letzten Strahl der Octobersonne und begutachteten mild den Kahn, den chinesischen Tempel und die Vorübergehenden. Endlich faßte Laura mit den Fingerspitzen Ilse's Hand und zog sie in die Gartenecke, um ihr die größte Seltenheit, das verlassene Nest eines Zaunschlüpfers zu zeigen. Die Vögel waren längst entflogen, das Gewebe hing an halb= entlaubten Aesten. „Hier waren sie," rief Laura nachdrücklich; „himmlische kleine Wesen, fünf gesprenkelte Eier lagen darin, und sie haben die Kleinen glücklich heraufgebracht. Ich stand die ganze Zeit Todesangst aus wegen der Katzen, die hier sehr umherschleichen."

„Sie sind ein liebes Stadtkind," sagte Ilse. „Ach, die Menschen sind hier glücklich, wenn sie nur einen armen Plattmönch im Garten erhalten. Zu Hause schwirrte, flog und sang das von allen Bäumen, und wenn's nicht etwas Besonderes war, konnte man sich gar nicht um das Einzelne kümmern. Hier wird Einem jedes Thierchen werthvoll und wehmüthig. Zuletzt auch die Sperlinge. Ich bin am ersten Morgen erschrocken über diese armen Geschöpfe. Sie sind ihren Kameraden draußen gar nicht zu vergleichen, so struppig und abgestoßen sind ihre Federn, und am ganzen Leibe sind sie schwarz und rußig wie Kohlenbrenner. Ich hätte gern einen Schwamm genommen und die ganze Bande abgewaschen."

„Es würde nichts helfen, denn sie werden gleich wieder angemalt," sagte Laura kleinlaut, „das macht der Ruß in den Dachrinnen."

„Wird man in der Stadt so verstäubt und von allen Seiten gestoßen? Das ist traurig. Es ist doch schöner auf dem Lande," und als Ilse das leise gestand, wurden ihr bei dem Gedanken an den fernen Waldhügel wider Willen die Augen feucht. „Ich bin nur noch fremd hier," setzte sie muthiger hinzu. „Die Stadt wäre schon gut, wenn nur nicht gar zu viel Menschen darin wären, die kränken mich noch mit ihrem Anstarren, so oft ich allein auf der Straße gehe."

„Ich will Sie begleiten," rief Laura hingerissen, „wenn Sie wollen, ich will immer bereit sein."

Das war ein freundliches Anerbieten und es wurde dankbar angenommen. Und Laura bat in ihrer Freude darüber, daß Ilse sie jetzt auch in ihr Geheimzimmer begleite. Sie stiegen in den Oberstock hinauf. Dort wurde das kleine Sopha, der Epheu, Schäfer und Schäferin bewundert, zuletzt das neue Fortepiano.

„Spielen Sie mir etwas vor," bat Ilse. „Ich kann

nichts. Wir hatten ein altes Clavier, da habe ich nur wenig Takte von meiner lieben Mutter gelernt, wenn die Kinder tanzten." Laura ergriff ein schönes Notenheft, dessen erstes Blatt kunstvoll mit vergoldeten Elfen und Lilien geziert war, und spielte innerlich bebend, aber mit hübscher Fingerfertigkeit das Elfenstück herunter. Und sie erklärte lachend und ihre dunklen Löckchen schüttelnd die Stellen, wo die Geister angehuscht kamen und geheimnißvoll durcheinander schwatzten. Ilse war hocherfreut. „Wie schnell die kleinen Finger fliegen!" sagte sie und betrachtete mit Bewunderung die feine Hand Laura's, „sehen Sie, wie groß meine Hand dagegen ist, und wie hart die Haut, das kommt vom Anfassen in der Wirthschaft." Und Laura sah bittend zu ihr auf: „Wenn ich nur Sie singen hörte."

„Ich vermag nichts als Gesangbuchlieder und ein paar alte Dorfmelodien."

„O singen Sie doch," bat Laura, „ich will Sie zu beglei=ten suchen."

Ilse begann eine alte Weise und Laura suchte eine beschei=dene Begleitung und horchte hingerissen auf den kräftigen Klang der Stimme, sie fühlte ihr Herz in den Tonwellen zittern und wagte beim letzten Vers leise einzustimmen.

Sofort suchte sie nach einem Liede, das beide kannten, und als der gemeinsame Gesang so ziemlich gelungen war, klatschte Laura begeistert in die Hände, und es wurde der Beschluß gefaßt, ein oder das andere leichte Lied einzuüben und den Professor damit zu überraschen.

Dabei ergab sich, daß Ilse nur selten ein kleines Concert gehört und nur einige Male auf Reisen in ihrer Umgegend ein Schauspiel gesehen hatte, und nicht mehr als eine Oper.

„Das Stück hieß der Freischütz," sagte Ilse. „Sie war des Oberförsters Tochter, und sie hatte eine Freundin, gerade so lustig und mit solchen hübschen Locken und treuen Augen, wie Sie haben. Und der Mann, den sie liebte, verlor sein Vertrauen auf des Himmels gnadenvollen Schutz, und um das Mädchen für sich zu erhalten, verleugnete er, und gab sich dem Bösen. Das war fürchterlich. Ihr wurde das Herz schwer, und die Ahnung kam über sie, aber sie verlor nicht die Kraft und nicht das Vertrauen zu der Hilfe von oben. Und ihr Glaube rettete den Geliebten, über den der Böse schon seine Hand hielt." Darauf schilderte sie getreulich den ganzen Verlauf des Stückes. „Es war hinreißend," sagte sie, „ich war damals noch jung, und als ich in unser Quartier kam, konnte ich mich nicht fassen, und der Vater mußte mich schelten." Laura lauschte auf dem Fußbänkchen zu Ilse's Füßen, hielt die Hand der Professorin fest, ließ sich wie ein kleines Kind, das ein Märchen hört, erzählen, was sie doch so gut wußte, und die Fremde war ihr unendlich rührend. „Wie warm Sie das schildern, es ist, als ob man ein Gedicht liest."

„Ach nein," erwiederte Ilse kopfschüttelnd, „gerade diese Artigkeit verdiene ich am wenigsten, ich habe in meinem ganzen Leben keinen Vers gemacht, und ich bin so prosaisch, daß ich gar nicht weiß, wie ich mit meinem ungeschickten Wesen in der Stadt zurecht kommen werde. Denn hier macht man Verse! Sie summen um einen in der Luft, wie die Mücken im Sommer."

„Meinen Sie?" frug Laura, das Köpfchen senkend.

„Denken Sie, auch ich Fremde habe Verse erhalten."

„Das finde ich natürlich," sagte Laura und drückte ihr Taschentuch in Falten, um die Verwirrung zu verbergen.

„Auf der Bank im Park habe ich kleine Sträuße gefunden mit lieben kleinen Gedichten, und den Namen meiner Heimat mit Buchstaben und Punkten. Sehen Sie, erst ein großes B und dann —"

Laura sah in ihrem Entzücken über den Bericht vom Taschentuch auf, ihre Wangen waren mit Purpur übergossen, aber aus den Augen lachte der Schelm. Ilse blickte in das strahlende Gesicht, und während sie sprach, errieth sie die Geberin. Da beugte sich Laura auf Ilse's Hand, sie zu küssen,

Ilse aber hob ihr den Lockenkopf in die Höhe, drohte ihr mit dem Finger und küßte sie auf den Mund.

„Sie sind mir nicht böse," bat Laura, „daß ich so dreist war."

„Es war lieb und schön. Aber denken Sie, es hat uns doch in Verwirrung gesetzt, der Doctor hat Sie wohl beobachtet, aber er hat uns Ihren Namen nicht genannt."

„Der Doctor?" rief Laura aufspringend, „muß der überall dazwischen kommen."

„Er hat Ihr Geheimniß treu bewahrt. Nicht wahr, jetzt darf ich meinem Hausherrn Alles sagen? Denn unter uns, ihm war's eine Zeitlang gar nicht recht."

Das war nun für Laura ein Triumph. Wieder flog sie zu Ilse's Füßen und bat schelmisch, zu erzählen, was der Herr Professor gesagt.

„Das geht nicht an," entgegnete Ilse gravitätisch, „denn das ist sein Geheimniß."

So schwand eine Stunde in süßem Geplauder bis die Uhr schlug und Ilse schnell aufstand. „Mein Mann wird sich wundern, wohin ich verschwunden bin," sagte sie, „Sie sind ein liebes Fräulein, ist's Ihnen recht, so wollen wir treu zu=sammenhalten."

Ach, Laura war das sehr recht, sie begleitete ihren Besuch bis zur Treppe, auf den Stufen fand Laura, daß sie eine Hauptsache vergessen hatte, ihre Stube lag gerade über dem Zimmer der Frau Professorin, und wenn Ilse das Fenster öffnete, konnte sie im Nothfall der Hausgenossin schnelle Nach=richt hinaufwinken. Und als Ilse an ihrer Thür schloß, kam Laura noch einmal herabgelaufen, um ihre Freude auszusprechen, daß Ilse ihr diese Stunde geschenkt habe.

Laura ging in ihrem Zimmer mit schnellen Schritten auf und ab und schnippte mit den Fingern, wie Einer, der das große Loos gewonnen hat. Sie vertraute dem geheimen Werke die ganze Weihestunde an, jedes Wort, das Ilse gesprochen, unb schloß mit den Versen: „Ich fanb dich, Reine! Leben wirb mein Traum. Dir schwebt die Seele zwischen Freud' unb Schmerzen, ich aber rühr' an beines Kleibes Saum unb trage liebenb dich in meinem Herzen." Dann setzte sie sich an bas Piano unb spielte noch einmal mit leibenschaftlichem Ausbruck bie Melobie, welche Ilse ihr vorgesungen hatte. Unb Ilse hörte unten den innigen Dank für ihren Besuch.

2.

Ein Tag der Besuche.

Der Wagen fuhr vor, Ilse trat, für bie ersten Besuche gerüstet, in bas Arbeitszimmer bes Gatten. „Sieh mich an," sagte sie, „bin ich so recht?"

„Alles in Orbnung," rief ber Professor, fröhlich seine Frau musternb. Aber es war gut, baß auch ohne seine Hilfe Alles in Orbnung war, benn in Toiletten war bes Professors kritischer Blick von zweifelhaftem Werth.

„Jetzt fängt für mich ein neues Spiel an," fuhr Ilse fort, „wie es zu Hause bie Kinber geübt. Ich soll bei beinen Freunben anklopfen unb rufen: „Holla, holla!" unb wenn bie fremben Frauen fragen: wer ist ba? bann werbe ich antworten, wie's im Spiele geht: „ein frembes Bettelweib." — „Was will sie benn?" — „Für mich ein Stücklein Brot, für meinen Mann 'nen Kuß, weil er mit mir bitten muß."

„Nun, was bie Küsse betrifft, welche ich ben Frauen ber Collegen austheilen soll," versetzte ber Professor, in bie Hanb= schuhe fahrenb, „so wäre ich bir im Ganzen verbunben, wenn bu bas Geschäft übernähmst."

„Ja, ihr Männer seib barin sehr streng," sagte Ilse, „auch mein Fränzchen weigerte sich immer, bas Spiel zu spielen, weil er ben bummen Mäbeln keinen Kuß geben wollte. — Ach, wenn ich bir nur keine Unehre mache!"

Sie fuhren durch die Straßen. Der Professor erzählte seiner Frau auf dem Wege von Person und gelehrtem Wesen des Collegen, zu dem sie gerade fuhren. „Zuerst zu lieben Menschen," sagte er, „der jetzt kommt, ist Professor Raschke, unser Philosoph, und mir ein werther Freund. Ich hoffe, seine Frau wird dir gefallen."

„Ist er sehr berühmt?" frug Ilse und legte die Hand auf das pochende Herz.

Sie hielten am äußersten Ende der Vorstadt vor einem niedrigen Hause, Gabriel eilte in den Hausflur, den Besuch anzukündigen. Da er die Küche leer fand, klopfte er an die Stubenthür und öffnete endlich, in den Bräuchen des Hauses erfahren, den Eingang zum Hofe. „Herr und Frau Professor sind im Garten."

Durch den engen Hof traten die Besuchenden in einen Gemüsegarten, dessen Lust der Hauswirth seinem Miether zur vorsichtigen und schonenden Mitbenutzung eingeräumt hatte. Unter der Mittagsonne des Herbsttages schritt ein Ehepaar die geraden Wege entlang. Die Frau trug ein kleines Kind auf dem Arme, der Mann hielt ein Buch in der Hand, aus dem er im Gehen seiner Begleiterin vorlas. Um aber auch seine andere zur Zeit wenig beschäftigte Körperseite für die Familie zu verwerthen, hatte der Professor die Deichsel eines Kinderwagens an den Bund seiner Beinkleider befestigt und fuhr auf solche Weise ein zweites Kind hinter sich her. Die Wandelnden kehrten den Gästen den Rücken zu und bewegten sich langsam, hörend und vorlesend, tragend und fahrend abwärts.

„Ein Zusammenstoß in dem engen Wege ist nicht wünschenswerth," sagte Felix, „wir müssen warten, bis sie um das Viereck lenken, und uns das Gesicht zukehren." Es dauerte eine gute Weile, bevor der Zug die Hindernisse der Reise überwand, denn der Professor blieb im Eifer des Lesens zuweilen stehen und erklärte etwas, wie aus seinen Handbewegungen zu erkennen war. Neugierig betrachtete Ilse das Aussehen der selt-

famen Spaziergänger. Die Frau war bleich und zart, man fah
ihr an, daß fie vor Kurzem das Krankenlager verlaffen hatte, ihm
hing um ein edelgeformtes, geiftvolles Angeficht langes dunkeles
Haar, auf dem der graue Reif lag. Schon waren fie dicht
an die Gäfte gekommen, da erft wandte die Frau die Augen
von dem Gatten ab und erblickte den Befuch.

„Welche Freude!" rief der Philofoph und fenkte fein Buch
in die große Rocktafche. „Guten Morgen, College. Ha, da ift
ja unfere liebe Frau Profefforin. Frau, binde mir den Wagen
ab, die Familienbande hemmen." — Das Ablöfen dauerte
einige Zeit, da die Hausfrau die Hände nicht frei hatte und
Profeffor Rafchke keineswegs ftill hielt, fondern vorwärts
ftrebte und bereits die Hände des Collegen und der neuen
Profefforin in feinen beiden Händen fefthielt. „Kommen Sie
in das Haus, Sie liebe Gäfte," rief er und ging, während
Felix feine Frau der Profefforin zuführte, mit großen Schritten
voran. Darüber vergaß er feinen Kinderwagen, den Ilfe über
die Schwelle hob und in den Hausflur rollte. Dort nahm
fie das verlaffene Kind aus den Betten, die beiden Frauen
traten, jede ein kleines Werk der Weltweisheit auf dem Arme,
in das Zimmer und fagten dabei einander die erften freund=
lichen Worte, während das Kleine auf Ilfe's Arm feine Wind=
mühle fchwenkte und das jüngfte gelehrte Kind auf dem Arme
der Mutter zu fchreien begann. Unterdeß fuhr College Rafchke
abräumend in der Stube umher, entfernte Bücher und Papiere
vom Sopha, rückte ein ausgebleichtes Sophakiffen durch kräftigen
Schlag in feine Form, daß der Staub herausfuhr, und bat
eifrig: „Nehmen Sie Platz. Aber wie? Sie bemühen fich
felbft mit diefem Pupus. Ift's der Säugling, fo kann ich's
Ihrem fchönen Kleide nicht empfehlen. Doch, es ift das andere,
das gibt beffere Garantien," verbefferte er fich felbft. Unter=
deß befeftigte fich die Gefellfchaft auf den Sitzen. Ilfe fpielte
mit dem Kinde auf ihrem Schoße, während Frau Rafchke auf
einen Augenblick verfchwand und ohne den fchreienden Säugling

zurückkam. Sie saß schüchtern da, aber sie that mit leiser Stimme wohlthuende Fragen. Nur unterbrach der lebhafte Philosoph immer wieder die Unterhaltung der Frauen, indem er dem Professor die Hand streichelte und der neuen Frau Collega zunickte: „So war's recht, ich freue mich, daß Sie sich in blühender Jugend an unser Treiben gewöhnen, denn unsere Frauen haben es nicht leicht, das äußere Leben ist enge, das innere anspruchsvoll. Wir sind oft langweilige Gesellen, schwer zu behandeln, mißmüthig, mürrisch und widerwärtig." Und dabei schüttelte er mißbilligend den Kopf über das gelehrte Wesen und aus seinem Angesicht lachte ein inniges Behagen.

Der Aufbruch des Besuches wurde durch den Pupus beschleunigt, der in der Nebenstube recht jämmerlich zu schreien begann. „Sie wollen schon fort," klagte der Philosoph gegen Ilse, „dieser Besuch kann nicht gerechnet werden. Sie gefallen mir sehr, Sie haben ein klares Auge, und ich merke, Sie haben ein freundliches Gemüth, und das ist alles. Im Kopfe einen guten Spiegel, der die Bilder der Welt voll und rein zurückstrahlt, und im Herzen eine dauerhafte Flamme, welche Andern von ihrer Wärme abgibt. Wer das hat, dem kann's nicht fehlen, selbst wenn ihm das Schicksal auferlegt, Frau eines Stubengelehrten zu sein, wie Sie sind und diese arme Mutter von fünf Schreihälsen." Und wieder strich er beflissen umher, holte einen alten Hut aus dem Winkel und hielt ihn der Frau Collega hin. Ilse lachte. „Ja so," rief er, „es ist ein Herrenhut, er gehört dem Gatten." — „Auch ich bin versehen," entschuldigte sich der Professor. „Dann also ist es mein eigener," entschied Raschke, setzte den Hut entschlossen auf und schritt zur Thür hinaus, die Gäste an den Wagen zu begleiten.

Ilse saß im Wagen eine Weile stumm vor Erstaunen: „Jetzt habe ich Muth, Felix, die Professoren sind noch weniger schreckhaft als die Studenten."

„Nicht alle antworten so auf die erste Begrüßung," er=
wiederte der Professor. „Der jetzt kommt, ist mein nächster
College Struvelius, er lehrt wie ich Griechisch und Latein, ge=
hört nicht zu meinen nähern Bekannten, ist aber ein tüchtiger
Gelehrter."

Diesmal war es ein Haus der Stadt, die Einrichtung
des Quartiers ein wenig ältlicher, als in Ilse's neuer Wohnung.
Diese Frau Professorin trug ein schwarzseidenes Kleid und
saß vor einem Schreibtisch, der mit Büchern und Papieren
bedeckt war. Zarte Dame in mittleren Jahren, mit einem
kleinen, aber gescheidten Gesicht und einer seltenen Frisur.
Denn ihr kurzes Haar war hinter die Ohren in eine große,
eingerollte Locke gekämmt, was ihr eine gewisse Aehnlichkeit
mit Sappho oder Korinna gab, soweit nämlich ein Vergleich
mit dem keineswegs hinreichend ermittelten Haarwuchs der
beiden antiken Damen gestattet ist. Frau Professor Struve=
lius erhob sich langsam und begrüßte die Eintretenden mit
steifer Haltung. Sie sprach gegen Ilse ihre Freude aus und
wandte sich dann sogleich an den Professor. „Ich habe heut
das Werk des Collegen Raschke angefangen und bewundere
den Tiefsinn des Mannes."

„Alles was er schreibt, ist erfreulich," versetzte der Professor,
„weil bei Allem ein ganzer und reiner Mensch sichtbar wird."

„Den Vordersatz und Nachsatz gebe ich für diesen Collegen
zu, gegen die Verallgemeinerung des Satzes möchte ich bemerken,
daß manches Epoche machende Werk keine hohe Berechtigung
haben würde, wenn ein ganzer Mann dazu gehört, um ein
gutes Buch zu schreiben."

Ilse sah scheu auf die gelehrte Frau, welche ihrem Manne
zu widersprechen wagte.

„Doch wir wollen uns vereinigen," fuhr die Professorin
so geläufig fort, als ob sie ihre Worte aus einem Buche
abläse. „Nicht jedes tüchtige Werk fordert, daß sein Verfasser
ein Mann von Charakter sei, aber wer wirklich diese edle

Qualität hat, wird schwerlich etwas schaffen, was in seiner Wissenschaft ungünstig wirkt. Und allerdings wurzeln die Schwächen eines gelehrten Werkes häufiger als man wohl annimmt in einer Charakterschwäche dessen, der das Werk schrieb."

Der Professor neigte beistimmend das Haupt.

„Denn," fuhr sie fort, „die Stellung, welche ein Gelehrter zu den großen Zeitfragen seiner Wissenschaft einnimmt, ja selbst die Vorzüge und Mängel seiner Methode sind doch in der Regel aus dem Charakter zu erklären. — Sie haben immer auf dem Lande gelebt," wandte sie sich zu Ilse, „es wäre mir belehrend, zu erfahren, welche Eindrücke Ihnen das nahe Aneinandersein der Menschen in der Stadt gemacht hat."

„Ich habe bis jetzt nur mit sehr Wenigen verkehrt," entgegnete Ilse ängstlich.

„Natürlich," fuhr Frau Professor Struvelius fort. „Ich meine aber, Sie werden mit Ueberraschung bemerken, daß die größere Nähe nicht immer ein inneres Zusammenleben fördert. Doch Struvelius muß erfahren, daß Sie hier sind." Sie stand auf, öffnete das Nebenzimmer und rief, lothrecht an der Thür stehend, hinein: „Herr und Frau Professor Werner." Aus der Nebenstube wurde leises Brummen gehört und eilfertiges Rauschen großer Blätter. Die Professorin schloß die Thür und fuhr fort: „Denn zuletzt leben wir doch durch Viele und in Wenigen. In der Stadt wählt man aus einer Fülle von Persönlichkeiten mit einer gewissen Willkür. Man könnte reicher sein, als man gerade ist. Auch dieses Gefühl verleiht eine Zuversicht. Und solche Zuversicht gibt allerdings die Stadt leichter als das Land."

Die Seitenthür öffnete sich, Professor Struvelius trat ein mit zerstreutem Blick, scharfer Nase, schmalen Lippen, leider auch mit ungewöhnlichem Hauptschmuck. Denn sein Haar stand so struwelig über den Schläfen, daß die Annahme wohl berechtigt war, diese Kopftracht sei alter Familienbesitz, eine Erbperrücke, welche in früheren naseweisen Jahrhunderten seinem

Geschlecht den Namen zugezogen hatte. Er verbeugte sich ein wenig, schob einen Stuhl heran und setzte sich stumm nieder, wahrscheinlich arbeitete er in Gedanken an seinem griechischen Schriftsteller rührig fort. Ilse litt unter der Ueberzeugung, daß ihm der Besuch eine ungelegene Störung sei und daß seine Frau sich unendlich tief herablasse, wenn sie ihr eine Anrede gönnte. „Sind Sie musikalisch?" examinirte Frau Struvelius.

„Ich darf kaum sagen ja," erwiederte Ilse.

„Das freut mich," rief die Wirthin, rückte sich ihr gegen= über und musterte sie mit scharfem Blick. „Wie ich Sie mir denke, dürfen Sie nicht musikalisch sein. Diese Kunst macht uns weich und zieht nur zu häufig gebrochene Existenzen."

Felix bemühte sich noch ohne sonderlichen Erfolg, den Professor zur Theilnahme an der Unterhaltung heranzuziehen; bald erhoben sich die Besuchenden. Beim Abschiede streckte Frau Professor Struvelius die untere Hälfte des Armes recht= winklig nach Ilse aus und sagte mit feierlichem Händedruck: „Werden Sie heimisch bei uns." Und die Anrede ihres Gatten: „Ich habe die Ehre, mich zu empfehlen," wurde durch die zuklappende Thür entzwei geschnitten.

„Was sagst du jetzt?" frug der Professor im Wagen.

„Ach, Felix, ich bin recht klein geworden, mein Muth ist dahin, ich möchte am liebsten nach Hause fahren."

„Sei ruhig," tröstete der Gatte, „du fährst heut auf dem Jahrmarkt umher und siehst über viele aufgeschlagene Tische. Was dir nicht gefällt, brauchst du nicht zu kaufen. Der nächste Besuch gilt unserm Historiker, einem würdigen Mann, der zu den guten Geistern unserer Universität gehört. Auch seine Tochter ist eine liebenswürdige junge Dame."

Ein Diener öffnete den Vorsaal und führte in das Empfangzimmer. An der Wand hingen einige gute Land= schaften; ein Flügel, ein zierlicher Blumentisch, die seltenen Pflanzen wohl geordnet und gepflegt. Die Tochter trat eilig herein, eine feine Gestalt mit zwei schönen dunklen Augen, ihr folgte ein stattlicher Herr von vornehmer Haltung, der fast aussah wie ein hoher Beamter, nur seine lebhafte Weise zu sprechen ließ den Gelehrten erkennen. Mit wohlthuender Herzlichkeit wurde Ilse aufgenommen. Der alte Herr setzte sich neben sie, begann eine zwanglose Unterhaltung und Ilse fühlte sich bald behaglich wie bei guten Bekannten. Sie wurde auch an ihre Heimat erinnert, denn der Gelehrte frug: „Ist von dem alten Kloster in Rossau noch etwas erhalten?" Felix sah neugierig auf, und Ilse antwortete: „Nur die Mauer; auch das Innere ist umgebaut."

„Es war eine der ältesten geistlichen Stiftungen Ihrer Gegend, hat viele Jahrhunderte bestanden und sicher auf eine weite Umgegend Einfluß geübt. Da ist auffallend, daß die Urkunden des Klosters fast ganz fehlen und die übrigen Nachrichten, soviel mir bekannt, sehr dürftig sind. Man muß vermuthen, daß dort noch Manches in Verborgenheit liegt." Ilse sah, wie sich das Angesicht ihres Gatten verklärte, aber er versetzte ruhig: „Am Orte selbst waren meine Fragen vergeblich."

„Das ist wohl möglich," gab der Historiker zu, „vielleicht sind die Documente nach Ihrer Residenz gebracht und liegen dort noch irgendwo unbenutzt."

So rollte ein Besuch nach dem andern ab. Da war der Rector, Mediciner, ein behaglicher Weltmann in glänzender Einrichtung, seine Gattin eine runde bewegliche Frau mit zwei herausfordernden Augen; dann der große theologische Consistorialrath, ein langer hagerer Herr mit süßlichem Lächeln, auch bei seiner Gattin Alles in übergroßen Verhältnissen, Nase, Mund und Freundlichkeit. Der letzte war der Mineraloge, ein junger gewandter Mann mit einer sehr nieblichen Frau, auch erst seit wenigen Monaten verheiratet. Während die jungen Frauen auf dem Sopha schnell gute Bekanntschaft machten, wurde Ilse zum zweiten Mal durch eine Frage des Professors überrascht: „Ihre Heimat ist für mein Fach nicht ohne Interesse; ist nicht eine Höhle in der Nähe?" Ilse erröthete und sah wieder nach ihrem Felix: „Sie gehört zum Gute meines Vaters."

„Ei, dann habe ich jetzt gerade mit einem Funde zu thun, der auf Ihrem Gute gemacht ist," rief der Mineraloge. Er holte einen Stein von auffallendem strahligem Gefüge herbei. „Dies ist ein sehr seltenes Mineral, das in der Nähe der Höhle entdeckt wurde, ein Apotheker der Gegend hat es mir einge= schickt." Er nannte ihr den Namen des Minerals, sprach über das Gestein der Höhle und des Felsens, auf welchem das väter= liche Haus stand, gerade als wäre er selbst dort gewesen und ließ sich von Ilse die Linien der Berge und die Steinbrüche der Nähe beschreiben. Er hörte achtungsvoll ihre sichern Ant= worten und fand die Bodenbildung des Gutes sehr merkwürdig.

Erfreut rief Ilse: „Wir meinten, man kümmere sich in der Welt gar nicht um uns, aber ich sehe, die Herren Ge= lehrten wissen Einiges mehr von unserer Gegend, als wir selbst."

„Wir verstehen wenigstens Werthvolleres dort zu finden als Gesteintrümmer," erwiederte der Professor artig.

Nach der Heimfahrt trat Ilse in das Zimmer des Gatten, der bereits an seiner Arbeit saß. „Dulde mich heute bei dir, Felix, mir summt der Kopf von all den Menschen, welche eingezogen sind. Das war für mich viel Neues an einem Tage, und viele Freundlichkeit von so gelehrten und vornehmen Geistern. Am gefährlichsten war's bei der belesenen Frau; Felix, es ist wohl unrecht, daß ich so etwas sage, und sie ist ja um sehr vieles feiner und gescheidter, aber wenn ich dir eine Aehnlichkeit nennen soll mit einer guten alten Be= kannten —"

„Rollmaus," bestätigte der Professor. „Die hier aber ist in der That sehr gescheidt."

„Gebe der Himmel," bat Ilse, „daß sich ihr Herz eben= so treu erweist, aber vor ihrer Gelehrsamkeit fühle ich einen Schauder. Sonst gefallen mir die Frauen gut, aber die

Männer noch viel beſſer. Etwas Großes haben ſie faſt alle, ſie ſprechen wunderſchön, ſie ſind ungezwungen und ſehen recht innerlich froh und ſeelenvergnügt aus. Natürlich, ſie ſchweben über der Erde wie deine alten Götter, da können ſie wohl luſtig ſein. Ach, und dabei das geflickte Hausröckel, welches der liebe Herr Profeſſor Raſchke anhatte. Dem wird Motte und Roſt das Seine auch nicht freſſen! Und wenn ich mir denke, daß dieſe vielen klugen Leute mich aufmerkſam und gut behandeln, nur meines Hausherrn wegen, ſo weiß ich nicht, wie ich dir danken ſoll. Jetzt alſo bin ich unter die neuen Menſchen aufgenommen und ich darf bitten: mein Ein= gang ſei geſegnet.“

Der Gatte reichte ihr die Hand und zog ſie an ſich. Sie faßte ſein Haupt mit ihren Händen und neigte ſich darüber.

„Was iſt es, worüber du jetzt arbeiteſt?“ frug ſie endlich leiſe.

„Nichts Großes, nur eine Abhandlung, wie ich ſie all= jährlich für die Univerſität zu machen habe.“ Er ſprach ihr Einiges von dem Inhalt der Arbeit.

„Und wenn ſie fertig iſt, was dann?“

„Dann iſt für neue Aufgaben geſorgt.“

„Und das geht immer ſo fort, vom Morgen bis in den Abend, alle Jahre, bis die Augen verſagen und die Kraft zer= bricht!“ klagte Ilſe. „Laß mich heut um etwas Ernſtes bitten. Zeige mir die Bücher, Felix, die du geſchrieben haſt, aber Alles.“

„Was ich etwa noch beſitze,“ ſagte der Profeſſor, und holte hier und da aus den Winkeln Bücher und Abhandlungen zuſammen. Ilſe ſchlug eine Schrift nach der andern auf, und es ergab ſich, daß ſie einige von den lateiniſchen Titeln bereits auswendig wußte. Der Profeſſor wurde darüber eifrig und ihm fielen immer noch kleine Arbeiten ein, die er vergeſſen hatte. Ilſe aber legte Alles vor ſich in einem Häufchen zu= ſammen und begann feierlich: „Jetzt kommt für mich eine große Stunde. Denn ich will jetzt von dir erfahren, was in jeder Schrift steht, soweit du deinem Weibe das deutlich machen kannst. Als ich dir schon im Geheimen gut war, da fanden die Kinder deinen Namen im Lexikon, wir mühten uns, die fremden Namen deiner Bücher zu lesen, und die Oberamtmann hatte in ihrer Weise Muthmaßungen über den Inhalt. Da fühlte ich einen Schmerz, daß ich gar nichts von dem verstand, was du für die Menschheit gearbeitet hast. Seither habe ich immer auf den Tag gehofft, wo ich dich nach dem fragen könnte, was du besser gewußt hast als die Andern, und worauf ich stolz sein darf, da ich dir angehöre. Und heut ist die Stunde. Denn du hast mich heut deinen Freunden als deine Frau vorgestellt. Und ich will dein Weib auch da sein, wo dein Schatz ist und dein Herz, soweit ich vermag."

„Liebe Ilse," rief der Professor, hingerissen von ihrer ehrbaren Würde.

„Aber vergiß nicht," fuhr Ilse mit wichtiger Miene fort, „daß ich sehr wenig verstehe, und verliere nicht die Geduld. Ich habe mir ausgedacht, wie ich es haben will. Schreibe du mir die Titel, wie sie in fremder Sprache und wie sie deutsch lauten, in ein Büchel, das ich mir dazu gekauft habe, deine früheste Arbeit zuerst und die jüngste zuletzt. Und dahinter, ob dir die Arbeit sehr lieb ist oder weniger, und welche Wichtigkeit sie für die Menschen hat. Darunter will ich mir bei jeder Schrift aufzeichnen, was ich von deiner Erklärung verstehe, damit ich Alles in gutem Gedächtniß behalte."

Sie trug ein leeres Heft herzu, der Professor suchte wieder noch einzelne Abhandlungen hervor, ordnete sie nach Jahren, und schrieb jeden Titel auf eine besondere Seite des Heftes. Dann erklärte er seiner Frau in ihrer Sprache ein wenig, was jeder Schrift Inhalt war, und half die kleinen Bemerkungen in das Notizbuch schreiben. „Was deutsch ist, suche ich selbst zu lesen," sagte Ilse.

So saßen Beide ernsthaft über die Bücher geneigt und

dem Professor pochte das Herz vor Freude über den festen
Bedacht, mit welchem sein Weib das Verständniß seiner
Thätigkeit suchte. Denn es ist das Loos des Gelehrten, daß
Wenige mit herzlichem Antheil Mühe, Kampf und Verdienst
seines Schaffens betrachten. Der Welt gilt er für einen
harten Baugehilfen. Was er mit ausdauernder Kraft ge=
bildet, das wird sofort als Baustein verwandt zu dem uner=
meßlichen Hause der Wissenschaft, an welchem das Geschlecht
der Erde seit Jahrtausenden arbeitet. Hundert Andere stellen
sich darauf, um die eigene Arbeit zu fördern, tausend neue
Werkstücke werden darüber gewälzt, nicht Viele sind, welche da=
nach fragen, wer den einzelnen Pfeiler gemeißelt, noch seltener
drückt dem Arbeiter ein Fremder darum die Hand. Dem
leichten Werke des Dichters winkt noch lange grüßend zu, wer
einmal davor heiteres Lächeln gefunden hat oder gehobene
Stimmung. Der Gelehrte wird nur selten und fast zufällig
durch einzelne Werke ein werther Freund und Vertrauter
seiner Leser. Er stellt nicht der Phantasie lockende Bilder, er
schmeichelt nicht zuvorkommend dem sehnsuchtsvollen Gemüth,
er fordert strengen Ernst und nüchterne Sammlung vom Leser,
und dieselbe Strenge und Nüchternheit wird ihm selbst zu
Theil bei jedem Urtheil über seine Leistung. Auch wo er Ehr=
furcht einflößt, bleibt er ein Fremder.

Und doch ist er kein Steinmetz, der unförmliche Masse
nach verständigen Maßen zurechtschlägt, auch er schafft mit
inneren Kämpfen, mit seinem besten Herzblut, zuweilen unter
schwerem Leid, oft mit beglückender Freudigkeit. Auch ihm er=
blüht, was er seiner Zeit darbringt, aus den tiefsten Wurzeln
seines Lebens. Deshalb ist dem Gelehrten die Seele, welche
das Wackere seiner Arbeit herzlich empfindet, und nicht nur
nach dem letzten Gewinn der Wissenschaft frägt, sondern nach
dem innern Kampf des Schaffenden, ein kostbarer Fund, ein
seltenes Glück. — Jetzt sah Felix mit Rührung, wie sein Weib
nach dieser Stellung rang, und dem kräftigen Manne wurde

das Herz weich, während er ihr den Namen eines römischen Dichters nannte, den er zu einem fast unbekannten Gedicht ermittelt, und während er ihr von römischen Tribus und von den Geschäften des Senates erzählte.

Als ein Jedes verzeichnet war, faltete Ilse die Hände über den Büchern und rief: „Hier halte ich Alles. Der Raum, den es einnimmt, ist so klein, und doch waren dafür viele arbeitvolle Tage nöthig, und manche Nacht, der größte Theil deines edlen Lebens. Dies hat dir oft heiße Wangen gemacht, wie du heute wieder hast. Dafür hast du gelernt, daß dir dein armer Kopf brannte, und dafür hast du immer in der Stube und zwischen den engen Mauern gesessen. Ich habe die Bücher sonst auch gleichgültig angesehen, jetzt erkenne ich erst, was ein Buch ist, eine stille unendliche Arbeit.“

„Nicht von jedem ist das zu rühmen,“ versetzte der Professor, „aber die besseren sind dafür auch mehr als eine Arbeit.“ Er sah liebevoll auf die Wände, an denen hohe Bücherschränke bis zur Decke reichten, so daß die Stube aussah wie mit Bücherrücken tapeziert.

„Mir wird angst vor der Menge,“ sagte Ilse, und half ihm seine eignen Werke in eine dunkle Ecke tragen, welche ihnen jetzt als Standquartier eingeräumt wurde. „Sie sehen so gleichgültig aus, und doch mögen viele in Leidenschaft geschrieben sein und auch die Leser aufgestört haben.“

„Ja,“ sagte der Gatte, „sie sind die großen Schätzehüter des Menschengeschlechts. Das Beste, was je gedacht und erfunden wurde, bewahren sie aus einem Jahrhundert in das andere, sie verkünden, was nur einst auf Erden lebendig war. Hier steht, was wohl tausend Jahre vor unserer Zeitrechnung geschaffen wurde, und dicht daneben, was erst vor wenig Wochen in die Welt wanderte.“

„Von den Röckchen, die sie tragen, sieht fast eins aus wie das andere,“ sagte Ilse, „ich würde mich schwer darin zurecht finden.“

Der Professor erklärte ihr die Anordnung, führte sie von einem Schrank zum andern, und wies ihr einzelne, die ihm besonders lieb waren.

„Und du brauchst sie alle?“

„Gelegentlich wohl noch viele andere. Die hier stehen, sind doch nur ein unendlich kleiner Theil der Bücher, welche je gedruckt wurden. Denn seit sie erfunden sind, liegt in ihnen fast Alles, was wir wissen und Bildung nennen. Aber das ist es nicht allein,“ fuhr er geheimnißvoll fort, „Wenige denken daran, daß ein Buch mehr ist, als ein Werk des schaffenden Geistes, das er von sich absendet, wie der Tischler einen bestellten Sessel. Zwar an jedem Menschenwerk bleibt etwas von der Seele des Menschen hängen, der es gefertigt. Das Buch aber schließt zwischen seinen Deckeln in Wahrheit den Geist des Menschen ein. Was ein Mann für Andere bedeutet, der beste Theil seines Lebens, bleibt in dieser Form für die nächsten Geschlechter, vielleicht bis in die fernste Zukunft. Sowohl die, welche ein gutes Buch schreiben, als auch solche, deren Leben und Thun im Buche dargestellt wird, sie beharren in der That lebendig unter uns. Wir verkehren mit ihnen als mit Freunden und Gegnern, wir bewundern und bekämpfen, wir lieben und verabscheuen sie nicht weniger, als wenn sie leibhaftig unter uns weilten. Der Menschengeist, der zwischen solche Deckel eingeschlossen ist, wird dadurch auf Erden unvergänglich, und deshalb dürfen wir sagen, im Buche dauert das geistige Leben des Einzelnen, und nur der Geist, welcher eingebucht wird, hat sichere Dauer auf Erden.“

„Aber der Irrthum dauert auch,“ rief Ilse, „und die Lügner und die unreinen Geister, wenn sie sich in ein Buch stecken.“

„Auch sie, sie werden durch andere Geister widerlegt. Sehr verschieden freilich ist Werth und Bedeutung dieser Unsterblichen. Bei Wenigen bleibt das Schöne und Große, das sie gefunden, für alle Zeiten, Viele gelten späterer Zeit nur, weil wir erkennen, wie in ihren Tagen das Wesen der Menschen beschaffen war, Andere endlich sind ganz nichtig und unnütz, und solche schwinden schnell dahin. Aber alle Bücher, die ge= schrieben wurden, vom ältesten bis zum jüngsten, stehen in einem geheimnißvollen Zusammenhang. Denn sieh, Keiner, der ein Buch geschrieben, ist durch sich selbst geworden, was er uns ist, jeder steht auf den Schultern seiner Vorgänger. Alles was vor ihm geschaffen wurde, hat irgendwie dazu ge= holfen, ihm Leben und Geist zu bilden. Und wieder, was er geschaffen, hat irgendwie andre Menschen gebildet, und aus seinem Geist ist in spätere übergegangen. So bildet der Inhalt aller Bücher ein großes Geisterreich auf Erden, von den vergangenen Seelen leben und nähren sich Alle, welche jetzt schaffen. In diesem Sinne ist der Geist des Menschen= geschlechts eine unermeßliche Einheit, der jeder Einzelne ange= hört, der einst lebte und schuf, und jetzt athmet und Neues wirkt. Der Geist, den die vergangenen Menschen als ihren eigenen empfanden, er ging und geht jeden Tag in Andere über. Was heut geschrieben ist, wird morgen vielleicht die Habe von tausend Fremden, wer längst seinen Leib der Natur zurückgegeben hat, lebt unaufhörlich in neuem irdischen Dasein fort, und wird täglich in Tausenden auf's Neue lebendig."

„Höre auf!" rief Ilse ängstlich, „mir schwindelt."

„Ich sage dir das heut, weil auch ich mich als bescheidenen Arbeiter in diesem irdischen Geisterreich fühle. Diese Empfin= dung gibt mir eine Freude am Leben, die unzerstörbar ist, und sie gibt mir beides, Freiheit und Demuth. Denn wer in solchem Sinne arbeitet, der schafft, ob seine Kraft sich groß, ob klein erweise, nicht sich zur eigenen Ehre, sondern für Alle. Er lebt nicht für sich, sondern für Alle, gleichwie Alle, die gewesen sind, für ihn fortleben."

So sprach er ernsthaft, von seinen Büchern umgeben, und die scheidende Sonne warf ihre Strahlen freundlich auf sein Haupt und auf die Behausungen seiner Geister an der

Wand. Ilse aber sagte, an seine Schulter gelehnt, demüthig: „Ich bin dein, lehre mich, bilde mich, mache mich verstehen, was du verstehst."

3.

Unter den Gelehrten.

Ilse steckte den Kopf in das Arbeitszimmer des Gatten. „Darf ich stören?"

„Nur herein!"

„Felix, wie unterscheiden sich die Faune und Satyre? Hier liest man, die Satyre haben Ziegenfüße, die Faune aber Menschenbeine, nur hinten ein kleines Schwänzchen."

„Wer sagt das?" frug Felix entrüstet.

„Es ist gedruckt," erwiederte Ilse, „hier steht es bewiesen." Sie hielt dem Gatten ein aufgeschlagenes Buch hin.

„Es ist aber nicht wahr," versetzte der Professor und erklärte ihr das Sachverhältniß. „Bei den Griechen Satyre, bei den Römern Faune, der Herr mit dem Bocksfuß aber hieß Pan. Wie kommt der Bacchantenzug in deine Wirthschaft?"

„Ihr sagtet gestern, der Consistorialrath hat ein Faungesicht. Nun entstand die Frage: was ist ein Faungesicht, und was ist ein Faun? Laura erinnerte sich aus der Schule sehr gut, daß er ein altes römisches Fabelwesen war. Und sie brachte dies Buch, worin die Geschöpfe abgebildet sind. Was ist das für eine ausgelassene Gesellschaft? Warum haben sie spitze Ohren wie die Rehe, und was soll das heißen, wenn man sich nicht einmal in solchen Dingen auf deine unsterblichen Bücher verlassen kann?"

„Komm her," sagte Felix, „ich will dir schnell die ganze Sippschaft vorstellen." Er holte ein Kupferwerk herzu und ſchlug ihr die Geſtalten des Bacchuskreiſes auf. Eine Weile ging die Belehrung gut von Statten. „Sie haben alle ſehr wenig Kleider," wandte Ilſe bekümmert ein.

„Der Kunſt iſt der Leib lieber als das Gewand," tröſtete der Gatte.

Aber Ilſe wurde ängſtlicher. Endlich ſchlug ſie erröthend das Buch zu und ſagte: „Ich muß fort. Ich helfe heute in der Küche, es wird eine neue Mehlſpeiſe gelehrt. Dort iſt meine hohe Schule. Und das Mädchen iſt noch ein Fuchs." Sie eilte zur Thür hinaus. „Sage deinen Satyren und Faunen, daß ich eine beſſere Idee von ihnen gehabt habe, ſie ſind ſehr unanſtändig," rief ſie, den Kopf noch einmal in das Zimmer ſteckend.

„Das ſind ſie," antwortete Felix durch die Thür, „und ſie wollen auch nichts Anderes ſein."

Beim Eſſen, als Felix die Mehlſpeiſe nach Gebühr be= wundert hatte, legte Ilſe den Löffel weg und ſagte ernſthaft: „Zeige mir nicht wieder ſolche Bilder, ich möchte deinen Heiden gut werden, aber wie kann ich das, wenn ſie ſo ſind."

„Sie ſind nicht alle ſo arg," beruhigte der Gatte. „Iſt dir's recht, ſo machen wir heut Abend einigen von den alten Herrſchaften unſern Beſuch."

Mit dieſem Tage begann für Ilſe eine neue Zeit des Lernens. Bald wurde den Erläuterungen des Gatten eine feſte Tagesſtunde beſtimmt, für Ilſe die werthvollſte Zeit des Tages. Der Profeſſor gab ihr zuerſt eine kurze Schilderung der großen Culturvölker des Alterthums und des Mittelalters und ſchrieb ihr ſehr wenige Zahlen und Namen auf, die ſie auswendig lernte. Er ſchilderte ihr, wie das ganze Leben der Menſchen im letzten Grunde nichts ſei, als ein unaufhör= liches Einnehmen, Umſchaffen und Ausgeben der Stoffe, Bil= der und Eindrücke, welche die umgebende Welt darbietet; und wie die ganze geiſtige Entwicklung der Menſchheit nichts ſei als ein ernſtes und andächtiges Suchen nach Wahrheit, und wie die ganze politische Geschichte im letzten Grunde auch nichts sei als ein allmähliches Bändigen des Egois= mus, welcher Menschen, Stämme, Völker feindlich von ein= ander scheidet: durch Steigerung der Bedürfnisse, durch Läu= terung des Rechtsgefühls und durch die Zunahme der Liebe und Ehrfurcht vor allem Lebendigen.

Nach solcher Vorbereitung begann der Professor sogleich die Odyssee vorzulesen, kurze Erläuterung anfügend. Noch nie hatte Poesie so groß und rein auf die Seele der Frau ge= wirkt, der heitere Märchenton des ersten Theils, die gewaltige Ausführung des zweiten nahmen ihr Herz ganz gefangen, die Gestalten erhielten ihr ein fast greifbares Leben, sie wandelte, litt und frohlockte mit ihnen, hinaufgehoben in eine neue Welt schöner Bildung und hoher Empfindungen. Als der Schluß herankam, der Vielduldende seiner Gattin gegenüber saß und die Erkennungsscene Töne aus dem geheimsten Leben der jungen Frau anschlug, da saß auch Ilse, die Wangen geröthet, die thränenfeuchten Augen schamhaft niedergeschlagen, neben dem geliebten Manne; und als er geendet, schlang auch sie die weißen Arme um den Geliebten und sank aufgelöst von Ent= zücken und Rührung ihm an die Brust. Ihrer Seele, die nach langer Ruhe in einem großen Gefühle erglüht war, ver= klärte das unsterbliche Schöne dieser Dichtung alle Stunden des Tages, ja die Sprache und Haltung. Gern versuchte sie sich selbst mit Vorlesen, und der Professor hörte mit inniger Freude, wie die majestätischen Verse klangvoll von ihren Lippen rollten, und wie sie in Tonfall und Ausdruck unbewußt seine Sprache nachahmte. Wenn er früh in die Vorlesung ging und sie ihm in seinen braunen Tüffelrock half, da klangen ihm die herzerfreuenden Worte nach: „Purpurn ist und rauh das Gewand des edlen Odysseus;" wenn sie ihm in der Lehr= stunde gegenüber saß und er einmal Pause machte, dann brachen die bewundernden Worte von ihren Lippen: „So mit klugem Bedacht und verstandvoll redest du Alles." Und wenn sie sich selbst loben wollte, dann summte sie zu den brodelnden Blasen des Theekessels: „Selbst wohl hab ich im Herzen Verstand und erkenne genugsam Gutes zugleich und Böses; doch vormals war ich ein Kind noch." Auch das Gut des lieben Vaters leuchtete ihr jetzt in dem goldenen Glanze der Hellenensonne. „Ich weiß nicht," sagte der Vater einmal des Abends zu Clara, „wie es möglich ist, daß Ilse so schnell den Brauch unserer Wirthschaft vergessen konnte. Sie spricht in ihrem Briefe von der Zeit, wo die Rinder wieder in dem weit= schölligen Blachfelde wandeln werden. Sie meint jedenfalls die Brache, aber wir haben ja Stallfütterung."

Draußen heulte der Nordwind um die beiden Nachbar= häuser und legte Eispalmen über die Fensterscheiben, drinnen aber zog ein Tag nach dem andern lichtvoll und buntfarbig und ein Abend herzerfreuender als der andere über die Häupter der Glücklichen, ob sie allein waren, oder ob die Freunde des Gatten, Führer des Volkes, zusammensaßen und am gedeckten Theetisch die Hände nach dem einfach bereiteten Mahle aus= streckten.

Denn auch die Freunde des Gatten und kluges Wechsel= gespräch sind der Hausfrau erfreulich. Dann leuchtet die Lampe festlich in Ilse's Stube, die Gardinen sind zugezogen, der Tisch wohlgerüstet, auch eine Flasche Wein ist aufgesetzt, wenn die Herren eintreten. Manchmal beginnt das Gespräch mit Kleinig= keiten, die Freunde wollen auch der Professorin ihre Hoch= achtung erweisen, der Eine spricht ein wenig über Concerte, der Andere empfiehlt ein neues Bild oder Buch. Zuweilen aber treten sie schon aus der Arbeitstube in eifriger Unterredung, dann ist der Tritt fester und die Bäckchen sind etwas geröthet, dann bringt die Rede gleich auf das los, was ihnen gerade aus ihrer Wissenschaft auf der Seele liegt. Nicht immer ist die Unterhaltung ganz verständlich, und wenn sie sich auf Einzelheiten heftet, auch nicht in jedem Moment sehr an= ziehend, aber im Ganzen ist sie doch für die Hörerin Freude

und Erquickung. Dann sitzt Ilse still da, die Hände, welche
sich über der Arbeit bewegten, sinken ihr in den Schoß und
andächtig hört sie zu. Wer nicht Professorfrau ist, hat doch
keine Vorstellung, wie schön die Unterhaltung der Gelehrten
dahinfließt. Alle wissen gut zu reden, Alle sind eifrig und
haben dabei ein gehaltenes Wesen, das ihnen sehr wohlsteht.
Die Erörterung erhebt sich, ein Kampf gewichtiger Meinungen
beginnt. Diese kreuzen sich und fahren durcheinander, der Eine
sagt zuerst schwarz, der Andere weiß, der erste beweist, daß er
Recht hat, der zweite widerlegt und engt den ersten ein. Nun
denkt die Frau, wie wird sich dieser herauswinden. Aber, keine
Sorge! es fehlt ihm nicht, mit einem Sprunge ist er über
dem Andern, dann kommt der Andere mit neuen Gründen und
treibt die Sache noch höher, darauf reden die Uebrigen auch
hinein, sie werden feurig und ihre Stimmen ertönen lauter.
Und ob sie sich zuletzt miteinander vergleichen, oder ob jeder
bei seiner Meinung bleibt — was häufig vorkommt — immer
ist eine Freude, schwierige Fragen so von allen Seiten beleuchtet
zu sehen. Wenn endlich der Eine etwas recht Großes sagt und
auf den Kern der Wahrheit kommt, dann sind sie sämmtlich
in gehobener Stimmung, dann leuchtet es in dem heimlichen
Raume wie von überirdischem Lichte, und wer spricht und wer
hört, fühlt sich frei, sicher und leicht. Ach aber, der gescheidteste
von Allen, und der, dessen Meinung mit der größten Hoch=
achtung gehört wird, das ist doch immer der Hausfrau lieber
Mann.

Freilich bemerkte Ilse auch, daß nicht alle gelehrten Herren
dasselbe gute Wesen bewährten. Mancher konnte Widerspruch
nicht recht vertragen, und es war ihm in schwachen Augen=
blicken mehr um seine Geltung, als um die Wahrheit zu thun.
Wieder Einer wollte nur sprechen und nicht hören und beengte
die Unterhaltung, indem er immer auf das zurückkam, was
die Andern überwunden hatten. Ilse entdeckte, daß auch eine
ungelehrte Frau aus dem Gespräche der weisen Männer Einiges

von ihrem Charakter erkennen konnte. Und wenn sich die Gäste entfernt hatten, dann wagte sie wohl ein bescheidenes Urtheil über Wissen und Wesen Einzelner. Und sie war stolz, wenn Felix zugab, daß ihr Urtheil das Richtige getroffen.

Bei solcher Unterhaltung erfuhr die Frau des Gelehrten auch viele Sachen ganz genau, die jeder andern Frau schwierig bleiben. Da war z. B. die römische Plebs, wenig bedeutet den meisten Frauen dieses Wort. Die alte Plebs hat zu ihrer Zeit nie Kaffegesellschaften gegeben, nie auf dem Flügel gespielt, nie Reifröcke getragen und nie einen französischen Roman gelesen. Sie ist eine im Schutt des Alterthums begrabene, sehr ungemüthliche Einrichtung. Die Frau eines Philologen aber weiß davon. Was hörte nicht Ilse alles von Plebejern und Patriciern, ja, sie nahm in ihrem Herzen Partei für die Plebejer, sie verwarf gänzlich die Ansicht, daß sie nur aus kleinen Leuten und leichtfertigem Gesindel zusammengeflossen seien, und schätzte sie als tüchtige Landwirthe, trotzige politische Männer, die hartnäckig bis auf den Tod in einem großen Vereine gegen ungerechte Patricier kämpften. Und sie dachte dabei an ihren eigenen Vater und hatte Tage, wo sie ihre Bekannten darauf ansah, ob sie auch zur Plebs gehören würden, wenn sie Römer wären.

Auch ihr selbst waren die Herren freundlich, und fast alle hatten eine Eigenschaft, die den Verkehr bequem machte, sie erklärten gern. Im Anfange wollte Ilse ungern verrathen, daß sie von Vielem gar nichts wußte. An einem Abend aber setzte sie sich vor ihren Gatten und begann: „Ich habe mir etwas ausgedacht. Bisher habe ich mich gescheut zu fragen, nicht weil ich mich meiner Unwissenheit schäme, wo sollte ich's her haben? nur um beinetwillen, damit die Leute nicht merken, daß du eine einfältige Frau hast. Aber wenn dir's recht ist, will ich's jetzt anders machen, denn ich merke, sie sprechen zumeist gern, und da werden sie wohl auch mir ein geflügeltes Wort gönnen."

„So ist es recht," sagte der Gatte, „du wirst ihnen um so lieber werden, je mehr du ihnen Antheil zeigst."

„Wissen möchte ich Alles, die ganze Welt, um dir ähnlicher zu werden, aber es fehlt mir immer noch an Verständniß."

Die neue Politik bewährte sich vortrefflich. Ilse erfuhr sogar, daß es zuweilen leichter war, einen lieben Bekannten zum Reden als zum Aufhören zu bringen. Denn die Herren berichteten ihr gewissenhaft und in großen Zügen, was sie erfahren wollte, aber sie vergaßen wohl einmal, daß die Fähigkeit der Frau, das Neue aufzunehmen, nicht so entwickelt war, als ihnen die Kunst zu belehren.

Ja, sie schwebten wie Götter über der Erde. Aber sie theilten auch darin das Loos der ambrosischen Genossenschaft, daß der heitere Friede, welchen sie in die Herzen der Sterblichen sandten, unter ihnen selbst durchaus nicht immer waltete und durch geworfene Erisäpfel leicht verscheucht wurde. Es war Ilse's Schicksal, daß sie unter heftiger Fehde der Unsterblichen im Olymp heimisch werden sollte.

An einem finstern Wintertage fuhr der Sturmwind übel gelaunt gegen die Fenster und versteckte den Stadtwald hinter wirbelnden Schneewolken. Da hörte Ilse im Zimmer ihres Gatten die scharfen Laute des Professor Struvelius in bedächtigem Fluß der Rede, dazwischen langes und eingehendes Gespräch ihres Felix. Die Worte waren nicht zu unterscheiden, der Tonfall aber war zwei Stimmen schnellschwebender Vögel vergleichbar, dem Wettgesange der Drossel und einer Uebles weissagenden Krähe. Die Unterredung zog sich lange hin, und Ilse wunderte sich, daß Struvelius so ausdauernden Gebrauch der Rede ertrug. Als er sich endlich entfernt hatte, trat Felix zu ungewohnter Stunde in ihr Zimmer und ging, mit geheimen Gedanken beschäftigt, einigemal schweigend auf und ab. Zuletzt brach er kurz heraus: „Ich bin in die Lage gekommen, dem Collegen über unsere Handschrift eine Mittheilung zu machen."

Ilse sah neugierig auf. Seit ihrer Vermählung war von

Tacitus noch nicht die Rede gewesen. „Du hattest doch die Absicht, gegen Fremde nicht mehr davon zu sprechen."

„Ich habe das Schweigen ungern gebrochen. Mir blieb nichts übrig, als gegen meinen nächsten Collegen offen zu sein. Das Gebiet unserer Wissenschaft ist umfangreich, nicht häufig geschieht es, daß Genossen derselben Universität jeder für sich auf dieselbe Arbeit verfallen. Ja, aus nahe liegenden Gründen vermeiden sie, einander darin eine gewisse Concurrenz zu machen. Fügt der Zufall nun doch einmal solches Zusammentreffen, so ist Mitgliedern derselben Anstalt jede zarte Rücksicht geboten. Heut nun sagte mir Struvelius, er wisse, daß ich mich ab und zu mit Tacitus beschäftige, und er bitte mich um einige Auskunft. Er frug nach den Handschriften, die ich vor Jahren im Auslande eingesehen und verglichen, und nach der Durch=zeichnung, die ich von den Schriftzügen derselben für mich gemacht habe."

„Du hast ihm mitgetheilt, was du wußtest?" frug Ilse.

„Ich habe ihm gegeben, was ich besaß, das verstand sich von selbst," erwiederte der Professor. „Denn was er auch damit anfangen mag, es wird nicht ganz ohne Gewinn für die Wissenschaft sein."

„Er soll deine Arbeit benützen, um die seine möglich zu machen? Jetzt wird er vor der Welt in deinen Federn singen," klagte Ilse.

„Ob er das Gegebene mit Anstand gebraucht, ob er es mißbraucht, ist seine Sache, ich habe die Verpflichtung, einem bewährten Amtsgenossen nur das Ehrenhafte zuzutrauen. Das war mir keinen Augenblick zweifelhaft, wohl aber fiel mir An=deres auf. Er war nicht offen gegen mich. Er gab an, daß ihn die Kritik einiger Stellen des Tacitus beschäftige, aber er verbarg mir die Hauptsache, das empfand ich deutlich. Da mußte ich ihm gerade heraus sagen, daß ich seit langer Zeit für diesen Schriftsteller ein warmes Interesse herumtrage, und daß ich seit dem letzten Sommer an ihn gefesselt sei durch die, wenn auch unsichere Möglichkeit eines neuen Fundes. Ich habe ihm die Nachricht gezeigt, welche mich zuerst in deine Nähe leitete. Er ist Philolog wie ich, und weiß jetzt, welche Bedeutung für mich dieser Autor gewonnen hat."

„Mein einziger Trost ist," sagte Ilse, „daß der verständige Vater dem Struvelius ein schweres Verhängniß bereiten wird, wenn dieser auf unserm Gute nach der Handschrift freien will."

Dem Professor war der Gedanke an den Trotz seines gewaltigen Schwiegervaters heut tröstlich und er lächelte. „Nach dieser Seite bin ich sicher. Aber was will der Andere mit Tacitus, die Historiker lagen doch sonst nicht auf seinem Wege? — Es ist kaum denkbar, — aber sollte das Unglaubliche geschehen sein? ist die geheimnißvolle Handschrift durch irgend einen Zufall aufgefunden und in seinen Händen? — Doch es ist Thorheit, darum zu sorgen." Er schritt heftig auf und ab und rief endlich, in starker Bewegung seiner Frau die Hand schüttelnd: „Es ist immer widerwärtig, wenn man sich auf selbstsüchtigen Empfindungen ertappt."

Er ging wieder an seine Arbeit, und als Ilse leise die Thür öffnete, sah sie seine Feder in gleichförmiger Bewegung. Gegen Abend aber, wo sie nach seiner Lampe sah und die Ankunft des Doctors verkündigte, saß er, den Kopf auf die Hand gestützt, in finsterm Sinnen. Sie strich ihm leise über das Haar und er merkte es kaum.

Der Doctor aber nahm die Sache nicht so innerlich, er gerieth in Aerger über die Geheimnißkrämerei des Andern und über die Hochherzigkeit des Freundes, und es gab eine lebhafte Erörterung. „Möchtest du diese Offenheit niemals bereuen," rief der Doctor, „der Mann wird aus deinem Silber seine Münzen schlagen. Denke an mich, dir wird ein Possen gespielt."

„Zuletzt," so schloß der Professor bedachtsam, „lohnt nicht, sich darüber aufzuregen. Kam durch irgend einen unwahrscheinlichen und unerhörten Zufall wesentlich Neues in seinen Besitz, so hat er ein Recht auf alles vorhandene Material, auf meine Sammlungen, auf meine Unterstützung, soweit ich sie zu geben vermag. Uebt er seinen Scharfsinn nur an dem vorhandenen Text, so ist unserer kindlichen Hoffnung gegenüber Alles, was er fördern mag, unwesentlich."

In solcher Weise zog unscheinbar und harmlos ein akademisches Gewölk herauf.

Vier Wochen waren vergangen, der Professor war oft mit seinem Collegen zusammengetroffen. Es konnte nicht auffallen, daß Struvelius den Namen Tacitus nicht über seine schweigsamen Lippen brachte, der Professor aber blickte unruhig auf den Pfad des Amtsgenossen, denn er glaubte zu bemerken, daß der Andere ihm auswich. An einem frieblichen Abend saß Felix Werner mit Ilse und dem Doctor am Theetisch, als Gabriel eintrat und eine kleine Broschüre in unscheinbarem Zeitungspapier vor dem Professor niederlegte. Der Professor riß die Hülle ab, warf einen Blick auf den Titel und reichte das Heft schweigend dem Doctor. Der lateinische Titel lautete in die Sprache dieses Buches übersetzt: „Ein Fragment des Tacitus, als Spur einer verlorenen Handschrift mitgetheilt von Dr. Friedobald Struvelius, Professor u. s. w." Ohne ein Wort zu sagen, standen die Freunde auf und trugen die Abhandlung in das Arbeitszimmer des Professors. Ilse blieb erschrocken zurück, sie hörte, wie ihr Gatte den lateinischen Text vorlas, und erkannte, daß er sich zwang, durch langsames und festes Lesen seine Aufregung zu überwältigen. Was in dieser verhängnißvollen Schrift enthalten war, darf leider dem Leser nicht vorenthalten werden.

Aeltere Zeitgenossen erinnern sich der Culturperiode, in welcher der Tabak aus Pfeifenköpfen geraucht wurde; sie kennen die wohlthätige Erfindung, welche mit einem noch durch keine Forschung hinreichend aufgehellten Worte Fibibus benannt wird; sie kennen auch die normale Länge und Breite eines solchen Papierstreifens, welchen unsere Väter aus verjährten Acten massenhaft zusammenfalteten. Ein solcher Streifen, allerdings nicht von Papier, sondern von einem Pergamentblatt geschnitten, war in die Hände des Herausgebers gefallen. Der Streifen hatte aber vorher schwere Schicksale erfahren. Er war vor etwa zweihundert Jahren von einem Buchbinder auf die Rückseite eines dicken Bandes geklebt worden, um die Dauer des Heftzwirns zu verstärken, und er war für diesen Zweck durch Leim übel zugerichtet. Nach Entfernung des Leims erschienen die Schriftzüge einer alten Mönchshand. Das Wort Amen und einige heilige Namen machten zweifellos, daß das Geschriebene dazu gedient hatte, christliche Frömmigkeit zu fördern. Unter dieser Mönchsschrift aber waren andere und größere lateinische Buchstaben sichtbar, sehr verblichen, fast ganz geschwunden, von denen man einige mit mäßiger Anstrengung zu dem römischen Namen Piso zusammenbeuten konnte. Da hatte nun Professor Struvelius durch Hartnäckigkeit und durch Anwendung einiger chemischer Mittel möglich gemacht, diese untere Schrift zu lesen. Sie war nach den Formen ihrer Buchstaben uralt. Da der Pergamentfibibus aber von einem ganzen Blatte abgeschnitten war, enthielt er natürlich nicht vollständige Sätze, nur einzelne Wörter, welche in die Seele des Lesers fielen wie verlorene Noten einer fernen Musik, die ein Wind aus Ohr trägt, es war daraus keine Melodie zu machen. Gerade das hatte den Herausgeber angezogen. Er hatte die verschwundenen Buchstaben ermittelt, die durchschnittenen Worte ergänzt, ja, den gesammten fehlenden Theil des Blattes gemuthmaßt. Und er hatte durch bewundernswerthe Anwendung der allergrößten Gelehrsamkeit aus wenigen schattenhaften Flecken des Fibibus ziemlich die ganze Seite einer Pergamenthandschrift hergestellt, wie sie etwa vor zwölfhundert Jahren leibhaftig gewesen sein konnte. Es war eine staunenswerthe Arbeit.

Daraus ergab sich Folgendes. Noch am deutlichsten, obgleich für gewöhnliche Augen kaum lesbar, war auf dem Pergamentstreif ein gewisser Pontifex Piso gewesen, in wortgetreuer

Ueberſetzung: Brückenmacher Erbs. Dieſer Erbs ſchien den
Pergamentſtreif ſehr zu beſchäftigen, denn der Name zeigte ſich
einigemal. Nun aber hatte der Herausgeber aus dieſem Namen
und aus den Ruinen zerſtörter Wörter bewieſen, daß der Per=
gamentſtreif letzter Ueberreſt einer Handſchrift des Tacitus war,
und daß ſeine Worte einem uns verlorenen Abſchnitt der An=
nalen angehörten; und er hatte endlich aus dem Charakter
der ſchattenhaften Buchſtaben nachgewieſen, daß der Pergament=
ſtreif zu keiner der vorhandenen Handſchriften des Römers
gehört habe, ſondern daß er durch Zerſtörung einer ganz un=
bekannten entſtanden ſei.

Die Freunde ſaßen, nachdem der Aufſatz vorgeleſen war,
finſter und ſinnend. Endlich brach der Doctor aus: „Wie
unfreundlich, dir dies zu verbergen, und doch deine Hilfe in
Anſpruch zu nehmen!“

„Darauf kommt jetzt wenig an,“ erwiederte der Profeſſor,
„die Arbeit ſelbſt kann ich nicht loben, ſie wendet auf unſichere
Grundlage einen übergroßen Scharfſinn, und gegen Manches,
was er ergänzt und vermuthet, wird Einſpruch zu erheben ſein.
Aber warum ſprichſt du nicht aus, was uns beiden mehr am
Herzen liegt, als das Ungeſchick eines wunderlichen Mannes.
Wir ſind einer Handſchrift des Tacitus auf der Spur, und
hier findet ſich das Trümmerſtück einer ſolchen Handſchrift,
welche nach dem dreißigjährigen Kriege von einem Buchbinder
zerſchnitten ward. Die Ausbeute, welche dies kleine Fragment
für unſer Wiſſen geben mag, iſt ſo unbedeutend, daß der Ge=
winn den aufgewandten Fleiß gar nicht lohnt, gleichgültig für
alle Welt, nur nicht für uns. Denn, mein Freund, wenn
wirklich eine Handſchrift des Tacitus in ſolche Streifen zer=
ſchnitten wurde, ſo iſt es mit großer Wahrſcheinlichkeit dieſelbe,
auf welche wir gehofft haben. — Was weiter!“ ſchloß er bitter,
„wir werden ein Traumbild los, das uns vielleicht noch lange
geäfft hätte.“

„Wie kann dies Pergament von der Handſchrift unſeres

Freundes Bachhuber stammen?" rief der Doctor, „auf diesem hier ist der Text ja mit Gebeten überschrieben."

„Wer steht uns dafür, daß nicht auch die Mönche von Rossau wenigstens einzelne verblichene Blätter mit ihrem geistlichen Hausbedarf übermalten? Dergleichen ist nicht gewöhnlich, aber wohl denkbar."

„Vor allem mußt du selbst das Pergamentblatt des Struvelius sehen," entschied der Doctor. „Genaue Betrachtung kann Manches aufhellen."

„Es ist mir nicht bequem, deshalb mit ihm zu sprechen, aber es soll morgen geschehen."

Den Tag darauf trat der Professor ruhiger in das Zimmer des Collegen Struvelius. „Sie mögen denken," begann er, „daß ich mit besonderer Spannung Ihre Abhandlung gelesen habe. Nach dem, was ich Ihnen von einem unbekannten Codex des Tacitus mittheilte, wissen Sie, daß unsere Aussicht, diesen Codex zu ermitteln, sehr verringert wird, wenn der Pergamentstreif von Blättern des Tacitus geschnitten ist, welche noch vor zweihundert Jahren in Deutschland erhalten waren."

„Wenn er geschnitten ist?" erwiederte Struvelius scharf. „Er ist davon geschnitten. Und was Sie mir über den Versteck von Rossau mittheilten, war doch unsicher, und ich bin nicht der Meinung, daß darauf Werth zu legen ist. Wenn dort in der That eine Handschrift des Tacitus vorhanden war, so ist sie allerdings zerschnitten und diese Frage erledigt."

„Wenn solche Handschrift vorhanden war?" entgegnete Felix. „Sie war vorhanden. Ich aber komme, Sie zu bitten, daß Sie mich das Pergamentblatt sehen lassen. Seit der Inhalt veröffentlicht ist, wird das wohl keinem Bedenken unterliegen."

Struvelius sah verlegen aus, als er antwortete: „Ich bedaure Ihren Wunsch, den ich übrigens ganz in der Ordnung finde, nicht erfüllen zu können, ich bin nicht mehr im Besitz des Blattes."

„An wen habe ich mich deshalb zu wenden?" frug der Professor befremdet.

„Auch darüber bin ich vorläufig zum Schweigen verpflichtet."

„Das ist auffallend," brach Felix los, „und verzeihen Sie mir das offene Wort, es ist schlimmer als unfreundlich. Denn ob die Bedeutung dieses Fragments groß oder gering ist, es sollte nach dem Druck seines Inhaltes den Augen Anderer nicht entzogen werden. Ihnen selbst muß daran liegen, daß Andere Ihre Herstellung des Textes gründlich zu würdigen vermögen."

„Das gebe ich zu," erwiederte Struvelius, „aber ich bin nicht im Stande, Ihnen die Einsicht dieses Blattes zu bewirken."

„Haben Sie daran gedacht," rief der Professor auflodernd, „daß Sie durch solche Weigerung Mißdeutungen Fremder ausgesetzt werden, Mißdeutungen, die niemals mit Ihrem Namen in Verbindung gebracht werden sollten?"

„Ich halte mich selbst für hinreichend befähigt, Wächter meines guten Namens zu sein, und muß Sie bitten, diese Sorge vollständig mir zu überlassen."

„Dann habe ich Ihnen nichts weiter zu sagen, Herr Professor," erwiederte Felix, und ging nach der Thür.

Im Gehen sah er noch, daß sich die Mittelthür öffnete und die Frau Professorin, aufgeschreckt durch die lauten Worte der Sprechenden, wie ein Genius eintrat und die Hand flehend nach ihm ausstreckte. Er aber schloß nach flüchtiger Verbeugung die Thür und ging zornig nach Hause.

Die Wolke war geballt, der Himmel wurde finster. Der Professor nahm jetzt noch einmal die Abhandlung des unholden Collegen zur Hand. Und es war gerade, als wenn ein Luchs einen Hasen oder ein Zicklein zerrissen hat und sich des Schmauses zu freuen bereit ist, und der wilde Bergleu wirft sich, die Mähne schüttelnd, gegen die Beute, daß der andere entweicht, die Schläge des Starken im Nacken.

Ilse rief heut den Gatten zweimal vergebens zu Tische; als sie besorgt an seinen Stuhl trat, sah sie in ein verstörtes

Antlitz. „Ich kann nicht essen," sagte er kurz, „schicke hinüber, ich lasse Fritz bitten, sich sogleich her zu bemühen."

Ilse sandte erschrocken in das Nachbarhaus, setzte sich im Zimmer des Professors nieder und folgte mit ihrem Blick dem auf und ab Schreitenden. „Was hat dich so erregt, Felix?" frug sie ängstlich.

„Ich bitte dich, liebes Weib, iß heut ohne mich," rief er, und setzte seine Wanderung fort.

Eilig trat der Doctor ein: „Das Bruchstück ist nicht aus einer Handschrift des Tacitus," rief der Professor dem Freunde entgegen.

„Vivat Bachhuber!" erwiederte dieser noch an der Thür und schwenkte den Hut.

„Es ist kein Grund zur Freude," unterbrach ihn der Professor finster, „das Fragment, soweit es überhaupt irgend wo her ist, enthält eine Stelle des Tacitus."

„Nun, irgend wo her muß es doch sein," sagte der Doctor.

„Nein," rief der Professor mit starker Stimme, „das Ganze ist eine Fälschung. Die obere Hälfte des Textes scheinen wüst zusammengeschriebene Worte, auch sind die Versuche des Herausgebers, diese in einen verständlichen Zusammenhang zu bringen, nicht glücklich. Der untere Theil des sogenannten Fragments ist aus einem Kirchenvater abgeschrieben, welcher an einer bis jetzt nicht beachteten Stelle einen Satz des Tacitus anführt. Der Fälscher hat einzelne Worte dieses Citats mit regelmäßiger Auslassung der dazwischen liegenden Wörter auf den Pergamentzettel unter einander geschrieben. Das letzte ist unzweifelhaft." Er führte den Doctor, der jetzt fast so betroffen aussah, wie er selbst, zu den Büchern und bewies ihm die Richtigkeit seiner Behauptung. „Der Fälscher hat aus diesem gedruckten Text des Kirchenvaters seine Weisheit geholt, denn er hat das Ungeschick gehabt, einen Druckfehler des Setzers mit abzuschreiben. So sind wir mit dem Pergamentblatt fertig, und mit einem deutschen Gelehrten auch." Er zog das

Tuch, den Schweiß von seiner Stirn zu trocknen, und warf sich in einen Sessel.

„Halt," rief der Doctor, „hier handelt es sich um einen Gelehrten von Ruf und Ehre. Laß uns noch einmal kaltblütig untersuchen, ob nicht ein zufälliges Zusammenstimmen möglich ist."

„Suche," sagte der Professor, „ich bin am Ende."

Der Doctor verglich lange und ängstlich den ergänzten Text des Struvelius mit den gedruckten Worten des Kirchenvaters. Endlich sagte er traurig: „Was Struvelius ergänzt hat, trifft in Sinn und Wortlaut mit den Worten des Kirchenvaters so merkwürdig überein, daß man in Versuchung geräth, die etwa abweichenden Worte seiner Ergänzung für Schlauheiten zu halten, durch welche seine Bekanntschaft mit dem erhaltenen Citat versteckt werden sollte; aber unmöglich ist doch nicht, daß Jemand durch Glück und Scharfsinn auf den richtigen Zusammenhang kommen konnte, wie er ihn gefunden hat."

„Ich zweifle keinen Augenblick, daß Struvelius ehrlich und in gutem Glauben seine Ergänzungen selbst gefunden," versetzte der Professor. „Aber seine Niederlage ist doch so widerwärtig als möglich. Betrüger oder betrogen, die unselige Abhandlung ist nicht nur für ihn, auch für unsere Universität eine gräuliche Demüthigung."

„Die Worte des Pergamentblattes selbst," fuhr der Doctor fort, „sind unzweifelhaft abgeschrieben und unzweifelhaft eine Fälschung. Und dir liegt die Pflicht ob, das Sachverhältniß aufzudecken."

„Meinem Mann?" frug Ilse aufstehend.

„Dem, der die Fälschung gefunden, und wenn Struvelius der nächste Freund wäre, Felix müßte es thun."

„Sprich zuvor mit dem Andern," bat Ilse, „handle nicht so an ihm, wie er an dir; hat er geirrt, laß es ihn selbst verbessern."

Der Professor dachte nach und nickte dem Freunde zu:

„Sie hat Recht." Er eilte an den Tisch und schrieb dem Professor Struvelius seinen Wunsch, ihn heut noch in einer wichtigen Angelegenheit zu sprechen. Gabriel empfing den Brief, und das Herz war dem Professor doch leichter geworden, denn er war jetzt bereit, sich das Mittagessen gefallen zu lassen.

Ilse ersuchte den Doctor, bei ihrem Gatten zu bleiben, und mühte sich am Tisch, die Herren ein wenig auf andere Gedanken zu bringen. Sie zog einen Brief der Rollmaus aus der Tasche, worin diese bat, ihr etwas Gelehrtes ganz nach Wahl des Herrn Professors zum Lesen zu schicken. Und Ilse sprach den Wunsch aus, es möchte durch solche Sendung eine schöne Kiste mit Rebhühnern und Eingeschlachtetem gut gemacht werden, welche die Frau Oberamtmann der städtischen Wissenschaft gewidmet hatte. Das half doch etwas, die Mordgedanken der finstern Männer in den Hintergrund zu drängen. Zuletzt brachte sie eine große runde Wurst herbei, welche die Rollmaus eigens dem Doctor bestimmt hatte, und setzte sie als Schaugericht auf den Tisch. Wenn man die Wurst ansah, wie sie so vergnügt dalag, in runder Fülle, ohne innere Kämpfe, mit blauem Band umwunden, da war es unmöglich zu verkennen, daß auf dieser Erde trotz falschem Schein und leerer Anmaßung doch auch Gediegenes zu finden war. Und als die Männer das gute dicke Ding betrachteten, erweichte sich ihr Herz zu einem leisen Lächeln und einer mildern Auffassung menschlicher Schwäche.

Aber da klingelte es und Struvelius erschien. Der Professor rückte sich heftig zusammen und ging mit starken Schritten in sein Zimmer, der Doctor entfernte sich heimlich und versprach, in Kurzem wieder zu kommen.

Zuverlässig empfand Struvelius beim ersten Blick auf den Collegen, daß die letzte Unterredung ihre Schatten über diese neue Zusammenkunft zu werfen drohe, denn er sah betroffen aus und sein Haar stand chaotisch auf dem Haupte. Der Professor legte ihm die gedruckte Stelle des Kirchenvaters vor

Augen und sagte dazu nur die Worte: „Diese Stelle ist Ihnen entgangen."

„In der That," rief Struvelius, und saß lange darüber gebeugt. „Ich kann mir diese Bestätigung gefallen lassen," sprach er endlich, von dem Folianten aufsehend.

Der Professor aber legte den Finger auf das Buch: „In den Text des Pergamentblattes, welchen Sie ergänzt haben, ist ein ungewöhnlicher Druckfehler dieser Ausgabe aufgenommen, ein Druckfehler, welcher am Ende des Buches verbessert wurde. Die Worte des Pergamentblattes sind also zum Theil nach dieser gedruckten Stelle zusammengesetzt und eine Fälschung."

Struvelius blieb stumm sitzen, aber er war sehr erschrocken und sah ängstlich in das zusammengezogene Gesicht des Collegen.

„Es wird jetzt zunächst Ihr Interesse sein, dem Publikum darüber die unvermeidliche Aufklärung zu geben."

„Eine Fälschung ist unmöglich," entgegnete Struvelius unbesonnen, „ich selbst habe das Pergamentblatt von dem alten Leim gereinigt, der den Text verdeckte."

„Und doch sagten Sie mir, daß das Blatt nicht in Ihrem Besitz sei. Sie werden begreifen, daß es mir keine Freude machen kann, einem Amtsgenossen gegenüber zu treten, deshalb müssen Sie selbst unverzüglich das ganze Sachverhältniß öffentlich darlegen. Denn daß die Fälschung bekannt werden muß, ist selbstverständlich."

Struvelius dachte nach. „Ich räume ein, daß Sie in guter Meinung sprechen," begann er endlich, „aber ich habe die feste Ueberzeugung, daß die Schrift des Pergamentes echt ist, und ich muß Ihnen überlassen, zu thun, was Sie für Pflicht halten. Wenn Sie Ihren Collegen öffentlich angreifen, so werde ich das zu ertragen suchen."

Nach diesen Worten entfernte sich Struvelius widerspenstig, aber in großer Unruhe, und die Angelegenheit wälzte sich auf der Bahn des Unheils weiter. Ilse sah mit Betrübniß, wie heftig ihr Gatte unter der Störrigkeit seines Collegen litt, die er als unreinliches Wesen verurtheilte. Jetzt schrieb der Professor in die wissenschaftliche Zeitung, für welche er arbeitete, eine kurze Darstellung des wirklichen Sachverhältnisses. Er führte die verhängnißvolle Stelle des Kirchenvaters an und sprach schonend sein Bedauern aus, daß der scharfsinnige Herausgeber irgendwie durch einen Betrüger hintergangen sei.

Diese schlagende Beurtheilung machte an der Universität ein ungeheures Aufsehen. Wie ein gestörter Bienenschwarm, welcher hierhin und dorthin fliegt, summten die Collegen durcheinander. Struvelius hatte wenig warme Freunde, aber er hatte auch keine Gegner. Zwar die ersten Tage nach jenem literarischen Urtheil galt er für einen aufzugebenden Mann, aber er selbst hielt sich gar nicht dafür, sondern verfaßte eine Entgegnung. Darin betonte er nicht ohne Selbstgefühl die schöne Bestätigung, welche seine Ergänzungen durch die von ihm allerdings übersehene Stelle des Kirchenvaters erhalten, er behandelte das Zusammentreffen des Druckfehlers mit dem Wortlaut seines Pergaments als einen wunderlichen, keineswegs aber unerhörten Zufall, und versagte sich zuletzt nicht, einige scharfe Seitenblicke auf andere Gelehrte zu werfen, welche gewisse Autoren für ihre Domäne hielten, und einen kleinen Fund mißachteten, während doch kein unbefangenes Urtheil auf einen größern hoffen dürfe.

Diese tactlose Anspielung auf den geheimen Codex empörte den Professor in tiefster Seele, aber stolz verschmähte er jeden weitern Kampf vor der Oeffentlichkeit. Die Entgegnung des Struvelius war allerdings übel gelungen, indeß hatte sie doch die Wirkung, daß die Mitglieder der Universität, welche gegen Felix gestimmt waren, den Muth gewannen, auf Seite des Gegners zu treten. Die Sache sei immerhin zweifelhaft, und es sei doch gegen die Bundespflicht des Amtes, seinen Collegen öffentlich so groben Versehens zu bezichtigen. Der Angreifer hätte das auch einem Andern überlassen können. Gegen diese Schwachen kämpfte der bessere Theil der Amtsgenossen aus dem Lager unseres Professors. Einige der angesehensten, unter ihnen alle von Ilse's Theetisch, beschlossen, daß die Angelegenheit nicht im Sande verlaufen dürfe. In der That stand für Struvelius der Streit ungünstig genug, denn ihm wurde ernstlich vorgestellt, daß seine Ehre ihn verpflichte, über das Pergament irgend eine Aufklärung zu geben. Er aber schwieg sich durch diese Verhaue hingeworfener Behauptungen durch, so wohl oder übel ihm möglich war.

Auch die Abende in Ilse's Zimmer erhielten durch dies Ereigniß einen kriegerischen Charakter, immer wieder saßen die nächsten Freunde, der Doctor, der Mineralog, und nicht zuletzt Raschke, wie Kriegstribunen in Berathung gegen den Feind. Raschke gestand an einem Abend, daß er soeben bei dem verstockten Gegner gewesen war und ihn flehentlich gebeten hatte, wenigstens zu bewirken, daß irgend ein Dritter das unglückliche Pergament zur Ansicht erhalte. Und Struvelius war einigermaßen in Thauwärme gekommen und hatte bedauert, daß er Schweigen versprochen, weil ihm noch andere Seltenheiten in Aussicht gestellt seien. Da hatte ihn Raschke beschworen, auf solche unheimliche Schätze zu verzichten und sich die Freiheit der Rede zurück zu kaufen. Es war eine lebhafte Erörterung gewesen, denn Raschke fuhr sich mit der kleinen Theeserviette — sie hatte Fransen und war Ilse's Freude — über Nase und Augen und steckte sie dann in seine Tasche. Als Ilse ihm lachend seinen Raub zu Gemüth führte, brachte er nicht nur die Serviette hervor, sondern mit ihr noch ein seidenes Taschentuch, von dem er behauptete, daß es ebenfalls Ilsen gehören müsse, obgleich es offenbar Eigenthum eines mit Schnupftabak umgehenden Herrn war. Deshalb wurde gegen ihn der Verdacht erhoben, daß er das Tuch aus dem Zimmer des Struvelius mitgebracht habe. „Nicht unmöglich," sagte er, „denn wir waren bewegt."

Das fremde Taschentuch lag auf einem Stuhle und wurde von den Anwesenden mit kalten Blicken und feindlichen Empfindungen betrachtet.

4.

Der Professorenball.

In diese akademische Verstörung fiel der große Professorenball, das einzige Fest des Jahres, welches sämmtlichen Familien der Universität Gelegenheit gab, in fröhlicher Geselligkeit zusammenzutreffen. Auch Studenten und andere Bekannte wurden geladen, der Ball war in der Stadt wohl angesehen und die Einladungen begehrt.

Ein akademischer Tanz ist etwas ganz Anderes als ein gewöhnlicher Ball. Denn außer allen guten Eigenschaften eines distinguirten Balles erweist er noch drei Vorzüge deutscher Wissenschaft: Fleiß, Freiheit und Gleichgültigkeit; Fleiß im Tanzen, auch bei den Herren, Freiheit in anmuthigem Verkehr zwischen Jung und Alt, und Gleichgültigkeit gegen Uniformen und lackirte Tanzstiefeln. Zwar die Jugend hat auch hier im Ganzen einen weltbürgerlichen Charakter, denn dieselben Tanzweisen, Roben, Sträuße und Verbeugungen, grüßende Augen und geröthete Bäckchen mag man bei tausend ähnlichen Festen von der Newa bis nach Californien erblicken. Nur wer genauer zusah, erkannte wohl an einem Mädchenkopf die geistvollen Augen und beredten Lippen, welche von dem gelehrten Vater auf sie übergegangen waren, und vielleicht in Locken und Bändern eine kleine akademische Eigenheit. Und der alte Satz, welchen Tiefsinn vergangener Studenten gefunden: Professorentöchter sind entweder hübsch oder häßlich, empfahl sich auch hier dem betrachtenden Menschenfreund, die landesübliche Mischung beider Eigenschaften war selten. Und unter den Tänzern waren neben einigen Offizieren und der Blüthe städtischer Jugend, dem gewöhnlichen Ballgut, hie und da junge Gelehrtengesichter zu sehen, hager und bleich, umflossen von schlichtem Haar, welches mehr geeignet war, sinnig auf die Bücher hinabzuhängen, als im Tanz durch den Saal zu schweifen. Was aber diesem Fest seinen Werth gab, war gar nicht die

Jugend, sondern Herren und Frauen in gesetzten Jahren. Unter den älteren Herren mit grauem Haar und fröhlichem Antlitz, welche in Gruppen zusammenstanden, oder behaglich zwischen den Damen umhertrieben, viele bedeutende Köpfe, feine ausgearbeitete Züge, ein frisches, lebendiges, unterhaltsames Wesen. Und unter den Frauen nicht wenige, die sonst das ganze Jahr geräuschlos zwischen dem Arbeitszimmer des Gatten und der Kinderstube einherschwebten, und die sich jetzt im ungewohnten Staatskleid dem Kerzenglanz ausgesetzt sahen, ebenso schüchtern und verschämt, wie sie vor langer Zeit als Mädchen gewesen waren.

Diesmal aber war beim Beginn des Festes in einzelnen Gruppen doch eine gewisse Spannung unverkennbar. Der Theetisch Werners hatte angenommen, daß Strudelius nicht kommen werde. Aber er war da. Er stand still in sich gezogen mit seinem gewöhnlichen zerstreuten Blick unweit des Eingangs, und Ilse und ihr Gatte mußten an ihm vorüber. Als Ilse am Arm des Professors durch den Saal schritt, sah sie, daß die Augen Vieler sich neugierig auf sie richteten, und hohe Röthe stieg ihr in die Wangen. Der Professor führte sie der Frau des Collegen Günther zu, welche mit Ilse verabredet hatte, daß sie am Abende zusammenhalten wollten, und Ilse war froh, als sie auf einem der erhöhten Sitze neben der muntern Frau Platz gefunden hatte, und sie wagte im Anfange nur schüchtern um sich zu blicken. Aber der Schmuck des Saales, die vielen stattlichen Menschen, welche suchend, plaudernd, grüßend den großen Raum füllten, dazwischen die ersten Klänge der Ouvertüre gaben ihr bald eine gehobene Stimmung. Sie getraute sich weiter umzuschauen und nach ihren Bekannten zu spähen, vor Allem nach dem lieben Manne. Sie sah ihn unweit der einen Saalthür stehen inmitten seiner Freunde und Genossen, ragend an Haupt und Gliedern. Und sie sah unweit der andern Thür den Gegner Strudelius stehen mit kleinem Gefolge, fast nur von Studenten umgeben; so standen die

Männer zwiefach getheilt, den Groll in ihrem Busen ehrbar bän=
digend. Aber zu Ilse kamen die Bekannten des Gatten, der Doctor
kam und lachte sie aus, weil sie vorher große Sorge gehabt,
wie man in dem Gewirr fremder Menschen einander finden
werde, auch der Mineraloge kam und erklärte seine Absicht, sie
um einen Tanz zu ersuchen. Doch Ilse machte ihm dagegen
ernste Vorstellungen: „Bitte, thun Sie das nicht, ich bin in
den neuen städtischen Tänzen nicht sicher, und Sie möchten
mit mir nicht gut bestehen. Da wollen wir einen Grundsatz
daraus machen und ich werde gar nicht tanzen. Aber das ist
auch nicht nöthig, denn mir ist sehr festlich zu Muth, und ich
freue mich von Herzen über all die schmucken Leute.“ Balb
traten Fremde heran, ließen sich ihr vorstellen, und sie er=
langte schnell größere Gewandtheit Tänze abzuschlagen. Dar=
auf führte auch der Historiker seine Tochter zu ihr, der wür=
dige Herr sprach längere Zeit mit Ilse und setzte sich endlich
sogar neben sie, und Ilse fühlte freudig, daß darin eine Aus=
zeichnung lag. Endlich wagte sie sich selbst einige Schritte
von ihrem Platz, um Frau Professor Raschke zu sich zu holen.
Und es dauerte nicht lange, so bildete sie mit den Bekannten
eine hübsche kleine Gesellschaft, die niedliche Frau Günther machte
allerliebste Scherze und erklärte ihr fremde Damen und Herren.
Auch die Frau Rectorin kam herbei und sagte, sie müsse sich
zu ihnen setzen, weil sie merke, daß es bei ihnen so lustig her=
gehe, und die Magnificenz warf ihre Augen wie Leuchtkugeln
hin und her und zog einen Herrn nach dem andern zu der
Gruppe; und wer der Magnificenz Hochachtung bewies, der
begrüßte auch die neue Frau Collegin. Es wurde in ihrer
Nähe ein Kommen und Gehen wie auf einem Jahrmarkt, und
Ilse und die Magnificenz saßen da wie zwei Nachbarsterne,
von denen einer den Glanz des andern vermehrt. Alles war
gut und schön, Ilse war seelenvergnügt und es fand in ihrer
Nähe nur etwas mehr freundschaftliches Händeschütteln statt,
als sich im Ganzen mit der Feierlichkeit eines Balles verträgt.

Und als Felix auch einmal herzutrat und sie fragend ansah, da drückte sie ihm leise die Fingerspitze und lachte ihn so glücklich an, daß er keiner weitern Antwort bedurfte.

Da, in einer Pause, als Ilse die Wände des Saales entlang sah, erblickte sie auf der entgegengesetzten Seite Frau Professor Struvelius. Sie saß in auffallend dunklem Kleide, ihre eine sapphische Locke hing ernst und schwermüthig von dem feinen Haupt. Die Gattin des Feindes sah bleich aus und blickte still vor sich nieder. In der Haltung der Frau war etwas, was Ilsen das Herz bewegte, und ihr war, als müßte sie hinüber gehen. Sie überlegte, ob ihrem Felix das recht sein werde, und fürchtete sich auch vor einer kalten Abweisung. Endlich aber faßte sie ein Herz und schritt quer durch den Saal auf die gelehrte Frau zu.

Sie wußte nicht, was sie that. Sie selbst war viel mehr aufgefallen, sie wurde viel schärfer beobachtet, und die Anwesenden beschäftigte der Zwist zweier Häuptlinge viel angelegentlicher, als sie ahnte. Wie sie jetzt mit festem Schritt auf die Andere zuging, und schon einige Schritt vor ihr die Hand nach ihr ausstreckte, da entstand eine bemerkbare Stille im Saale, und viele Augen richteten sich auf die beiden Frauen. Die Struvelius erhob sich gerablinig, stieg eine Stufe von ihrem Sitz hinab und sah so gefroren aus, daß Ilse erschrak und kaum eine alltägliche Frage nach ihrem Befinden über die Lippen brachte.

„Ich danke Ihnen," antwortete die Struvelius, „ich bin keine Freundin lauter Geselligkeit, wohl nur deshalb, weil mir alle Eigenschaften dafür fehlen. Denn zuletzt ist dem Menschen nur da wohl, wo er Gelegenheit hat, irgend eine Anlage thätig darzustellen."

„Mit meiner Anlage sieht es vollends schlecht aus," sagte Ilse schüchtern, „aber mir ist hier Alles neu, und deshalb unterhalte ich mich sehr durch das Zusehen, und ich möchte meine Augen überall haben."

„Das ist bei Ihnen eine ganz andere Sache," versetzte die Struvelius mit kalter Abfertigung.

Zum Glück wurde die dürftige Unterhaltung im Beginn unterbrochen. Denn die Consistorialräthin schoß neugierig wie eine Elster zu der Gruppe, um menschenfreundlich zu vermitteln, oder in der auffallenden Scene mitzuwirken. Sie pickte in das Gespräch hinein, und gleichgültige Reden wurden kurze Zeit fortgesetzt. Ilse kehrte erkältet auf ihren Platz zurück, mit sich selbst ein wenig unzufrieden. Sie hatte keine Ursache dazu. Die kleine Günther sagte ihr leise: „Das war recht und ich bin Ihnen jetzt noch einmal so gut;" und Professor Raschke kam zu ihr herangeschossen; er erwähnte nichts, aber nannte sie einmal über das andere seine liebe Frau Collega. Er frug besorgt, ob er ihr nicht etwas Gutes, wie Thee oder Limonade zutragen dürfe, er nahm den feingeschnitzten Fächer, den ihr Laura aufgenöthigt hatte, bewundernd aus ihrer Hand und steckte ihn aus Vorsicht in die Brusttasche seines Fracks. Dabei kam er auf eine lustige Geschichte, wie er als Student sich in seiner kleinen Stube selbst tanzen gelehrt hatte, um seiner gegenwärtigen Frau zu gefallen, und im Feuer seiner Erzählung begann er vor Ilse die Methode darzustellen, durch welche er sich in der Stille die ersten Pas beigebracht. Er bewegte sich gerade im Schwunge und der Schwanenflaum des Fächers ragte wie eine große Feder aus seinem Flügel hervor, als ein neuer Tanz begann und der Professor durch die wirbelnden Paare mit Laura's Fächer weggefegt wurde. — Es waren nur wenige Schritte, die Ilse durch den Saal gethan hatte, aber die kleine Aeußerung eines selbständigen Willens hatte ihr die gute Meinung der Universität gewonnen. Denn mancher Bemerkung, welche wohl über ihr ländliches Wesen gemacht wurde, klang jetzt bei Männern und Frauen die Anerkennung entgegen: sie hat Gemüth und Charakter.

Nach altem Brauch wurde der Ball in seiner Mitte durch ein gemeinschaftliches Abendessen unterbrochen. Würdige Pro=

ffforen waren schon einige Zeit vorher im Nebenzimmer spähend um gedeckte Tische gewandelt, hatten vorsorglich Zettel gelegt und mit wohlgekräuselten Kellnern eine Weinlieferung verabredet. Endlich lagerte sich die Gesellschaft, nach Familien geordnet, um die Tafeln. Als Ilse am Arm des Gatten nach ihrem Platze schritt, frug sie leise: „War's recht, daß ich hinüber ging?" Und er erwiederte ernsthaft: „Es war nicht unrecht." Damit mußte sie sich vorläufig begnügen.

Während der Tafel brachte Magnificus den ersten Toast auf die akademische Geselligkeit aus, und die Herren vom Thee= tisch fanden, daß seine leise Anspielung auf ein freundliches Zusammenhalten der Collegen in unzarter Weise an die bren= nende Frage des Tages rühre. Aber diese Wirkung ging so= gleich in andern Trinksprüchen unter und Ilse merkte, daß die Tischreden hier anders betrieben wurden, als in der Familie Rollmaus, denn ein College nach dem andern schlug an das Glas. Wie zierlich und geistreich wußten sie leben zu lassen, sie hielten ihre Frackschöße und blickten kaltblütig in die Runde, und gedachten in herrlichen Worten der Gäste, der Frauen und der übrigen Menschheit. Als die Pfropfen des Cham= pagners knallten, wurde die Beredtsamkeit übermächtig, und es schlugen sogar zwei Professoren zu gleicher Zeit an die Gläser. Da erhob sich noch einmal der Professor der Geschichte, und Alles wurde still. Er begrüßte die neuen Mitglieder der Universität, die Frauen und Männer, und Ilse merkte, daß dieser Gruß auch auf sie selbst gehe, und sah auf ihren Teller herab. Aber sie erschrak, als er immer persönlicher wurde und zuletzt gar ihren Namen laut in den Saal rief, und den der Mineralogin, welche auf der andern Seite ihres Felix saß. Die Gläser klangen, ein Tusch wurde geblasen, viele Collegen und einige Frauen erhoben sich und zogen mit ihren Gläsern heran, es entstand hinter den Stühlen eine kleine Völkerwan= derung, und Ilse und die Mineralogin mußten ohne Aufhören anstoßen, danken und sich verneigen. Als Ilse erröthend auf=

ſtand, um mit den Grüßenden anzuſtoßen, ſtreifte ihr Blick unwillkürlich die nächſte Tafel, wo wieder die Struvelius gegenüber ſaß, und ſie ſah, wie dieſe nach dem Glaſe zuckte, aber ſchnell zurückfuhr und finſter vor ſich hinſtarrte.

Die Geſellſchaft erhob ſich, und jetzt erſt begann die rechte Feſtfreude. Denn auch die Profeſſoren wurden regſam und gedachten ihrer alten Tüchtigkeit. Und der Saal erhielt ein verändertes Ausſehen, denn jetzt drehten ſich auch ehrwürdige Herren mit ihren eigenen Frauen im Kreiſe. Ach, es war für Ilſe ein herziger und rührender Anblick! Mancher alte Frack und bequeme Wegſtiefel bewegte ſich im Tacte. Die Herren tanzten entſchloſſen mit allerlei Schleifung des Fußes und kühner Bewegung der Kniee in dem Stil ihrer Jugendzeit und mit dem Gefühl, daß ſie ihre Kunſt auch noch verſtanden. Einige der Frauen hingen ſchüchtern in den Armen der Tänzer, manche auch etwas ſchwerfällig, andern aber ſah man an, wie gut ſie das Regiment im Hauſe führten, denn wenn die Wiſſen=ſchaft des Gemahls nicht ganz ausreichte, wußten ſie ihn durch ein kräftiges Herumſchwingen im Kreiſe fortzutreiben. Und Magnificus tanzte mit ſeiner runden Frau, ſehr zierlich, und Raſchke tanzte mit ſeiner Frau und ſah beim Anlauf, der einige Zeit in Anſpruch nahm, triumphirend nach Ilſe hinüber. Bei dieſem Ball geſchah, was lange nicht vorgekommen war, die Profeſſoren wagten auch eine Senioren=Françaiſe. Als aber Raſchke dazu antrat, entſtand ein beſorgtes Kopfſchütteln ſeiner Vertrauten. Nicht ohne Grund, denn er brachte eine heilloſe Verwirrung in die Touren. Er wollte ſeine Frau durchaus nicht mit einer andern Dame vertauſchen, welche ihm gegen=überſtand, dann ergab ſich, daß er keine feſte Anſicht über ſeinen eigentlichen Platz gewinnen konnte, und erſt am Ende, als ein großer Stern gebildet wurde, bei welchem die Herren an der Außenſeite als Strahlen herumkreiſten, da fand er ſich an der Hand irgend einer Dame wieder zurecht und ſchwenkte lachend ſeine Beinchen gegen die Außenwelt.

Luſtiger wurde das Getümmel, alle Nachbarinnen Ilſens waren durch den Taumel ergriffen und tanzten Walzer; Ilſe ſtand unweit einer Säule und ſah in das bunte Treiben herab. Da ſtrich etwas hinter ihr herum, ein ſeidenes Kleid rauſchte, die Strubelius trat neben ſie.

Betroffen ſah Ilſe in die großen grauen Augen der Gegnerin, welche langſam begann: „Ich halte Sie für edel und gemeiner Empfindung ganz unfähig.“

Ilſe verneigte ſich ein wenig, um ihren Dank für die unerwartete Erklärung auszudrücken.

„Ich gehe umher,“ fuhr die Strubelius in ihrer gemeſſenen Weiſe fort, „wie mit einem Fluche beladen. Was ich in dieſen Wochen gelitten habe, iſt unausſprechlich, heute in der lauten Freude komme ich mir vor wie eine Ausgeſtoßene.“ Das Tuch in ihrer Hand zitterte, aber ſie ſprach eintönig fort: „Mein Mann iſt unſchuldig, und in der Hauptſache von ſeinem Recht überzeugt. Mir als ſeiner Frau geziemt, ſeine Auffaſſung und ſein Schickſal zu theilen. Aber ich ſehe auch ihn durch eine unſelige Verwickelung innerlich verſtört, und ich fühle mit Entſetzen, daß ihm die gute Meinung ſeiner nächſten Bekannten verloren ſein mag, wenn es nicht gelingt, die Zweifel zu löſen, welche ſich um ſein Haupt ſammeln. — Helfen Sie mir,“ rief ſie in plötzlichem Ausbruch die Hände ringend, und zwei große Thränen rollten ihr über die Wangen.

„Vermag ich das?“ frug Ilſe.

„Es iſt ein Geheimniß bei der Sache,“ fuhr die Strubelius fort, „mein Mann hat die Unvorſichtigkeit gehabt, unbedingtes Schweigen zu verſprechen, ſein Wort iſt ihm heilig und er ſelbſt iſt wie ein Kind in Geſchäften und weiß ſich in dieſer Sache keinen Rath. Ohne ſein Wiſſen und Zuthun muß verſucht werden, was ihn rechtfertigt. Ich bitte Sie, mir dabei Ihren Beiſtand nicht zu verſagen.“

„Ich kann nichts thun, was mein Mann mißbilligen würde,

und ich habe bis jetzt niemals ein Geheimniß vor ihm gehabt," versetzte Ilse ernst.

„Ich will nichts, was nicht vor dem strengsten Urtheil bestehen könnte," fuhr die Andere fort. „Ihr Gemahl soll zuerst wissen, was ich etwa ermitteln kann; gerade deshalb wende ich mich an Sie. Ach, nicht deshalb allein, ich weiß Niemanden, dem ich vertrauen könnte. — Ihnen sage ich, was ich nicht von Struvelius erfahren habe, er hat das unglückliche Pergamentblatt von Magister Knips erhalten und an diesen wieder zurückgegeben."

„Das ist der kleine Magister auf unserer Straße?" frug Ilse neugierig.

„Derselbe. Ich muß den Magister veranlassen, daß er das Blatt wieder herbeischafft, oder mir sagt, wo es zu finden ist. Nicht hier ist der Ort dies zu besprechen," rief sie, als die Tanzmusik verstummte. „Bei der Stellung unserer Männer darf ich Sie nicht besuchen, es würde mir zu schmerzlich sein, die veränderte Haltung Ihres Gemahls in einer Begegnung zu empfinden; aber ich wünsche Ihren Rath und bitte Sie, eine Zusammenkunft am dritten Orte möglich zu machen."

„Wenn Magister Knips im Spiel ist," erwiederte Ilse zögernd, „so schlage ich Ihnen vor, sich zu Fräulein Laura Hummel, meiner Hausgenossin, zu bemühen, wir sind in ihrem Zimmer ungestört, und sie weiß mehr von dem Magister und seiner Familie als wir beide. Aber, Frau Professorin, wir armen Frauen werden bei einem fremden Manne schwerlich etwas durchsetzen."

„Ich bin entschlossen, Alles zu wagen, um meinen Gatten von dem unwürdigen Verdacht zu befreien, der sich gegen ihn zu erheben droht. Beweisen Sie sich so, wie Sie mir erscheinen, und ich will Ihnen auf Knieen danken." Sie rückte wieder heftig mit der Hand und sah dabei sehr gleichgültig aus.

„Wir treffen uns morgen," versetzte Ilse, „darin wenig-

ſtens darf ich Ihrem Vertrauen entſprechen." Und ſie be=
redeten die Stunde.

So trennten ſich die Frauen. Noch einmal ſah die Struve=
lius hinter der Säule hervor aus ihren großen Augen flehend
nach Ilſe, dann umſchloß beide der Schwarm aufbrechender
Ballgäſte.

Nach der Heimfahrt hörte Ilſe im Traum noch lange
die Tanzmuſik und ſah fremde Männer und Frauen an ihr
Lager kommen, und ſie lachte und wunderte ſich über die när=
riſchen Leute, die ſich gerade eine Zeit ausſuchten, wo ſie im
Bette lag ohne ihr ſchönes Kleid und den Fächer. Aber in
dieſe frohe Betrachtung fuhr die heimliche Sorge, daß ſie ihrem
Felix von all dieſen Beſuchen nichts ſagen dürfe. Und da
ſie leiſe über ſolchen Zwang ſeufzte, ſchwebte der Traum zurück
nach der elfenbeinenen Pforte, aus welcher er herangezogen
war, und ein feſter Schlummer löſte ihr die Glieder.

Am nächſten Morgen ging Ilſe zu Laura hinauf und
vertraute ihr die Ereigniſſe des Abends, zuletzt die Bitte der
Struvelius. Die geheime Zuſammenkunft mit der Frau Pro=
feſſorin war ganz nach Laura's Sinn. Sie hatte in den
letzten Wochen am Theetiſch mehr als einmal von dem ge=
heimnißvollen Pergament gehört, ſie fand den Entſchluß der
Struvelius hochherzig und ſprach von allem, was Magiſter
Knips anzetteln könne, mit Verachtung.

Mit dem Stundenſchlag traf Frau Struvelius ein. Sie
ſah heut recht gedrückt und leidend aus und man erkannte auch
hinter ihren unbeweglichen Zügen die ängſtliche Spannung.

Ilſe kürzte die unvermeidliche Einleitung von Grüßen und
Entſchuldigungen ab, indem ſie begann: „Ich habe Fräulein Laura
von Ihrem Wunſche geſagt, das Pergamentblatt zu erhalten,
ſie iſt bereit, Herrn Magiſter Knips ſogleich herüber zu rufen."

„Das iſt unendlich mehr, als ich zu hoffen wagte," ſagte
die Struvelius, „ich war bereit mit Ihrer gütigen Hilfe ihn
ſelbſt aufzuſuchen."

„Er soll herkommen," entschied Laura, „und er soll sich hier verantworten. Er ist mir immer unausstehlich gewesen, obgleich er mir manchmal für Geld hübsche kleine Bilder gemalt hat. Denn seine Demuth ist so wie sie keinem Manne geziemt, und ich halte ihn im Grund seines Herzens für einen Schleicher."

Die Köchin Susanne wurde gerufen und von Laura in Gegenwart der Frauen als Herold in die Burg der Knips gesandt. „Du sagst unter keinen Umständen, daß Jemand bei mir ist, und wenn er kommt, führst du ihn sogleich herauf." Susanne kehrte mit schlauem Gesicht zurück und überbrachte den Gegengruß: „Der Magister läßt sagen, er wird sich sogleich die hohe Ehre geben. Er erstaunte sich, aber es war ihm recht."

„Er soll sich wundern," rief Laura. Die verbündeten Damen ließen sich um den Sophatisch nieder und empfanden den Ernst der Stunde, welche ihnen bevorstand. „Wenn ich mit ihm spreche," begann Frau Struvelius feierlich, „haben Sie die Güte, genau auf seine Antworten zu achten, damit Sie dieselben im Nothfalle wiederholen können, seien Sie mir Beistand und Zeugen."

„Ich kann schnell schreiben," rief Laura, „ich will aufzeichnen, was er antwortet, nachher kann er's nicht ableugnen."

„Das wird zu sehr wie ein Verhör," warf Ilse ein, „es macht ihn nur mißtrauisch."

Draußen scholl das wüthende Gekläff eines Hundes. „Er kommt," rief die Struvelius und rückte sich entschlossen zurecht. Ein polternder Schritt ließ sich von der Treppe hören, Susanne öffnete und Magister Knips trat ein.

Gefährlich sah der nicht aus, ein kleiner gekrümmter Mann, von dem man zweifeln konnte, ob er jung oder alt war, ein blasses Gesicht mit hervorragenden Backenknochen, auf denen zwei rothe Flecke lagen, zusammengedrückte Augen, wie Kurzsichtige zu haben pflegen, von vieler Nachtarbeit bei trüber

Lampe geröthet, so stand er, den Kopf auf eine Seite geneigt, in fadenscheinigem Rock, ein demüthiger Diener, vielleicht ein Opfer der Wissenschaft. Als er drei Damen sitzen sah, wo er seinem Herzen nur für eine Fassung gegeben hatte, alle streng und feierlich, darunter die Frauen gewaltiger Männer, blieb er bestürzt an der Thür stehen. Doch faßte er sich und machte drei tiefe Verbeugungen, wahrscheinlich jeder Dame eine, enthielt sich aber alles Gebrauchs der Worte. „Setzen Sie sich, Herr Magister," begann Laura herablassend und wies auf einen leeren Stuhl gegenüber dem Sopha. Der Magister trat zögernd heran, rückte den Stuhl weiter aus dem Bereich der drei Schicksalsgöttinnen, und schob sich mit einer neuen Verbeugung auf eine Ecke des Rohrgeflechts.

„Es wird Ihnen bekannt sein, Herr Magister," begann Frau Struvelius, „daß die letzte Schrift meines Mannes Er=örterungen veranlaßt hat, welche allen Betheiligten und, wie ich voraussetze, auch Ihnen peinlich gewesen sind."

Knips machte ein sehr klägliches Gesicht und legte den Kopf ganz auf eine Schulter.

„Ich berufe mich jetzt auf das Interesse, welches auch Sie für die Studien meines Mannes haben, und ich berufe mich auf Ihr Herz, wenn ich Sie ersuche, mir offen und gerad=sinnig die Auskunft zu geben, welche uns Allen wünschenswerth sein muß." Sie hielt an, Knips sah mit gebeugtem Haupt von der Seite zu ihr hinüber und schwieg ebenfalls. „Ich bitte um eine Antwort," rief die Struvelius nachdrücklich.

„Ach sehr gern, hochverehrte Frau Professorin," begann endlich Knips mit feiner Stimme, „ich weiß nur nicht, worauf ich antworten soll."

„Aus Ihren Händen hat mein Mann das Pergament be=kommen, welches die Veranlassung zu seiner letzten Abhand=lung gewesen ist."

„Hat der Herr Professor der hochverehrten Frau Pro=fessorin das gesagt?" frug Knips noch kläglicher.

„Nein," antwortete die Struvelius, „aber ich habe durch die Thür gehört, daß Sie kamen, und ich habe gehört, daß er versprach über etwas zu schweigen, und da ich später bei ihm eintrat, sah ich das Pergament auf seinem Tisch liegen, und als ich darnach frug, sagte er mir auch: das ist ein Geheimniß."

Der Magister sah ängstlich in der Luft umher und senkte den Blick endlich auf seine Kniespitzen, welche in ungewöhnlicher Glätte und Abgestoßenheit glänzten.

„Wenn der Herr Professor selbst meinten, daß die Sache Geheimniß sei, so steht doch mir nicht zu, darüber zu sprechen, selbst wenn ich in der That etwas wüßte."

„Sie verweigern also, uns Auskunft zu geben?"

„Ach! hochverehrte und wohlgeneigte Frau Professorin, ich würde Niemandem lieber eine Mittheilung machen als den gütigen Damen, welche ich hier zu sehen die Ehre habe, aber ich bin viel zu schwach Ihnen hierin zu dienen."

„Haben Sie auch überlegt, was Ihre Weigerung für verwirrende Folgen haben muß für meinen Gatten, für die ganze Universität, und was Ihnen mehr als dies alles gelten muß, wenn Sie im Dienst der Wahrheit stehen, für die Wissenschaft?"

Knips gab zu, im Dienst der Wahrheit zu stehen.

Laura merkte, daß das Verhör sich in Seitenpfade schlängelte, auf denen das Pergament nicht zu finden war, sie sprang auf und rief: „Gehen Sie einmal hinaus, Magister Knips, ich habe mit Frau Professorin etwas zu besprechen." Knips erhob sich bereitwillig und machte eine Verbeugung. „Sie dürfen aber nicht fort, treten Sie in das Zimmer nebenan. Kommen Sie, ich werde Sie sogleich wieder einlassen." Knips folgte mit gesenktem Haupt und Laura kam auf den Fußspitzen zurück und sagte leise: „Ich habe ihn eingeschlossen, damit er nicht entläuft." Die Frauen neigten die Köpfe zu geheimer Berathung.

„Sie behandeln ihn zu zartfühlend, Frau Professorin," flüsterte Laura, „bieten Sie ihm Geld, das wird ihn locken. Es ist hart, daß ich so etwas sagen muß, aber ich kenne die Familie Knips, sie ist egoistisch."

„Auch ich habe für den äußersten Fall daran gedacht," versetzte die Struvelius, „ich wollte ihn nur nicht durch ein kaltes Angebot verletzen, wenn eine männliche Empfindung in ihm lebt."

„Ei was," rief Laura, „es ist gar kein Mann, es ist nur ein Hasenfuß. Und wenn er Ihnen widersteht, so bieten Sie mehr. Bitte, hier ist meine Sparcasse." Sie lief zum geheimen Schreibtisch und holte die Perlentasche hervor.

„Ich bin Ihnen von Herzen dankbar," raunte die Struvelius und zog auch ihre Börse aus dem Gewande. „Wenn es nur reichen wird," sagte sie ängstlich an den Schnüren ziehend, „sehen wir schnell, was wir haben."

„Behüte," rief Laura erschrocken, „sie ist ja voll Gold."

„Ich habe zu Geld gemacht, was ich gerade konnte," erwiederte hastig die Struvelius. „Das ist ja jetzt alles unwesentlich."

Ilse nahm beiden Frauen die Börsen aus der Hand und sagte fest: „Das ist viel zu viel. Solche Summe dürfen wir ihm nicht anbieten, wir wissen nicht, ob wir nicht den armen Mann in Versuchung führen ein Unrecht zu thun. Ueberhaupt, wenn wir Geld bieten, lassen wir uns auf einen Handel ein, den wir gar nicht verstehen." Das bestritten die Andern, und im Flüsterton wurde eifrig darüber verhandelt.

Endlich entschied Laura: „Zwei Goldstücke soll er haben, und damit abgemacht." Sie eilte hinaus, den Gefangenen wieder einzuführen.

Als der Magister eintrat, sah die Struvelius so bittend auf Ilse, daß diese sich überwand, die Verhandlung einzuleiten. „Herr Magister, wir Frauen haben uns in den Kopf gesetzt das Schriftstück zu erhalten, welches die Herren Gelehrten so sehr beschäftigt, und da Sie Bescheid wissen, bitten wir Sie, uns dabei zu helfen." Magister Knips bewegte seine Lippen zu einem unterthänigen Lächeln.

„Wir wollen es kaufen," fiel die Strubelius ein, „und wir bitten Sie, den Ankauf zu besorgen. Sie sollen das Geld haben, welches Sie dafür brauchen." Sie fuhr in ihre Börse, vergaß in innerer Angst die Verabredung und zählte einen Louisdor nach dem andern auf den Tisch, daß Laura erschrocken zu ihr sprang und sie von hinten heftig an dem Tuch zupfte. Knips trug sein bedrängtes Haupt wieder auf der Schulter, und wie ein Hündchen auf die Hand des Brotschneidenden starrt, blickte er auf die kleinen Finger der Frau Professorin, aus denen ein Goldstück nach dem andern fiel. „Dies und noch mehr gehört Ihnen," rief die Strubelius, „wenn Sie mir das Pergament schaffen." Der Magister fuhr in die Tasche nach seinem Tuch und trocknete sich die Stirne. „Wohl wird Denenselben bekannt sein," sagte er klagend, „daß ich viele Correcturen lesen muß, und manches Mal in die liebe Nacht arbeiten, bevor ich nur den zehnten Theil von dem verdiene, was hier liegt. Es ist eine große Verlockung für mich, aber ich glaube nicht, daß ich das Pergamentblatt schaffen kann. Und wenn es mir gelingen sollte, so fürchte ich, es könnte nur unter der Bedingung sein, daß den Streifen keiner der Herren Professoren in die Hand bekommt, sondern daß derselbe hier in Gegenwart der hochverehrten Frauen und Fräulein ver= nichtet wird."

„Gehen Sie noch einmal hinaus, Magister Knips," gebot Laura aufspringend, „lassen Sie aber Ihren Hut hier liegen, damit Sie uns nicht entwischen."

Der Magister verschwand zum zweiten Male. Wieder fuhren die Frauenköpfe zusammen.

„Er hat das Blatt, und er kann es schaffen, jetzt wissen wir's," rief Laura.

„Auf sein Anerbieten können Sie nicht eingehen," sagte

Ilse, „denn es liegt Ihnen doch nichts daran das Blatt zu behalten, es soll nur noch einmal von unsern Männern untersucht werden, dann kann es ja der Herr Magister wieder zurücknehmen."

„Bitte, schaffen Sie alles Gold fort bis auf dies hier," rieth Laura, „und erlauben Sie mir, jetzt aus einem andern Tone mit ihm zu sprechen, denn meine Geduld ist am Ende." Sie öffnete die Thür: „Kommen Sie herein, Magister Knips, und hören Sie mich mit Ueberlegung an. Sie haben sich geweigert, das Geld ist verschwunden bis auf zwei Stücke, die liegen noch für Sie da. Aber nur unter der Bedingung, daß Sie auf der Stelle schaffen, was Frau Professorin von Ihnen erbeten hat. Denn wir haben Ihnen deutlich angesehen, Sie besitzen das Blatt, und wenn Sie sich noch weigern, so kommt uns der Verdacht, daß Sie dabei etwas Unehrliches verübt haben." Knips sah sie erschrocken an und winkte flehend mit der Hand. „Und ich gehe sogleich zu Ihrer Mutter und sage ihr, daß es ein Ende hat zwischen ihr und unserm Hause. Ich gehe hinüber zu Herrn Hahn und erzähle ihm von Ihrem Verhalten, und daß er Ihnen Ihren Bruder auf den Hals schickt. Ihr Bruder ist in einem Geschäft und weiß, was Redlichkeit heißt. Und wenn er es nicht einsieht, so wird Herr Hahn daran denken, und auch Ihrem Bruder wird es nicht zum Heile gereichen. Zuletzt will ich Ihnen noch etwas sagen. Ich lasse auf der Stelle Herrn Fritz Hahn herüber bitten, und wir theilen ihm Alles mit, und dann soll er mit Ihnen verhandeln. Denn daß Fritz Hahn mit Ihnen fertig wird, wissen Sie. Und ich auch, denn ich habe als kleines Mädchen dabei gestanden. Ich kenne Sie, Herr Magister. Wir auf unserer Straße sind nicht von der Art, daß wir uns hinter's Licht führen lassen. Und wir halten auf Ordnung in der Nachbarschaft. Deshalb schaffen Sie das Blatt, oder Sie sollen Laura Hummel kennen lernen." Das rief Laura mit blitzenden Augen, und sie ballte die kleine Hand gegen den Magister. Und Ilse ſah mit Erſtaunen, wie in der Rede der Eifrigen auf einmal der Doctor als Ajax gegen den Magiſter heranſtürmte.

Wenn ein Vortrag nach ſeinen Wirkungen beurtheilt werden darf, ſo war Laura's Anrede muſterhaft, denn ſie bewirkte in dem Magiſter völlige Zerſtörung. Er war unter den Menſchen und Gewohnheiten der kleinen Straße aufgewachſen, und würdigte ſehr wohl die Folgen, welche Laura's Feindſchaft für das geringe Behagen ſeines eigenen Lebens haben konnte. Er kämpfte deshalb eine Weile um die Worte, endlich begann er leiſe: „Da es ſo weit gekommen iſt, daß Fräulein Laura ſogar gegen mich ſelbſt etwas muthmaßt, ſo bin ich allerdings genöthigt den hochverehrten Frauen zu ſagen, wie die Sache zuſammenhängt. Ich kenne einen kleinen reiſenden Händler, der allerlei Antiquitäten mit ſich führt, Holzſchnitte, Miniaturen, auch Bruchſtücke alter Handſchriften, und was ſonſt in dieſer Art vorkommt, ich habe ihm manchmal Kunden zugewieſen, und wohl auch über den Werth ſeltener Sachen Auskunft gegeben. Dieſer Mann zeigte mir bei ſeinem Hierſein einen Haufen alter Pergamentblätter, über welche er bereits, wie er ſagte, mit einem Auswärtigen im Handel war. Und weil man jetzt auf die doppelt beſchriebenen Blätter ſehr aufmerkt, war ihm der Streifen aufgefallen, und mir auch. Ich las Einiges darin, ſoweit man es durch den Leim erkennen konnte, der noch darüber lag, und ich bat ihn, mir das Pergament wenigſtens zu leihen, damit ich es einem unſerer großen Herren Gelehrten zeigen könnte. Ich trug es zu Herrn Profeſſor Struvelius. Und als der Herr Profeſſor meinten, die Sache wäre vielleicht der Mühe werth, ging ich wieder zu dem Händler. Dieſer ſagte mir, verkaufen könne er das Blatt vorläufig nicht, aber es ſei ihm recht, wenn darüber geſchrieben würde, denn dadurch könnte es größeren Werth erhalten. Der Händler überließ es mir bis zu ſeiner Zurückkunft. In dieſer Woche iſt er wieder angekommen, um es mit fortzunehmen. Jetzt weiß ich nicht, ob es noch vorhanden iſt, und ich kann gar nicht sagen, ob er es für dieses Geld herausgeben wird. Ich besorge Nein."

Die Frauen sahen einander an. „Sie Alle hörten diese Aussage," begann die Struvelius. „Aber weshalb haben Sie, Herr Magister, meinen Mann gebeten, Niemandem zu sagen, daß das Pergament von Ihnen kommt?"

Der Magister wand sich auf dem Stuhl und sah ver= legen auf seine Kniee herab. „Ach, die hochverehrten Damen werden mir zürnen, wenn ich das ausspreche. Herr Professor Werner hat gegen mich immer viele Freundlichkeit gehabt und ich hatte Angst, derselbe könnte übel empfinden, wenn ich einen solchen Fund nicht zuerst ihm zeigte. Und doch hatte auch Herr Professor Struvelius mich wieder zu Dank verpflichtet, denn derselbe hatte mir geneigtest Correctur und Inhaltsver= zeichniß seiner neuen großen Ausgabe übertragen. Deshalb stand ich zwischen zwei schätzbaren Gönnern in Verlegenheit."

Das war so kläglich, daß es leider nicht unwahrschein= lich war.

„O bewirken Sie, daß Ihr Gemahl ihn anhört," rief die Struvelius.

„Wir hoffen, Herr Magister, Sie werden Ihre Worte vor Andern wiederholen, welche den Inhalt besser verstehen, als wir," sagte Ilse, und der Magister erklärte furchtsam seine Bereitwilligkeit.

„Aber das Pergament müssen Sie doch schaffen," warf Laura dazwischen.

Knips zuckte die Achseln. „Wenn es möglich ist," sagte er, „und ob der Mann für diesen Betrag mir das Blatt über= lassen wird —"

Die Struvelius griff wieder nach der Tasche, aber Ilse hielt ihr die Hand fest, und Laura rief: „Wir geben nicht mehr." „Dennoch aber," fuhr der Magister, gedrückt durch den Widerstand seiner Richterinnen, fort: „es sind Zweifel erhoben an der Echtheit, und wie es bei solchen Leuten geht, vielleicht hat das Blatt dem Händler dadurch an Werth verloren. — Aber, hochverehrte Frauen und Fräulein, wenn es mir gelingen sollte, Ihnen zu dienen, so flehe ich in Ehrerbietung, daß Dieselben mir nicht den unglückseligen Antheil nachtragen, den ich ohne mein Verschulden in dieser schwierigen Sache gehabt habe. Sie hat mich die ganze Zeit sehr bekümmert und seit die Worte des Herrn Professor Werner gedruckt wurden, habe ich jeden Tag gejammert, daß ich je mit einem Auge auf das Blatt gesehen. Denn ich darf meine gewichtigen Gönner nicht verlieren, wenn ich nicht in den Abgrund des Elends sinken soll."

Diese Worte regten den Richterinnen das Mitleid auf, und die Struvelius sagte gütig: „Wir glauben Ihnen, denn es ist eine häßliche Empfindung, auch wider Willen Andere getäuscht zu haben." Aber Laura, welche sich zur Vorsitzenden des Rathes aufgeworfen hatte, entschied kurz: „Ich bitte also, daß alle Betheiligten sich morgen um dieselbe Stunde hierher bemühen. Ihnen, Magister Knips, gebe ich bis dahin Zeit, das Blatt in unsere Hände zu liefern. Nach Ablauf dieser Frist wird Wäsche entzogen, das Haus verboten und der Familie Hahn Anzeige gemacht. Sehen Sie zu, daß wir im Guten auseinander kommen."

Der Magister näherte sich dem Tisch, schob mit einem Finger die Geldstücke in die hohle Hand, welche er bescheiden unter den Rand der Tischplatte hielt, machte geknickt drei tiefe Verbeugungen und empfahl sich den hochverehrten Anwesenden.

Ilse erzählte dem Gatten das Abenteuer, und Felix hörte erstaunt von der Rolle, welche das gelehrte Factotum in der Tragödie gespielt hatte.

Schon am nächsten Morgen erschien der Magister vor dem Gelehrten. Athemlos zog er das eingepackte Unglücksblatt aus der Tasche und trug es mit geneigtem Haupt und ausgestreckter Hand, immer kleiner werdend, demüthig und flehend von der Thür bis zum Arbeitstisch des Professors. „Dem Herrn Professor dies zu bringen, möchte ich immer noch eher wagen, als zum zweiten Mal höherer weiblicher Würde entgegentreten. Wenn der Herr Professor geruhen wollten, dasselbe durch Dero Gemahlin geneigtest in die Hände der neuen Eigenthümerin zu befördern." Auf die strengen Fragen des Professors begann er Bericht und Vertheidigung. Was er sagte, war nicht unwahrscheinlich. Dem Professor war der Name des unsichern Händlers bekannt, er wußte, daß der Mann sich in diesen Wochen am Orte aufgehalten hatte, und bei den zahlreichen Verbindungen, welche Knips im Interesse seiner Gönner unterhielt, war seine Bekanntschaft mit diesem Verkäufer nicht auffallend. Der Professor untersuchte neugierig das Pergament. Hatte hier eine Fälschung stattgefunden, so war sie meisterhaft ausgeführt; aber Knips selbst brachte eine Lupe aus der Westentasche und machte darauf aufmerksam, wie man unter dem Vergrößerungsglase erkenne, daß einige Male die schattenhaften Schriftzüge der scheinbar ältesten Hand über die Buchstaben des Kirchengebets geführt, also später aufgemalt seien. „Des Herrn Professors Einwürfe in der Literaturzeitung haben mich aufmerksam gemacht, und heut früh, als ich das Pergament in die Hand bekam, habe ich sorgenvoll untersucht, was vorher durch den aufgestrichenen Kleister undeutlich war. Und soweit ich mir in solchen Dingen überhaupt ein Urtheil erlauben darf, wage ich jetzt Dero Ansicht zu theilen, daß ein Falsarius an diesem Blatt Uebles gethan hat."

Der Professor warf das Blatt weit von sich: „Ich bedaure, daß Ihre Hand jemals an dies gerührt hat. Denn Sie haben, wenn auch wider Willen, eine Verwüstung angerichtet, deren Schmerzlichkeit Sie wohl nicht übersehen. Auch um Sie selbst thut es mir sehr leid. Dieser unglückliche Vorfall wirft einen Schatten auf Ihr Leben. Ich würde viel darum geben, wenn ich ihn hinwegwischen könnte. Denn wir kennen einander von mancher Arbeit, Herr Magister, ich habe für Ihre opfervolle Thätigkeit zu Gunsten Anderer immer Theilnahme gefühlt. Und trotz Ihrem Bücherschacher, den ich nicht lobe, und trotz der Zersplitterung Ihrer Zeit durch Arbeiten, die auch Schwächere abmachen könnten, habe ich Sie stets für einen Mann gehalten, dessen ungewöhnliche Kenntnisse Achtung einflößen."

Der gebeugte Magister erhob das Haupt und über sein Gesicht flog ein Lächeln. „Und ich habe Herrn Professor immer für den einzigen unter meinen vornehmen Gönnern gehalten, welcher das Recht hätte, mir zu sagen, daß ich zu wenig gelernt habe. Der Herr Professor sind ebenso der einzige, dem ich zu gestehen wage, daß ich mich in der Stille auch als einen Gelehrten zu ästimiren nicht unterlassen kann. Und ich verhoffe, daß Sie mir nicht das Zeugniß versagen werden, Denenselben stets ein zuverlässiger und treuer Arbeiter gewesen zu sein." Er fiel in sein gedrücktes Wesen zurück, als er fortfuhr: „Was geschehen ist, soll mir für die Zukunft eine Lehre sein."

„Ich muß mehr von Ihnen fordern. Zuerst werden Sie sich Mühe geben, durch Ihre Bekanntschaft den Versteck zu ermitteln, aus welchem diese Fälschung hervorgegangen ist, denn sie ist schwerlich der zufällige Einfall eines gewissenlosen Mannes, sondern Beginn einer unheimlichen Industrie, welche noch mehr Unheil anrichten kann. Ferner ist Ihre Pflicht, auf der Stelle Herrn Professor Struvelius das Pergament zu überbringen und Ihre Entdeckung mitzutheilen. Sie selbst aber werden gut thun, fortan vorsichtiger in der Wahl der Geschäftsleute zu sein, mit welchen Sie verkehren." Diese Ansichten theilte Knips vollständig und schied, indem er sich flehentlich für die Zukunft zu hochgeneigter Berücksichtigung empfahl.

„Er ist doch irgendwie bei der Schurkerei betheiligt," rief der Doctor.

„Nein," entgegnete der Professor. „Sein Unrecht ist,

daß ihm bis zum letzten Augenblick mehr an einem Handel als an Ermittlung der Wahrheit lag." Und Frau Professor Struvelius sprach am Nachmittag zu Ilse: „Was wir erreicht haben, ist für meinen Gatten sehr schmerzlich. Denn es gibt ihm die Ueberzeugung, daß er getäuscht wurde, während Andere das wahre Sachverhältniß erkannt haben. Es ist für eine Frau grausame Qual, wenn sie selbst zu solcher Demüthigung des Liebsten die Hand reichen muß. Dieses Leid werde ich lange in mir herumtragen. Auch unsere Gatten sind ein= ander so entfremdet, daß für beide längere Zeit nothwendig sein wird, bevor die verletzte Empfindung einer unbefangenen Würdigung des Collegen Raum gibt. Mir aber liegt daran, daß das Verhältniß zwischen Ihnen und mir darunter nicht leidet. Ich habe den Werth Ihres Herzens erkannt, und ich bitte Sie, sich trotz meinem schwerfälligen Wesen, das ich sehr wohl kenne, die Freundschaft gefallen zu lassen, welche ich Ihnen entgegen trage."

Als sie in ihrem schwarzen Kleide langsam zur Thür hinausschritt, wunderte sich Ilse, wie schnell der erste Eindruck, den ihr die gelehrte Dame gemacht, durch andere Gefühle zu= rückgedrängt war.

In der nächsten Nummer der Literaturzeitung erschien eine kurze Erklärung des Professor Struvelius, worin er ehr= lich bekannte, daß er durch einen — allerdings sehr geschickten — Betrug getäuscht worden sei, und daß er dem Scharfsinn und der freundlichen Thätigkeit seines verehrten Collegen dank= bar sein müsse, welcher zur Aufklärung des Sachverhältnisses beigetragen.

„Diese Erklärung hat die Frau geschrieben," sagte wieder der hartnäckige Doctor.

„Wir dürfen annehmen, daß die unbehagliche Novelle dadurch für alle Betheiligten zum Ende gebracht ist," schloß der Professor mit leichtem Herzen.

Aber auch die Hoffnungen eines großen Gelehrten gehen

nicht immer in Erfüllung. Dieser Streit der Scepter tragen=
den Fürsten an der Universität hatte nicht nur Ilse in neuen
Beruf eingeführt, auch einen Andern.

Magister Knips kauerte am Abend des entscheidenden
Tages, welcher die Nichtigkeit des Pergaments enthüllt hatte,
in der ungeheizten Kammer seiner dürftigen Wohnung auf
dem Boden. Auf den Bretern an der Wand und auf dem
Fußboden lagen die Bücher unordentlich gehäuft und er saß
von ihnen ringsum eingeschlossen, wie ein Ameisenlöwe in
seinem Trichter. Er räumte eine alte Cigarrenkiste seines
Bruders, die mit kleinen Flaschen und Farbentöpfchen gefüllt
war, in eine dunkle Ecke und legte Bücher darüber. Dann
stellte er die Lampe auf einen Schemel neben sich, nahm mit
innigem Behagen ein und das andere alte Buch in die
Hand, betrachtete den Einband, las den Titel und die letzte
Seite, strich liebkosend mit der Hand darüber und legte es
wieder zum Haufen. Endlich faßte er mit beiden Händen
den alten italienischen Druck eines griechischen Autors, schob
sich näher an die Lampe und untersuchte Blatt für Blatt.
Die Mutter rief zur Thür herein: „Höre auf mit deinen
Büchern und komm aus der kalten Kammer zu deinem
Abendbrot."

„Seit zweihundert Jahren hat kein Gelehrter dies Buch
gesehen, Mutter, sie leugnen, daß es überhaupt vorhanden ist,
ich aber halte es in meinen Händen, und es gehört mir. Das
ist ein Schatz, Mutter."

„Was hilft dir der Schatz, du armer Junge?"

„Ich hab' ihn, Mutter," sagte der Magister zu den harten
Zügen der Frau aufblickend, und seine zwinkernden Augen
glänzten verklärt. „Heut erst mußte ich eine Correctur lesen,
in der ein berühmter Mann behauptet, dieser Band, den ich
hier halte, sei nie vorhanden gewesen. Er wollte das „nie
vorhanden" mit gesperrter Schrift gedruckt, und ich habe es
dem Setzer gezeichnet, aber ich wußte es besser."

„Kommſt du wieder nicht los?" rief die Mutter ärgerlich, „dein Bier wird am Ofen warm, mach' ein Ende."

Widerſtrebend erhob ſich der Magiſter, fuhr mit ſeinen Filzſchuhen aus der Kammer und ſetzte ſich zu ſeinem Butter=brot in der Stube nieder. „Mutter," ſagte er der Frau, die dem ſchnellen Eſſen zuſah, „ich habe einiges Geld übrig, brauchſt du etwas, ſo kaufe dir's. Aber ich will wiſſen, was es iſt, und ich will es auch ſehen, daß nicht der Bruder dir das Geld wieder abborgt. Denn es iſt mit Sorgen verdient."

„Dein Bruder wird mir jetzt Alles zurückzahlen; denn Hahn hat ihm ſeine Stelle gebeſſert und er hat ſein gutes Auskommen."

„Das iſt nicht wahr," verſetzte der Magiſter, die Mutter ſcharf anſehend, „er iſt zu vornehm geworden, um noch bei uns zu wohnen, aber ſo oft er herkommt, will er etwas von dir. Und du haſt ihn immer lieber gehabt als mich."

„Rede nicht ſo, mein Sohn," rief Frau Knips, „er hat nur eine andere Art, du haſt immer fleißig ſtill geſeſſen und geſammelt, und ſchon als kleiner Junge haſt du zuſammen=getragen."

„Ich habe mir etwas geſucht, das mir lieb war," ſagte der Magiſter und ſah nach ſeiner Kammer, „und ich habe Manches gefunden."

„Ach, und wie ſauer läßt du dir's werden, mein armes Kind," ſchmeichelte die Mutter.

„Wie's kommt," antwortete der Magiſter und verzog in heiterer Stimmung ſein Geſicht. „Ich leſe Correcturen, und ich mache Arbeiten für dieſe Gelehrten, die vornehm im Wagen fahren und, wenn ich zu ihnen komme, mich behandeln wie einen römiſchen Sklaven. Und kein Menſch weiß, wie oft ich ihre Dummheiten ausbeſſere und die groben Fehler aus ihrem Latein. Ich thue es aber nicht Jedem, nur dem, welchen ich mag und der es wohl um mich verdient hat. Den Andern laſſe ich ſtehen, was ſie nicht gewußt haben, und ich zucke in der Stille die Achseln über die hohlen Köpfe. Es ist nicht Alles Gold was glänzt," sagte er, und hielt behaglich sein Dünnbier gegen das Licht, „ich allein weiß, wie es in manchem aussieht. Ihre elenden Manuscripte, immer wieder corrigirt, und das Schlechteste darin nicht corrigirt; ich sehe, wie sie sich abquälen und, was sie etwa wissen, noch aus fremden Büchern mausen. Man sieht das alle Tage, Mutter, und man lächelt in der Stille über den Lauf der Welt."

Und Magister Knips lächelte über die Welt.

***

5.

Herr Hummel als Falsarius.

In den Häusern der Parkstraße waltete Friede, Duld=samkeit, heimliche Hoffnung. Seit Ilse's Ankunft schien der alte Streit abgethan, das Kriegsbeil begraben. Zwar Hummels Hund knurrte und schnappte nach Hahns Katze, und wurde von ihr geohrfeigt, und der Markthelfer Rothe von A. C. Hahn schlug im Kuchengarten vor dem Schließer der Fabrik von H. Hummel auf den Tisch und erklärte ihm seine Verachtung. Aber diese kleinen Vorfälle glichen unschädlichen Wasserblasen, welche an der Stätte aufstiegen, wo einst ein strudelnder Abgrund von Feindschaft gewesen war, das Leben zwischen den beiden Häusern floß dahin wie ein klarer Bach, und Vergißmeinnicht wuchs an seinem Ufer. Wenn ein menschenfeindlicher Zauber in den Boden gesteckt war, zu jener Zeit, wo Frau Knips allein darauf herrschte, so schien er jetzt durch weibliche Beschwörung gänzlich beseitigt.

An einem Morgen, kurz vor der Messe, stellte der Markt=helfer einer Buchhandlung einen Stoß neuer Bücher auf den Schreibtisch des Doctors. Es waren die Freiexemplare des ersten größeren Werkes, das er geschrieben. Fritz schlug die ersten Seiten auf, sah einen Augenblick in stillem Genuß auf den Titel, noch einmal flog die Hauptsache des Inhalts durch seine Seele. Dann ergriff er schnell die Feder, schrieb in das Exemplar einige herzliche Worte und trug es zu seinen Eltern hinab.

Das Buch handelte, um in der Weise Gabriels zu sprechen, von den alten Indern, sowie von den alten Deutschen, es besprach das Leben unserer Vorfahren, vor der Zeit, in welcher diese den verständigen Entschluß faßten, auf dem Blocksberg artige Brockensträuße zu binden und im Vater Rhein ihre Trinkhörner auszuspülen. Es war ein sehr gelehrtes Buch, und es enthüllte, soweit der Verfasser sich nicht geirrt hatte, viele geheime Tiefen der Urzeit.

Vater und Mutter, denen Fritz das Buch hinuntertrug, hatten nicht nöthig, sich durch Fremde über die Bedeutung des Werkes belehren zu lassen. Die Mutter küßte dem Sohne die Stirn und konnte ihre Rührung nicht bekämpfen, als sie seinen Namen so groß und schön gedruckt auf dem Titel sah; Herr Hahn aber nahm ihr das Buch aus den Händen und trug es in den Garten. Dort legte er es auf den Tisch des chinesischen Tempels, las mehre Mal die Widmung und umkreiste darauf den Pavillon, immer wieder hineinsehend, um zu beobachten, wie sich der Baustil in Verbindung mit dem Buch ausnehme. Dabei begegnete auch ihm, daß er sich einige Mal herzhaft räusperte, um seiner freudigen Bewegung Herr zu werden.

Nicht geringer war die Freude im Arbeitszimmer des Professors. Dieser ging das Buch haftig vom Anfang bis zum Ende durch. „Es ist merkwürdig," sagte er dann vergnügt zu Ilse, „wie kühn und fest Fritz auf die Sache losgeht. Dabei mit einer Selbstbeherrschung, die ich ihm nicht in dem Maße zugetraut habe. Vieles darin ist mir ganz neu, mich wundert, daß er so schnell und heimlich mit der Arbeit abgeschlossen hat."

Wie die gelehrte Welt das Buch des Doctors betrachtete,

ist aus vielem gedruckten Lobe ersichtlich. Schwerer ist zu schätzen, wie es auf die Parkgasse wirkte. Herr Hummel studirte in seiner Zeitung eine ausführliche Besprechung des Werkes, nicht ohne Geräusch, er summte bei dem Wort Veda, er brummte bei dem Namen Humboldt, und er pfiff durch die Zähne bei dem Lobe, welches der tiefen Gelehrsamkeit des Verfassers ertheilt wurde. Als endlich am Schluß Recensent sich nicht enthalten konnte, im Namen der Wissenschaft dem Doctor förmlich Dank zu sagen und das Werk allen Lesern angelegentlichst zu empfehlen, verstärkte sich das Gesumm in Herrn Hummels Kopf bis zur Melodie des alten Dessauers, und er warf die Zeitung auf den Tisch. „Ich denke nicht daran, es zu kaufen," war Alles, was er den Frauen über seine Empfindungen gönnte. Aber er sah im Laufe des Tages einige Mal nach der feindlichen Hausecke hinüber, wo das Zimmer des Doctors lag, und dann wieder nach dem eigenen Oberstock, als wenn er die beiden Gelehrten und ihre Behausungen gegen einander abschätzen wollte.

Als Ilse gegen Laura das Urtheil des Gatten über das Buch wiederholte, erröthete Laura ein wenig und erwiederte, ihr Köpfchen zurückwerfend: „Ich hoffe, es ist so gelehrt, daß wir nicht nöthig haben, uns damit abzugeben." Aber die Abneigung, sich darauf einzulassen, verhinderte sie doch nicht, einige Tage später den Professor um das Buch zu bitten, weil sie es der Mutter zeigen wolle. Bei dieser Gelegenheit wurde es in das Geheimzimmer getragen und verweilte dort längere Zeit.

Auch unter den übrigen Anwohnern der Straße wurde die Bedeutung der Familie Hahn, welche so rühmlich in die Zeitung gekommen, deren Fritz sogar im Tageblatt gepriesen war, sehr vermehrt. Die Wagschale der Volksgunst senkte sich entschieden auf Seite dieses Hauses, sogar Hummel fand zweckmäßig, sich nicht dagegen aufzulehnen, daß in seiner Familie mit kühler Anerkennung von dem Nachbarsohn gesprochen wurde.

Unb wenn Dorchen, wie zuweilen geschah, mit Gabriel auf der Straße zusammentraf, so wagte sie sogar für einige Augenblicke in den Hofraum der Feinde zu treten, trotz dem Geknurr des Hundes und dem düstern Blick des Hausherrn.

An einem warmen Abend des März hatte sie gerade wieder im Vorbeigehen mit Gabriel Nothwendiges besprochen und trippelte zierlich über die Straße nach ihrer Hausthür, während Gabriel ihr voll Bewunderung nachsah. Da trat Herr Hummel ins Freie und erhaschte den letzten Gruß und Blick Gabriels.

„Sie ist nieblich wie ein Rothschwänzchen," sagte Gabriel zu Herrn Hummel. Dieser schüttelte menschenfreundlich den Kopf. „Ich merke wohl, Gabriel, wie dieser Hase läuft. Und ich sage nichts, denn es würde nichts nutzen. Aber Eines will ich Ihnen als eine gute Lehre mittheilen. Sie verstehen das weibliche Geschlecht nicht zu behandeln, Sie sind nicht borstig gegen das Frauenzimmer. Als ich jung war, zitterten sie, wenn ich mein Taschentuch schwenkte, und liefen doch um mich her wie die Ameisen. Diese Nation will furchtsam sein, Sie verderben sich Alles durch Freundlichkeit. Ich schätze Sie, Gabriel, und deshalb gebe ich Ihnen diesen Rath, wie man ihn gleichsam einem Freunde gibt. Sehen Sie, da ist Madame Hummel. Sie ist ziemlich kräftig, ich zwinge sie doch; wenn ich nicht brummig wäre, würde sie es sein. Da nun gebrummt werden muß, so ist mir immer pläsirlicher, daß ich derjenige bin."

„Jedes Thier hat seine Manier," versetzte Gabriel verbindlich, „ich habe kein Geschick zum Brummbär."

„Es will gelernt sein," sagte Herr Hummel wohlwollend. Er zog die Augenbrauen in die Höhe und machte ein schlaues Gesicht: „Dort drüben schleicht man auch schon im Garten herum, wahrscheinlich speculirt man wieder mit einem neuen Einfall, den ich zu seiner Zeit mit dem richtigen Namen zu nennen mir unter allen Umständen vorbehalte." Er dämpfte seine Stimme: „Es ist bereits etwas Anonymes abgeladen und in den Garten geschafft. — Aergerlich über seine eigene Vorsicht fuhr er fort: „Glauben Sie mir, Gabriel, durch das viele Erzeugen von Kindern wird die Welt feig, die Menschen werden so zusammengedrängt, daß die Freiheit aufhört, das Leben ist eine Sklaverei vom ersten Kasten, in den man gelegt wird, bis zum letzten. Ich stehe hier auf meinem eigenen Grund und Boden. Wenn ich an dieser Stelle ein Loch graben will bis zum Mittelpunkt der Erde, kein Mensch kann mir's verwehren. Dennoch dürfen wir beide auf meinem freien Eigenthum nicht einmal mit gewöhnlicher Menschenstimme eine Meinung aussprechen. Warum? Es könnte gehört werden und fremden Ohren mißfallen. So weit sind wir. Man ist ein Knecht seiner Nachbarn. Und nun bedenken Sie, ich habe nur Einen gegenüber, auf der andern Seite schützt mich das Wasser und die Fabrik, und ich muß doch die Wahrheit hinunterschlucken, die ich wenigstens zehn Fuß von meiner Grenze aussprechen will. Wer nun gar von allen Seiten mit Nachbarn umgeben ist, der führt ein erbärmliches Leben, er kann sich nicht einmal in seinem eigenen Garten den Kopf abschneiden, ohne daß die ganze Nachbarschaft ein Geschrei erhebt, weil ihr der Anblick nicht gefällt.“ — Er deutete mit dem Daumen nach dem Nachbarhause und fuhr vertraulich fort: „Heut sind wir verglichen worden, die Weiber haben nicht eher geruht. Und ich versichere Sie, dort drüben fehlt die richtige Courage zum Streit. Die Sache wurde langweilig, da gab ich mich drein.“

„Es ist doch gut, daß Alles wieder in Ordnung kam,“ sagte Gabriel. „Wenn die Väter im Streit leben, wie sollen die Kinder einander grüßen?“

„Warum sollen sie einander nicht auch Gesichter schneiden?“ rief Hummel ärgerlich. „Ich bin nicht für die ewigen Knixe.“

„Das weiß Jedermann,“ versetzte Gabriel. „Wenn aber Fräulein Laura bei uns mit dem Doctor zusammen=

trifft, was ja oft geschieht, so kann sie doch nicht gegen ihn brummen."

„Sie treffen also oft zusammen?" wiederholte Hummel bedachtsam. „Da haben Sie wieder die Ueberfüllung, man kann einander nicht aus dem Wege gehen. Nun, meiner Tochter bin ich sicher, sie ist von meiner Art, Gabriel."

„Das weiß ich doch nicht," erwiederte Gabriel lachend.

„Ich versichere Sie, es ist ganz mein Kopf," bestätigte Hummel mit Ueberzeugung. „Was aber diesen Frieden betrifft, so freuen Sie sich nicht so sehr darüber, denn verlassen Sie sich auf mich, zwischen hier und drüben hat er keine Dauer. Wenn das Eis aufthaut und das Gartenvergnügen angeht, dann gibt's wieder Händel. Das ist hier immer so gewesen. Und ich sehe nicht ein, warum das nicht so bleiben soll, trotz Vergleich und trotz Ihrer neuen Herrschaft, der ich übrigens meinen Respect nicht vorenthalten will."

Die Unterredung, welche sich in den Garten hineingesponnen hatte, wurde durch einen schwarzen feierlichen Mann unterbrochen, welcher einen großen Brief in bunter Hülle darbot, sich vor Herrn Hummel aufstellte und demselben für seine abwesende Tochter die Aufforderung überbrachte, Pathenstelle bei einem Kinde zu übernehmen, welches vor Kurzem geboren war, die Welt zu verengen. Gegen die Einladung war nichts einzuwenden, die junge Mutter, Frau eines Juristen, war Laura's Freundin und eine Tochter ihrer angesehenen Pathe, es war ein alter Familienzusammenhang und Hummel nahm als Vater und Bürger das Ceremoniel der Einladung mit Würde entgegen. „Für wen ist der Brief, den Sie noch in der Hand halten?" frug er den Lohndiener.

„Für Herrn Doctor Hahn, welcher mit Fräulein Laura zusammen stehen soll."

„So?" sagte Hummel ironisch, „das geht ja mit vier Kutschpferden. Tragen Sie Ihren Brief nur dort hinüber. — Habe ich's nicht gesagt, Gabriel?" wandte er sich zu seinem

Vertrauten. „Kaum vor Gericht verglichen und auf der Stelle Gevatter; kein Mensch kann dafür stehen, daß nicht morgen der Strohmann von drüben zu mir kommt und mir Brüder= schaft anbietet. Da haben Sie die Folgen der Ueberfüllung und des Christenthums. Diesmal ist gar mein armes Kind das Opfer."

Er trug den Brief in die Stube und warf ihn vor den heimkehrenden Frauen auf den Tisch. „Das kommt von eurem Vergleich, ihr schwachen Weiber," rief er grollend, „hier hängen sich die Amme und die Hebamme und der Herr Gevatter an euren Hals."

Die Frauen studirten den Brief und Laura fand rücksichts= los, daß die Frau Pathe gerade den Doctor für sie zum Partner gewählt habe.

„Es ist bequem für den Pathenwagen," höhnte Hummel aus seiner Ecke. „Er kann in einer Fahrt Zwei abliefern. Jetzt läuft der Humboldt von drüben in weißen Glacéhand= schuhen bis in dieses Zimmer, um dich zur Kirche abzuholen, und ich traue ihm obendrein die Unverschämtheit zu, daß er dir den Gevattergruß schickt."

„Wenn er es nicht thäte, so wäre es eine Beleidigung," versetzte die Gattin, „das muß schon der Menschen wegen ge= schehen, sonst gibt es ein Gerede. Dagegen dürfen wir nichts sagen, er wird ihr den Blumenkorb schicken mit den Pathen= handschuhen, und Laura sendet ihm dagegen das Taschentuch, wie es in unserer Bekanntschaft Brauch ist. Du weißt ja, daß Laura's Pathe auf so etwas hält."

„Seine Blumen in unserm Hause, seine Handschuhe auf unsern Fingern, und unser Tuch in seiner Tasche," zankte der Hausherr, „das wird ja recht lustig."

„Ich bitte dich, Hummel," entgegnete seine Frau unwillig, „verleide uns nicht durch dein Schelten die Artigkeiten, die bei solcher Gelegenheit nicht zu vermeiden sind, und hinter denen kein Mensch etwas sucht."

„Ich danke für eure Artigkeiten, die man nicht vermeiden
kann, und an denen Niemandem etwas gelegen ist. Nichts ist
mir unter den Leuten hier so unausstehlich, als ihre ewigen
Artigkeiten durch die Vorderthür und ihr Kratzen durch die
Hinterthür." Er ging aus dem Zimmer und schloß die Thür
nicht leise. Die Mutter aber begann: „Im Grunde hat er
nichts dagegen, er will nur sein strenges Wesen behaupten.
Daß du dem Doctor etwas für seinen Gevattergruß sendest,
ist nicht gerade nöthig, aber du bist ihm noch eine Aufmerk=
samkeit von dem Schäfer her schuldig."

Laura versöhnte sich mit dem Gedanken, Gevatterin des
Doctors zu werden, und sagte: „Ich mache mir eine Zeichnung
für die Zipfel des Tuches und ich sticke sie."

Am nächsten Morgen ging sie aus, Battist zu kaufen.
Aber auch Herr Hummel ging aus. Er besuchte einen Be=
kannten, der Kürschner war, zog ihn vertraulich bei Seite und
bestellte ein Paar Handschuhe ganz von weißem Katzenfell, mit
fünf Fingern für eine kleine Hand. Und er forderte, daß an
die Spitze jedes Fingers eine Katzenkralle befestigt werde. „Es
muß aber etwas Zartes sein," verordnete er, „von ungeborenem
Kater, im Nothfall auch Säugling von Kanin, und daß mir
die Krallen groß und steif herausstehen." Dann trat er in
einen andern Laden, ließ sich bunt gedruckte Taschentücher von
Baumwolle zeigen, wie man sie um einige Groschen kauft, und
wählte ein schwarz und rothes mit einem abscheulichen Porträt,
das gerade zu seiner Stimmung paßte. Diesen Erwerb senkte
er in seine Tasche.

Der Morgen des Tauftags brach an, in der Wohnung
des Herrn Hummel klapperte das Plätteisen, die Mutter that
noch einige letzte Nadelstiche, und Laura fuhr die Treppe ge=
schäftig auf und ab. Unterdeß wandelte Hummel zwischen
Hausthür und Fabrik, jeden Eintretenden beobachtend, Spei=
hahn saß auf der Schwelle und knurrte, so oft ein fremder
Fuß an die Hausthür rührte. „Beweise dich, Speihahn, wie

du bist," brummte Hummel vor seinen Hund tretend, „und
fahre der Jungfer von drüben an den Rock; sie traut sich nicht
herein, wenn du Wache hältst." Der rothe Hund antwortete,
indem er seinem eigenen Herrn boshaft die Zähne wies. „So
ist's recht," sagte Hummel und setzte seinen Spaziergang fort.
Endlich erschien Dorchen in ihrer Hausthür und tänzelte, einen
verhüllten Korb in der Hand, zur Treppe des Herrn Hummel.
Speihahn erhob sich grimmig, stieß ein heiseres Gestöhn aus
und seine Haare sträubten sich.

„Rufen Sie den häßlichen Hund weg, Herr Hummel,"
rief Dorchen schnippisch, „ich habe einen Auftrag an Fräulein
Laura."

Hummel gab seinem Gesicht einen wohlwollenden Aus=
druck und griff in die Tasche. „Die Frauen sind in Arbeit,
mein hübsches Kind," sagte er, ein schweres Geldstück heraus=
holend, „vielleicht kann ich's bestellen." Die Botin war über
die unerwartete Menschlichkeit des Tyrannen so betroffen, daß
sie einen stummen Knix machte und das Körbchen in seine
Hand gleiten ließ. „Es wird Alles auf's Beste besorgt wer=
den," versicherte Herr Hummel mit einnehmendem Lächeln.

Er trug den Korb in das Haus und rief Susanne, ihn
den Frauen zu bringen, darauf trat er wieder an die Thür
und streichelte den Hund.

Nicht lange, und er hörte, daß die Thür der Wohnstube
aufflog und sein Name laut in den Flur gerufen wurde.
Bedächtig schritt er in das Frauengemach und fand hier arge
Verstörung. Ein zierlicher Korb stand auf dem Tisch, zerstreute
Blumen lagen umher und zwei kleine Pelzhandschuhe mit großen
Krallen an den Fingerspitzen lagen wie abgeschlagene Tatzen
eines Raubthiers auf dem Boden. Laura aber saß vor ihnen
und schluchzte laut.

„Holla," rief Hummel, „gehört das auch zum Pathen=
vergnügen?"

„Heinrich," rief die Gattin heftig, „deinem Kinde ist eine

Beleidigung widerfahren. Der Doctor hat gewagt, deiner Tochter dies zu senden."

„Ei," rief Hummel, „Katzenpfoten, und gar mit Krallen! Warum nicht, die werden warm halten in der Kirche, du kannst den Doctor ja damit anfassen."

„Es soll ein Scherz sein," rief Laura unter heißen Thränen, „weil ich ihn oben zuweilen geneckt habe. Eine solche Unzartheit hätte ich ihm niemals zugetraut."

„Kennst du ihn so gut?" frug Hummel. „Nun, da es ein Spaß sein soll, wie du sagst, so nimm es auch als einen Spaß. Diese Feuchtigkeit ist unnöthig."

„Was soll jetzt geschehen?" rief die Mutter, „kann sie nach dieser Beleidigung noch mit ihm Pathe stehen?"

„Ich sollte meinen," versetzte Hummel ironisch. „Diese Beleidigung ist eine Kinderei gegen andere Beleidigungen, gegen Hausmauern, Glockenspiel und Hundegift. Wenn ihr das alles hinunterschlucken konntet, warum nicht auch die Katzenpfoten?"

„Sie hat ihm selbst ein Taschentuch gesäumt und gestickt," rief die Mutter wieder, „und sie hatte sich die größte Mühe gegeben noch fertig zu werden."

„Das sende ich nicht hinüber," rief Laura.

„Also sie hat es selber gesäumt und gestickt?" wiederholte Herr Hummel. „Es ist doch hübsch, wenn man mit seinen Nachbarn in Freundschaft lebt. Ihr seid ein weiches Völkchen, und ihr nehmt die Sache zu ernsthaft. Das sind ja Artigkeiten, die man nicht vermeiden kann, und bei denen man nichts denken soll. So handelt doch nach euren Worten. Jetzt gerade müßt ihr das Zeug hinüber schicken, und ihr müßt euch gegen ihn und Jedermann gar nichts merken lassen. Behaltet die Verachtung innerlich."

„Der Vater hat Recht," rief Laura aufspringend, „hinweg mit dem Tuch. Und meine Rechnung mit dem Doctor sei für immer geschlossen."

„So ist's recht," bestätigte Hummel, „wo ist der Lappen? Fort damit."

Das Tuch lag bereits auf einer Platte in feines blaues Papier geschlagen, ebenfalls von Frühlingsblumen umgeben. „Dies also ist das Gesäumte und Gestickte? wir schicken es sogleich hinüber." Er nahm die Platte vom Tisch und trug sie eilig in die Fabrik, von dort ging das blaue Packet mit vielen Empfehlungen für den Herrn Gevatter in das Haus der Feinde.

Frau Hahn brachte Gruß und Gabe in das Zimmer ihres Sohnes. „Ah, das ist eine liebe Aufmerksamkeit," rief der Doctor und betrachtete angelegentlich die Blumen.

„Es kommt ab, daß man auch den Herren etwas sendet," sprach die Mutter behaglich, „ich hab's immer für eine hübsche Einrichtung gehalten, man sollte an so etwas nicht rütteln." Neugierig entfaltete sie das Papier und sah sehr betroffen aus. Ein bedrucktes baumwollenes Taschentuch lag darin, lederartig, aus groben Fäden gewebt. Es konnte noch eine Atrappe sein, in dieser Hoffnung breitete sie es auseinander, aber nichts war daran zu sehen als ein grimmiger Kopf in den Teufels= farben Roth und Schwarz. „Das ist kein hübscher Scherz!" rief die Mutter gekränkt.

Der Doctor sah vor sich nieder. „Ich habe Laura Hummel zuweilen geärgert. Dies hat wohl Bezug auf eine Neckerei, die wir gehabt haben. Bitte, Mutter, setze die Blumen in ein Glas." Er nahm das Tuch, verbarg es in einer Schub= lade und beugte sich wieder über die Schrift. „Das hätte ich Laura doch nicht zugetraut," fuhr die Mutter bekümmert fort. Da aber der Sohn weitere Klagen nicht begünstigte, stellte sie ihm die Blumen zurecht und verließ das Zimmer, die Krän= kung ihres Kindes in mütterlichem Herzen umherwälzend.

Der Wagen fuhr vor und der Doctor stieg ein, die Ge= vatterin abzuholen. „Er kann nur gleich auf der andern Seite wieder herauskriechen," sagte Herr Hummel am Fenster, „die

Hausthüren sind nahe genug." Durch eine schwierige Wen=
dung gelangte der Festwagen an die Treppe des Herrn Hummel,
der Lohndiener öffnete den Schlag, aber bevor der Doctor die
Stufen hinaufbringen konnte, erschien Susanne auf der Treppe
und rief hinunter: „Bemühen Sie sich nicht erst herein, das
Fräulein wird sogleich kommen." Laura schwebte von den
Stufen herab, ganz in Weiß, wie in eine Schneewolke gehüllt.
Wie schön sah sie heut aus! Zwar die Wangen waren bleicher
als gewöhnlich und die Augenbrauen finster zusammengezogen,
aber der schwermüthige Zug gab ihrem Antlitz eine bezaubernde
Würde. Sie vermied den Doctor anzusehen, bewegte ihr Haupt
nur ein wenig auf seinen Gruß, und als er die Hand bot,
ihr Einsteigen zu unterstützen, fuhr sie an ihm vorüber und
setzte sich auf ihren Platz, als sei er gar nicht vorhanden.
Mit Mühe fand er Raum an ihrer Seite, sie nickte noch ein=
mal über ihn weg nach der Treppe, auf welcher jetzt Herr
Hummel stand, der heut viel aufgeräumter aussah als sein
Kind. Schwerfällig trabten die Rosse vorwärts, die bleiche
Laura sah weder nach rechts noch links. Es ist ihr erstes
Pathenamt, dachte der Doctor, ist das feierliche Stimmung?
Oder ist es Reue über das bunte Tuch? Er sah nach ihren
Händen, die Handschuhe, die er ihr gesandt, waren nicht darauf
zu sehen. Habe ich gegen die Mode gesündigt? dachte er
wieder, oder waren sie zu groß für die kleine Hand?

Er schweigt, dachte sie, das ist sein böses Gewissen, er
denkt an die Katzenkrallen, und für mein Taschentuch hat er
kein Wort des Dankes. Ich habe mich doch sehr in ihm ge=
irrt. Und die Betrachtung wurde ihr so wehmüthig, daß ihr
wieder eine Thräne in die Augen stieg, sie aber preßte heftig
die Lippen aneinander, drückte sich selbst den Daumen der
rechten Hand und zählte in der Stille von eins bis zehn, ein
altes Mittel, das ihr schon früher heftige Gefühle gebändigt
hatte.

So kann das nicht bleiben, dachte der Doctor, ich muß

sie anreden. „Sie haben die Handschuhe, die ich Ihnen zu senden wagte, nicht brauchen können," begann er bescheiden, „ich habe gewiß recht ungeschickt gewählt."

Das war zu viel. Laura wandte den Kopf mit heftiger Bewegung nach dem Doctor, er sah einen Augenblick in zwei rollende zornige Augen und hörte die verächtlichen Worte: „Ich bin keine Katze." Und wieder zuckten ihre Lippen und sie drückte krampfhaft die Hand zusammen.

Fritz sann erstaunt darüber nach, ob Handschuhe, welche Falten werfen, jemals ein charakteristisches Kennzeichen unserer Hausthiere gewesen sein könnten. Er fand die Beziehung unergründlich. Wie schade, daß sie Launen hat! Nach einer Weile begann er von Neuem: „Ich fürchte, die Zugluft wird Ihnen lästig, soll ich das Fenster schließen?"

„Ich danke," sagte Laura mit eisiger Kälte.

„Wissen Sie etwas über den Namen des Täuflings?" frug der Doctor weiter.

„Er soll Fritz heißen," erwiederte Laura, und zum zweiten Mal traf ein flammender Zornesblick seine Brillengläser, dann trat wieder Profilstellung mit Ohrläppchen und Nasenspitze ein.

Ach, sie war trotz dem Gewitter, das aus ihr blitzte, in diesem Augenblick wunderschön, und der Doctor konnte sich das nicht verhehlen. Sie aber fühlte jetzt ebenfalls die Verpflichtung etwas zu reden, und begann über die Schulter: „Ich finde den Namen sehr gewöhnlich."

„Da es mein eigener Name ist und ich ihn jeden Tag hören muß," versetzte der Doctor, so darf ich Ihnen vor Andern Recht geben. Es ist wenigstens ein deutscher Name," fügte er gutmüthig hinzu, „es ist unrecht, daß man diese so sehr vernachlässigt."

„Da mein Name auch aus der Fremde stammt," entgegnete Laura wieder über die Achsel, „so habe ich ein Recht, fremde Namen für gewählter zu halten."

Wenn sie den ganzen Tag so bleibt, dachte Fritz entmuthigt, werden die nächsten Stunden peinlich sein.

Bei Tische muß ich auch neben ihm sitzen und den Hohn ertragen, dachte sie. Ach, das Leben legt Schreckliches auf.

Sie fuhren am Taufhause vor, beide froh, daß sie wieder unter Menschen kamen. Als sie in die Zimmer traten, stoben sie nach den entgegengesetzten Seiten auseinander. Aber natürlich mußten sie zuerst die junge Mutter begrüßen und ihre Bahnen stießen hier wieder zusammen. Als Laura sich zu der Pathe wandte, trat auch der Doctor von der andern Seite dazu. Und der guten Pathe fiel wieder jener Tag ein, wo die Beiden ebenso feierlich in ihre Sommerwohnung gekommen waren, und sie konnte sich nicht enthalten, zu rufen: „Das hat etwas zu bedeuten, da seid ihr ja wieder zusammen, ihr lieben Kinder." Laura erhob stolz das Haupt und erwiederte: „Nur, weil Sie es durchaus so gewollt haben."

Man fuhr zur Kirche. Der Geistliche that alles Mögliche, dem Täuflinge in diesem und jenem Leben gute Freundschaft zu sichern, und der kleine Fritz umkreiste auf den Armen seiner Pathen widerwillig den Taufstein. Als er aber dem großen Fritz überliefert wurde, brach er in ein zorniges Geschrei aus, und Laura sah mit Verachtung, wie der Doctor beunruhigt wurde und ungeschickte Versuche machte, durch Heben und Senken der Arme den Schreihals mit seinem Anblicke zu versöhnen; bis ihm zuletzt die Hebamme — eine sehr entschlossene Frau — aus der Noth half.

Je weiter die Sonne herab sank, desto unerträglicher wurde die Pflicht des Tages. Bei dem Taufessen gingen alle schwarzen Ahnungen Laura's in Erfüllung, sie saß neben dem Doctor. Es war beiden ein ausgezeichnet behagliches Mahl. Der Doctor wagte noch einige Anläufe, ihre unbegreifliche Stimmung zu durchbrechen, er hätte ebenso leicht mit einem Schwefelholz das Eis eines Gletschers aufgethaut, denn jetzt war Laura an die kalte Luft geselliger Nichtachtung gewöhnt. Sie sprach ausschließlich mit dem Taufvater, der auf ihrer andern Seite saß, und fand in der Unterhaltung mit dem heitern Manne die Schwungkraft des Geistes wieder, während Fritz immer stiller wurde und seine Nachbarin zur Linken, eine freundliche junge Frau, auffallend vernachlässigte. Es wurde noch ärger. Denn als der Braten herannahte, kam der Mitgevatter, ein Stadtrath und sonst ein Mann von Welt und Wort, hinter den Stuhl des Doctors und erklärte, daß er den Toast auf den Täufling auszubringen keineswegs gesonnen sei, weil ihm ein Kopfschmerz alle Gedanken nehme, und daß der Doctor an seiner Stelle zu reden habe. Dem Doctor aber war diese Möglichkeit gar nicht eingefallen, und ihm war so unbehaglich zu Muthe, daß er sich ebenfalls leise aber ernsthaft gegen die Zumuthung auflehnte. Laura hörte wieder mit tiefer Verachtung den Kampf der beiden Herren um eine Stilübung, die noch dazu nicht einmal schriftlich war. Auch der Hausherr wurde aufmerksam und über die Gesellschaft kam eine gewisse peinliche Erwartung, welche in der Regel nicht die Wirkung hat, widerwilligen Tischrednern ihre Geisteskräfte zu beflügeln, sondern vielmehr zu banger Gedankenlosigkeit herabzudrücken. Eben war der Doctor im Begriff, doch seine Pflicht zu thun, als Laura ihm noch einen kalten Blick gönnte, dann aufstand und an das Glas schlug. Ein lautes Bravo begrüßte sie und sie sprach zu ihrem eigenen Erstaunen und zur Freude aller Anwesenden: „Da die Herren Pathen ihrer Pflicht so wenig eingedenk sind, so bitte ich um Verzeihung, daß ich unternehme, was sie hätten thun sollen.“ Darauf brachte sie tapfer ein Hoch aus. Es war ein sehr gewagtes Unternehmen, aber es war gelungen und sie wurde mit Beifall überschüttet. Auf den Doctor dagegen richteten sich jetzt die Stachelreden sämmtlicher Herren. Es ist wahr, er zog sich noch erträglich heraus, denn die verzweifelte Lage gab ihm seine Kraft wieder, ja er hatte die Unverschämtheit, zu erklären, daß er absichtlich gezögert, um der Gesellschaft die Freude zu bereiten, welche Allen durch die Beredtſamkeit ſeiner Nachbarin geworden ſei. Darauf hielt er einen luſtigen Vortrag über alles Mögliche, und als Alle lachten und Keiner mehr wußte wo er hinaus wollte, machte er eine kühne Wendung auf die Pathen und brachte die Geſundheit dieſer Menſchenclaſſe aus, und insbeſondere die ſeiner Nachbarin. Für die Anweſenden war das gut ge= nug, für Laura war es ein unleidlicher Hohn und Heuchelei. Und als ſie mit ihm anſtoßen mußte, ſah ſie ihn wieder ſo feindſelig an, daß er ſich ſchnell von ihr zurückzog.

Jetzt aber begann er ihr in ſeiner Weiſe Gleichgültigkeit zu zeigen, er ſprach laut mit ſeiner Nachbarin, er trank mehre Gläſer Wein. Laura rückte ihren Stuhl von ihm ab und dachte, er trinkt am Ende gar zu viel, er wurde ihr unheim= lich, und jetzt wurde ſie ſtiller. Der Doctor aber achtete gar nicht mehr darauf, er ſchlug wieder an das Glas und hielt noch eine Rede, und die war ſo poſſirlich, daß die Anweſenden da= durch in die glücklichſte Stimmung verſetzt wurden. Laura aber ſaß ſtarr wie ein Steinbild und ſah ihn nur manchmal verſtohlen von der Seite an. Darauf verließ der Doctor ganz ſeine Nachbarin, der Stuhl neben ihr ſtand leer, er hatte, um bildlich zu ſprechen, das baumwollene Taſchentuch darauf ge= legt, ſie aber die kleinen Pelzhandſchuhe, daß der leere Stuhl unter ſeiner unſichtbaren Laſt recht unheimlich ausſah, und der Doctor ging hinter der Tafel herum und machte kleine Beſuche, und wo er anhielt, gab es Lachen und Anſtoßen der Gläſer. Und als er die Runde um den Tiſch geendet hatte, und zu Wirth und Wirthin trat, hörte Laura, wie dieſe ihm für den luſtigen Abend dankten und ſeine frohe Laune rühmten.

So kehrte er zu ſeinem Platz zurück. Und jetzt hatte er ſogar die Unverſchämtheit ſich an Laura zu wenden. Mit einem Ausdruck, in welchem Laura deutlich den Hohn erkannte, hielt er ihr unterm Tiſch die Hand hin und ſagte: „Machen wir Friede, böſe Frau Gevatterin; reichen Sie mir Ihre Hand.‟ Da empörte ſich Laura’s ganzes Herz, ſie rief: „Sogleich

sollen Sie meine Hand haben." Sie griff schnell in eine ge=
heime Tasche, fuhr in einen Katzenhandschuh und kratzte ihn
damit auf die Rückseite seiner Hand. „Da nehmen Sie den
Händedruck, den Sie verdienen."

Der Doctor fühlte einen scharfen Schmerz, fuhr mit
der Hand in die Höhe und sah diese durch einige rothe
Striche tätowirt. Laura aber warf ihm den Handschuh in
den Schoß und setzte dazu: „Wäre ich ein Mann, ich
machte Ihnen auf andere Weise fühlbar, daß Sie mich belei=
digt haben."

Der Doctor blickte um sich, seine Nachbarin zur Linken
war aufgestanden, auf der andern Seite bildete der Hausherr,
über den Tisch gebeugt, harmlos einen Wall gegen die Außen=
welt. Dann sah er erstaunt auf den Fehdehandschuh in seinem
Schoß, Alles war ihm unbegreiflich, nur das Eine empfand
er, daß Laura trotz ihrer Leidenschaft von hinreißender Schön=
heit war.

Auch er fuhr mit der Hand in seine Tasche und sagte:
„Glücklicherweise bin ich in der Lage, auf diese Risse Ihr Ge=
schenk von heut Morgen legen zu können." Er holte das roth
und schwarze Tuch hervor und mühte sich, dasselbe um die
verwundete Hand zu schlingen, wobei nicht zu vermeiden war,
daß die Hand ein unheimliches, mörderisches Aussehen erhielt.
Als Laura die blutigen Schrammen sah, erschrak sie, aber sie
wußte ihre Reue tapfer zu verbergen und warf ihm nur die
kalten Worte zu: „Wenigstens wird für Ihre Hand besser
sein, wenn Sie mein Tuch zum Verband nehmen, als dieses
steife Leder."

„Es ist Ihr Tuch," versetzte der Doctor traurig.

„Das ist noch schlimmer, als alles Andere," rief Laura
mit bebender Stimme. „Sie haben heut eine Art mit mir
zu verkehren, die für mich entwürdigend ist, und ich frage Sie,
was habe ich gethan, um solche Behandlung zu verdienen?"

„Was habe denn ich gethan, daß Sie mir diese Vorhal=

tung machen?" frug der Doctor. „Sie haben mir heut Mor=
gen diesen Gevattergruß gesandt."

„Ich?" rief Laura, „Sie haben mir diese Katzenpfoten
gesandt, aber nicht ich dies Tuch. Mein Tuch hatte nichts
von den Reizen dieses bunten Drucks, es war nur weiß."

„Ebenso darf ich von meinen Handschuhen sagen, sie hatten
nicht den Vorzug Krallen zu besitzen, es war gewöhnliches
Leder."

Laura wandte sich zu ihm hin und starrte ihm ängstlich
in das Gesicht. „Ist das wahr?"

„Es ist wahr," versicherte der Doctor mit überzeugender
Aufrichtigkeit, „von diesen Pelzhandschuhen weiß ich nichts."

„Dann sind wir beide Opfer einer Täuschung," rief
Laura bestürzt. „O, verzeihen Sie mir, vergessen Sie, was
geschehen ist." Und den Zusammenhang ahnend fuhr sie fort:
„Ich bitte Sie, sprechen wir nicht mehr davon. — Erlauben
Sie mir, daß ich Ihnen das Tuch umbinde." Er hielt ihr
die Hand hin, sie trocknete ihm die Finger mit ihrem Tuche
und schlang es hastig über die Risse. „Es ist zu klein zum
Verbande," sagte sie traurig, „wir müssen Ihr eigenes darüber
legen. Das war ein häßlicher Tag, Herr Doctor, o vergessen
Sie und sein Sie mir nicht böse."

Böse war der Doctor keineswegs, und das war auch aus
der eifrigen Unterhaltung zu erkennen, in welche beide jetzt
versanken. Denn beiden war das Herz leicht geworden, und
sie waren bemüht einander das gegenseitig zu beweisen. Als
der Wagen sie vor ihren Thüren absetzte, gab es einen herz=
lichen Nachtgruß.

Am nächsten Morgen trat Herr Hummel in Laura's Ge=
heimzimmer und legte ein blaues Papier auf den Tisch. „Da
ist gestern ein Irrthum vorgefallen," sagte er, „hier hast du,
was dir gehört." Laura öffnete schnell das Papier, ihr ge=
sticktes Tuch lag darin. „Dem Doctor drüben habe ich seine
Handschuhe auch zurückgeschickt und eine Empfehlung dazu,

und ich habe ihm auch sagen lassen, es sei ein Versehen, und ich, der Vater Hummel, sendete ihm, was ihm gehörte."

„Vater," rief Laura ihm gegenübertretend, „diese neue Kränkung war nicht nöthig. Mir magst du anthun, was dir dein Haß gegen die Nachbarn eingibt, aber daß du nach Allem, was gestern geschehen ist, aufs Neue einen Dritten verletzen kannst, das ist grausam von dir. Dies Tuch gehört dem Doctor. Und da ich es zurückerhalte, werde ich es ihm bei erster Gelegenheit wieder geben."

„Richtig," sagte Hummel, „es ist von dir mit eigenen Händen gesäumt und gestickt. Thue jetzt, was du vor deinem Kopfe verantworten kannst. Du weißt aber, und auch er weiß, was ich von diesen Artigkeiten zwischen hier und dort halte. Willst du gegen meinen entschiedenen Willen handeln, so wage es. Auf einen Geschenkfuß mit den Hähnen möchte ich unsere Wirthschaft nicht einrichten, weder in Kleinem, noch in Grö=ßerem. Da du, wie ich höre, bei den Miethern mit dem Doctor oft zusammenkommst, so wird es gut sein, wenn du auch daran denkst. Dies sollte eine Erinnerung sein." Er ging gemüthlich zur Thür hinaus und ließ seine Tochter im Aufruhr gegen sein hartes Regiment zurück. Sie hatte nicht gewagt, dem Vater zu widersprechen, denn er war heut, ab=weichend von seinem polternden Wesen, in ruhiger Haltung und sie fühlte aus seinen Worten einen Sinn, der ihr den Mund schloß und das Blut in die Wangen trieb. Und es wurde für das geheime Tagebuch ein stürmischer Vormittag.

Herr Hummel war auf seinem Comtoir mit einer Liefe=rung von Soldatenkäppis beschäftigt, als ihn ein Klopfen störte und zu seiner Verwunderung Fritz Hahn eintrat. Hummel blieb würdig sitzen, bis der achtungsvolle Gruß des Andern vollzogen war, dann erhob er sich langsam und begann im Geschäftston: „Was steht zu Ihren Diensten, Herr Doctor? Wenn Sie einen feinen Filzhut nöthig haben, wie ich annehme, so ist das Verkaufslokal eine Treppe tiefer."

„Ich weiß es," versetzte der Doctor artig. „Ich komme zunächst Ihnen für das Tuch zu danken, das Ihre Güte mir ausgesucht und gestern zum Geschenk gemacht hat."

„Nicht übel," sagte Hummel. „Es ist der alte Blücher darauf gemalt; er ist ein Stück Landsmann von mir und ich dachte, daß Ihnen das Tuch deswegen angenehm sein würde."

„Ganz recht," antwortete Fritz, „ich werde es mir als Andenken sorgfältig aufheben. Ich verbinde mit meinem Dank die Bitte, daß Sie diese Handschuhe hier Fräulein Laura über= reichen. Wenn gestern bei der Uebergabe ein Versehen vorge= fallen ist, wie Sie mir freundlich mittheilen ließen, so habe ich daran keine Schuld. Da diese Handschuhe Ihrem Fräulein Tochter bereits gehören, so bin ich natürlich außer Stande, dieselben zurückzunehmen."

„Wieder nicht übel," sagte Hummel, „aber Sie sind im Irrthum. Die Handschuhe gehören meiner Tochter ganz und gar nicht, sie sind von Ihnen gekauft und von meiner Tochter mit keinem Auge gesehen worden. Und sie sind heut früh zum Eigenthümer zurückgewandert."

„Verzeihung," erwiederte Fritz, „wenn ich Sie selbst als Zeugen gegen Ihre Worte in Anspruch nehme, die Handschuhe sind gestern als ein landesübliches Geschenk an Fräulein Laura geschickt worden, Sie selbst haben dem Boten die Sendung abgenommen, und durch Ihre Worte die Annahme bestätigt. Die Handschuhe sind also durch Ihre eigene Mitwirkung Eigen= thum des Fräuleins geworden, und ich habe durchaus kein Anrecht darauf."

„Kein Advocat kann einen Fall besser ins Licht setzen," entgegnete Herr Hummel mit Behagen. „Es ist nur ein Uebelstand dabei. Diese Handschuhe waren undeutlich, denn sie lagen in Papier und Blumen versteckt, wie ein Frosch im Grase. Hätten Sie mir die Handschuhe offen und mit der Bitte, sie meiner Tochter zu geben, in dies Comtoir gebracht, so würde ich Ihnen schon gestern gesagt haben, was ich Ihnen jetzt sage, daß ich Sie nämlich für einen ganz wackern jungen Mann halte, und daß ich nichts dawider habe, wenn Sie jeden Tag Pathe stehen, daß ich aber sehr viel dawider habe, wenn Sie meiner Tochter irgend etwas von dem beweisen, was man hier zu Lande Artigkeit nennt. Ich bin gegen Ihr Haus nicht artig, und ich will es nicht sein. Deshalb kann ich auch nicht zugeben, daß Sie gegen meine Leute artig sind. Denn was dem Einen recht ist, ist dem Andern billig."

„Ich bin wieder in der unangenehmen Lage," antwortete der Doctor, „Sie durch Ihre eigenen Thaten widerlegen zu müssen. Sie selbst haben mir gestern die Ehre einer Artigkeit erwiesen. Da Sie mir als persönliches Zeichen Ihres Wohl= wollens ein Tuch geschenkt haben, worauf ich, der ich nicht Ihr Mitgevatter bin, gar keinen Anspruch hatte, so darf auch ich sagen, was dem Einen recht ist, ist dem Andern billig. Und gerade Sie werden gar nichts einwenden dürfen, wenn ich diese Handschuhe in Ihr Haus sende."

Hummel lachte. „Alle Hochachtung, Herr Doctor; Sie haben nur vergessen, daß Vater und Tochter nicht ganz dasselbe sind. Ich habe nichts dagegen, daß Sie mir gelegentlich ein Geschenk machen, wenn Sie diesem Triebe nicht widerstehen können. Ich werde mir dann überlegen, was ich Ihnen da= gegen zuschicken kann. Wenn Sie also meinen, daß diese Hand= schuhe für mich passend sind, so will ich sie als eine Ausglei= chung zwischen uns beiden behalten. Und wenn ich einmal mit Ihnen zusammen Pathe stehen sollte, werde ich sie über meine Daumen ziehen und Ihnen vorzeigen."

„Ich habe sie Ihnen als Eigenthum Ihrer Tochter über= geben," erwiederte Fritz mit Haltung, „wie Sie weiter damit verfahren, darüber steht mir keine Entscheidung zu, nur ein Wunsch."

„So ist es recht, Herr Doctor," stimmte Hummel bei, „die Sache ist zur Zufriedenheit aller Betheiligten abgemacht, und wir sind mit einander zu Ende."

„Noch nicht ganz," versetzte der Doctor. „Was jetzt kommt, ist allerdings eine Forderung an Sie. Auch Fräulein Laura hat als meine Gevatterin mir ein Tuch bestimmt und übersandt. Das Tuch ist nicht in meine Hände gekommen, ich habe unzweifelhaft das Recht, auch dieses Tuch als mein Eigenthum zu betrachten, und ich ersuche Sie ergebenst, die Zusendung zu bewirken."

„Oho," rief Hummel, und der Bär in ihm regte sich. „Das sieht aus wie Trotz, und darauf gebührt eine andere Sprache. Mit meinem Willen erhalten Sie das Tuch nicht, es ist meiner Tochter zurückgegeben, und wenn sie es Ihnen noch einhändigt, handelt sie als ein ungehorsames Kind gegen das Gebot ihres Vaters."

„Dann also ist meine Absicht, Sie zum Widerruf dieses Verbotes zu veranlassen," antwortete der Doctor nachdrücklich. „Sie haben, wie ich gestern zufällig bemerkte, die übersandten Handschuhe mit anderen vertauscht, welche bei Fräulein Laura den Glauben anregen mußten, daß ich ein unverschämter und schaler Spaßmacher sei. Solche hinterlistige Kränkung eines Fremden, selbst wenn er ein Gegner wäre, ziemt keinem redlichen Mann."

Hummels Augen wurden groß und er trat einen Schritt zurück. „Alle Wetter," brummte er, „ist so etwas möglich? sind Sie der Sohn Ihres Vaters? sind Sie Fritz Hahn, der junge Humboldt? Sie können ja grob sein wie ein Bürstenbinder."

„Nur wo es nöthig ist," versetzte Fritz. „Ich habe mir in meinem Verhalten gegen Sie nie einen Mangel an Zartgefühl zu Schulden kommen lassen, Sie aber haben gegen mich ein Unrecht begangen, und Sie sind mir eine Genugthuung schuldig. Als ehrlicher Mann werden Sie mir diese geben und meine Genugthuung soll das Tuch sein."

„Es ist hinreichend," unterbrach ihn Hummel, die Hand erhebend, „das alles nutzt Ihnen nichts. Denn ich will Ihnen, da wir unter uns sind, geradezu sagen, ich habe das nicht, was Sie Zartgefühl nennen. Wenn Sie sich durch mich gekränkt fühlen, so wäre mir das in der Stille leid, insofern ich Sie als einen muthigen jungen Mann vor mir sehe, der auch seine Grobheit hat. Wenn ich mir aber wieder bedenke, daß Sie Fritz Hahn heißen, so kommt mir die Meinung, daß es mir ganz recht ist, wenn Sie sich durch mich gekränkt fühlen. Und damit müssen Sie sich begnügen."

„Was Sie mir sagen," entgegnete Fritz, „ist zwar unhöflich, aber redlich ist es nicht. Und ich gehe mit der Empfindung von Ihnen, daß Sie gegen mich etwas gut zu machen haben. Dies Gefühl ist für mich jedenfalls angenehmer, als wenn ich in Ihrer Lage wäre."

„Ich sehe, wir verstehen uns in allen Dingen," erwiederte Hummel, „wie zwei Geschäftsleute, die beide ihren Vortheil gehabt haben. Ihnen ist angenehm, daß ich ein Unrecht gegen Sie habe, und mir macht es keinen Kummer. So soll es bleiben, Herr Doctor. Wir sind in unserm Herzen und vor der Welt Feinde, im Uebrigen aber alle Hochachtung."

Der Doctor verneigte sich und schied aus dem Comtoir, Herr Hummel sah nachdenklich auf die Stelle, wo er gestanden hatte.

Er war den ganzen Tag in einer milden und menschen= freundlichen Stimmung, die er zunächst dadurch bewies, daß er mit seinem Buchhalter philosophirte. „Haben Sie auch einmal Bienenzucht getrieben?" frug er ihn über den Com= toirtisch.

„Nein, Herr Hummel," antwortete dieser, „wie sollte ich dazu kommen?"

„Es fehlt Ihnen an Unternehmungsgeist," fuhr Hummel tadelnd fort, „warum wollen Sie sich dieses Vergnügen nicht gönnen?"

„Ich wohne ja in einer Dachstube, Herr Hummel."

„Thut nichts, die neuen Erfindungen erlauben den Bienen=

genuß in einem Tabakskasten. Sie setzen den Schwarm hinein, öffnen das Fenster und schneiden von Zeit zu Zeit Ihren Honig heraus. Sie können dabei ein reicher Mann werden. Sie sagen, daß dieses Geschmeiß Ihre Hausleute und Nachbarn stechen wird, haben Sie keine Sorge, solche Rücksichten sind altfränkisch. Folgen Sie doch dem Beispiel gewisser anderer Leute, die auch ihre Bienenstöcke an die Straße setzen, um die Ausgaben für Zucker zu ersparen."

Der Buchhalter wollte diesem Vorschlag zur Güte nicht widersprechen. „Wenn Sie meinen," versetzte er nachgiebig.

„Den Teufel meine ich, Herr," brach Hummel los, „lassen Sie sich nicht einfallen, mit einem Bienenschwarm in der Tasche in mein Comtoir zu kommen, ich bin entschlossen, dergleichen Unfug unter keinen Umständen zu dulden. Für diese Gasse bin ich Hummel genug, und ich verbitte mir jede Art von Summen und Schwärmen um Haus und Hof."

Als er am Nachmittag mit Frau und Tochter im Garten lustwandelte, hielt er plötzlich an. „Was war es doch, das hier durch die Luft flog?"

„Es war ein Käfer," sagte seine Frau.

„Es war eine Biene," sagte Herr Hummel. „Sollte dieses Gesindel schon ausfliegen? Wenn es etwas gibt, was ich nicht leiden kann, so sind es Bienen. Richtig, da ist wieder eine. Sie belästigt dich, Philippine."

„Ich kann's nicht sagen," antwortete diese.

Aber wenige Augenblicke darauf flog eine Biene unleugbar um Laura's Locken, und Laura mußte sich mit ihrem Sonnenschirme gegen die kleine Arbeiterin vertheidigen, welche die Wangen des Mädchens mit einem Pfirsich verwechselte. „Es ist auffallend," sagte Hummel zu den Frauen, „das war doch sonst nicht so arg. In einem hohlen Baum des Parks muß sich ein Bienenstock etablirt haben, dergleichen kommt vor. Da draußen schläft der Parkwächter auf einer Bank, froh, daß ihn selber Niemand stiehlt. Du stehst ja gut mit dem Manne, mache ihn doch darauf aufmerksam. Das Ungeziefer ist unleidlich."

Frau Hummel ließ sich · zu einer Frage verleiten, der Wächter versprach aufzumerken, kam nach einer Weile wieder an den Zaun und rief leise: „Pst, Madame Hummel."

„Der Mann ruft dich," ermahnte Hummel.

„Sie kommen aus dem Garten des Herrn Hahn," berichtete vorsichtig der Parkwächter, „dort steht jetzt ein Bienenstock."

„Wirklich?" frug Hummel, „ist es möglich, sollte Hahn diese Liebhaberei gewählt haben?" Laura sah unruhig auf den Vater. „Ich bin ein friedlicher Mann, Wächter, und ich kann meinem Nachbar nicht zutrauen, daß er uns solchen Tort anthut."

„Es ist sicher, Herr Hummel," sagte der Parkwächter, „sehen Sie dort das gelbe Ding?"

„Richtig," rief Hummel kopfschüttelnd, „es ist gelb."

„Laß gut sein, Heinrich, vielleicht wird es nicht so arg," begütigte seine Frau.

„Nicht so arg?" frug Hummel zornig. „Soll ich zusehen, wie sich die Bienen auf deine Nasenspitze setzen, soll ich dulden, daß meine Frau den ganzen Sommer eine Kugel vor sich herträgt, so groß wie ein Apfel? Laß nur gleich eine Stube für den Chirurgus zurecht machen, er wird doch die nächsten Monate nicht aus unserm Hause kommen."

Laura trat an den Vater: „Ich sehe dir's an, du willst mit dem Nachbar wieder Streit anfangen; wenn du mich liebst, thu' es nicht. Ich kann dir nicht sagen, Vater, wie sehr mir dieses Gezänk zuwider ist. Ich habe genug darunter gelitten."

„Ich glaube dir's," erwiederte Hummel gemüthlich. „Aber gerade weil ich dich liebe, muß ich bei guter Zeit diesen Injurien von drüben ein Ende machen, bevor dieses beflügelte Zeug seinen Honig aus unserm Garten hinüberträgt. Ich will dich von keiner Nachbarbiene anfallen lassen, verstehst du?"

Laura wandte sich ab und sah finster in das Wasser,

auf welchem abgefallene Kätzchen der Birken langsam der Stadt
zuschwammen. „Thun Sie etwas Uebriges, Wächter, um den
Frieden zwischen Nachbarn zu erhalten," fuhr Hummel fort,
„und richten Sie Herrn Hahn meine Empfehlung und die
Bitte aus, er möchte seine Bienen anbinden, damit ich nicht
in die Lage komme, wieder die Polizei zu Hilfe zu rufen."

„Ich will ihm sagen, Herr Hummel, daß die Bienen der
Nachbarschaft lästig werden. Denn es ist wahr, die Gärten
sind klein."

„Sie sind ja so enge, daß man sie in einer Schachtel auf
dem Weihnachtsmarkt verkaufen kann," räumte Hummel be=
reitwillig ein. „Thun Sie's auch aus Erbarmen mit den
Bienen selbst. Unsere drei Märzbecher werden als Futter
nicht lange vorhalten. Und nachher bleibt ihnen nichts übrig,
als das eiserne Gitter zu benagen." Er gab dem Wächter
einige Groschen und fügte für seine Frau und Tochter hinzu:
„Um des lieben Friedens willen, ihr seht, wie sehr ich den
Nachbar schone."

Die Frauen kehrten gedrückt und voll trüber Ahnung in
das Haus zurück.

Da der Wächter sich nicht wieder sehen ließ, lauerte ihm
Hummel am nächsten Tage auf. „Nun?" frug er.

„Herr Hahn meinte, die Stöcke wären weit von der Straße
hinter Gebüsch. Sie belästigten Niemanden. Und er würde
sich sein Recht nicht nehmen lassen."

„Da haben wir's," brach Hummel los, „Sie sind mein
Zeuge, daß ich das Menschenmögliche gethan habe, um Streit
zu vermeiden. Der Mann hat vergessen, daß es einen Para=
graph 167 gibt. Es thut mir leid, Wächter, aber jetzt muß
die Polizei das letzte Wort sprechen."

Herr Hummel besprach sich vertraulich mit einem Polizei=
diener. Herr Hahn aber gerieth wieder einmal in Aufregung
und Zorn, als er auf's Rathhaus bestellt wurde; und Herr
Hummel behielt gewissermaßen Recht, denn die Polizei gab

Herrn Hahn den Rath, einer Belästigung der Nachbarn und Vorübergehenden durch Entfernung der Körbe zuvorzukommen. Herr Hahn hatte sich so herzlich über seine Bienen gefreut, ihre Wohnungen waren mit allen neuen Erfindungen ausgestattet, auch waren es gar nicht unsere zornigen deutschen Bienen, sondern italienische, welche nur stechen, wenn sie auf's Aeußerste gereizt werden. Das half jetzt alles nichts, denn auch der Doctor und Frau Hahn baten, die Stöcke zu entfernen, und so wurden diese in einer dunkeln Nacht von Herrn Hahn unter bittern und niederbeugenden Empfindungen auf's Land geschafft. An der Stätte, die sie öde zurückgelassen, errichtete Herr Hahn wenigstens einige Staarnester auf Stangen. Sie waren ein schwacher Trost. Die Staare hatten bereits nach dem alten Brauch ihres Stammes Boten durch das Land geschickt und ihre Sommerwohnungen gemiethet, und nur Sperlinge nahmen frohlockend Besitz von den Kästen und ließen als lüderliche Haushalter lange Strohhalme zu den Löchern herabhängen. Herr Hummel aber zuckte verächtlich die Achseln und nannte die neue Erfindung mit lautem Baß Spatztelegraphen.

Das Gartenvergnügen begann, schwermüthige Ahnung war zur Wirklichkeit geworden, Argwohn und finstere Mienen schieden auf's Neue die Nachbarhäuser.

<hr>

6.

Kleine Gegensätze.

Eine Professorsfrau hat auch Noth mit ihrem Mann. Wenn Ilse einmal mit wohlbekannten Frauen zusammensaß, mit der Raschke, der Struvelius und der kleinen Günther, etwa bei einem vertraulichen Kaffe, der nicht gänzlich verachtet wurde, dann kam so allerlei zu Tage.

Es war doch eine hübsche Unterhaltung mit den gebildeten

Frauen. Allerdings streifte das Gespräch zuweilen flüchtig über die Häupter der Dienstboten, die Sorgen der Wirthschaft wagten sich auch als quakende Frösche aus dem Weiher gemüthlicher Plauderei hervor, und Ilse wunderte sich, daß auch Flaminia Struvelius ernsthaft über das Aufbewahren kleiner Essiggurken zu sprechen wußte, und daß sie angelegentlich nach den Kennzeichen der Jugend an einer gerupften Gans forschte. Die lustige Günther aber erregte den Hausfrauen von größerer Erfahrung Entsetzen und Gelächter, als sie erklärte, daß sie das Geschrei kleiner Kinder gar nicht ertragen könne, und daß sie das ihre — das sie noch nicht einmal hatte — vom ersten Anfang durch Streiche zu ehrbarer Ruhe zwingen werde. Wie gesagt, die Rede schweifte von Größerem auch auf diese Gebiete. Und wenn so einmal Unbedeutendes daran kam, geschah es natürlich auch, daß die Männer einer ruhigen Besprechung gewürdigt wurden, und da ergab sich, daß jede der Frauen, wenn von Männern im Allgemeinen die Rede war, doch an ihren eigenen dachte, und daß jede, ohne daß sie es aussprach, ein heimliches Bündel Sorgen mit sich herumtrug, und die Hörerinnen zu dem Schluß berechtigte, auch dieser Mann sei schwer zu behandeln. Gar nicht zu verbergen waren die Schicksale der Frau Raschke, denn sie waren stadtkundig. Man wußte sehr wohl, daß er an einem Markttage in seinem Schlafrock zur Universität gezogen war, in einem leuchtenden Schlafrock, orange und blau mit türkischen Mustern. Seine Studenten, die ihn zärtlich liebten und seine Gewohnheiten wohl kannten, hatten doch ein lautes Lachen nicht unterdrückt, und Raschke hatte ruhig den Schlafrock über das Katheder gehängt und in Hembsärmeln gelesen, und war im Ueberzieher eines Studenten nach Hause gekommen. Seitdem ließ Frau Raschke den Gatten niemals ausgehen, ohne ihn noch einmal zu untersuchen. Ferner kam heraus, daß er sich nach zehn Jahren in den Straßen der Stadt noch immer nicht zurecht fand, und daß sie ihr Quartier nicht wechseln durfte, weil sie überzeugt war, daß ihr Professor sich nicht daran kehren und doch immer wieder in die alte Wohnung zurücklaufen würde. Auch Struvelius machte Sorge. Die letzte gewaltige hatte Ilse persönlich kennen gelernt, aber es wurde auch ermittelt, daß er von seiner Frau forderte, für ihn lateinische Correcturen zu lesen, weil sie ein wenig diese Sprache gelernt hatte, und daß er gänzlich außer Stande war, freundlichen Weinreisenden seine Aufträge zu versagen. Denn die Struvelius hatte bei ihrer Verheiratung einen ganzen Keller voll kleiner und großer Weinfässer gefunden, die noch gar nicht abgezogen waren, während er selbst bitterlich klagte, daß er keinen Wein in den Keller bekomme. Sogar die kleine Günther erzählte, daß ihr Gatte der Nachtarbeiten sich nicht entschlagen konnte und daß er bei einer solchen Ausschweifung mit der Lampe unter den Büchern umherflackerte und einer Gardine zu nahe kam, die Gardine fing Feuer, er riß sie ab, verbrannte sich dabei die Hände und drang mit kohlschwarzen Fingern in die Schlafstube, verstört, und einem Othello ähnlicher als einem Mineralogen.

Ilse erzählte nichts aus ihrer kurzen Laufbahn, aber auch sie hatte Gelegenheit, Erfahrungen zu machen. Zwar in später Arbeit war ihr Hausherr mäßig, auch mit dem Weine wußte er ziemlich Bescheid, und trank bei Gelegenheit wacker sein Glas, wie einem deutschen Gelehrten ziemt. Doch mit dem Essen war's bei ihm traurig bestellt. Es ist zwar nicht schön, wenn man viel um den Magen sorgt, und vollends einem Professor nicht anständig, aber wenn einer gar nicht weiß, was er ißt, und Entenbein und Gansbein verwechselt, so ist das auch keine Freude für die, welche ihm etwas Gutes erweisen möchten. Zum Tranchiren war er vollends nicht zu brauchen. Die zähen stymphalischen Vögel, welche Herkules erlegt hatte, und den ungenießbaren Vogel Phönix, den sein Tacitus mit Achtung erwähnte, kannte er viel genauer als den Knochenbau einer Truthenne. Ilse gehörte zwar nicht zu den Hausfrauen, denen Vergnügen ist, den ganzen Tag in der Küche zu stehen, aber sie verstand das Geschäft und setzte eine Ehre darein, für den Mittagstisch ihr Herrscheramt würdig zu üben. Das war alles vergebens. Er machte zuweilen einen Versuch, seine Tafel zu loben, aber Ilse kam dahinter, daß sein Herz gar nicht dabei war. Denn als sie ihm einen prächtigen Fasan vorsetzte und er an ihrer beobachtenden Miene merkte, daß eine Aeußerung erwartet werde, da lobte er die Köchin, weil sie ein so stattliches Huhn eingekauft. Ilse seufzte und suchte ihm den Unterschied aus einander zu setzen, und sie mußte erleben, daß ihr Gabriel nach Tisch bedauernd sagte: „Es ist umsonst, ich kenne den Herrn, er hat kein Geschick zum Essen." Seitdem war Ilse auf die Anerkennung angewiesen, welche ihr einzelne Herren des Theetisches zollten. Das war ihr kein Ersatz. Auch der Doctor hatte nach dieser Richtung nicht viel Achtungswerthes. Und es war jämmerlich und niederbeugend, die beiden Herren vor einem Schnepfenpaar zu sehen, das der Vater geschickt hatte.

Der Professor aber hielt den Doctor für ausnehmend praktisch, weil dieser etwas Geschick im Kaufen und Einrichten hatte, und er war gewöhnt, bei vielen Ereignissen des Tages den Freund zu Rathe zu ziehen. Der Schneider kam und brachte Tuchproben zu einem neuen Rock. Der Professor saß zerstreut auf die farbigen Signale der aufgeklappten Mappe. „Ilse, schicke doch zum Doctor, damit er wählen hilft." Ilse schickte, aber mit bösem Willen: — zum Rockkaufen brauchte man den Doctor auch noch nicht, und wenn ihr lieber Mann darin keinen Entschluß hatte, so war sie doch da. Aber vorläufig half das nichts, der Doctor bestimmte gebietend Rock, Weste und den übrigen Kleiderbedarf ihres Gatten. Ilse hörte der Verhandlung schweigend zu, aber sie war recht herzlich böse auf den Doctor, und auch ein wenig auf ihren Hausherrn. Sie beschloß in der Stille, daß das nicht so bleiben dürfe, unternahm schnell eine Kopfrechnung mit ihrem Wirthschaftsgeld, ließ den Schneider in ihr Zimmer kommen, und bestellte selbst einen zweiten Anzug für ihren Mann, mit dem Auftrage, diesen zuerst zu machen. Als der Künstler sein Werk abgeliefert hatte, rief sie den Gatten und frug, wie ihm die Prachtstücke gefielen. Er lobte, und sie sagte: „Sie sind für dich. Ich mache mich so hübsch als ich kann, um dir zu gefallen, trage du auch einmal mir zu Ehren, was ich für dich ausgesucht habe. Habe ich's getroffen, so wähle ich dir in Zukunft, und ich übernehme die Verantwortung für deine Kleidung."

Aber der Doctor sah verwundert darein, als der Professor in anderm Schmucke erschien. Es ergab sich jedoch, daß er nichts daran auszusetzen vermochte. Und als Ilse dem Doctor allein gegenübersaß, begann sie: „Beide lieben wir den Mann da drinnen, und wir wollen uns über ihn vereinigen. Sie haben das größte Recht, der Vertraute seiner Arbeiten zu sein, und ich darf nie daran denken, mich darin Ihnen gleich zu stellen. Aber wo mein kleiner Hausverstand ausreicht, da wenigstens möchte ich ihm nützlich werden, und was ich ihm darin sein kann, lieber Herr Doctor, überlassen Sie mir."

Sie sagte das lächelnd, der Doctor aber trat ernsthaft vor sie hin: „Sie sprechen aus, was ich lange empfunden. Ich habe mehre Jahre mit ihm gelebt und manchmal für ihn gelebt, und diese Zeit war mir ein hohes Glück, jetzt fühle ich sehr wohl, daß Sie den nächsten Anspruch auf ihn haben. Ich werde versuchen müssen, mich in Manchem zu bescheiden; es wird mir schwer, aber es ist zuletzt gut, daß es so kommt."

„So waren meine Worte nicht gemeint," rief Ilse unruhig.

„Ich verstehe wohl, wie sie gemeint waren, und ich verstehe auch, daß Sie Recht haben. Ihre Aufgabe ist nicht nur, ihm sein Leben bequem zu machen. Denn er sieht gleichgültig über Vieles weg, was den Tag schmückt und behaglich zurichtet. Aber inniges Bedürfniß ist ihm, mit seiner Umgebung bei Allem, was ihn und seine Zeit bewegt, im Einklang zu leben. Darin ist er weich und reizbar. Nicht daß ich ein Verständniß für Einzelheiten seiner Arbeit habe, machte ihn zu meinem Freund, sondern weit mehr das gute Einvernehmen in den großen und kleinen Fragen unseres Lebens. Ich sehe jetzt, wie eifrig Sie bemüht sind, auch darin ihm Vertraute zu werden. Glauben Sie mir, der wärmste Wunsch meines Herzens ist, daß Sie mit der Zeit dieses hohe Recht erhalten."

Er schied mit ernstem Gruß, und Ilse sah ihm betroffen nach. Der Doctor hatte an eine Saite gerührt, deren Schwirren sie in ihrem Glücke immer wieder mit Schmerzen fühlte. Ihr war das neue Hauswesen leicht und klein und Alles schnurrte wie ein Kreisel, und auch sie legte keinen großen Werth auf ihre Thätigkeit. Aber es that ihr doch weh, daß ihre Arbeit dem Gatten so wenig war, und sie dachte wieder: „Was ich ihm sein kann, das merkt er kaum, und wo es mir schwer wird, seinem Geiste zu folgen, da entbehrt er vielleicht eine Seele, die ein besseres Verständniß hat."

Das waren leichte Wolkenschatten, welche über die sonnige Landschaft dahinfuhren, aber sie kamen oft, wenn Ilse in ihrem Zimmer grübelnd allein saß.

Einst in der Dunkelstunde war Professor Raschke angelangt, er zeigte sich willig, über Abend zu bleiben, und Felix sandte den Diener zur Frau Professorin, dieser die Sorge um den abwesenden Gatten zu nehmen. Da Raschke unter den gelehrten Herren Ilse's Liebling war, gab sie in der Noth einen Küchenbefehl, der ihm wohlthun sollte. Dieser Befehl verurtheilte einige junge Hühner, welche kurz vorher lebend angelangt waren, zum Tode. Die Herren waren bereits in Ilse's Zimmer, als aus der Küche ein klägliches Geschrei ertönte und das Küchenmädchen ihr bleiches Gesicht an der Thür zeigte und die Herrin herausrief. Dort fand sich, daß das Gemüth des Mädchens das Schlachten nicht bewerkstelligen konnte. Da Gabriel die nöthigen Meucheleien sonst still an entlegener Stätte besorgt hatte, wußte sie sich heut keinen Rath, ein ängstlicher Versuch war schlecht abgelaufen, und Ilse mußte das Unvermeidliche selbst thun. Als sie wieder eintrat, frug unglücklicher Weise Felix nach dem Grunde der Aufregung, und Ilse erzählte kurz den Vorfall.

Die Hähnchen kamen auf den Tisch, sie machten der Küche keine Schande, Ilse schnitt und legte vor. Aber ihr Gatte schob den Teller zurück, und Raschke arbeitete zwar aus Artigkeit ein wenig an seinem Bruststücke herum, würgte aber auch über den Bissen. Ilse sah mit großen Augen auf die beiden Männer. „Weshalb essen Sie nicht, Herr Professor?" frug sie endlich den Gast mit mühsam erkämpfter Ruhe.

„Es ist nur eine Schwäche der Empfindung," antwortete Raschke, „und Sie haben ganz Recht, es ist eine Thorheit; mich stört noch das Geschrei der armen Gebratenen."

„Dich auch, Felix?" frug Ilse mit ausbrechendem Eifer.

„Ja," erwiederte dieser, „ist es nicht möglich, das Umbringen unmerklich zu machen?"

„Nicht immer," entgegnete Ilse gekränkt, „wenn der Raum so enge und die Küche so nahe ist." Sie klingelte und ließ den unglücklichen Braten abtragen. „Da man in der Stadt das Schlachten so sehr bedauert, sollte man kein Fleisch essen."

„Sie haben ganz Recht," wiederholte Raschke versöhnend, „und unsere Empfindlichkeit hat nur geringe Berechtigung. Wir finden die Zubereitungen unbehaglich und lassen uns Bereitetes in der Regel sehr wohl gefallen. Aber wer gewöhnt ist, das Thierleben mit Theilnahme zu betrachten, den beunruhigt die Zerstörung eines Organismus für egoistische Zwecke immer, wenn sie in einer Weise vollzogen wird, an welche er zufällig nicht gewöhnt ist. Denn das ganze Leben der Thiere hat für uns etwas Geheimnißvolles. Dieselbe Lebenskraft, die wir an uns beobachten, ist im Grunde auch in ihnen thätig, nur eingeengt durch eine anders beschränkte und im Ganzen weit unvollkommenere Organisation!"

„Wie kann man ihre Seele mit der des Menschen vergleichen!" rief Ilse, „das Vernunftlose mit dem Vernünftigen, das Vergängliche mit dem Ewigen!"

„Was das Unvernünftige betrifft, liebe Frau Collega, so ist es ein Wort, bei dem man sich in diesem Falle nichts Genaues denkt. Wie groß der Unterschied zwischen Mensch und Thier auch sei, er ist schwer festzustellen, und auch nach dieser Richtung ziemt uns Bescheidenheit. Wir wissen sehr wenig von den Thieren, selbst von denen, welche täglich mit uns leben. Ich gestehe Ihnen, daß mir der gelegentliche Versuch, dies Unverständliche meinem Verständniß näher zu rücken, eine Achtung und Scheu vor dem fremdartigen Leben eingeflößt hat, bei welcher zuweilen Schrecken war. Ich leide nicht, daß Jemand von meinen Leuten sein Herz an ein Thier hängt. Auch aus einer Weichheit des Gefühls, die, wie ich Ihnen zugebe, pedantisch ist. Aber die Einwirkung des menschlichen Gemüthes auf die Thiere ist mir vollends räthselhaft und unheimlich erschienen, es werden in den fremden Creaturen dadurch Seiten ihres Lebens entwickelt, welche sie nach einzelnen Richtungen dem Menschen sehr ähnlich machen. Auch hat die liebevolle Annäherung an unsere Art für uns so viel Rührendes, daß wir leicht mehr Herz und Empfindung auf ein Thier wenden, als ihm und uns frommt."

„Aber das Thier bleibt doch, wie es seit der Schöpfung war," rief Ilse, „unverändert in seinen Trieben und Neigungen. Wir können einen Vogel abrichten und einen Hund zwingen, daß er überbringt, was er selbst fressen möchte, aber das ist nur äußerer Zwang. Sind sie sich selbst überlassen, so bleibt ihnen Art und Natur ungeändert, und was wir Cultur nennen, fehlt ihnen ganz."

„Auch darüber sind wir keineswegs sicher," versetzte Raschke. „Wir wissen gar nicht, ob nicht jedes Geschlecht der Thiere auch eine Bildung und Geschichte hat, welche von der ersten Generation bis zur letzten reicht. Es ist sehr möglich, daß Kenntnisse, Virtuositäten und Verständniß der Welt, soweit dies den Thieren möglich ist, sich in engerem Kreise ebenso wandelte, als bei den Menschen. Es ist eine willkürliche Annahme, daß die Vögel vor tausend Jahren genau ebenso gesungen haben, als jetzt. Ich bin der Ansicht, daß Wolf und Fuchs auf cultivirtem Boden in ähnlicher Lage sind, wie die letzten Trümmer der Indianer= stämme unter den Weißen, während solche Thiere, die in er= träglichem Frieden mit den Menschen leben, wie die Sperlinge und anderes kleines Volk, sogar die Bienen, in ihrer Art klüger werden und im Laufe der Zeit Fortschritte machen, Fortschritte, die wir in einzelnen Fällen ahnen, die unsere Wissenschaft aber noch nicht darzustellen vermag."

„Damit wird unser Herr Oberförster sehr einverstanden sein," sagte Ilse ruhiger, „er klagt bitterlich, daß die Finken unserer Gegend sich seit Menschengedenken in ihrem Gesange erbärmlich verschlechtert haben, weil alle guten Sänger weg= gefangen sind und die jungen nichts Ordentliches mehr lernen."

„Vortrefflich," rief Raschke. „Und wie es unter den Thie= ren derselben Art kluge und unwissende gibt, läßt sich auch annehmen, daß den einzelnen eine gewisse geistige Arbeit zu= gewiesen ist, welche über ihr Leben hinaus reicht. Die Er= fahrung eines alten Raben oder die melodische Tonfolge einer schönsingenden Nachtigall wäre für die späteren Geschlechter nicht verloren, sondern wirkte auch in ihnen mit einer gewissen Dauer. Nach dieser Richtung darf man wohl von Cultur und Fortbildung auch der Thiere sprechen. — Aber der Küche gegen= über bekennen wir, daß wir zum Nachtheil für das gemeinsame Behagen an unrechter Stelle gefühlvoll geworden sind, und Sie zürnen uns deshalb nicht, liebe Freundin."

„Für diesmal wird es vergessen," erwiederte Ilse versöhnt, „das nächste Mal setze ich Ihnen gesottene Eier vor, die werden doch kein Bedenken haben."

„Mit den Eiern ist es auch so ein eigen Ding," versetzte Raschke, „doch darüber enthalte ich mich billig einer näheren Betrachtung. Was mich aber hierher geführt hat," fuhr er zu Felix gewandt fort, „war nicht Huhn, nicht Ei, sondern College Struvelius. Ich suche für ihn Versöhnung."

Felix setzte sich steif zurecht. „Kommen Sie in seinem Auftrage?"

„Noch nicht, aber auf Wunsch einiger Collegen. Sie wissen, daß für das nächste Jahr ein energischer Rector nöthig wird. Es ist unter den Bekannten wiederholt von Ihnen die Rede gewesen. Struvelius wird wahrscheinlich Decan, schon deshalb wünschen wir, daß Sie beide in ein freundliches Verhältniß treten. Noch mehr des akademischen Friedens wegen. Ungern sehen wir unsere Alterthumswissenschaft auf gespanntem Fuße."

„Was der Mann etwa gegen mich versehen hat," antwortete der Professor stolz, „kann ich ihm leicht vergeben, obgleich das kleinliche und versteckte Wesen mir innerlich zuwider ist. Daß er durch seine thörichte Arbeit sich selbst und dadurch unsere Universität bloßgestellt hat, ertrage ich schwerer. Was mich aber von ihm scheidet, das ist die Unehrlichkeit seiner Empfindung."

„Der Ausdruck ist zu stark," rief Raschke.

„Er entspricht genau seinem Thun," behauptete der Professor. „Als der Beweis einer Fälschung geführt war, da noch war seine Furcht, eine Niederlage zu erleben, stärker als sein Sinn für Wahrheit, und er hat sich selbst belogen, um Andere zu täuschen. Das ist eines deutschen Gelehrten unwürdig, und für solches Unrecht kenne ich keine Vergebung."

„Das ist wieder zu hart," versetzte Raschke, „er hat offen und loyal seinen Irrthum bekannt."

„Er hat es erst gethan, als durch Magister Knips ihm und Anderen die Fälschung an der Schrift augenscheinlich nachgewiesen und dadurch die letzte Ausflucht genommen war."

„Die Gefühle eines Menschen sind nicht so leicht wie Zahlen in ihre Elemente zu zerfällen," entgegnete Raschke, „und nur wer billig urtheilt, wird richtig rechnen. Er hat gekämpft mit verletztem Stolz, vielleicht zu lange, aber er hat sich herausgehoben."

„Ich gestatte an der Sittlichkeit eines wissenschaftlichen Mannes keine irrationalen Größen, hier war die Frage, schwarz oder weiß, Wahrheit oder Lüge," rief Felix.

„Du hast doch dem Magister größere Nachsicht bewiesen," sagte Ilse bittend, „ich habe ihn seit der Zeit mehr als einmal bei dir gesehen."

„Der Magister hat in der Hauptsache geringere Schuld," antwortete der Gatte. „Als ihm die Frage ernsthaft vor die Seele trat, hat er sehr wohl seinen Scharfsinn angewandt."

„Er hatte Geld dafür bekommen," sagte Ilse.

„Er ist ein armer Teufel, gewöhnt als Zwischenhändler bei Antiquargeschäften einigen Vortheil zu haben, und Niemand wird an ihn die Forderung stellen, daß er sich durchweg als Gentleman erweise. Soweit seine gedrückte Seele der Wissen= schaft angehört, ist sie nicht ohne männlichen Stolz, das weiß ich. Für dergleichen Naturen habe ich das wärmste Mitgefühl. Denn sein Leben ist in der Hauptsache ein fortgesetztes Mar= tyrium zum Besten Anderer. Wenn ich einen solchen Mann verwende, so weiß ich sicher, wo ich ihm vertrauen kann, wo nicht."

„Möchten Sie sich darin nicht täuschen," rief Raschke.

„Ich übernehme Gefahr und Verantwortung," entgegnete der Professor; „nichts weiter von dem Magister, er gehört nicht hierher. Wenn ich aber seine Schuld mit der des Stru= velius vergleichen soll, so ist mir nicht zweifelhaft, wer, Alles eingerechnet, den größeren Mangel an Ehrgefühl gezeigt hat."

„Das ist wieder so ungerecht," rief Raschke, „daß ich eine solche Aeußerung über den abwesenden Collegen nicht anhören kann. Ich vermisse mit tiefem Bedauern in Ihrer Auffassung die Unbefangenheit, welche ich unter allen Umständen geboten halte, am meisten im Urtheil über einen Amtsgenossen."

„Sie selbst haben mir gesagt," versetzte der Professor ruhiger, „daß er dem Verkäufer Schweigen versprochen hat, weil ihm Aussicht auf noch andere geheimnißvolle Pergamente gemacht wurde. Wie können Sie für solches Preisgeben des eigenen Selbstgefühls ein Wort der Entschuldigung finden?"

„Es ist wahr," erwiederte Raschke, „das hat er gethan, und das war seine Schwäche."

„Das war seine Unsittlichkeit," rief der Professor wieder, „und darüber komme ich nicht weg. Wer anders denkt, mag ihm die Hand drücken."

Raschke stand auf. „Wenn Ihre Worte meinen, daß derjenige weniger Ethos besitzt, der dem Struvelius noch die Hand drückt, so entgegne ich Ihnen, daß ich dieser Mann bin, und daß mich diese Handlung noch keinen Augenblick vor mir selbst gebemüthigt hat. Ich habe vor Ihrem kräftigen und reinen Empfinden eine recht innerliche Hochachtung, und es ist mir manchmal ein Beispiel gewesen, aber heut muß ich Ihnen sagen, daß ich mich Ihrer nicht freue. Ist diese Härte doch im Grunde deshalb in Sie gekommen, weil Struvelius Sie persönlich verletzt hat; so geht sie über das Maß hinaus, nach welchem wir nicht uns selbst, aber Andere beurtheilen sollen."

„Sie gehe über das Maß hinaus," rief der Professor, „ich kenne kein bescheidenes Maß bei den Anforderungen, die ich an das Rechts = und Anstandsgefühl meiner persönlichen Bekannten stelle. Mir ist nicht gleichgültig, bei dieser Auffassung Sie zum Gegner zu haben; aber wie ich bin, selbst ein unvollkommener und irrender Mensch, ich kann mir diese Forderungen an meine Umgebung nicht herabstimmen."

„So will ich wünschen," brach Raschke los, „daß Sie selbst nie in den Fall kommen, Anderen bekennen zu müssen, Sie seien durch einen Betrüger gerade da getäuscht, wo sich Ihr Selbstgefühl am kräftigsten erhob. Denn wer so stolz über Andere urtheilt, dem würde das Bekenntniß der eigenen Kurzsichtigkeit nicht geringe Schmerzen bereiten."

„Ja, es wäre furchtbar für mich," rief Felix, „auch wider meinen Willen Andere in Unwahrheit und Lüge zu verstricken. Aber darauf vertrauen Sie, ich würde, um solches Unrecht zu sühnen, Alles, was ich an Leben und Kraft noch habe, daran setzen. Unterdeß bleibt es zwischen jenem und mir wie bisher."

Raschke rückte seinen Stuhl unter den Tisch. „Dann gehe ich heute, denn ich bin durch unsere Erörterung aus der Ruhe gekommen, und ich würde ein schlechter Gesellschafter sein. Es ist das erste Mal, Frau Collega, daß ich aus diesem Hause mit unbehaglichem Gefühl scheide, und nicht am wenigsten schmerzt mich, daß meine unzeitige Parteinahme für Hühner= seelen auch gegen Sie den Kamm gesträubt hat."

Ilse sah betrübt in das erregte Antlitz des werthen Man= nes, und um die wogenden Gedanken zu glätten und an gute Freundschaft zu mahnen, sagte sie bittend: „Aber das arme Huhn ist Ihnen nicht erlassen, das müssen Sie doch noch essen, und ich sorge dafür, daß es Ihnen morgen durch Ihre Frau zum Frühstück vorgesetzt wird."

Raschke drückte ihr die Hand und eilte zur Thür hinaus, der Professor ging heftig im Zimmer auf und ab, endlich trat er vor seine Frau und frug kurz: „Habe ich Unrecht?"

„Ich weiß es nicht," erwiederte Ilse zögernd, „aber als der Freund zu dir sprach, war meine ganze Empfindung auf seiner Seite, und mir war, als hätte er Recht."

„Auch du?" sagte der Professor finster, wandte sich ab und schritt in seine Arbeitsstube.

Wieder saß Ilse allein, das Herz war ihr schwer und sie grübelte: „Er sieht doch in vielen Dingen das Leben anders an als ich. Gegen die Thiere ist er weicher und gegen die Menschen zuweilen härter, als ich sein kann. Wie ich mich auch mühe, ich bleibe ihm gegenüber ein ungeschicktes Weib vom Lande. Er ist gütig gewesen gegen die Rollmaus, er wird es auch gegen mich sein, aber er wird immer gegen mich Nachsicht üben müssen."

Sie sprang auf und ihr Antlitz flammte.

Unterdeß fuhr Raschke im Vorzimmer umher. Auch dort herrschte Unordnung. Gabriel war noch nicht von seinem weiten

Wege zurückgekehrt, die Köchin hatte das abgeräumte Mahl bis
zu seiner Ankunft auf einen Seitentisch gestellt, und Raschke
mußte allein seinen Ueberrock suchen. Er wühlte unter den
Kleidern, griff einen Rock und einen Hut. Da er heut nicht zer=
streut war wie wohl sonst, fiel ihm bei einem Blick über die
verschmähte Abendkost noch zu rechter Zeit ein, daß er ein Huhn
essen mußte. Deshalb erfaßte er die neuen Zeitungen, welche
Gabriel für seinen Herrn zurecht gelegt hatte, nahm schnell
ein Huhn aus der Schüssel, wickelte es in die Blätter und ver=
senkte es in die Tasche, deren Tiefe und Geräumigkeit ihn an=
genehm überraschte. So eilte er bei der erstaunten Köchin vor=
über zur Wohnung hinaus. Als er die Entréethür öffnete, stieß er
an etwas, das an der Schwelle wurzelte, er hörte hinter sich ein
häßliches Geknurr und stürmte die Treppe hinab ins Freie.

Dabei flogen ihm die Reden des verlassenen Freundes
durch den Kopf. Das ganze Verhalten Werners war sehr
charakteristisch, und es war ein tüchtiges Wesen. Merkwürdig,
daß in einem Augenblick des Zornes Werners Gesicht plötzliche
Aehnlichkeit mit dem einer Dogge erhalten hatte. Hier wurde
dem Philosophen die geradlinige Kette seiner Betrachtungen ge=
kreuzt durch die Erinnerung an das Gespräch über Thierseelen.
„Es ist doch zu bedauern, daß es immer noch schwer wird, den
seelischen Ausdruck der Thiere zu firiren. Gelänge das, so
würde auch die Wissenschaft davon Nutzen ziehen. Wer Aus=
druck und Geberde der Leidenschaften bei Menschen und höheren
Thieren genau bis auf Einzelheiten vergleichen könnte, der
vermöchte aus dem Gemeingültigen wie aus den einzelnen Ab=
weichungen Interessantes zu folgern. Denn dadurch würde
das Naturgemäße ihrer dramatischen Bewegung und vielleicht
einige neue Gesetze derselben gefunden werden."

Während der Philosoph darüber dachte, fühlte er ein
wiederholtes Ziehen am Rockschoß. Da seine Frau die Ge=
wohnheit hatte, ihn leise zu zupfen, wenn er neben ihr in
Gedanken wandelte und einem Bekannten begegnete, so ließ

er sich dadurch nicht weiter stören, er nahm freundlich seinen Hut ab und sagte gegen das Brückengeländer gewendet: „Guten Abend."

„Dies Gemeinsame und Ursprüngliche des mimischen Ausbrucks bei Menschen und höheren Thieren würde aber, genau erkannt, vielleicht sogar neue Blicke in das große Geheimniß des Lebens verstatten." — Es zupfte wieder. Raschke nahm mechanisch den Hut ab; es zupfte wieder. „Ich danke, liebe Aurelie, ich habe gegrüßt." Darüber entwickelte sich in ihm der Seitengedanke, daß seine Frau nicht so tief unten am Rock ziehen könnte. Die zupfte, war gar nicht sie, sondern seine kleine Tochter Bertha, die zuweilen altklug neben ihm ging und ebenso wie die Mutter leise die Glocke zum Grüßen zog. „Es ist gut, mein Kind," sagte er, da Bertha unaufhörlich an dem Rockschoß kratzte und läutete. „Komm hervor, du Schelm," und er faßte in Gedanken hinter sich, die Neckerin heranzuziehen. Er ergriff tief unten etwas Rundes, Zottiges, fühlte im Augenblick scharfe Zähne an seinen Fingern und wandte sich erschrocken um. Da sah er im Laternenlicht ein röthlich schimmerndes Ungethüm mit dickem Kopf, mit gesträubtem Haar und einer Quaste statt des Schwanzes aus gehobener Stellung auf die Vorderbeine zurückfallen. Frau und Tochter waren ihm greulich verwandelt und er blickte verwundert auf das undeutliche Geschöpf, das sich ihm gegenüber setzte und ihn ebenfalls schweigend anstarrte.

„Eine merkwürdige Begegnung," rief Raschke. „Was bist du, unbekanntes Wesen? muthmaßlich ein Hund, hinweg mit dir!" Die Creatur wich einige Schritte zurück, Raschke eilte in seiner Untersuchung weiter: „Wenn man den Gesichtsausbruck und die Geberde der Affecte in solcher Art auf Grundformen zurückführte, so würde sich jedenfalls als eins der thätigsten Gesetze das Bestreben erweisen, Fremdes anzuziehen und abzustoßen. Es wäre lehrreich, bei diesen unwillkürlichen Bewegungen der Menschen und Thiere zu unterscheiden, was jeder Art naturnoth=

wendig und was ihr conventionell ist. Hinweg, Hund, thu'
mir den Gefallen und geh nach Haus. Was will er von mir?
er gehört offenbar in Werners Reich. Das arme Geschöpf wird
sich unter der Herrschaft einer fixen Idee in der Stadt verlaufen."

Unterdeß wurden die Angriffe Speihahns leidenschaftlicher,
zuletzt bewegte er sich in ganz unnatürlichem und rein conven=
tionellem Marsche nur auf den Hinterbeinen vorwärts, indem
er sich mit den Vorderpfoten an die Rückseite des Professors
stemmte, und mit dem Maul förmlich in den Rock einbiß.

Ein später Schusterjunge blieb stehen und schlug an sein
Schurzfell. „Schämt sich der Meister nicht, daß er sich von
dem armen Lehrjungen bockschieben läßt?" In Wahrheit sah
der Hund hinter dem Manne aus, wie ein Zwerg, der auf
der Eisbahn einen Riesen stoßend fortbewegt.

Raschke's Interesse an den Gedanken des Hundes wurde
größer. Er blieb an einer Laterne stehen, besah und befühlte
seinen Rock. Dieser Rock war zu einem Sammetkragen und
sehr langen Aermeln gekommen, zu Vorzügen, welche der Phi=
losoph an seinem Ueberrocke niemals bemerkt hatte. Jetzt war
die Sache klar, er selbst hatte in Gedanken ein falsches Kleid
gewählt, und der wackere Hund bestand darauf, das Gewand
seines Herrn zu retten und dem Räuber fühlbar zu machen,
daß etwas nicht in Ordnung war. Raschke freute sich so sehr
über diese Klugheit, daß er sich umdrehte, an Speihahn einige
gütige Worte richtete und einen Versuch machte, das borstige
Fell zu streicheln. Der Hund schnappte wieder nach seiner
Hand. „Du hast ganz Recht," entgegnete Raschke, „daß du
mir zürnst, ich will dir beweisen, daß ich mein Unrecht einsehe."
Er zog den Rock aus und hing ihn über den Arm: „Richtig,
er ist weit schwerer, als mein eigener." So ging er in seinem
dünnen Leibrock frisch vorwärts und erkannte mit Befriedigung,
daß der Hund die Angriffe auf den Rücken aufgab. Dafür
aber sprang Speihahn an der Rockseite dahin, und wieder biß
er nach dem Rock und nach der Hand und knurrte widerwärtig.

Dem Professor wurde der Hund ärgerlich, und als er auf der Promenade an eine Bank kam, legte er den Rock auf die Bank, um den Hund in ernster Begegnung nach Hause zu treiben. Dadurch wurde er zwar den Hund los, aber auch den Rock. Denn Speihahn sprang mit gewaltigem Satze auf die Bank, stellte sich breitbeinig über den Rock und erhob gegen den Professor, der ihn vertreiben wollte, ein grimmiges Knurren und Fauchen. „Es ist Werners Rock," sagte sich der Professor, „und es ist Werners Hund, es wäre unrecht, das arme Thier zu schlagen, weil es in seiner Treue leidenschaftlich wird, und es wäre unrecht, Hund und Rock zu verlassen." So blieb er vor dem Hunde stehen und redete ihm freundschaftlich zu, aber Speihahn achtete gar nicht mehr auf den Professor, er wandte sich gegen den Rock selbst und kratzte, wühlte, biß hinein. Raschke sah, daß der Rock diese Wuth nicht lange ertragen konnte. „Er ist verrückt oder toll," sagte er sich mißtrauisch, „zuletzt werde ich doch Gewalt gegen dich brauchen müssen, arme Creatur," und dabei überlegte er, ob er ebenfalls auf die Bank springen und den Verrückten durch eine kräftige Fußbewegung in die Tiefe schleudern sollte, oder ob er den unvermeiblichen Angriff besser von unten eröffnen würde. Er entschloß sich zu letzterem und sah umher, ob irgendwo ein Stein oder Pfahl gegen den Wüthenden erreichbar sei. Dabei blickte er auf die Bäume und den dunkeln Himmel über sich, und die Oertlichkeit erschien ihm ganz fremd. „Ist hier Zauberei im Spiel?" rief er ergötzt. „Bitte," wandte er sich grüßend an einen einsamen Wanderer, der seines Weges kam, „in welcher Stadtgegend sind wir wohl? Und könnten Sie mir wohl auf einen Augenblick Ihren Stock leihen?"

„Wirklich?" entgegnete der Angerebete in unwilligem Ton, „das sind ja sehr verfängliche Fragen. Meinen Stock brauche ich des Abends selbst. Wer sind denn Sie, mein Herr?" Der Fremde trat dem Professor drohend näher.

„Ich bin frieblich," versetzte Raschke, „und thätlichen Angriffen durchaus abgeneigt. Es hat sich nur zwischen jenem

Thiere auf der Bank und mir ein Streit um den Besitz eines Rockes erhoben, und ich würde Ihnen verbunden sein, wenn Sie den Hund von dem Rocke verscheuchten. Aber ich bitte Sie, dem Thiere nicht mehr weh zu thun, als durchaus nöthig ist."

„Ist denn das Ihr Rock?" frug der Mann.

„Das kann ich leider nicht bejahen," versetzte Raschke gewissenhaft.

„Hier ist etwas nicht in Ordnung," rief der Fremde und sah wieder argwöhnisch auf den Professor.

„Allerdings nicht," versetzte Raschke, „der Hund ist außer sich, der Rock ist vertauscht, und ich weiß nicht, wo wir sind."

„Nahe beim Thalthor, Herr Professor Raschke," antwortete die Stimme Gabriels, welcher eilig zu der Gruppe trat. „Um Vergebung, wie kommen Sie hierher?"

„Vortrefflich," rief Raschke vergnügt, „ich bitte, übernehmen Sie hier diesen Rock und diesen Hund."

Erstaunt sah Gabriel auf Freund Speihahn, der jetzt über dem Rocke saß und gegen seinen Gönner das Haupt senkte. Gabriel warf den Hund herab und riß den Rock an sich. „Das ist ja unser Ueberzieher," rief er.

„Ja, Gabriel," bestätigte der Professor, „das war mein Irrthum, und der Hund hat dem Rock eine merkwürdige Treue bewiesen."

„Treue?" rief Gabriel entrüstet und zog ein Packet aus der Tasche des Rockes. „Es war gefräßiger Eigennutz, Herr Professor, hierin muß etwas Gebratenes sein."

„Ha," rief Raschke, „richtig, ich erinnere mich, das Huhn ist an Allem schuld. Geben Sie mir das Packet, Gabriel, das Huhn muß ich selbst essen. Und wir könnten jetzt mit völliger Befriedigung einander Gute Nacht sagen, wenn Sie mir noch ein wenig meine Richtung durch diese Bäume angeben wollten."

„Aber Sie dürfen mir nicht in der Abendluft ohne Ueberrock nach Hause gehen," bat Gabriel wohlmeinend, „wir sind nicht weit von unserer Wohnung, am besten wäre wirklich, der Herr Professor kehrte mit mir um."

Raschke überlegte und lachte: „Sie haben Recht, lieber Gabriel, mein Aufbruch war ungeschickt, und die Thierseele hat heut eine Menschenseele zur Ordnung gebracht."

„Wenn Sie diesen Hund meinen," versetzte Gabriel, „so wär's zum ersten Mal, daß er etwas Ordentliches zu Stande bringt. Ich merke, er ist Ihnen von unserer Thür nachgeschlichen, denn dorthin stelle ich ihm des Abends die kleinen Knochen."

„Er that einmal, als wäre er nicht ganz bei Sinnen," sagte der Professor.

„Er ist schlau, wo er will," versetzte Gabriel geheimnißvoll, „aber wenn ich von meinen Erfahrungen mit diesem Hunde reden sollte —"

„Sprechen Sie, Gabriel," rief der Philosoph wißbegierig. „Nichts ist von Thieren so werthvoll, als wahrhafter Bericht solcher, welche genau beobachtet haben."

„Das darf ich von mir sagen," bestätigte Gabriel mit Selbstgefühl, „und wenn Sie genau wissen wollen, wie er ist, so versichre ich Sie, er ist verwünscht, er ist unehrlich, er ist vergiftet und er hat einen Grimm gegen die Menschheit."

„Hm, so!" versetzte der Philosoph kleinlaut, „ich merke, es ist viel schwerer, einem Hunde ins Herz zu sehen, als einem Professor."

Speihahn schlich still und gedrückt, und hörte auf das Lob, das ihm ertheilt wurde, während Professor Raschke von Gabriel geleitet in das Haus am Parke zurückkehrte. Gabriel öffnete die Thür des Wohnzimmers und rief hinein: „Herr Professor Raschke."

. Ilse streckte ihm beide Hände entgegen: „Willkommen, willkommen, lieber Herr Professor," und führte ihn in das Arbeitszimmer des Gatten.

„Da bin ich wieder," rief Raschke vergnügt, „nach einer

Irrfahrt wie im Märchen; was mich zurückgeführt hat, waren zwei Thiere, die mir den richtigen Weg wiesen, ein gebratnes Huhn und ein vergifteter Hund." Felix sprang auf, die Män= ner grüßten einander mit warmem Händedruck und es wurde nach aller Irrung noch ein herzerfreuender Abend.

Als Raschke sich spät entfernt hatte, sagte Gabriel traurig zu seiner Herrin: „Dies war der neue Rock; das Huhn und der Hund haben ihn verwüstet, daß es ein Jammer ist."

7.

Die Erkrankung.

Ueber dem Stadtwald und den Gärten rührte sich das junge Leben des Frühlings. In stillem Wintertraum hatten Knospen und Raupen nebeneinander geschlafen, jetzt schoß das Blatt aus seiner Hülle und der Wurm kroch über das junge Grün. Unter dem hellen Schein einer höheren Sonne begann der Kampf des Lebens, das Blühen und Welken, die bunten Farben und der Spätfrost, in dem sie erblichen, das lustige Laub und der Käfer, der daran nagte. Der uralte Streit erhob sich um Knospen und Blüthen wie im Herzen des Menschen.

In Ilse's Lehrstunden wurde jetzt Herodot gelesen. Auch er ein Frühlingsbote des Menschengeschlechts an der Grenze zwischen träumender Poesie und heller Wirklichkeit, der frohe Verkünder einer Zeit, in welcher das Volk der Erde sich der eigenen Schönheit freute und die Wahrheit mit Ernst zu suchen begann. Wieder las Ilse in leidenschaftlicher Spannung die Seiten, welche ihr eine verschüttete Welt so lebendig und herz= lich vor Augen stellten. Aber es war nicht mehr die ungetrübte erhebende Freude an dem Erzählten, wie bei dem Werk des großen Dichters, der Schicksal und Thaten seiner Helden so lenkte, daß sie dem Gemüth auch da wohlthaten, wo sie Leib und Schrecken erregten. Denn das ist ein Recht der menschlichen Erfindung, die Welt zu gestalten, wie das weiche Herz des Menschen sie ersehnt: Wechsel und billiges Verhältniß in Glück und Leid, jedem Einzelnen nach seiner Kraft und seinem Thun Anerkennung und klug zugemessene Vergeltung. Der Geist aber, welcher hier das geschwundene Leben regierte, waltete übermenschlich; die Fülle des Lebendigen drängte sich, eines verwüstete das andere, erbarmungslos brach die Zerstörung ein, sie traf die Guten wie die Bösen, es war auch eine Vergeltung, es war auch ein Fluch, aber sie schlugen unbegreiflich, grausam, herzzermalmend. Das Gute blieb nicht gut, und das Böse behielt den Sieg. Was erst zum Segen war, wurde später zum Verderben, was heut wohlthätig Größe und Herrschaft gab, das wurde morgen eine Krankheit, welche den Staat zerstörte. Wenig galt jetzt der einzelne Held; wo sich eine große Menschenkraft für Augenblicke herrschend erhob, sah Ilse gleich darauf, wie sie dahinschwand in dem wirbelnden Strom der Ereignisse. Krösus, der übersichere gutherzige König, fiel, der starke Cyrus verging, und Xerxes wurde geschlagen. Aber auch die Völker versanken, die große Wunderblume Egypten verdorrte, das goldene Reich der Lyder zerbrach, die mächtigen Perser verdarben zuerst Andere, dann sich selbst. Und in dem jungen Hellenenvolk, das sich so heldenkräftig erhob, sah sie bereits den Zorn, die Missethat und die feindlichen Gegensätze geschäftig, durch welche das schönste Gebilde des Alterthums nach kurzem Gedeihen vergehen sollte.

Ilse und Laura saßen einander gegenüber, zwischen ihnen lag das aufgeschlagene Buch. Zwar wurde Laura nicht bei dem geheimen Vortrag des Professors zugelassen, aber ihre Seele flog getreulich auf der Wildbahn nebenher. Ilse theilte ihr von dem Erwerb ihrer Stunden mit und genoß die süße Freude, neues Wissen in den Geist einer Vertrauten zu senken.

„Auf diesen Xerxes habe ich einen großen Zorn," rief

Laura, „schon von der Fibel her: Der Perser Xerxes war ein
reicher König, Xanthippe war ein Weib, doch taugten beide
wenig. Ich dachte lange, Xanthippe wäre seine Frau gewesen,
ich hätte sie ihm gegönnt. Sehen Sie dagegen die dreihundert
Spartaner, sie senden die Andern nach Haus, kränzen sich und
salben sich und ziehen ihr Festkleid an zum Tode. Das erhebt
das Herz. Sie waren Männer. Und könnte ich ihrem Ge=
dächtniß etwas Liebes erweisen durch meinen dummen Kopf
und meine schwachen Hände, ich wollte dafür arbeiten, bis mir
die Finger schmerzten. Aber was kann ich Armselige thun!
Höchstens Reisetaschen sticken für ihren Weg in die Unterwelt,
und die kämen zweitausend Jahre zu spät. Wir Frauen sind
erbärmlich dran," rief sie ärgerlich.

„Ich weiß andere aus der Schlacht," sagte Ilse, „die mir
rührender sind, als die dreihundert von Sparta. Das sind
die Thespier, welche zugleich mit ihnen kämpften und starben.
Die Spartaner zwang ihr stolzes Herz, die strenge Zucht und
Befehl ihrer Obrigkeit. Die Thespier aber starben freiwillig.
Sie waren kleine Leute, und sie wußten wohl, daß die größte Ehre
ihren vornehmen Nachbarn bleiben würde. Sie aber standen
treu in bescheidenem Sinn, und das war weit selbstloser und
edler. — Ach, ihnen allen war es leicht," fuhr sie traurig
fort, „aber die zurückblieben, ihre armen Eltern, die Frauen
und Kinder, das zerstörte Glück und der unsägliche Jammer
daheim."

„Jammer!" rief Laura, „wenn sie dachten wie ich, waren
sie stolz auf den Tod ihrer Lieben und trugen, wie diese, Kränze
in ihrem Schmerz. Wozu ist unser Leben, wenn man sich
nicht freuen darf, es für Höheres hinzugeben."

„Für Höheres?" frug Ilse. „Was den Männern höher
gilt als Weib und Kind, ist das höher auch für uns? Unser
Amt ist, das ganze Herz auf sie, die Kinder und das Haus
zu richten. Wenn sie uns genommen werden, uns ist das
ganze Leben verwüstet und nichts bleibt als unendliche Trüb=

fal. Da ist für uns wohl natürlich, wenn wir ihren Beruf anders ansehen, als sie selbst."

„Ich will auch ein Mann sein," rief Laura. „Sind wir denn so schwach an Geist und Gemüth, daß wir weniger Begeisterung und Ehrgefühl und Liebe zum Vaterland haben müssen als sie? Der Gedanke ist furchtbar, durch das ganze Leben nur Dienerin zu sein eines Gebieters, der auch nicht stärker und besser ist als ich, der Gummischuhe trägt, sich die Füße nicht naß zu machen, und einen wollenen Shawl, sobald ein rauhes Lüftchen weht."

„Man trägt dergleichen hier in der Nachbarschaft," versetzte Ilse lächelnd.

„Es thun's die Meisten," sagte Laura ausweichend, „und glauben Sie mir, Frau Ilse, dies Männervolk hat kein Recht darauf, daß wir unser ganzes Herz und Leben auf sie richten. Gerade die tüchtigsten haben kein volles Herz für uns. Wie sollten sie auch? Wir sind ihnen gut zur Unterhaltung und ihre Strümpfe zu stopfen und vielleicht ihre Vertrauten zu werden, wenn sie einmal nicht Rath wissen, aber die besten von ihnen sehen immer über uns weg auf das Ganze, und dort ist ihr eigentliches Leben. Was ihnen Recht ist, das sollte uns billig sein."

„Haben wir nicht genug an dem, was sie uns von ihrem Leben geben?" frug Ilse. „Ist's auch nur ein Theil, er macht uns glücklich."

„Ist es ein Glück, die größten Gefühle zu entbehren?" rief Laura wieder, „können wir sterben wie Leonidas?"

Ilse wies auf die Thür ihres Gatten. „Mein Hellas sitzt dort drin und arbeitet, und mir pocht das Herz, wenn ich seinen Tritt höre, oder auch nur das Knistern seiner Feder. Für den einen Geliebten zu leben oder zu sterben, ist doch auch eine erhebende Idee, und sie macht glücklich. Ach, nur glücklich, wenn man weiß, daß man ihm ein Glück ist."

Laura flog zu den Füßen der Freundin, sah ihr in das

forgenvolle Antlitz und schmeichelte. „Ich habe Sie ernsthaft gemacht mit meinem Geschwätz, und das war unrecht, denn ich möchte Ihnen jede Stunde ein Lächeln um die Lippen zaubern und immer ein freundliches Licht in die sanften Augen. Haben Sie Geduld mit mir, ich bin ein Querkopf und ein unwirsches Ding, und oft unzufrieden mit mir und Andern, und ich weiß manchmal selbst nicht warum. — Aber Xerxes taugt nichts, dabei bleibe ich, und wenn ich ihn hätte, ich könnte ihn alle Tage ohrfeigen."

„Ihm wenigstens ist es vergolten worden," versetzte Ilse. Laura sprang wieder auf. „Ist das eine Vergeltung für den Buben, Hunderttausende hat er umgebracht oder elend gemacht, und er fährt mit heiler Haut nach Hause. Es gibt keine Strafe, die hart genug ist für solchen frevelhaften König. — Ich weiß aber recht gut, wie er war, er war ein verzogenes Muttersöhnchen, er hatte immer in seinem elterlichen Hause gelebt, er war aufgewachsen im Ueberfluß, und alle Menschen waren ihm unterthänig. Deswegen behandelte er Alle mit Verachtung. Es würde Andern ebenso gehen, wenn sie in die Lage kämen. Ich kann mir's recht gut denken, daß ich selbst so ein Ungethüm sein würde, und mancher Bekannte auch."

„Etwa mein Mann?" frug Ilse.

„Der ist mehr Cyrus oder Kambyses," versetzte Laura.

Ilse lachte. „Das ist nicht wahr. Aber wie wäre es mit dem Doctor drüben?"

Laura hob strafend die Hand gegen das Nachbarhaus. „Der wäre Xerxes, gerade wie er im Buche steht. Wenn Sie sich den Doctor denken ohne Brille, in einem goldenen Schlaf= rock, mit einem Scepter in der Hand, ohne sein gutes Herz, was Fritz Hahn allerdings hat, und etwas weniger gescheidt als er ist, und noch mehr verzogen als er ist, und als einen Menschen, der kein Buch geschrieben hat, und nichts gelernt hat als Andere schlecht behandeln, so ist er ganz Xerxes. Ich sehe ihn vor mir auf dem Throne sitzen hier am Bach und mit seiner Peitsche in das Wasser schlagen, weil es ihm die Stiefeln naß macht. Der hätte wohl gefährlich werden können, wenn er nicht hier am Stadtpark geboren wäre."

„Das meine ich auch," versetzte Ilse.

Aber am Abend in der Lehrstunde sprach Ilse zum Gatten: „Als Leonidas mit seinen Helden starb, rettete er seine Landsleute vor der Herrschaft fremder Barbaren, aber nach ihm endeten viele Tausende des schönen Volkes im innern Kampf der Städte, und in solchem Streite verdarb das Volk, und nicht lange währte es, da kamen andere Fremde und nahmen ihren Enkeln doch die Freiheit. Wozu sind die vielen Tausende gestorben, was half der Haß und die Begeisterung und der Parteieifer, Alles war eitel und Alles ein Zeichen des Untergangs. Der Mensch ist hier wie ein Sandkorn, das in den Boden getreten wird, ich stehe vor einem schrecklichen Räthsel, und mir wird bange auf der Erde."

„Ich will versuchen, dir eine Lösung zu geben," versetzte der Gatte ernst, „aber die Worte, welche ich dir heut sagen darf, sind wie die Schlüssel zu den Gemächern des bösen Blaubart. Oeffne nicht zu hastig jedes Zimmer, denn in einigen ist zu schauen, was dir jetzt vorzeitig neue Unsicherheit aufregt."

„Ich bin dein Weib," rief Ilse, „und hast du eine Antwort für die Fragen, welche mich peinigen, so fordere ich sie."

„Es ist auch dir kein Geheimniß, was ich dir antworte," sprach der Professor. „Du bist nicht nur, wofür du dich hältst, ein Mensch, geschaffen zu Leid und Freude, durch Natur, Liebe, Glauben mit Einzelnen verbunden, du bist zugleich mit Leib und Seele einer irdischen Macht verpflichtet, um die du nur wenig sorgst, und die doch vom ersten bis zum letzten Athemzuge dein Leben leitet. Wenn ich dir sage, daß du ein Kind deines Volkes und daß du ein Kind des Menschengeschlechts bist, so ist dir dies Wort so geläufig, daß du wohl nicht mehr an die hohe Bedeutung denkst. Und doch ist dies Verhältniß das höchste irdische, in dem du stehst. Zu sehr werden wir von kleinauf gewöhnt, nur die Einzelnen, mit denen uns Natur oder freie Wahl verbindet, in unser Herz zu schließen, und selten denken wir daran, daß unser Volk der Ahnherr ist, von dem die Eltern stammen, der uns Sprache, Recht, Sitte, Erwerb und jede Möglichkeit des Lebens, fast Alles, was unser Schicksal bestimmt, unser Herz erhebt, ge= schaffen oder zugetragen hat. Freilich nicht unser Volk allein; denn auch die Völker der Erde stehen wie Geschwister neben einander, und ein Volk hilft Leben und Schicksal der andern bestimmen. Alle zusammen haben gelebt, gelitten und gearbeitet, damit du lebst, dich freust und schaffst."

Ilse lächelte. „Auch der böse König Kambyses und seine Perser?"

„Auch sie," versetzte der Professor, „denn das große Netz, in welchem dein Leben einer Masche gleicht, ist aus unendlich vielen Fäden zusammengewebt, und wenn einer gefehlt hätte, wäre das Gewebe unvollständig. Denke zuerst an Kleines. Der Tisch, an welchem du sitzest, die Nadel, welche du in der Hand hältst, die Ringe an Finger und Ohr verdankst du Er= findungen einer Zeit, aus welcher jede Kunde fehlt; damit dein Kleid gewebt werden konnte, ist der Webstuhl in einem unbe= kannten Volke erfunden, und ähnliche Palmenmuster, wie du trägst, sind in einer Fabrik der Phönicier erdacht worden."

„Gut," sagte Ilse, „das lasse ich mir gefallen, es ist ein hübscher Gedanke, daß die Vorzeit so artig für mein Behagen gesorgt hat."

„Nicht dafür allein," fuhr der Gelehrte fort, „auch was du weißt und was du glaubst, und Vieles, was dein Herz be= schäftigt, ist dir durch dein Volk aus eigener und fremder Habe überliefert. Jedes Wort, das du sprichst, ist durch hunderte von Generationen fortgepflanzt und umgebildet worden, damit es den Klang und die Bedeutung bekam, welche du jetzt spielend gebrauchst. In diesem Sinne sind unsere Ahnen aus Asien ins Land gezogen, hat Armin mit den Römern für Erhaltung unserer Sprache gekämpft, damit du an Gabriel einen Befehl geben kannst, den ihr beide versteht. Für dich haben die Dichter gelebt, welche dir in der Jugendzeit des Hellenenvolkes den kräftigen Klang des epischen Verses erfanden, den ich so gern von deinen Lippen höre. Und ferner, damit du glauben kannst, wie du glaubst, war vor dreihundert Jahren in deinem Vaterlande der großartigste Kampf der Gedanken nöthig, und wieder anderthalbtausend Jahre früher in einem kleinen Volke Asiens noch machtvolleres Ringen der Seele, und wieder funfzig Generationen früher ehrwürdige Gebote unter den Zelten eines wandernden Wüstenvolkes. Das Meiste, was du hast und bist, verdankst du einer Vergangenheit, die anfängt von dem ersten Menschenleben auf Erden. In diesem Sinne hat das ganze Menschengeschlecht gelebt, damit du leben kannst."

Ilse sah mit Spannung auf den Gatten. „Der Gedanke erhebt," rief sie, „und er kann den Menschen stolz machen. Aber wie stimmt dazu, daß derselbe Mensch wieder ein Nichts ist und wie ein Wurm zertreten wird in dem großen Treiben deiner Geschichte?"

„Wie du ein Kind deines Volkes und des Menschengeschlechtes bist, so ist es zu jeder Zeit der Einzelne gewesen, und wie er sein Leben und fast den ganzen Inhalt desselben dem größeren Erdengebilde verdankt, von dem er ein Theil ist, so ist auch sein Schicksal an das größere Schicksal des Volkes, an die Geschicke der Menschheit gefesselt. Dein Volk und dein Geschlecht haben dir Vieles gegeben, sie verlangen dafür ebenso viel von dir. Sie haben dir den Leib behütet, den Geist geformt, sie fordern auch deinen Leib und Geist für sich. Wie frei du als Einzelner die Flügel regst, diesen Gläubigern bist du für den Gebrauch deiner Freiheit verantwortlich. Ob sie als milde Herren dein Leben friedlich gewähren lassen, ob sie es sich mit hoher Mahnung in einer Stunde fordern, deine Pflicht ist dieselbe; indem du für dich zu leben und zu sterben meinst, lebst und stirbst du für sie. Das einzelne Leben ist für solche Betrachtung unermeßlich klein gegen das Ganze. Uns ist der einzelne verstorbene Mensch nur erkennbar, sofern er auf andere Menschen eingewirkt hat, nur im Zusammenhange mit denen, die vor ihm waren und nach ihm kamen, hat er Werth. Werth hat aber in diesem Sinne der Große und der Kleine. Denn in solcher Pflicht gegen sein Volk arbeitet Jeder von uns, wer seine Kinder erzieht, wer den Staat regiert, wer Wohlstand, Behagen, Bildung seines Geschlechtes mehrt. Unzählige wirken dies, ohne daß von ihnen eine persönliche Kunde bleibt, sie sind wie Wassertropfen, die mit andern eng verbunden als große Fluth dahin rinnen, für spätere Augen nicht erkennbar. Aber vergebens haben darum auch sie nicht gelebt. Und wie die zahllosen Kleinen Bewahrer der Bildung und Arbeiter für Fortbauer der Volkskraft sind, so stellt auch die höchste Kraft des Einzelnen, der größte Held, der edelste Reformator durch sein Leben nur einen kleinen Theil der Volkskraft dar. Während er für sich und seine Zwecke kämpft, arbeitet er zugleich umgestaltend für seine Zeit, vielleicht über seine Zeit und sein Volk hinaus, für alle Zukunft. Auch er zahlt nur die Schuld seines Lebens, indem er die Verpflichtung späterer Menschen größer und edler macht. Sieh, Geliebte, bei solcher Auffassung schwindet der Tod aus der Geschichte. Das Resultat des Lebens wird wichtiger als das Leben selbst, über dem Mann steht das Volk, über dem Volk die Menschheit, Alles, was sich menschlich auf Erden regte, hat nicht nur für sich gelebt, sondern auch für alle anderen, auch für uns, denn es ist ein Gewinn geworden für unser Leben. Wie die Griechen in schöner Freiheit heraufwuchsen und vergingen, und wie ihre Gedanken und Arbeiten den späteren Menschen zu gut kamen, so wird auch unser Leben, das in kleinem Kreise verläuft, nicht vergeblich für die Geschlechter der Zukunft."

„Ach," rief Ilse, „das ist eine Ansicht über das Erdenleben, die nur Solchen möglich ist, welche Großes thun, und

um die man sich in später Zeit immer wieder kümmert. Mich
friert dabei. Der Mensch ist hier nur wie Blume und Kraut,
und das Volk wie eine Wiesenfläche, und sind sie gemäht durch
die Zeit, so ist, was übrig bleibt, nur nützliches Heu für die
Spätern. Alle, die einst waren und die jetzt sind, sie haben
doch auch für sich selbst gelebt, und für die, welche sie sich mit
freier Liebe suchten, für Weib und Kind und ihre Freunde,
und sie waren noch etwas Anderes als eine Ziffer unter
Millionen, und als ein Blatt am ungeheuren Baume. Und
wenn ihr Dasein so klein ist, und so unnütz, daß euer Auge
keine Spur seines Schaffens erkennt, das Leben des armen
Bettlers, meines Kranken am Dorffenster, ihre Seelen werden
doch behütet von einer Macht, welche größer ist als dein gro=
ßes Netz, das aus Menschenseelen gewebt ist." Sie sprang
auf und starrte dem Gatten ängstlich in das Anlitz. „Beugt
euren Menschenstolz vor einer Gewalt, die ihr nicht versteht."

Der Gelehrte sah besorgt auf sein Weib. „Auch ich beuge
mich in Demuth vor dem Gedanken, daß die große Einheit
des Lebendigen auf dieser Erde nicht die höchste Macht des
Lebens ist. Nur der Unterschied ist zwischen dir und mir, daß
ich gewöhnt bin, in meinem Geist mit den hohen Gewalten
der Erde zu verkehren. Auch mir sind sie Offenbarungen,
so ehrwürdig und heilig, daß ich dem Ewigen und Unbegreif=
lichen am liebsten auf diesem Wege zu nahen suche. Du bist
gewöhnt, das Unerforschliche im Bilde zu schauen, welches
fromme Ueberlieferung in dein Gemüth gelegt hat, und ich
wiederhole die Worte, welche ich dir früher sagte: Dein Suchen
und Vertrauen und das meinige entspringen aus derselben
Quelle, und es ist dasselbe Licht, zu dem wir aufblicken, wenn
auch auf verschiedene Weise. Was dem Glauben früherer
Geschlechter die Götter und wieder die Engel und Erzengel
waren, höhere Gewalten, welche als Boten des Höchsten das
Leben der Einzelnen umschweben, das sind in anderem Sinne
für uns die großen geistigen Einheiten der Völker und der

Menschheit, Persönlichkeiten, welche dauern und vergehen, aber nach andern Gesetzen als die einzelnen Menschen. Und daß ich dieses Gesetz zu verstehen suche, das ist ein Theil meiner Frömmigkeit. Du selbst wirst allmählich die bescheidene und erhebende Auffassung des Heiligen, in welcher ich lebe, kennen lernen. Auch du wirst allmählich erfahren, daß dein und mein Glaube im Grunde derselbe ist."

„Nein," rief Ilse, „ich sehe nur Eines, eine tiefe Kluft, welche meine Gedanken von deinen scheidet. O nimm mir die Angst, welche mich jetzt um deine Seele peinigt."

„Nicht ich kann das thun, und nicht ein Tag kann das thun, nur unser Leben selbst, tausend Eindrücke, tausend Tage, an denen du dich gewöhnst, die Welt so anzusehen wie ich."

Er zog die Gattin, welche starr vor ihm stand, näher an sich und sagte ihr leise: „Gedenke an den Spruch: im Hause meines Vaters sind viele Wohnungen. Auch er, der so gesprochen, wußte, daß Mann und Weib Eines sind durch das stärkste Ge= fühl der Erde, welches Alles trägt und Alles duldet."

„Was kann ich dir sein, dem der Einzelne so wenig und klein ist?" frug Ilse tonlos.

„Das Höchste und Liebste auf Erden, die Blüthe meines Vol= kes, ein Kind meines Geschlechts, in dem ich ehre und liebe, was vor uns war und was uns überleben wird," rief der Professor.

Ilse stand allein unter den fremden Büchern, draußen schlug der Wind an die Mauern, er jagte die Wolken an dem Monde vorüber, bald wurde die Stube dunkel, bald füllte sie sich mit fahlem Scheine. Und in dem wechselnden Lichte der Dämmerung dehnten sich ihr die Wände zu einem unabsehbaren Raum, aus den Büchern stiegen fremde Gestalten, sie hingen an den Wänden und schwebten von der Höhe, ein Heer von grauen Schatten, die bei Tage in die geradlinigen Gehäuse der Bücher gebannt waren, zogen gegen das Weib heran, und die Toten, die gespenstig fortlebten auf der Erde, streckten die Arme nach ihr und forderten ihre Seele für sich.

Ilse richtete sich hoch auf, sie hob die Hände nach oben und rief sich die hellen Bilder zu Hilfe, die von kleinauf ihre Tage segnend umgeben hatten, weiße Gestalten mit leuchtendem Antlitz. Sie neigte das Haupt und bat: „Schützet mir den Frieden meiner Seele."

Als Ilse in ihr Zimmer trat, lag ein Brief ihres Vaters auf dem Tisch, sie öffnete hastig und sank, nachdem sie die ersten Zeilen gelesen, schluchzend darüber hin.

Der Vater zeigte der Tochter den Tod eines alten Freundes an. Der gute Herr Pfarrer war aus dem engen Thal hinauf= getragen zu der Ruhestätte, die er sich auf dem Friedhof neben seiner Frau erwählt. Von der Aufregung, die ihm Ilse's Schei= ben verursacht, hatte er sich nicht wieder erholt, der Winter war in langem Siechthum vergangen, an einem warmen Früh= lingsabend überraschte ihn im Garten vor seinem Pfirsich= baume das schnelle Ende. Dort fand ihn die treue Magd und lief mit der Schreckensbotschaft nach dem Schlosse. Er hatte wenige Stunden vorher Clara gebeten, seinem lie= ben Kinde in der Stadt zu schreiben, daß es ihm jetzt wohl gehe.

Ilse hatte oft im Winter um das Leben des Freundes ge= sorgt, und die Nachricht kam ihr nicht überraschend. Und doch fühlte sie gerade jetzt seinen Verlust als entsetzliches Unglück. Das war ein Leben, welches fest und treu an dem ihren hing, sie wußte wohl, in den letzten Jahren war sie der Mittelpunkt seiner Gedanken und fast ausschließlich der Inhalt seines Herzens gewesen. Sie hatte dies Leben, das ganz ihr gehörte, um eine stärkere Neigung verlassen, und ihr schien jetzt ein Unrecht, daß sie von ihm geschieden war. Sie sah den Stab zerbrochen, der sie festband an die Gefühle ihrer Kindheit. Und ihr war, als wankte der Boden und als sei Alles unsicher geworden, das Herz des Gatten, die eigene Zukunft.

So fand sie der Professor, über den Brief gebeugt, in Thränen aufgelöst, ihr Schmerz erschütterte auch ihm das Herz, und er bat sie ängstlich, ihrer selbst zu gedenken. Lange redete er zärtlich in sie hinein. Endlich sah sie ihn wieder mit treuen Augen an und versprach ruhig zu sein.

Aber es gelang ihr nicht. — Nach wenigen Stunden mußte er sie zu ihrem Lager führen.

Es wurde eine gefährliche Krankheit. Ilse hatte Tage, wo sie in tötlicher Schwäche bewußtlos lag. Wenn sie einmal die müden Augen aufschlug, sah sie in das abgehärmte Antlitz ihres Gatten, und sie sah Laura's Lockenkopf zärtlich über ihr Lager geneigt, dann schwand wieder Alles in dumpfer Betäubung.

Es war ein langes Ringen zwischen Leben und Vergehen, aber sie überwand. Der erste Eindruck, den sie empfing, als sie schmerzlos wie aus einem Schlummer erwachte, war das Rauschen eines schwarzen Kleides und die große Locke der Stru= velius, welche ihren Kopf durch die geschlossenen Vorhänge ge= steckt hatte und kummervoll aus den grauen Augen auf sie herabsah. Leise rief sie den Namen ihres Gatten, und im nächsten Augenblick kniete er selbst an ihrem Lager und bedeckte ihre Hand mit Küssen, und der starke Mann war so außer Fas= sung, daß sein Leib in krampfhaftem Weinen bebte. Sie legte ihm die Hand auf das Haupt, strich ihm das verworrene Haar zurück und sagte ihm leise: „Felix, Geliebter, ich will leben."

Jetzt kam eine Zeit großer Schwäche und zögernder Genesung, noch manche Stunde kraftloser Schwermuth, aber auch ein leises Lächeln flog zuweilen über ihre bleichen Lippen.

Draußen grünte der Frühling, nicht alle Knospen hatte der Nachtreif vernichtet, und die Stadtvögel zwitscherten vor ihren Fenstern. Mit Rührung sah Ilse, welch guter Kranken= pfleger ihr Mann war, wie geschickt er ihr die Arznei reichte und die Tasse mit Brühe herzutrug, wie er kaum dulden wollte, daß einmal Andere seine Stelle an ihrem Lager einnahmen, und wie er auch jetzt noch trotzig verweigerte, sich in der Nacht einige Stunden Schlaf zu gönnen, aber als sie selbst bat, ganz widerstandslos und mit feuchten Augen nachgab. Von Laura

erfuhr Ilse, daß dieser Mann sehr große Noth gemacht hatte,
er war in der argen Zeit ganz verstört gewesen, finster und
heftig gegen Jedermann, er hatte bei Tag und Nacht an dem
Lager gesessen, daß man gar nicht begriff, wie er selbst den
Zustand ausgehalten hatte. „Der Arzt konnte ihn nicht zwingen,"
sagte Laura, „ich aber fand das rechte Wort, denn ich drohte
ihm ernsthaft, daß ich Ihnen seine Widersetzlichkeit klagen würde.
Da überließ er mir endlich auf einzelne Stunden den Platz,
und zuletzt auch der Strubelius, aber ungern, weil er behauptete,
daß diese zu viel rasche le."

Laura selbst bewies jetzt prächtig ihre Liebe; sie war stets
zur Stelle, schwebte geräuschlos wie ein Vogel um das Kranken=
bett, saß stundenlang unbeweglich, und wenn Ilse die Augen
aufschlug und ein wenig bei Kräften war, hatte sie immer
eine hübsche Geschichte bei der Hand. Wie sie erzählte, war
die Strubelius gleich am zweiten Tage herzugekommen, hatte
dem Professor eine kleine Rede gehalten, worin sie feierlich die
Rechte einer Freundin in Anspruch nahm, und sich dann auf
die andere Seite des Bettes gesetzt. Er aber hatte gar nichts
von ihren Perioden gehört, war plötzlich aufgefahren und hatte
sie gefragt, wer sie sei, und was sie hier wolle. Da antwortete
die Frau Professorin ihm ruhig, sie heiße Flaminia Strubelius
und sie habe ebenfalls ein Recht hier zu sein durch ihr Herz,
und darauf hielt sie ihm die Rede noch einmal, bis er sich's
endlich gefallen ließ. „Sogar ihr Mann war hier," setzte Laura
vorsichtig hinzu, „als es gerade am schlimmsten war, und er
stieß auf den Gemahl, und ich sah, wie dieser ihm die Hand
reichte, aber, unter uns, ich glaube, er kannte ihn gar nicht.
— Und dann," erzählte Laura, „kam auch der thörichte Mensch,
der Doctor, gleich am ersten Abend mit seiner Schlafdecke und
einer Kaffemaschine von Blech und erklärte, er werde hier
wachen. Da er nicht in die Krankenstube gelassen werden
konnte, setzte er sich mit seinem Blech in des Professors Stube
und es war wie bei der Geschichte mit dem Jokel, den sein

Herr ausschickt: der Professor pflegte Sie und der Doctor pflegte den Professor." Ilse zog Laura's Kopf zu sich nieder und sagte ihr ins Ohr: „Und Schwester Laura pflegte den Doctor." Worauf Laura sie auf den Mund küßte, aber heftig mit dem Kopf schüttelte. „Wenigstens lästig war er nicht," fuhr sie fort, „er verhielt sich still, und wir haben ihn als Cerberus gebraucht, der die Besuche und die Vielen, welche anfrugen, abfertigte. Das hat er treulich gethan. Wenn es möglich wäre, ihn zu sehen, so glaube ich, es würde ihm große Freude sein."

Ilse nickte. „Laßt ihn herein." Der Doctor kam, Ilse streckte ihm den Arm entgegen und empfand aus dem treuen Händedruck und dem bewegten Gesicht des Nachbars, daß auch der gelehrte Vertraute des Geliebten, auf dessen Beifall sie nicht immer rechnete, als ein wackerer Freund an ihrem Lager saß. Und Ilse erlebte, daß noch andere fremde Herren an ihr Bett drangen. „Wenn die Frau Collega Audienz gibt, so bitte ich mich zu melden," sprach eine fröhliche Stimme draußen.

„Herein, Herr Professor Raschke," rief Ilse von ihrem Lager.

„Da ist sie," rief er lauter, als in einem Krankenzimmer üblich ist. „Zum frohen Licht entronnen dem schweren Verhängniß."

„Was machen die Thierseelen, lieber Herr Professor?" frug Ilse.

„Sie fressen im Stadtwald die Blätter ab," versetzte Raschke, „es hat in diesem Jahr zahllose Maikäfer gegeben. — Siehe, da fliegt einer um die Arzneiflasche, ich fürchte, er hat mich als Omnibus benutzt, um zu Ihnen zu bringen. Die Bäume stehen wie Besen, und das Federvieh ist so gemästet, daß alle Vorurtheile gegen den Genuß dieser Mitlebenden gänzlich beseitigt sind. Ich zähle die Tage bis zu dem frohen Augenblick, wo die Freundin mir erlauben wird, einen Beweis meiner Besserung abzulegen."

Es war eine langsame Genesung, aber sie war reich an tröstender Empfindung. Denn das Schicksal gönnt dem Ge-

nesenden gern als Entschädigung für Gefahr und Schmerz, daß
er seine Umgebung frei von dem Staub der Werktage schaut
in reinen Umrissen und frischem Glanz. Diese milde Poesie
des Krankenlagers fühlte jetzt Ilse, als sie dem ehrlichen Gabriel
die Hand entgegen hielt, die der Bursch küßte, sein Schnupftuch
in der Hand, während der Professor rühmte, wie sorglich er
seinen Dienst gethan. Sie fühlte dies Behagen, als sie an
Laura's Arm in den Garten hinabstieg, und Herr Hummel
in seinem besten Rocke ehrbar auf sie zuschritt, das Haar glatt
gebürstet und die trotzigen Augen in milder Stimmung halb
zusammengedrückt, und hinter ihm langsam sein Hund Speihahn,
der den Kopf ebenfalls in widerwilliger Achtung senkte. Als
Herr Hummel seine Huldigung dargebracht hatte, sagte er in
seinem Mitgefühl sogar: „Wenn Sie sich einmal eine ruhige
Bewegung anthun wollen, so bitte ich, sich meines Kahns ganz
nach Belieben zu bedienen." Das war die höchste Gunst, die
Herr Hummel erweisen konnte, denn er traute den Bewohnern
des Landes, in welchem er lebte, keine von den Fähigkeiten zu,
welche für das Wasser nothwendig sind. Und er hatte aller=
dings Recht, wenn er eine Reise auf seinem Kahn ein ruhiges
Vergnügen nannte, denn der Kahn blieb bei dem niedrigen
Wasserstand dieses Jahres häufig auf dem Grunde sitzen, und
die größte Aufregung, welche er gestattete, war, daß man die
Hände nach beiden Ufern ausstreckte und mit jeder ein Gras=
büschel abriß.

Als Ilse wieder in ihrem Zimmer saß, geschah es oft,
daß sich die Thür leise öffnete, der Gatte eintrat, ihr Stirn
und Mund küßte und dann vergnügt unter seine Bücher zurück=
ging. Wenn sie die zärtliche Sorge aus seinen Augen las,
und sein Glück, daß er sie wieder genesen und in seiner Nähe
wußte, da zweifelte sie nicht mehr an seiner Liebe, und ihr
war, als dürfe sie auch nicht mehr um das sorgen, was er
über Leben und Untergang der Einzelnen und der Völker dachte.

8.

Eine Frage der Residenz.

Unter den Fragen nach der Frau Profefforin, welche während der Krankheit kamen, war auch die eines Fremden. Gabriel erregte im Haushalt ein kleines Erstaunen, als er erzählte: „Da ich einmal nach der Apotheke lief, stand ein Mann von feinem Aussehen auf der Straße im Gespräch mit Dorchen. Dorchen rief mich hinzu, der Mann erkundigte sich nach Allerlei und es schien ihm sehr ungelegen, daß Sie erkrankt waren."

„Haben Sie nach seinem Namen gefragt?"

„Den wollte er nicht nennen. Er wäre aus Ihrer Gegend und hätte sich nur auf der Durchreise erkundigen wollen."

„Vielleicht war's Jemand aus Roffau," klagte Ilfe, „wenn er nur nicht den Vater durch seine Reden geängftigt hat."

Gabriel schüttelte den Kopf. „Er meinte etwas dabei, er spionirte nach dem ganzen Haushalt und that dreiste Fragen, die ich ihm gar nicht beantworten wollte. Weil er ein schlaues Aussehen hatte, ging ich ihm nach bis zum nächsten Gasthof, und da sagte mir der Hausknecht, daß es der Kammerdiener eines Fürsten wäre." Gabriel nannte den Namen.

„Das ist unser Landesherr," rief Ilfe, „was kann der an mir für Theil nehmen?"

„Der Mann wollte eine Neuigkeit nach Hause bringen," versetzte der Gatte. „Er war wohl damals mit im Jagdgefolge, und es war gute Meinung."

Mit diesem Bescheid wurde Gabriel beruhigt, und Ilfe sagte vergnügt: „Es ist doch hübsch, wenn ein Landesvater sich auch um die Kinder in der Fremde kümmert, denen es gerade schlecht geht."

Indeß Gabriels Kopfschütteln war nicht ohne Grund, die Nachfrage hatte etwas zu bedeuten.

Hinter der Scheuer eines Bauerhofes saß eine junge Dame auf dem Rasen und band Wiesenblumen zu einem dicken Strauß; ein Knäuel blauer Wolle rollte in ihren Schoß, so oft sie ein neues Büschel Blumen einfügte. Auf der Wiese vor ihr lief ein junger Herr geschäftig durch das tiefe Gras, suchte die Blüthen zusammen und legte sie nach den Farben geordnet vor die Straußwinderin. Daß der Jüngling und das Fräulein Geschwister waren, ließ ein stark ausgeprägter Familienzug ihres Angesichts erkennen, und das gewählte Promenadenkleid machte Jedem zweifellos, daß Beide nicht unter Klee und Kamillen des Grundes aufgeblüht waren, auch wer nicht durch eine Lücke zwischen den Scheuern sah, wie sich auf der andern Seite Pferdeköpfe und die Tressenhüte ihrer Dienerschaft bewegten.

„Du bringst den Strauß nicht zu Stande, Sibby," sagte der junge Herr zweifelnd zu dem Fräulein, als dieses ungeschickt an dem zerrissenen Wollfaden knüpfte.

„Wenn nur der Faden besser hielte," rief die Emsige, „mach mir den Knoten." Es erwies sich, daß der junge Herr damit auch nicht leicht zu Stande kam. „Gib Acht, Benno, wie schön der Strauß wird, das ist meine Kunst."

„Es ist ja Alles viel zu locker," wandte der junge Herr ein.

„Für's erste Mal ist's gut genug," versetzte Sibby. „Da, schau meine Hände an, und wie sie riechen." Sie zeigte die blauen Spitzen der kleinen Finger, hielt sie ihm an das Gesicht, und als er gutmüthig daran roch, gab sie ihm einen kleinen Nasenstüber. „Von den rothen Blumen habe ich genug," fuhr sie, wieder über dem Strauße fort, „jetzt kommen nur weiße im Kreise herum."

„Was für weiße?"

„Ja wer die Namen wüßte," versetzte Sibby bedenklich,

„ich meine Margueriten. Wie nennen Sie diese weiße Blume?" frug sie nach rückwärts gewandt die Bäuerin, welche respectvoll einige Schritt hinter dem beschäftigten Paare stand und mit vergnügtem Lächeln dem Treiben der Beiden zusah.

„Wir nennen sie Gänseblume," sagte die Bäuerin.

„Ah, richtig," rief Sibby, „aber lange Stiele, Benno."

„Sie haben aber gar keine langen Stiele," klagte dieser und trug herzu, was er in der Nähe abrupfen konnte. „Weißt du, was mich wundert?" begann er, neben der Schwester im Grase sitzend. „Diese Wiese ist voll Blumen, wenn man sie mäht, wird Heu daraus, und im Heu sieht man von all den Blumen nichts."

„Nicht?" frug Sibby, und knüpfte wieder an der Wolle. „Sie mögen auch vertrocknet sein."

Benno schüttelte den Kopf. „Sieh dir einmal ein Bündel Heu an, du wirst wenig darin merken. Ich denke, die Leute pflücken sie vorher heraus und verkaufen sie in der Stadt."

Sibby lachte und wies über die grüne Fläche. „Da, schau um dich, sie sind zahllos, und die Leute kaufen auch nur die ewigen Gartenblumen. Und diese hier sind doch weit zierlicher. Wie reizend ist das Sternchen an der Blume unserer Frau Marguerite." Sie hielt den Strauß ihrem Bruder hin und sah liebevoll auf ihr Kunstwerk.

„Du hast es doch durchgesetzt," sagte der junge Herr bewundernd, „du bist immer ein kluges Weibchen gewesen. — Mir thut's leid, Sibby, daß du von uns gehst," setzte er traurig hinzu.

Die Schwester sah ihn ernsthaft an. „Ist das wahr? — Erhalte mir immer deine Freundschaft, mein Bruder, du bist der Einzige hier, der mir den Abschied schwer machen wird. — Benno, wir sind wie zwei Waisenkinder, die in einer kalten Winternacht im Schnee sitzen."

Die so sprach, war Prinzessin Sidonie, und die Sonne schien warm auf die blühende Wiese vor ihr.

„Wie gefällt dir mein Bräutigam?" frug sie nach einer Pause, den blauen Faden häufig um den fertigen Strauß windend.

„Er ist ein schöner Mann und er war sehr freundlich zu mir," sagte Benno nachdenklich. „Ob er gescheidt ist?"

Sibby nickte. „Er ist darin ordentlich. Er schreibt auch liebe Briefe. Willst du, so sollst du einen lesen."

„Das möchte ich gern," rief Benno.

„Und weißt du," fuhr Sibby geheimnißvoll fort, „auch ich schreibe ihm alle Tage. Denn ich merke, eine Frau soll ihrem Manne Großes und Kleines vertrauen, und da will ich mich und ihn daran gewöhnen. Ich schreibe ihm der Sicherheit wegen unter fremder Abresse und meine Kammerfrau besorgt die Briefe zur Post, denn ich fürchte, meine dummen Zeilen werden sonst gelesen, bevor sie abgehen." Sie sagte das gleichmüthig und betrachtete ihren Strauß. „Auch diesen Besuch bei Frau Marguerite erfährt er haarklein, und daß er dir gut gefallen hat. Und jetzt ist der Strauß fertig," rief sie fröhlich, „ich schlage ein Tuch darum, wir nehmen ihn in den Wagen, und ich setze ihn auf meinen Schreibtisch."

Benno lachte: „Er sieht aus wie eine Keule, du kannst ihn heut Abend im Ballet den Wilden borgen."

„Er ist doch besser als die flachen Teller, die man nicht einmal ins Wasser setzen darf," antwortete die Schwester aufspringend. „Vorwärts, wir tragen ihn zum Brunnen."

Sie eilten, von der Bäuerin gefolgt, nach dem Hofe. Benno ergriff einen Eimer und trug ihn nach der Pumpe. „Ich will pumpen," rief Sibby; sie faßte den Schwengel und versuchte zu drücken, aber es gelang ihr schlecht, nur einzelne Tropfen rannen in den Eimer. Benno tadelte: „Du bist ungeschickt, laß mich daran." Jetzt trat er an das Holz und Sibby faßte den Eimer; er drückte kräftig und der Strahl fuhr über den Eimer auf die Hände und das Kleid der Prinzessin. Sie stieß einen leisen Schrei aus, ließ den Eimer fallen, und Beide lachten laut. „Du hast mich schön zugerichtet,

unartiger Bonbon," rief Sibby. „Ei, das thut nichts, Mutter,"
tröstete sie die Bäuerin, welche herzulief und erschrocken die
Hände zusammenschlug. „Du, mir fällt etwas ein, ich ziehe
mir den Rock unserer Dame Marguerite an, und du einen
Kittel ihres Mannes, und wenn der Vetter kommt, soll er
uns nicht erkennen und wir überfallen ihn."

„Wenn nur Alles gut abläuft," wandte Benno bedenk=
lich ein.

„Es sieht uns ja Niemand," überredete Sibby. „Mütter=
chen," schmeichelte sie der Bäuerin, „kommt in eure Kammer
und helft mir beim Anziehen." Die jungen Herrschaften er=
griffen die Hände der Frau und zogen sie in das Haus. Benno
legte im Hausflur seinen Sommerrock ab, besah mißtrauisch
den neuen Kittel, welchen eine stämmige Magd zutrug, und
fuhr mit ihrer Hilfe hinein. Der zierliche Bauerbursch setzte
sich geduldig auf eine Bank, seine Gefährtin zu erwarten, und
benützte die Muße, einen Schleifstein zu drehen und neugierig
die Fingerspitze ein wenig daran zu halten. Während dieser
Untersuchung fühlte er einen Schlag auf den Rücken, und sah
erstaunt eine kleine Bäuerin in blauem Rock und schwarzer
Jacke, die landesübliche Mütze auf dem Kopf, hinter sich stehen.
„Wie gefalle ich dir?" frug Sibby die Arme in einander legend.

„Allerliebst," rief Benno überrascht, „ich hätte nicht ge=
dacht, daß ich eine so hübsche Schwester habe." Sibby machte
einen bäurischen Knix. „Wo hast du bis heut die Augen ge=
habt, du thörichter Bonbon? — Und jetzt helfen wir in der
Wirthschaft. Was haben Sie für Ihre neuen Dienstleute zu
thun, Frau Marguerite?"

Die Bäuerin schmunzelte. „Dort ist das Futter für die
Kühe mit Schrotwasser abzubrühen," sagte sie.

„Nichts mehr mit Wasser, wir haben genug davon. Komm,
Benno, wir decken unterdeß den Tisch im Garten unter den
Obstbäumen und tragen die saure Milch herzu." Sie drangen
in die Stube, trugen zusammen eine kleine Bank heraus und

ſetzten ſie in den Grasgarten unter einen Apfelbaum, dann flogen ſie nach Tellern und Löffeln zurück, die Bäuerin und die Magd brachten den Tiſch, einen großen Milchnapf und Schwarzbrot. Sibby fuhr behende umher, deckte die Serviette über, ſtrich ſie eifrig zurecht und ſetzte die buntbemalten Thonteller auf. „Sieh dies an,“ flüſterte Benno und wies betrübt auf die abgenutzten Blechlöffel.

„Wir waſchen ſie noch einmal ab und trocknen ſie mit grünen Blättern,“ rieth die Schweſter. Wieder liefen ſie mit den Löffeln zu dem Brunnen und rieben kräftig mit Blättern daran, aber ſie vermochten keinen weißen Glanz hervorzubringen. „Es iſt ihre Art ſo,“ tröſtete Benno, „das gehört mit zum länblichen Feſt.“

Der Tiſch war gedeckt, Sibby rückte an den Schemeln und wiſchte mit ihrem Battiſttuch herum. „Du biſt der Erbprinz,“ ſagte Sibby, „du mußt auf die Bank und wir andern zu deinen Seiten. Das Schwarzbrot muß zerkrümelt werden, das kann ſich Jeder ſelbſt machen. Der Zucker fehlt, es kommt nicht darauf an.“ Sie ſaßen erwartungsvoll vor dem Milchnapf und klapperten im Tact mit den Löffeln. Ein kleiner grüner Apfel fiel vom Baum mitten in die Milchſchüſſel und verurſachte ein Spritzen. Beide lachten laut, ſprangen wieder auf, laſen die unreifen Aepfel und Pflaumen aus dem Graſe und ſpähten über die Hecke auf einen Feldweg, der zur Stadt führte. „Er kommt,“ rief Benno, „verſtecke dich.“

Ein Reiter ritt im Galopp heran, von dem ſchnaubenden Pferde ſchwang ſich ein junger Offizier, er band das Pferd an einen Pfahl und ſprang mit einem Satz über die Hecke. Aber er hielt erſtaunt an, denn er wurde aus den Winkeln mit einem Kreuzfeuer von unreifen Aepfeln und Pflaumen überſchüttet, ſchnell ergriff er einige der grünen Geſchoſſe und vertheidigte ſich, ſo gut er konnte, gegen den Angriff. Die kleinen Bauerleute ſprangen hervor. „Endlich,“ rief Benno, „du haſt lange warten laſſen.“ Und Sibby verneigte ſich vor ihm:

„Prinz, die saure Milch ist servirt." Prinz Victor sah mit unverhohlener Verwunderung auf die junge Bäuerin. „Ei," sagte er gutmüthig, „jetzt sieht man doch endlich einmal, wie klein die Füße sind, vor die man seine Huldigungen niederlegt. So war's recht, ihr Kinder. Aber vor allem muß ich Satisfaction haben für den Ueberfall." Er drehte sein Taschentuch zusammen, die Geschwister lachten und baten: „Sei gut, Vetter, wir thun's nicht wieder. — Ach, lieber Herr Oger, Gnade, Erbarmen," flehte Sibby und fuhr mit dem Zipfel ihrer Schürze nach den Augen.

„Nichts da," rief Victor, „ich erhalte euretwegen doch wieder Arrest, da will ich euch wenigstens vorher abstrafen." So trieb er die Andern um den Tisch. „Das thut weh, Vetter," rief Sibby; „laß die Thorheiten und komm zu Tisch. Ich lege vor. Oben ist der Rahm. Da wird Gerechtigkeit nöthig, wenn Victor dabei ist."

Victor musterte den Tisch. „Das ist alles sehr schön, aber der Zucker fehlt."

„Es war keiner zu haben," riefen die Geschwister im Chor. Victor griff in seine Tasche und setzte eine silberne Büchse auf den Tisch. „Was würde aus euch, wenn ihr mich nicht hättet. Hier ist der Zucker." Und er griff wieder in den Rock und brachte eine Lederflasche mit kleinem Trinkglas zu Tage. „Und hier ist eine andere Hauptsache, der Cognac."

„Wozu?" frug Sibby.

„Zum Trinken, gnädigste Cousine. Willst du dies kalte Gelée ohne Cognac mit deinem Innern vermählen, so wage ich nicht zu widersprechen, dir aber, Benno, rathe ich als Mann, sorge für dein Heil."

Die beiden hielten verlegen ihre Löffel beim Stiele.

„Das wäre nothwendig?" frug Benno argwöhnisch.

„Es calmirt, wie unser Doctor sagt," erklärte Victor, „es pacificirt und zwingt die rebellische Masse zu ruhiger Submission, welche in Frieden tiefer und tiefer wird. Verweigerst du den

Cognac, so geht's wie auf dem Weg zur Hölle. Der Pfad ist anfangs leicht, aber was dahinter kommt, ist Chaos. Jedenfalls würde dir das heutige Ballet erspart werden. Ist euch die Sache klar?"

„Sehr klar," rief Sibby, „daß du uns zum Besten hast wie immer. Gib ihm eins auf die Finger, Benno."

Benno tippte ihm mit dem Löffel auf die Hand, Victor sprang auf und parirte in Fechterstellung mit seinem Löffel, und die Geschwister jagten den Vetter wieder lustig um die Bäume.

Da störte ein eiliger Tritt, ein Lakai erschien auf einen Augenblick an der Gartenthür: „Der durchlauchtigste Herr kommt geritten," rief er.

Alle drei standen still, die Löffel sanken ins Gras. „Wir sind verrathen," rief Sibby erbleichend, „mache dich fort, Victor."

„Ich bin Offizier und darf nicht entlaufen," entgegnete dieser achselzuckend, ergriff seinen Säbel und hakte ihn eilig ein.

„Du nimmst Alles auf dich, Benno," rief die Schwester.

„Ich möchte wohl," versetzte dieser kleinlaut, „ich habe nur zum Erfinden niemals Geschick gehabt."

Vor dem Hofe stieg der Fürst mit Hilfe des Stallmeisters ab, der Lakai eilte voran, die Pforte zu öffnen, langsam nahte das Schicksal. Der Fürst trat in den Garten und sein scharfer Blick flog über die jungen Herrschaften, welche steif auf ihrem Platz stehen blieben und sich vor ihm verneigten. Ein spöttisches Lächeln zuckte um seinen Mund, als er die Zurüstungen des Tisches sah. „Wer von euch hat den ländlichen Carneval arrangirt?" frug er. Alle schwiegen. „Antworte, Benno," wandte er sich finster an den jungen Herrn im blauen Kittel.

„Sibby und ich wollten einmal auf einer Wiese sitzen, bevor die Schwester unser Land verläßt. Ich habe aus Ungeschick die Schwester mit Wasser beschüttet, sie mußte sich umziehen."

„Wo ist dein Fräulein, Sibonie?" frug er die Tochter.

„Ich bat sie, auf das nahe Gut ihrer Tante zu fahren und mich in einer Stunde von hier abzuholen," versetzte Prinzessin Sidonie.

„Sie hat nicht gut gethan, meine Befehle zu vergessen, um die deinen zu erfüllen, und sie hat ihre Pflicht verletzt, als sie die Prinzessin einem solchen Abenteuer überließ. Es ziemt nicht, daß Prinzessinnen allein und verkleidet in Dorfhäusern einkehren."

Die Prinzessin preßte die Lippen zusammen. „Mein gnädigster Herr und Vater möge verzeihen, ich war nicht allein; ich hatte den besten Schützer bei mir, den eine Fürstin unseres Hauses haben kann, und der war Ew. Hoheit Sohn, mein erlauchter Bruder."

Der Fürst trat einen Schritt näher und sah ihr schweigend ins Gesicht, und so stark war in seinem Antlitz der Ausdruck von Zorn und Abneigung, daß die Prinzessin erbleichte und die Augen niederschlug. „Gehört Prinz Victor auch zu den Beschützern, welche sich die Prinzessin in den Bauerhof bestellt?" frug er. „Hat der Lieutenant — er nannte den Namen seines Geschlechts — Urlaub, sich aus der Garnison zu entfernen?"

„Ich bin ohne Urlaub herausgeritten," versetzte der Prinz in militärischer Haltung.

„Melde dich als Arrestant," befahl der Fürst.

Victor salutirte und machte Kehrt, er band sein Pferd ab und nickte hinter dem Rücken des Fürsten über die Hecke seinem Vetter zu, bevor er der Stadt zutrabte.

„Ihr aber eilt, diese Mummerei los zu werden," befahl der Fürst, „die Prinzessin fährt im Wagen des Erbprinzen nach Haus." Er winkte, die jungen Herrschaften verneigten sich und eilten aus dem Garten.

„Mir hat das Unglück geahnt," sagte der Erbprinz im Wagen zu seiner Schwester. „Arme Sibby!"

„Ich will lieber eine Magd dieser Bäuerin sein und Holzpantoffeln an den Füßen tragen, als dies Sklavenleben noch lange erdulden," rief die zornige Prinzessin.

„Laß dir nur heut beim Diner nichts merken," bat Benno.

Der Strauß von Wiesenblumen stand im Eimer und am Abend zerrupften ihn die Kühe der Bäuerin.

Den Tag darauf trat der Obersthofmeister von Ottenberg, ein alter Herr mit weißem Haar, bei dem Fürsten ein. „Ich bemühe Ew. Excellenz," begann der Fürst zuvorkommend, „weil ich in einer Familienangelegenheit Ihre Ansicht zu vernehmen wünsche. Der Tag naht, wo die Prinzessin uns verläßt. — Haben Sie meine Tochter heut gesprochen?" unterbrach er sich.

„Ich komme von Ihrer Hoheit," antwortete ehrerbietig der alte Herr.

Der Fürst lächelte: „Ich habe ihr gestern einige ernste Worte gesagt. Die Kinder spielten auf eigene Hand eine Idylle und ich traf sie in Bauerkleidern und ausgelassener Stimmung. Unsere liebe Sibby hatte vergessen, daß solches Spiel Mißdeutungen ausgesetzt ist, die sie zu vermeiden jede Ursache hat."

Der Obersthofmeister verbeugte sich schweigend.

„Doch nicht um die Prinzeß handelt es sich. Die Zeit ist gekommen, wo über die nächsten Jahre des Erbprinzen ein Entschluß gefaßt werden muß. Ich habe daran gedacht, ihn trotz der Bedenken, welche seine zarte Gesundheit nahe legt, in eine größere Armee eintreten zu lassen. Sie wissen, daß dies uns nur in Einem Staate möglich ist. Auch dort hat sich eine unerwartete Schwierigkeit gefunden. Es sind dort zwei Regimenter, welche Sicherheit gewähren, daß der Prinz nur mit Offizieren von Familie in ein kameradschaftliches Verhältniß treten würde. Aber das eine Regiment hat jetzt zum Commandeur denselben Kobell erhalten, der vor Jahren unsern Dienst quittirt hat; es ist unthunlich, den Prinzen zu seinem Untergebenen zu machen. Bei dem andern Regiment aber ist in den letzten Monaten das Unerwartete geschehen und trotz dem Widerstande des Offiziercorps ein Herr Müller ein= geschoben worden. So ist dem Erbprinzen unmöglich gemacht in die einzige Armee zu treten, welche uns offen steht."

„Darf ich mir die Frage erlauben, ob nicht das zweite Hinderniß zu beseitigen wäre?" frug der Obersthofmeister.

„Man möchte uns gern gefällig sein," versetzte der Fürst, „weiß aber selbst keinen Rath, denn das Einreihen des bür= gerlichen Lieutenants war ein Zugeständniß, welches man aus politischen Gründen gemacht hatte."

„Und es würde nicht viel helfen, wenn an Name und Familie des Lieutenant Müller selbst das Störende geändert würde?" warf der Obersthofmeister ein.

„Auch das ist vorsichtig versucht worden, es hat sich er= geben, daß in dem Vater des Menschen keine Bereitwilligkeit war. Und Excellenz, zuletzt bliebe die Inconvenienz doch die= selbe. Sie wissen, daß ich in diesen Dingen keineswegs Purist bin, aber für den kameradschaftlichen Verkehr des Tages wäre dem Erbprinzen solche Nähe doch gar zu unbehaglich. Müller oder von Müller, der Mehlstaub bleibt."

Es entstand eine Pause. Endlich begann der Obersthof= meister: „Für jüngere Prinzen ohne Vermögen und die Mög= lichkeit, sich selbst eine kräftige Thätigkeit zu finden, sind die Vortheile einer militärischen Carriere allerdings unleugbar. Ob sie auch für einen Fürsten unzweifelhaft sind, der die Vorbildung für einen großen Beruf sucht? Ich erinnere mich, daß in früherer Zeit Ew. Hoheit das Soldatenspiel an den Höfen als eine Modelaune ohne Vorliebe betrachteten."

„Das leugne ich nicht," versetzte der Fürst, „und Ihnen gegenüber darf ich mich wohl zu dieser Ansicht bekennen. Der gewöhnliche Zustand der menschlichen Gesellschaft ist jetzt nicht der Krieg, sondern der Friede. Die angelegentliche Vorbildung eines jungen Fürsten für den Krieg wird allerdings in seinem Wesen einige männliche Seiten entwickeln, überliefert ihn aber in allen Hauptsachen hilflos den Händen seiner Beamten. Und im Vertrauen, Excellenz, die Freude an Epauletten ist gerade während der Friedenszeit in die Höfe gedrungen, und im Fall eines großen Krieges, wo nur bei wirklichem Feldherrntalent Hilfe zu finden ist, wird das militärische Dilettiren der Fürsten sich mit wenigen Ausnahmen als durchaus unnütz erweisen. Das alles ist unleugbar. Leider ist es gegenwärtig nicht mehr Modelaune, wenn an den meisten Höfen dieser Bildungsweg für junge Fürsten gewählt wird, sondern ernste Nothwendigkeit. Die Zeit, in welcher wir zu leben verurtheilt sind, hat eine engere Verbindung der Höfe mit den Heeren unvermeidlich gemacht, und was einst besser unterblieb, ist jetzt eine Stütze fürstlicher Stellung geworden."

„Ich sehe die Stellung erlauchter Herren nicht dadurch verstärkt, daß sie schlechte Generäle sind," erwiederte der Obersthofmeister. „Ja, man darf behaupten, daß viele von den Schwierigkeiten, welche die Gegenwart zwischen Fürsten und Völkern aufgehäuft hat, gerade daher rühren, daß unsere Prinzen neben vortrefflichen Ansichten über den Hufbeschlag der Pferde und Ausarbeiten der Recruten, auch einige Vorurtheile und Unarten der Garnison zu ihrem hohen Beruf mitbringen, und viel zu wenig von der Sicherheit, dem edlen Stolz und dem fürstlichen Sinn, welchen die Uebung in den großen Geschäften zu entwickeln vermag."

Der Fürst lächelte. „Excellenz sind also der Ansicht, daß der Erbprinz eine Universität besuchen soll? Denn eine andere Schule gibt es doch nicht, wenn er einmal diesen Hof verläßt. Der Prinz ist schwach und bestimmbar, die Gefahren, welche für ihn auf diesem Wege liegen, sind doch noch größer, als der Verkehr mit einem ungeeigneten Offizier."

„Es ist wahr," warf der Obersthofmeister ein, „daß während dieser Jahre der Erbprinz gewisse Zugeständnisse an den Brauch einer Akademie zu machen hat; für den persönlichen Umgang finden sich aber doch auf jeder Universität Söhne alter Familien, welche die Ehre den Prinzen zu entouriren wohl würdigen. Es wird vielleicht dort leichter sein den jungen Herrn von unpassender Kameradschaft frei zu halten, als beim Regiment."

„Nicht diese Gefahr fürchte ich," versetzte der Fürst, „son= dern unpraktische Theorie und zerstörende Ideen, welche dort verkündet werden."

„Was man bekämpfen muß, sollte man doch vorher kennen lernen," entgegnete der Oberſthofmeiſter. „Erachten Ew. Hoheit bei der vielseitigen Erfahrung, welche Höchstdenselben ein reiches Leben verlieh, die Bekanntschaft mit diesen Ideen so gefährlich?"

„Wer geht in die Hölle, um fromm zu werden?" frug der Fürst in guter Laune.

„Als ein großer Dichter dies gewagt hatte," versetzte der Oberſthofmeiſter, „schrieb er sein göttliches Gedicht. Und mein gnädigſter Herr, der selbst warmes Intereſſe für wiſſenſchaft= liche Thätigkeit vielfach bewährt hat, wird doch unsere Akade= mien höchstens für Orte eines milden Fegfeuers halten. Sollte an den Seelen unserer erlauchten Herren nach der Rückkehr von dieser Stätte hie und da ein infernalisches Flämmchen hängen, es wird durch die hohen Intereſſen des fürſtlichen Berufes sehr bald getilgt."

„Ja," bestätigte der Fürst mit devoter Miene, „es liegt eine Weihe auf dem Amt des Fürſten, welche das Wesen auch des schwachen Mannes für die großen Intereſſen umbildet, welche er durch sein Leben darzuſtellen hat. Aber, Excellenz, es ist schwer, ohne verächtliches Mitleid auf die sentimentale Ge= fühlsseligkeit neuer Regenten zu sehen, und aus Fürſtenmunde immer wieder die alten Phraſen von Liebe und Vertrauen gläubig nachgesprochen zu hören. Allerdings sind diese popu= lären Aufwallungen vergänglich, und auch mancher von uns älteren hat einst geschwärmt und da grünes Moos zu pflanzen versucht, wo es von der Sonne versengt wird, aber die furcht= baren Gefahren unserer argen Zeit machen solches Schwanken neuer Regenten immer gefährlicher, und falsche Schritte der ersten Regierungswochen mögen oft die ganze spätere Stellung verderben."

Der Oberſthofmeiſter erwiederte entſchuldigend: „Es iſt vielleicht gut, weiſer zu ſein als Andere, aber nüchterner zu ſein als alle Andere, bringt doch nicht zu jeder Zeit Vortheil. Ein wenig Poeſie und jugendliche Begeiſterung mag man unſern Fürſten auch gönnen. Wenn ich deshalb für des Erbprinzen Hoheit den Beſuch einer Univerſität zu empfehlen wage, ſo thue ich dies mit der willkommenen Empfindung, daß ich damit auch Ew. Hoheit eigentliche Meinung ausſpreche."

Der Fürſt ſah ſcharf nach dem Oberſthofmeiſter und auf ſeiner Stirn zog ſich ein ſchnelles Gewölk zuſammen. „Wie wollen Sie wiſſen, was meine geheimen Gedanken ſind?"

„Das wäre Ew. Hoheit gegenüber ein ganz vergeblicher Verſuch," verſetzte der alte Herr ruhig, „und es würde einem alten Diener wenig anſtehen, nach den geheimen Gedanken ſeines Herrn zu ſpähen. Aber Höchſtdieſelben haben bis jetzt dem Erbprinzen immer ſolche Gouverneure und Begleiter gegeben, welche nicht Militärs waren. Das legte einen Schluß auf Ew. Hoheit Willensmeinung für Jedermann nahe."

„Sie haben Recht — wie immer," ſagte der Fürſt verſöhnt. „Und es war mir Freude, Ihre Auffaſſung in Uebereinſtimmung mit der meinigen zu finden. Denn es iſt immerhin ein ernſter Entſchluß, er raubt mir auf längere Zeit die Nähe meines lieben Benno."

Der Oberſthofmeiſter bewies ſein Mitgefühl durch eine ſtumme Verbeugung. „Der Höchſte Entſcheid wird allerdings große Veränderungen hervorbringen, denn er entfernt zu gleicher Zeit alle jungen Herrſchaften vom Hofe."

„Alle?" frug der Fürſt überraſcht. „Der Erbprinz würde kurz nach der Vermählung ſeiner Schweſter abreiſen, aber da iſt ja noch Prinz Victor, welcher zurückbleibt."

„Dann bitte ich unterthänigſt um Verzeihung," entgegnete

der Oberſthofmeiſter, „ich hatte vorausgeſetzt, daß die Abreiſe des Erbprinzen auch den Uebertritt des Prinzen Victor in eine fremde Armee zur Folge haben würde.“

„Wie kommen Sie dazu?“ frug der Fürſt überraſcht. „Ich habe durchaus nicht die Abſicht, den Prinzen Victor in der Fremde zu fourniren, er mag ſeine Reitkunſt bei unſern Schwadronen üben.“

„In dieſem Falle würde ſeine Stellung am Hofe geändert,“ ſagte der Oberſthofmeiſter nachdenklich, „er erhält den Rang und wird für dieſe Jahre dem Hofe bei Gelegenheit der ſtellvertretende Prinz des erlauchten Hauſes.“

„Was fällt Ihnen ein, Oberſthofmeiſter?“ verſetzte der Fürſt unwillig.

„Hoheit wollen gnädigſt angeben, wie das vermieden werden ſoll. Das Recht des Blutes kann nie gegeben und nie genommen werden. Der Prinz iſt der nächſte Anverwandte, die Ordnung des Hofes fordert die entſprechende Stellung, und der Hof wird in tiefſter Ehrfurcht darauf beſtehen, daß ſie dem Prinzen nicht verſagt werde.“

„Der Hof,“ rief der Fürſt verächtlich, „ſagen Sie gerade heraus, der Oberſthofmeiſter.“

„Der Oberſthofmeiſter iſt von Ew. Hoheit dazu beſtellt, über die Ordnung des Hofes zu wachen,“ verſetzte der alte Herr mit Feſtigkeit. „Als perſönliche Meinung wage ich noch anzuführen, daß für den lebendigen und thatkräftigen Geiſt des Prinzen Victor der Dienſt in dieſer Reſidenz und die Nähe des Hofes nicht vortheilhaft ſind; es iſt vorauszuſehen, daß er öfter Ew. Hoheit Veranlaſſung zur Unzufriedenheit geben wird, und daß der Verluſt Höchſter Gnade bei dem aufgeweckten und volksthümlichen Weſen des Prinzen eine dauernde Veranlaſſung zu Mediſance und böswilligem Geſchwätz ſein würde. Deshalb wagte ich anzunehmen, daß die Bedenken, welche eine militäriſche Carriere des Erbprinzen in fremder Armee hindern, bei Prinz Victor ohne Gewicht ſein würden.“

Der Fürst sah finster vor sich hin. Endlich begann er mit Ueberwindung: „Ich muß Ihnen dankbar sein, daß Sie mich auf dieses Bedenken geführt haben. Ich werde nach reiflicher Ueberlegung meinen Entschluß fassen. Seien Excellenz überzeugt, daß ich den warmen Antheil wohl zu schätzen weiß, den sie mir und den Meinen bewahren." Er neigte das Haupt, der Oberſthofmeister verließ das Zimmer; und die Falten im Antlitz des Fürsten zogen sich drohend zusammen, als er dem Alten nachsah.

Die Folge dieser Unterredung war, daß der Erbprinz auf eine Universität gesandt wurde. Dies Ereigniß ward an der Universität im Schein der höllischen Flämmchen, welche hie und da loderten, nicht ganz so aufgefaßt als am Hofe.

Der Magnificus trat eines Abends bei Professor Werner ein und begann, Ilse begrüßend: „Sie haben Ihrem Lande ein gutes Beispiel gegeben, als Sie zu uns kamen, von oben ist der Universität die Mittheilung geworden, daß im nächsten Semester Ihr Erbprinz bei uns seine Studien beginnen will." Zum Professor gewandt fuhr er fort: „Man erwartet, daß wir Alles thun werden, den jungen Herrn zu fördern, was mit den Pflichten unseres Amtes verträglich ist. Ihnen habe ich den Hohen Wunsch auszudrücken, daß auch Sie dem Erb= prinzen auf seinem Zimmer eine Vorlesung halten."

„Ich lese kein Prinzencollegium," erwiederte der Professor, „dazu ist meine Wissenschaft zu umfangreich, sie läßt sich nicht in eine Nußschale packen."

„Vielleicht würde sich doch irgend ein populäres Thema ergeben," mahnte der kluge Magnificus. „Mir scheint fast höherer Werth, als auf den Inhalt der Vorlesung, darauf gelegt zu werden, daß Ihre Person mit dem Erbprinzen in wohlthuende Verbindung tritt."

„Wenn der Prinz sich in meinem Hause wohl fühlen und unserm Brauch fügen kann, so bin ich zu jeder anständigen Aufmerksamkeit erbötig. In meinen Vorträgen führe ich seinet=

wegen keine Aenderung ein. Besucht er als Student eines meiner Collegien, gut. Auf seinem Zimmer lese ich weder ihm noch jemand Anderem."

„Wird man die Weigerung nicht als eine Unfreundlichkeit empfinden?" wandte der Rector ein.

„Wohl möglich," versetzte der Professor, „und ich gestehe Ihnen, daß mir dies im vorliegenden Fall besonders peinlich ist. Aber keine persönliche Rücksicht soll mich bestimmen, von einem Grundsatz abzuweichen. Ich habe früher einmal die Er= fahrung gemacht, wie demüthigend es ist, einem Knaben, dem die nöthige Vorbildung, dem Verständniß und inneres Interesse fehlte, ernste Männerarbeit zurechtzuschneiden. Ich thue es nie wieder. Dann aber handle ich im Interesse dieser jungen Herren selbst, soviel ich als Einzelner vermag, dessen Studien von der Heerstraße fürstlicher Bildung weitab liegen. Wollen sie von uns etwas lernen, was für ihr Leben fruchtbar ist, so sollen sie es ordentlich lernen, und sie sollen mit den Vor= kenntnissen zu uns kommen, welche ihnen möglich machen, von der Wissenschaft Nutzen zu ziehen. Ich habe hie und da aus der Ferne gesehen, wie traurig es mit der innern Bildung der Mehrzahl bestellt ist. Das flache zerstreuende Wesen ihrer Erziehung, welches ihnen fast die Möglichkeit nimmt, an irgend einem Gebiete geistiger Arbeit ein warmes Interesse zu nehmen, macht sie auch später für das Leben und für ihre Regenten= pflichten wenig brauchbar. Und wir nehmen Theil an diesem Unrecht, wenn wir Jünglinge, die in Wahrheit nicht die Kennt= nisse eines Tertianers haben, mit dem Schein und Firniß wissenschaftlicher Cultur überziehen. Denn darauf ist es doch in der Regel abgesehen. Man braucht sicher nicht die Univer= sität zu besuchen, um ein tüchtiger Mann zu werden; wenn man aber diesen schwierigen Weg einschlägt — und ich meine allerdings, jeder künftige Regent sollte das —, so darf es nur in einer Weise geschehen, welche auch tüchtige Resultate sichert. Ich verurtheile nicht die Lehrer, welche anders denken," schloß der Profesſor, „es gibt ohne Zweifel Disciplinen, bei denen gebrängte Darſtellung einiger Hauptſätze möglich und nützlich iſt. Die Alterthumswiſſenſchaft wenigſtens gehört nicht dazu. Und deshalb bitte ich zu entſchuldigen, wenn ich mich dem jungen Herrn für Privatſtunden verſage.“

Der Rector zuckte die Achſeln und ſprach dieſen Grund=ſätzen ſeine Anerkennung aus.

„Mein armer Erbprinz,“ rief Ilſe bedauernd, als der Rector ſich entfernt hatte.

„Mein armer Codex,“ parodirte der Profeſſor lachend.

„Aber eine Ausnahme haſt du doch gemacht,“ wandte Ilſe ein, „bei deinem Weibe.“

„Hier iſt die Lehrſtunde nur der Leitfaden, unſer ganzes Leben die Erläuterung,“ verſetzte der Profeſſor. „Den künf=tigen Landesherrn von Bielſtein aber wirſt du unter dieſen Umſtänden wohl nur aus der Ferne als dein ſtilles Eigen=thum betrachten können; und auch mir ſchwindet eine gewiſſe unſichere Hoffnung, welche ich auf das flüchtige Begegnen mit ſeinem Vater baute. Denn es iſt allerdings wahrſcheinlich, daß man bort meine Weigerung als launiſchen Hochmuth auffaßt.“

Darüber hätte der Profeſſor ruhig ſein können. Es wird dafür geſorgt, daß ſolche Auffaſſung nicht zu rechter Zeit an die Adreſſe gelangt, für welche ſie beſtimmt iſt. Die Schärfe wird umgebogen, die Spitze abgebrochen und zuletzt hält man in hoher Luft bergleichen Geſinnung für ſo ungeheuerlich, daß man ſie nur den verworfenſten Menſchen zutraut. Dafür galt der Profeſſor keineswegs. Schon der Rector war vorſichtig genug, die Weigerung Werners durch Gründe zu verbecken, und in der Reſidenz des Fürſten hatte man einmal beſchloſſen, daß der Erbprinz ein Zuhörer des Profeſſors werden ſollte. Aus dem eingeſandten Verzeichniß der Vorleſungen wurde ein kleines Collegium Werners ausgeſucht: Beſichtigung und Er=klärung antiker Bildwerke in Gipsabgüſſen, bei welchen der

Erbprinz mit seinem Begleiter wenigstens nicht unter allerlei bunten Mützen zu sitzen nöthig hatte, sondern in fürstlicher Isolirung umherwandelnd gedacht werden konnte.

Wieder wogten die Wellen der reisen Aehren, als Ilse mit ihrem Gatten dem Gute des Vaters zufuhr. Ein Jahr, reich an Freuden, nicht frei von Schmerzen, lag hinter ihr, auch sie hatte jetzt eine kleine Geschichte, Frieden mit Streit, Wachsthum und Vergehen am eigenen Leben erfahren. Wer in ihr Antlitz sah, der konnte an der bleichen Wange das Leid erkennen, welches sie getroffen, und an dem sinnenden Blick, daß ernste Gedanken durch ihr Haupt gezogen waren. Aber als sie auf der Höhe das dunkle Dach des Vaterhauses erblickte und an der wetterblauen Holzkirche vorbeifuhr, da war Großes und Kleines vergessen, und sie empfand sich wieder als Kind in dem Frieden der Heimat, der ihr jetzt so wohlthuend und trostbringend erschien. Als sich die Gutsleute um die Thür drängten, als die Geschwister heranstürmten, und der Vater alle überragend den Gatten und sie selbst aus dem Wagen hob, da hielt sie Jeden in stummem Gruß umfangen, aber als der kleine Franz an ihr aufsprang, drückte sie ihn so lange an ihr Herz, bis sie die Haltung verlor und in Thränen aus= brach, so daß ihr der Vater das Kind vom Arme nehmen mußte.

Es konnte nur ein kurzer Besuch sein, den die Gatten auf dem Gut machten, Amtsgeschäfte zwangen den Professor zu schneller Heimkehr, er hatte Ilse den Vorschlag gemacht, sie länger beim Vater zu lassen und abzuholen; sie aber wollte nicht.

Prüfend sah der Vater auf Haltung und Antlitz der Tochter und ließ sich von dem Professor immer wieder erzählen, wie schnell und gut sie in der Stadt heimisch geworden war.

Unterdeß flog Ilse durch Hof und Garten hinaus in die

Landschaft, wieder leichtbeflügelt wie die kleinen Geschwister, die ihre Hand nicht loslassen wollten. „Alle seid ihr gewachsen," rief sie, „mein Krauskopf aber am meisten, der wird werden wie der Vater. Ein Landwirth, Franz."

„Nein, ein Professor," erwiederte der Knabe.

„Ach du armes Kind," sagte Ilse.

Die Feldarbeiter verließen die Garben und eilten ihr entgegen, es gab viel zu grüßen und zu fragen: der Großknecht hielt seine Pferde an, das Sattelpferd, der Schimmel, rückte heftig mit dem Kopfe. „Er kennt Sie recht gut," sagte der Knecht und klatschte lustig mit der Peitsche. Ilse ging in das Dorf und trug ihren Gruß zu den Toten und den Lebendigen, und als der kranke Benz sie endlich losgelassen hatte, rief er nach seiner Tafel und verfertigte mit zitternder Hand ein Freudengedicht. Bedächtiger wandelte die Frau Professorin durch den Hof. Vom Zuge der Mägde geleitet, schritt sie den Gang zwischen den Rindern entlang, trotz ihrem modischen Kleide der sagenhaften Frau Berchta ähnlich, welche Segen streuend durch Stall und Haus des Landmanns gleitet. Vor jedem gehörnten Haupte hielt sie an, die Kühe hoben die Mäuler zu ihr auf und brummten, bei jeder war eine wichtige Neuigkeit zu berichten. Die Mägde wiesen ihr stolz die angebundenen Kälber und baten um Namen für die erwachsenen Fersen; denn der Herr hatte befohlen, daß Ilse das Jungvieh mit Namen versehen sollte, und die Mägde freuten sich über die vornehmen Stadtnamen Kalypso und Xanthippe. — Alles vertraut und Alles wie sonst, und doch bei jedem Schritt Neues für Auge und Ohr.

Clara gab ihr Rechenschaft über die Wirthschaft; das Mädchen hatte sich trefflich gehalten, ihr Lob, welches die Mamsell und, was wichtiger war, die Großmagd in vertraulicher Unterredung ertheilten, that Ilse sehr wohl, und sie sagte: „Jetzt erst bin ich ganz beruhigt, ich kann hier entbehrt werden."

Gegen Abend suchte der Professor seine Frau, die seit Stunden verschwunden war. Er hörte den Lärm der Kinder am Bach, und dachte sich, wo Ilse jetzt sein müsse. Als er um den Stein der Höhle bog, sah er sie im Halbdunkel sitzen, das Auge nach dem Vaterhause gewandt. Er rief ihren Namen und streckte die Arme nach ihr aus, sie flog ihm an die Brust und sagte leise: „Ich weiß, daß an deinem Herzen meine Heimat ist; habe Nachsicht, wenn die alte Zeit mir jetzt mächtig wird."

Am späten Abend, als der Vater den Professor in das Schlafzimmer führte und mit ihm noch Geschäfte und Politik besprach, schickte Ilse ihre Schwester Clara zu Bett und sie setzte sich auf den Stuhl. Da der Vater hereinkam, das Licht vom Tische zu holen, fand er die Ilse wieder an ihrer alten Stelle zum Nachtgruß, und sie hielt ihm den Leuchter hin. Er setzte das Licht auf den Tisch, ging, wie er pflegte, vor ihr auf und ab und begann: „Du bist bleicher und ernster als du warst. Wird das vorübergehen?"

„Ich hoffe, es wird vorübergehen," wiederholte die Tochter. — Nach einer Weile fuhr sie fort: „Man denkt über Vieles anders in der Stadt, und man glaubt anders, Vater."

Der Vater nickte mit dem Kopf. „Das war's," sagte er, „und deshalb habe ich um dich gesorgt."

„Es wird mir unmöglich, schwere Gedanken los zu werden," sprach Ilse leise.

„Armes Kind," rief der Landwirth, „dabei dir zu helfen, geht über meinen Verstand. Denn bei uns auf dem Lande ist es leicht, an Vatersorge zu glauben, wenn man über das Feld geht und sich des Wachsthums freut. Aber laß dir von einem Landmann ein vertrauliches Wort sagen. Es ist in allen Dingen auf Erden Bescheidenheit nöthig und Entsagung. Wir auf dem Lande sind nicht besser und gescheidter, weil wir wenig um das sorgen, was dem Menschen räthselhaft ist. Wir haben keine Zeit zu grübeln, das ist bequem, und wenn uns ein Gedanke erschreckt, hilft die Arbeit darüber weg. Aber manch= mal kommt doch die Ungewißheit. Auch ich habe Tage gehabt, und ich habe sie noch, wo ich mir meinen Kopf zerbreche, obgleich ich weiß, daß ich nicht auf's Reine kommen kann; und deshalb suche ich mir jetzt solche Gedanken fern zu halten. Das ist Vorsicht, aber es ist nicht Tapferkeit. Du bist hineingesetzt in ein Leben, wo dir das Hören und Nachdenken unvermeidlich wird. Du mußt dich durchkämpfen, Ilse. Vergiß dazu zweierlei nicht. Die Menschen haben von je sehr verschieden angesehen, was ihnen nicht ganz verständlich war, und sie haben einander deshalb seit alter Zeit gehaßt und wie Kannibalen geschlachtet, nur weil Jeder gegen den Andern Recht haben wollte. Darin liegt eine Warnung. Aber Eines hat sich immer bewährt gegenüber dem Zweifel: seine Pflicht thun, alle Tage das Nächste thun, und im Uebrigen vertrauen, daß man nicht deshalb verloren ist, weil man Eines und das Andere denkt. Bist du der Liebe deines Mannes sicher?"

„Ja," versetzte Ilse.

„Und hast du eine aufrichtige Achtung vor dem, was er thut, für dich und für alle Andern?"

„Ja," rief Ilse.

„Dann ist Alles in Ordnung," sagte der Vater, „denn an seinen Früchten erkennen wir den Acker. Um das Uebrige grämen wir uns nicht heut, nicht in der Zukunft. Gib mir das Licht und geh zu deinem Mann. Gute Nacht, Frau Professorin."

Druck von J. B. Hirschfeld in Leipzig.